Wittig
Siedlungsvegetation

# Ökosysteme Mitteleuropas
## aus geobotanischer Sicht

herausgegeben von
Professor Dr. Richard Pott

Rüdiger Wittig

# Siedlungsvegetation

125 Farbfotos
7 Schwarzweißabbildungen
48 Zeichnungen
40 Tabellen

Umschlagfotos: Oben links: Flächendeckende Wandbegrünung mit Wildem Wein *(Parthenocissus* spec.) am Rathaus in Castrop-Rauxel. Oben rechts: Industrielandschaft im Ruhrgebiet (Blick von der Schurenbach-Halde in Essen-Altenessen); im Vordergrund Nachtkerzen *(Oenothera fallax)*. Unten von links nach rechts: Rotkelchige Nachtkerze *(Oenothera glazioviana)*, Gewöhnlicher Schmetterlingsflieder *(Buddleja davidii)*, Einjähriger Feinstrahl *(Erigeron annuus)*.
Fotos Seite 2: Baumscheibenvegetation in Düsseldorf-Holthausen. Unten von links nach rechts: Breit-Wegerich *(Plantago major)*, Strand-Grasnelke und Galmei-Stiefmütterchen *(Armeria maritima, Viola calaminaria)*, Gewöhnliche Kratzdistel *(Cirsium vulgare)* (Fotos: Wittig).

Prof. Dr. Rüdiger Wittig ist einer der Direktoren des Botanischen Institutes und des Zentrums für Umweltforschung der Johann Wolfgang Goethe-Universität in Frankfurt am Main sowie Leiter der Abteilung Vegetationsökologie und Naturschutzforschung (früher Geobotanik und Pflanzenökologie).
Studium der Biologie und Chemie an der Westfälischen Wilhelms-Universität in Münster. 1976 Promotion, 1980 Habilitation für das Fach Landschaftsökologie, im gleichen Jahr Ruf auf eine Professur für Geobotanik an der Heinrich-Heine-Universität Düsseldorf, 1989 Annahme eines Rufes nach Frankfurt.
Forschungsgebiete sind alle Bereiche der anthropogenen Veränderungen von Flora, Vegetation und Biotopen, insbesondere die Ökologie und Verbreitung gefährdeter Arten, die Naturschutzforschung, die Siedlungsökologie, Immissionsökologie sowie die Ökologie der westafrikanischen Savannen.

**Bibliografische Information der Deutschen Nationalbibliothek**
Die Deutsche Nationalbibliothek verzeichnet diese Publikation in der Deutschen Nationalbibliografie; detaillierte bibliografische Daten sind im Internet über http://dnb.d-nb.de abrufbar.


Wollgrasweg 41, 70599 Stuttgart (Hohenheim)
E-Mail: info@ulmer.de
Internet: www.ulmer.de
Lektorat: Thomas Krämer, Helen Haas
Herstellung: Gabriele Wieczorek
Satz und Repro: primustype Hurler, Notzingen
Druck und Bindung: Friedrich Pustet, Regensburg
Printed in Germany

ISBN 978-3-8001-5642-9

# Inhaltsverzeichnis

# Vorwort des Herausgebers

Beziehungsgefüge von Organismen mit physikalischen und chemischen Standortfaktoren bezeichnet man unabhängig von ihrer Ausdehnung und Komplexität als **Ökosysteme**. Als naturräumlich abgrenzbare Einheiten können landschaftliche Ökosysteme physiogeographisch und typologisch abgegrenzt werden. In Mitteleuropa unterscheidet man u. a. die Binnengewässer der Flüsse und Seen als aquatische Ökosysteme von den marinen Ökosystemen der Küsten des Wattenmeeres und der Inseln. Man trennt die Moore von den Heiden, die Gebüsche von den Wäldern und die Hochgebirgsrasen von den Trockenrasen. Hinsichtlich ihrer Natürlichkeit oder Naturnähe unterscheidet man die primären natürlichen Ökosysteme von den sekundären Ökosystemen der Kulturlandschaften.

Das ist auch die Grundidee unserer neuen Buchreihe über die „Ökosysteme Mitteleuropas aus geobotanischer Sicht". Sowohl ursprüngliche Naturlandschaften als auch Kulturlandschaften, sollen im Zentrum dieser neuen Buchreihe stehen.

Ich danke allen Autorinnen und Autoren der ersten Bände dieses umfangreichen Gesamtwerkes für ihre Bereitschaft zur Mitwirkung. Dem Verlag Eugen Ulmer danke ich für die Bereitschaft und Unterstützung zum Druck eines solchen Werkes.

Möge diese neue Buchreihe ein Bild von der biologischen Vielfalt der Ökosysteme Mitteleuropas liefern und eine Vorstellung von ihrem Werden, ihrer Entwicklung, ihrer Funktion sowie vom Gesamtgefüge der ökologischen Faktoren geben. Darüber hinaus hoffe ich sehr, mit diesen Bänden neue Freunde für unsere *Scientia amabilis*, die Geobotanik, zu gewinnen.

Hannover, im Juli 2001 Richard Pott

# Vorwort des Verfassers

Hinsichtlich seiner Dynamik und der in ihm auftretenden Belastungen stellt kein anderer Lebensraum an die spontane Flora und Vegetation derart hohe Ansprüche wie der der Siedlungen. Im Gegensatz zu den meisten anderen Extremlebensräumen sind die auftretenden stofflichen Belastungen und anthropogenen Störungen nämlich weder konstant noch unterliegen sie einer erkennbaren Periodik. Der interessierte Beobachter kann hier in seinem engeren Lebensumfeld zahlreiche Beispiele für Anpassungen an extreme Standortbedingungen, für Reaktionen von Arten auf Umweltveränderungen sowie für die Dynamik der Artenzusammensetzung eines eng umgrenzten Gebietes finden. Das vorliegende Buch wendet sich an all diejenigen, die diesen faszinierenden Bereich der Geobotanik näher kennen lernen möchten, seien es Studierende des Diplom- oder Lehramtsstudienganges der Biologie, Landschaftsökologie oder physischen Geografie, Lehrer, die einen entsprechenden Ökologiekurs oder eine Stadtexkursion planen oder interessierte Laien. Da ein umfangreicher Literaturüberblick gegeben wird, ist das Buch auch für „fertige Wissenschaftler“, die sich in die Geobotanik der Siedlungen einarbeiten möchten, als Starthilfe geeignet.

Für Auskünfte danke ich den Kollegen Prof. Dr. J.-P. Frahm (Bonn), Dr. St. Klotz (Halle), Prof. Dr. W. Kuttler (Essen), Dr. H. Kutzelnigg (Essen), Dr. P. Pyšek (Prag) und Prof. Dr. V. Wirth (Stuttgart), ebenso den Herren Prof. Dr. J. Dettmar (Darmstadt), Dr. K. Eisinger (Wien), J. Lach (Rodgau), Dr. W. Pillmann (Wien), T. Muer (Münster) und Prof. Dr. V. Wirth für die Überlassung von Abbildungen.

Dank gebührt auch allen meinen Mitarbeitern, die am Zustandekommen dieses Buches beteiligt waren, insbesondere meinen Sekretärinnen C. Anken und G. Wicker. Sehr herzlich danke ich meiner Frau für eine kritische Durchsicht des Manuskriptes sowie das mühevolle Lesen der Fahnenkorrekturen. Prof. Dr. R. Pott danke ich für die Aufnahme dieses Bandes in die Reihe „Ökosysteme Mitteleuropas aus geobotanischer Sicht“ und dem Verlag Eugen Ulmer für die großzügige Ausstattung des Buches sowie die angenehme Zusammenarbeit mit Dr. Nadja Kneissler und Antje Springorum vom Lektorat des Verlages.

Frankfurt, Herbst 2001 Rüdiger Wittig

# 1 Siedlungstypen und ihre historische Entwicklung

Unter Siedlung (v. althochdeutsch *Sedal*: Sitz) verstand man ursprünglich sowie im Rahmen der Wissenschaften, die sich mit Siedlungen beschäftigen (Siedlungsgeographie, historische Siedlungsforschung), jegliche Form eines menschlichen Wohnplatzes. Ein einzelnes Zelt, eine Hütte, ein Haus (z. B. ein bäuerlicher Einzelhof, der Wohnsitz eines Eremiten, ein Forsthaus im Wald, ein auf freier Strecke stehendes Bahnwärterhaus etc.) stellten also bereits Siedlungen dar. Homologe oder analoge Bezeichnungen existieren übrigens in allen europäischen Sprachen.

Demgegenüber wird heute als Siedlung in der Regel eine Ansammlung mehrerer getrennter Wohnsitze, d. h. mehrerer Häuser, verstanden. Hierbei werden in allen europäischen Sprachen zwei Haupttypen von Siedlungen unterschieden, nämlich **Dorf** und **Stadt**. Daneben existieren in der Regel einige weitere Begriffe für bestimmte Siedlungstypen, die bei engerer Definition als eigenständig aufgefasst, im weiteren Sinne aber einem der beiden Haupttypen, meistens dem Dorf, zugeordnet werden können. Im deutschen Sprachraum trifft dies beispielsweise für „Weiler" zu. Im Folgenden wird kurz auf die beiden Haupttypen eingegangen, wobei in Anlehnung an die siedlungsgeographische Terminologie die Bezeichnung **„ländliche Siedlungen"** benutzt wird.

## 1.1 Ländliche Siedlungen

Während im Allgemeinen Sprachgebrauch Siedlungen je nach ihren Eigenschaften (s. u.) entweder als Dorf oder als Stadt bezeichnet werden, taucht in neueren siedlungsgeographischen Arbeiten die Bezeichnung „Dorf" entweder gar nicht oder zumindest nicht in der Überschrift von Kapiteln auf. Statt dessen wird der Stadt bzw. der städtischen Siedlung die ländliche Siedlung gegenübergestellt (z. B. Born 1977, Schwarz 1989, Lienau 2000).

Ältere Arbeiten gehen davon aus, dass in „ländlichen Siedlungen" der primäre Erwerbssektor überwiegen muss, wobei die Mehrzahl der Autoren hierunter Landwirtschaft, Forstwirtschaft, Fischerei und Sammeltätigkeit versteht, während nur wenige, z. B. Niemeier (1977), auch von Bergbaudörfern sprechen. Born (1977) trägt bereits der Entwicklung Rechnung, dass die Siedlungen des ländlichen Raumes in Mitteleuropa zunehmend Wohnfunktion für eine in der Stadt arbeitende Bevölkerung übernommen haben bzw. dass in ländlichen Siedlungen auch andere Erwerbsformen Fuß gefasst haben. Der Autor nennt daher als Bedingung für die Bezeichnung „ländliche Siedlung" nicht mehr das Vorherrschen der primären Erwerbsform, sondern er fordert, dass das Erscheinungsbild der Siedlung durch das heutige oder frühere Vorherrschen agrarischer Wirtschaftsformen geprägt ist (Abb. 1-1). Lienau (2000: 9) geht noch weiter: ländliche Siedlungen sind bei ihm „alle im ländlichen Raum liegenden und mit diesem funktional eng verknüpften Siedlungen, auch wenn sie funktional und physiognomisch nicht von der Landwirtschaft (mit) geprägt" sind. Der Autor ist sich bewusst, dass damit das Definitionsproblem lediglich verschoben wird, nämlich auf die Frage nach dem, was denn nun mit „ländlicher Raum" gemeint ist. Als Kriterien für die Abgrenzung des ländlichen Raumes gegenüber dem städtischen nennt Lienau (2000: 10):

- das Überwiegen land- und forstwirtschaftlich genutzter Flächen gegenüber den für Siedlung sowie den sekundären und tertiären Erwerbssektor genutzten Flächen,
- relativ geringe Siedlungsgröße (Abb. 1-2) und damit eine geringe Bebauungsdichte (laut Bundesraumordnungsgesetz weniger als 200 Einwohner pro km$^2$), bezogen auf den gesamten kultivierten Raum,
- Fehlen oder nur untergeordnete Bedeutung aller typisch städtischen Eigenschaften und Nutzungen (s. Kap. 3.2).

Alle Arbeiten über die mitteleuropäische Dorfflora bzw. Dorfvegetation (s. Kap. 9.3) setzen für die Auswahl ihrer Untersuchungsgebiete die eben erwähnten Kriterien ein. Im botanischen Sprachgebrauch sind die Begriffe „Dorf" und „ländliche Siedlung" also synonym. Entsprechend sollen sie auch in diesem Buch benutzt werden.

Abb. 1-1 Das Erscheinungsbild ländlicher Siedlungen ist durch das Vorherrschen agrarischer Nutzungsformen geprägt (Hunoldstal, Taunus, 9/2001).

Abb. 1-2 Ländliche Siedlungen besitzen eine relativ geringe Flächenausdehnung (Kbel, Böhmen, 6/2000).

Abb. 1-3 Geschlossene Bebauung und starke Bodenversiegelung sind charakteristische Merkmale städtischer Siedlungen (Halle a.d.S. 5/1995).

Abb. 1-4 Großflächige Industriegebiete sind bezeichnend für städtische Siedlungen (Duisburg, 10/1992).

## 1.2 Städtische Siedlungen

Städte unterscheiden sich von dörflichen Siedlungen durch folgende Eigenschaften (s. z.B. Hofmeister 1999, Heineberg 2000, Lichtenberger 1998):

- hohe Einwohnerdichte,
- hohe Bebauungsdichte (oft geschlossene Bebauung) und starke Bodenversiegelung (Abb. 1-3),
- differenzierte Sozialstruktur (Arbeitsteilung unter den Einwohnern, unterschiedliche Machtbefugnisse),
- Massierung politischer und/oder kultischer Macht,
- erhöhtes Verkehrsaufkommen, entsprechend Konzentration von Verkehrswegen und Knotenpunkten,
- erhöhtes Warenangebot (auch von nicht aus der Region stammenden Gütern),
- Existenz großflächiger Industrie- und Gewerbegebiete (Abb. 1-4),
- Anziehungskraft auf die Umgebung,
- fehlende ökonomische Autarkie.

In Europa bildeten sich Städte bzw. stadtähnliche Siedlungen zuerst in Griechenland, dann in Italien (etruskische Siedlungen, Rom) sowie in keltischen Gebieten (Oppida). Mit der Unterwerfung des gesamten südlichen Europas sowie weiter Teile Westeuropas durch Rom entstanden auch in diesen Regionen Städte, in der Regel in Anlehnung an römische Garnisonen (Kastelle). Viele Stadtnamen erinnern an diesen Ursprung (z.B. Kassel: *castellum*; Bonn:. *bona castra*; Köln: *colonia agrippina*, Wien: *Vindobona*).

Die mitteleuropäischen Städte weisen eine sehr unterschiedlich lange Stadtgeschichte auf. Neben den bereits erwähnten seit der Römerzeit existierenden Städten gibt es solche, die erst im Mittelalter (aus dörflichen Siedlungen, Burgen oder Schlössern) entstanden. Auch neuzeitliche Stadtgründungen bzw. Stadtentwicklungen sind zu verzeichnen, insbesondere in früher dünn besiedelten „Kolonisationsgebieten“ (z.B. Ostdeutschland) sowie in Industriegebieten, wobei diese entweder aus Kleinsiedlungen (Dörfern) hervorgingen oder aber planmäßig angelegt wurden. Entsprechend unterscheidet man (wobei für eine Stadt oft mehrere Bezeichnungen zutreffen können):

- Römerstädte,
- Burgstädte,
- mittelalterlichen Bürgerstädte,
- Residenzstädte des absolutistischen Zeitalters,
- Marktstädte,
- Planstädte der Neuzeit,
- Industriestädte.

Stadtentwicklung geschah nicht zufällig, sondern in Abhängigkeit von der geographischen Lage bzw. Raumausstattung. Zunächst musste eine ausreichende Ernährungsgrundlage in unmittelbarer Umgebung der Stadt vorhanden sein. Nicht von ungefähr erfolgten die ersten Stadtgründungen im fruchtbaren Zweistromland Vorderasiens. Als günstig für die weitere Entwicklung erwiesen sich außerdem:

- die Lage an einem naturräumlich verkehrsgünstigen oder aber aus anderen Gründen verkehrswichtigen Platz; z.B. liegen viele Küstenstädte an einer Bucht (Naturhafen) oder einer Flussmündung (Kobenhaven, Cuxhaven, Bremerhaven, Le Havre, Travemünde, Peenemünde, Roermond); viele Städte des Binnenlandes am Zusammenfluss zweier schiffbarer Flüsse (z.B. Duisburg, Koblenz), an einer Flussquerung, also einer Furt (Frankfurt, Oxford) oder Brücke (Brügge, Innsbruck, Saarbrücken), oder an einem Ort des Umschlags von Schiff- auf Landverkehr (also am Ende des Schiffbarkeitsbereichs von Flüssen) sowie dort, wo in früheren Zeiten eine Rastpause des Verkehrs eingelegt wurde, nämlich am Fuße von Gebirgspässen und auf Passhöhen.
- die Verfügbarkeit industriell wichtiger Rohmaterialien (Erz, Salz: Eisenhüttenstadt, Bleiburg, Silberstedt, Srebna Góra [Silberberg], Salzgitter, Salzburg, Halle [lat. *hal*: Salz]) und Energiequellen (Holzkohle, Kohle, Wasserkraft).

Auch politisch-militärische Beweggründe spielten eine Rolle bei der Gründung und Weiterentwicklung von Städten: sichere, das heißt gut zu verteidigende Lage, beispielsweise auf einer Flussinsel, oder aber Lage an einem Grenzübergang.

# 2 Geschichte der geobotanisch-vegetationsökologischen Erforschung

Obwohl Siedlungen, wie wir in den folgenden Kapiteln sehen werden, in floristischer, pflanzengeographischer, pflanzensoziologischer, aut- und synökologischer sowie biozönotischer Beziehung äußerst interessante Lebensräume darstellen, wurde mit ihrer Erforschung erst spät begonnen. Dies gilt nicht nur für Mitteleuropa, sondern für den gesamten europäischen Raum und auch für alle anderen Kontinente. Dementsprechend stellt FITTER noch 1945 für London bedauernd fest: „London botanists have shamefully neglected the opportunities for studying the flora of the waste sites that lie under their noses." Hierzu passt, dass die „Naturgeschichte für die Großstadt" (PFALZ 1910/11) wildwachsende Pflanzen mit keinem Wort erwähnt, sondern ausschließlich angebaute Arten behandelt.

**Flechten** waren die ersten Organismen, die in Städten systematisch erforscht wurden. Auf diesem Gebiet entstanden schon im vorigen Jahrhundert einige Arbeiten (NYLANDER 1866; ARNOLD 1891 ff.). Obwohl die Flechtenkunde damit das älteste Kapitel der Stadtbotanik ist, besitzt sie auch heute noch große Aktualität (s. Kap. 6.7).

Bei den **Höheren Pflanzen** liegen die Anfänge der Stadtbotanik auf dem Gebiet der Adventivfloristik. Zur **Adventivflora** zählen diejenigen Arten, die von Menschen absichtlich oder unabsichtlich eingeschleppt worden sind, also nicht zur ursprünglichen einheimischen Flora gehören, im Gegensatz zu Kultur- und Zierpflanzen inzwischen jedoch wildwachsend angetroffen werden können. Wie in Kapitel 5.3 näher erläutert wird, findet man besonders viele Adventivpflanzen an (Güter-)Bahnhöfen, im Hafengelände und auf Müllplätzen. Diese waren daher die ersten Stadtbiotope, mit denen sich Botaniker beschäftigten.

Nach dem Zweiten Weltkrieg fand die sich auf den **Trümmerflächen** (Abb. 2-1) einstellende Flora in vielen Städten das Interesse der Botaniker (z. B. Kiel: MÖLLER 1949; Münster: ENGEL 1949; Plauen: R. WEBER 1960; Stuttgart: KREH 1955). Die **Müllplätze** und die Trümmerflächen waren auch die ersten Bereiche der Städte, in denen pflanzensoziologische Untersuchungen durchgeführt wurden (KREH 1935). Eine systematische botanische Erforschung des gesamten Stadtgebietes setzte zuerst in Berlin ein (SCHOLZ 1956). Ein Jahrzehnt später erschien eine Arbeit über die Vegetation der polnischen Stadt Chelm (FIJAŁKOWSKI 1963), eine vergleichende Betrachtung der Flora und Vegetation polnischer Siedlungen führte FALIŃSKI (1971) durch. Die ersten umfassenden Bestandsaufnahmen der ruderalen Vegetation deutscher **Großstädte** legten WITTIG (1973) für Münster und BORNKAMM (1974) für Köln vor. Aus dem gleichen Zeitraum stammt die erste detaillierte und bis heute immer noch beispielhafte Analyse der Flora einer Großstadt (KUNICK 1974: Berlin). Tab. 2-1 gibt einen Überblick über die bisher in Mitteleuropa veröffentlichten Bestandsaufnahmen der Vegetation von Städten.

Parallel zur verstärkten vegetationskundlichen Untersuchung wurden erste autökologische (SUKOPP 1971) und stadtökologische Betrachtungen angestellt (SUKOPP 1973; DUVIGNEAUD 1974). Weitere noch sehr junge Kapitel der Stadtbotanik sind der Einsatz pflanzlicher Bioindikatoren zur Bewertung der Luftqualität (s. Kap. 10.1.1) oder zur Erstellung einer Wärmegliederung (s. Kap. 10.1.3), das erwachende Interesse für „Naturschutz in der Stadt" (Kap. 10.3) und die hieraus resultierenden Stadtbiotopkartierungen (z. B. SUKOPP et al. 1979a) sowie experimentell-ökologische Sukzessionsstudien (z. B. BORNKAMM 1981, 1986).

Die botanisch und ökologisch bestuntersuchte Stadt der Welt ist Berlin (Arbeitsgruppe Sukopp; s. z. B. SUKOPP 1990). Daneben wurden im deutschsprachigen Raum zahlreiche weitere Städte floristisch und vegetationskundlich sehr eingehend untersucht, u. a. Braunschweig (Arbeitsgruppe Brandes), Frankfurt a.M. (Arbeitsgruppe Wittig), Halle a.d.S. (durch Klotz), Kassel (durch Hülbusch u. Kienast), Leipzig (durch Gutte), Münster (durch Runge; Arbeitsgruppe Wittig), Osnabrück (Arbeitsgruppe Hard), Wien (durch Forstner, Holzner u. Hübl; MOES 1995) und Zürich (Arbeitsgruppe Landolt). Zahlreiche Arbeiten liegen auch aus dem Ballungsraum Ruhrgebiet vor (v. A. Dettmar u. Reidl; Übersicht bei BÜSCHER et al. 1997). Sehr zahlreich

**Tab. 2-1: Bestandsaufnahmen der spontanen Stadtvegetation mitteleuropäischer Städte (Stand Januar 2000)[1]**

| Land / Stadt | Autor(en) (Jahr) | Besonderheiten, Einschränkungen |
|---|---|---|
| **Deutschland** | | |
| Aschaffenburg | Hetzel (1988) | |
| Berlin | Scholz (1956) | Überblick auf Verbandsebene |
| | Düll & Werner (1956) | Schwerpunkt auf der Trümmervegetation |
| | Rebele (1986) | Industriegebiete, mit ausführlicher Untersuchung der Immissionsbelastung |
| Bonn-Bad Godesberg | Schulte (1992) | Überblick ohne Tabellen |
| Düsseldorf | Gödde (1986) | Vergleich mit Essen und Münster |
| | Wittig & Diesing (1989) | Beziehungen zur Stadtstruktur |
| Erlangen | Nezadal (1978) | Trittpflanzengesellschaften |
| | Nezadal & Heider (1994) | Artemisietea |
| Essen | Gödde (1986) | Vergleich mit Düsseldorf und Münster |
| | Reidl (1989) | mit Auswertung für den Naturschutz |
| Euskirchen | Zimmermann-Pawlowsky (1985) | Überblick ohne Tabellen |
| Frankfurt am Main[2] | Wittig (1994) | Überblick, Tabellen ausgewählter Ges. |
| Freiburg | Kohl (1986) | inkl. Sigmasoziologie |
| Halle/H.-Neustadt | Klotz (1982, 1984c) | Überblick ohne Tabellen |
| Hannover | Tüllmann & Böttcher (1983) | kleiner Teil des Stadtgebietes |
| Kassel | Kienast (1978) | inkl. Sigmasoziologie |
| Kiel | Aey (1990) | ausgew. Stadtbereiche, mit Bodenges. |
| Köln | Bornkamm (1974a,b) | exemplarische Aufnahmen |
| Leipzig[3] | Gutte (1966) | einschließlich der weiteren Umgebung |
| Lübeck | Dettmar (1986) | nur Industrieflächen |
| | Aey (1990) | Vergleich verschieden alter Stadtbereiche |
| München | Springer (1985) | |
| Münster | Wittig (1973) | Innenstadt |
| | Gödde (1986) | Vergleich mit Essen und Düsseldorf |
| Osnabrück | Hülbusch (1980) | häufige Vegetationseinheiten |
| | Hard (1982, 1983) | detaillierte Studie, inkl. Sigmasoziologie |
| Plauen | R. Weber (1960) | Müllplätze und Trümmerflächen |
| Regensburg | Frost (1985) | |
| Schleswig | Hülbusch et al. (1979) | Sigmasoziologie |
| Wolfenbüttel | Brandes (1982) | nach Habitatkomplexen geordnet |
| Wolfsburg | Griese (1999) | |
| Würzburg | Hetzel & Ullmann (1981) | |
| **Österreich** | | |
| Wien | Moes (1995) | |
| **Polen** | | |
| Chelm | Fijałkowski (1963) | |
| Krakau | Kornas & Medwecka-K. (1967) | |
| Łodz | Sowa (1964) | |
| Lublin | Fijałkowski (1967) | |
| Torun | Fabierkiewicz (1971) | |
| Wroclaw | Rostanski & Gutte (1971) | |
| **Schweden** | | |
| Malmö | Olsson (1978) | Nordteil der Stadt |
| **Schweiz** | | |
| Zürich | diverse[4] | jeweils Teilaspekte |
| **Slowakien** | | |
| Malacky | Krippelova (1972) | dörfliche Kleinstadt |
| Trnava | Eliaš (1977, 1978) | |
| **Tschechien** | | |
| Bechyn | Hadač (1982) | |
| Brno | Grüll (1979, 1980a,b, 1984)[5] | |
| Chomutov | A. Pyšek (1975) | |
| Horazd'ovice | Mandák et al. (1993) | Verbreitungsmuster |
| Konstantinovy Lázn | A. Pyšek (1988) | |
| Liberec | Višnák (1986) | |
| Pilsen | A. Pyšek (1974, 1977) | |
| Prag | Kopecký (1980 ff.[6]) | Südwestteil der Stadt |
| | P. Pyšek & A. Pyšek (1988) | Betriebe im Osten der Stadt |
| | Hadač et al. (1983) | Ortsteil Holešovice |
| Sušice | A. Pyšek (1972) | dörfliche Kleinstadt |

**Tab. 2-2: Veröffentlichungen über die spontane Flora und Vegetation von mitteleuropäischen Dörfern[1]**

| Autor (Jahr) | Gebiet | Thema |
|---|---|---|
| Bergmeier (1983) | Kalletal (Kreis Lippe) | Rückgang d. Flora |
| Brandes (1990a) | Niedersachsen | Flora |
| Brandes & Brandes (1996) | westl. Sachsen-Anhalt | Flora u. Vegetation |
| Brandes & Griese (1991) | Niedersachsen | Flora (auch anderer Siedlungstypen) |
| Dechent (1988) | Rheinhessen | Florenwandel |
| Dechent (1990) | Frankfurt a. M. | Flora ehem. dörfl. Ortskerne |
| Fischer (1989) | NW Brandenburg | Florenwandel |
| Galunder (1994) | südl. Bergisches Land | Flora u. Vegetation |
| Grodzinska (1973) | Westl. Karpaten | drei Gesellschaften |
| Grosse-Brauckmann (1953a,b) | Landkreis Göttingen | *Urtico-Malvetum* (Ökologie), Rückgang der Dorfpflanzen |
| Hadač (1978) | N-Böhmen | Ruderalvegetation |
| Hejny et al. (1978) | S-Böhmen u. -Mähren | Vergleich d. Ruderalvegetation |
| Hilbrech et al. 1983) | Kreis Lybz | Dorfstraßenpflanzen |
| Kintzel (1986) | Kreis Lybz | ausgewählte Arten, auch Vegetation |
| Klotz (1986) | Nördl. v. Halle | Vegetation |
| Kopecký (1986a) | Zentralböhmen | Rückgang d. *Urtico-Malvetum* |
| Krauss (1977) | Landkreis Göttingen | *Chenopodium bonus-henricus* |
| Lienenbecker (1986) | Kreis Lippe | Flora u. Vegetation |
| Lienenbecker & Raabe (1993) | Westfalen | Flora |
| Lohmeyer (1983) | Mittel- u. Niederrhein | Ruderalvegetation |
| Mahn & Partsch (1995) | Umgebung v. Halle/S. | Vegetation v. 2 Dörfern |
| Otte & Ludwig (1987) | Ingolstadt | Ruderalvegetation dörfl. Bereiche |
| Panek (1998) | N-Hessen | Florenveränderung in 2 Dörfern |
| Pyšek, A. (1992) | W-Böhmen | Veränderung v. Flora u. Vegetation |
| Pyšek, A. & Pyšek, P. (1987a) | W-Böhmen | Vegetationsdynamik |
| Pyšek, A. & Pyšek, P. (1988a,b) | W-Böhmen | Flora bzw. hemerochore Arten v. 19 Dörfern |
| Pyšek, P. (1985) | Böhmischer Karst | Flora v. 10 Dörfern |
| Pyšek, P. (1989a,b, 1998a) | Böhmen | Archäo- u. Neophyten |
| Pyšek, P. (1991, 1992) | Böhmischer Karst | Vegetation |
| Pyšek, P. (1993) | Böhmen | Flora (auch v. Städten) |
| Pyšek, P. & Mandák (1997) | Böhmischer Karst | Florenwandel |
| Pyšek, P. & Pyšek, A. (1985) | W-Böhmen | Ruderalvegetation v. 50 Dörfern. |
| Pyšek, P. & Pyšek, A. (1990, 1991a) | W-Böhmen | Vegetation (Vergleich Stadt-Dorf) |
| Pyšek, P. & Rydlo (1984) | Zentralböhmen | Flora u. Vegetation v. 8 Dörfern |
| Raabe (1985) | Kreis Höxter | Flora |
| Raabe & Brandes (1988) | nordöstl. Burgenland | Flora u. Vegetation |
| Sukopp & Köstler (1986) | Deutschland | Bibliographie |
| Wittig (1984) | Westfalen | Gefährdung d. Flora |
| Wittig (1989) | Westfalen | Soz. v. *Chenopodium bonus-henricus* |
| Wittig (1990) | Deutschland | Dorfbiotope, ökol. Gruppen d. Dorfflora |
| Wittig & Rückert (1984) | Vorspessart | Vegetation |
| Wittig & Rückert (1985) | Nordrhein-Westfalen | Flora |
| Wittig & Wittig (1986) | Westfalen | Vegetation |
| Wittkamp et al. (1995) | N-Bayern, S-Thüringen | Vegetation und Sozialstruktur |
| Wittkamp & Deil (1996) | N-Bayern, S-Thüringen | Vegetation |

[1] ohne Arbeiten über nur ein Dorf und ohne „graue Literatur“ (Mskr., Gutachten, Tagungsskripte, Staatsexamens-, Diplomarb.)

**Zu Tab. 2-1**

1) in alphabetischer Reihenfolge der Länder und Städte; ohne unveröffentlichte Arbeiten (Mskr., Gutachten, Tagungsskripte, Examens- u. Dipl.-arb.)
2) Details zu einigen Biotoptypen: Lotz (1998), Montag (1995)
3) s. a. Gutte (1984, 1996), Gutte & Krah (1993
4) Sailer (1990), Wiskemann (1990), Guggenheim (1992), Grundmann (1993)
5) Ergänzung durch Grüll & Kopecký (1983)
6) 1980, 1981, 1982a, b, 1984

Abb. 2-1 Trümmerfläche mit fortgeschrittener Vegetationsentwicklung (Darmstadt, 1962).

sind die Arbeiten aus Polen und Tschechien. Floristisch eingehend untersucht wurden in Polen Warschau (durch Sudnik-Wójcikowska) und Posen (durch Jackowiak). Aus Tschechien liegen insbesondere von Kopecký sowie A. und P. Pyšek detaillierte Studien der Siedlungsvegetation und -flora vor. Auf dem Gebiet der botanischen Bioindikation wurde der Großraum Frankfurt intensiv bearbeitet (Arbeitsgruppen Lötschert, Steubing u. Wittig).

Sieht man von der bereits erwähnten Arbeit Faliński (1971) ab, so wurde mit einer systematischen geobotanischen Erforschung der **Dörfer** noch später begonnen als mit der der Städte. Die ersten umfassenden Bestandsaufnahmen wurden in Nordrhein-Westfalen (Wittig & Rückert 1985, Wittig & Wittig 1986) sowie in Böhmen (A. Pyšek & P. Pyšek 1988a) durchgeführt. Sukopp & Köstler (1986) geben einen Überblick über die bis dahin vorliegenden Arbeiten über die Flora und Vegetation von Dörfern bzw. dörflicher Bereiche in Städten. Tab. 2-2 enthält alle dem Verfasser bekannten Publikationen zur Flora und Vegetation mitteleuropäischer Dörfer.

Die geobotanisch-vegetationsökologische Erforschung von Flora und Vegetation der Siedlungen hat seit etwa Mitte der 70er Jahre einen starken Aufschwung genommen. Dieser Aufschwung wird insbesondere durch die Zahl der seither in Mitteleuropa vorgenommenen Bestandsaufnahmen dokumentiert (s. Tab. 2-1 u. 2-2), aber auch dadurch, dass die Internationale Vereinigung für Vegetationskunde ihr jährliches Symposium im Jahre 1987 erstmals dem Thema „Stadtvegetation" widmete. Mit dem Interesse für Flora und Vegetation der Städte wuchs auch das für die gesamte Stadtökologie. Ein Zeugnis hierfür war der im Jahr 1980 von der Europäischen Ökologischen Gesellschaft in Berlin abgehaltene Kongress über „Urban Ecology" (vgl. Bornkamm et al. 1982).

Auch in der mitteleuropäischen geobotanischen Literatur hat der Anteil derjenigen Arbeiten, die sich mit Siedlungen beschäftigen, seit 1966 deutlich zugenommen (Wittig 1997), wobei das Fünfjahresmittel von 4 bis knapp 5 % in den Jahren vor 1975 auf durchschnittlich knapp 8 % im Zeitraum 1991–95 gestiegen ist. Diese Steigerung beruht nahezu ausschließlich darauf, dass man sich seit den 70er-Jahren auch im Siedlungsbereich für Naturschutz, naturschutzbezogene Planung und Bioindikation interessiert. Was seitdem vermehrt publiziert wurde, sind anwendungsbezogene Arbeiten. Ellenberg führt erstmals in der 5. Auflage (1996) seines Standardwerks über die mitteleuropäische Vegetation die Begriffe „Dorf" und „Stadt" im Sachregister auf. Verglichen mit der großen Vielfalt von Flora und Vegetation der Siedlungen sind die oben aufgeführten Prozentzahlen nicht gerade groß. Die geobotanisch-vegetationsökologische Erforschung der Siedlungen bleibt daher weiter ein interessantes und vielversprechendes Arbeitsgebiet.

# 3 Siedlungen als Pflanzenstandorte

**Böden** und **Klima** sowie die daraus resultierende **Wasserversorgung** – die drei für Pflanzen wichtigsten **Komplexe abiotischer Standortfaktoren** – sind in Siedlungen in charakteristischer Weise verändert. Hierauf soll in den Kap. 3.1 bis 3.3 eingegangen werden. Durch die Veränderung der abiotischen Standortverhältnisse, aber auch durch direkte Einwirkungen auf die Pflanzen, wird der **Mensch** im Bereich der Siedlungen zum wichtigen, stellenweise sogar zum wichtigsten Standortfaktor (siehe Kap. 3.4). Da der direkte und indirekte Einfluss des Menschen mit zunehmender Siedlungsgröße steigt, werden in den folgenden Kapiteln die städtischen Bedingungen exemplarisch behandelt. Die Tab. 3-1 gibt vorab einen Überblick über die Auswirkungen menschlicher Einflussnahme auf die Großstadtflora. Die Veränderungen der Standortfaktoren im Vergleich zum Umland sind in ländlichen Siedlungen gleichgerichtet wie in Städten, jedoch weniger intensiv. Besonderheiten ländlicher Siedlungen werden in Kap. 9.3 behandelt.

**Tab. 3-1: Auswirkungen menschlicher Einflussnahme aus der „Sicht" der Pflanzen (aus Wittig 1996)**

| menschliche Einflussnahme | | | Auswirkungen aus „Sicht" der Pflanzen* |
|---|---|---|---|
| **Art** | **Objekt** | **Effekt*** | |
| INDIREKT | Klima | wärmer (insbesondere auch mildere Winter), trockener | Begünstigung wärmeliebender und trockenheits-resistenter Arten; Erhöhung der Überlebenschance frostempfindlicher Arten; kaum Existenzmöglichkeiten für stark (luft-)feuchtigkeitsabhängige Arten (Hygrophyten); Verlängerung der Vegetationsperiode |
| | | Luft stärker verschmutzt | Begünstigung toxitoleranter Arten; Benachteiligung empfindlicher Arten |
| | Boden | nährstoffreicher, basischer | Begünstigung nährstoffliebender, basiphiler Arten |
| | | schadstoffreicher | Konkurrenzvorteil für schadstoffresistente Arten |
| | | wasserärmer | Vorteil für Wassersparer und/oder extreme Tiefwurzler; kaum Existenzmöglichkeiten für Hygrophyten |
| | Wasser | Grundwasser abgesenkt, Oberflächenwasser schneller abfließend | |
| | Gewässer | eingefasst, kanalisiert oder verrohrt, verschmutzt | kaum Chancen für Sumpf- und Wasserpflanzen (Helo- und Hydrophyten) |
| | gesamter Standort | Störung, Vernichtung, Neuschaffung | Begünstigung von einjährigen Arten (Therophyten) mit kurzem Generationszyklus (mehrere Generationen pro Jahr), hoher Samenproduktion, effektiven Ausbreitungsmechanismen (z. B. Windverbreitung), langlebiger Samenbank; Verringerung der Konkurrenz: bessere Chancen für Neuankömmlinge (Neophyten) |
| DIREKT | Pflanze | Bekämpfung | |
| | | mechanische Schädigung | Vorteile für regenerationskräftige Arten; Nachteile für zart gebaute oder bruchempfindliche Spezies |

* im Vergleich zum Umland

## 3.1 Siedlungsklima

Die Anlage von Siedlungen ist in Mitteleuropa normalerweise mit Entwaldung, zumindest mit starker Auflockerung des Waldes verbunden. Entwaldung aber hat eine Veränderung aller wichtigen Klimaelemente (Strahlung, Lufttemperatur, Windgeschwindigkeit, relative Luftfeuchtigkeit) zur Folge. Die betreffenden Veränderungen sind allerdings nicht siedlungsspezifisch, sondern treten auch bei anderen vom Menschen geschaffenen Ökosystemen (Heiden, Magerrasen, Wirtschaftsgrünland, Äcker und Weinberge) auf. Hierauf wird daher im Folgenden nicht eingegangen.

Siedlungsspezifisch sind dagegen alle Veränderungen, die mit der Bebauung im Zusammenhang stehen (Strahlungsreflexion u. -absorption, Schattenwurf, Energieumsatz im Baukörper), die **Temperaturveränderungen** durch anthropogene Energiezufuhr, die **Versiegelung der Bodenoberfläche** und daraus resultierende Konsequenzen für den **Wasserabfluss** bzw. die **Versickerung**, die sich wiederum auf die **Luftfeuchtigkeit** und die **Temperatur** auswirken, sowie die siedlungsbedingte Veränderung des **chemischen Klimas** (Emissionen, Immissionen).

Prinzipiell treten die genannten Wirkungen in jeder Siedlung, also auch bereits bei einem Einzelhaus auf. Um dies zu erfahren, setze man sich nur einmal nach einem warmen Sommertag in einer klaren Nacht vor die südexponierte Wand eines einzeln stehenden Hauses, wo es bis spät in die Nacht angenehm warm bleibt, während sich die umliegenden Felder, Wiesen und Wälder rasch abkühlen. Oder man achte auf den Frostschutz, den unmittelbar in Hausnähe stehende Pflanzen aufgrund der Rückstrahlung genießen (Abb. 3-1). Verständ-

Abb. 3-1 Während das unmittelbar am Haus stehende Exemplar der frostempfindlichen „exotischen“ Pflanzen (*Aeonium smithii*) auch nach mehreren Wintertagen noch vital ist, haben die weiter entfernt stehenden deutliche Schäden erlitten.

**Tab. 3-2: Mittlere Veränderungen von Klimaparametern in Verdichtungsgebieten (aus KUTTLER 1998a), ihre Ursachen und ihre Auswirkungen auf die Stadtflora (nach WITTIG 1991, ergänzt)**

| Faktoren | Veränderungen gegenüber dem Umland | Ursachen |
|---|---|---|
| **Strahlung** | | |
| Globalstrahlung auf horizontaler Oberfläche | – 20 % | |
| Gegenstrahlung | + 10 % | Dunsthaube, erhöhte Bewölkung (aufgrund des Aufsteigens der Luft) |
| Ultraviolett im Winter | – 70 % (im Extremfall – 100 %) | |
| Ultraviolett im Sommer | – 10 bis – 30 % | |
| **Sonnenscheindauer** | | |
| im Winter | – 8 % | erhöhte Bewölkung (s.o.) |
| im Sommer | – 10 % | |
| **Lufttemperatur** | | |
| Jahresmittel | + 0,5 bis + 1 °C | Glashauseffekt, Energieumsatz im Baukörper, anthropogene Wärmezufuhr |
| Winterminima | + 1 bis + 3 °C | |
| maximale Temperaturunterschiede | bis +13 °C | |
| Dauer der winterlichen Frostperiode | – 30 % | |
| **Windgeschwindigkeit** | | |
| jährliches Mittel | – 25 % | Baukörper |
| Windstille | + 115 % | |
| **rel. Luftfeuchtigkeit** | | |
| Jahresmittel | – 6 % | Oberflächenversiegelung, erhöhte Temperatur, weniger Vegetation |
| Sommermittel | – 8 % | |
| **Niederschlag** | | |
| totale Regensumme | + 10 % (leeseitig) | erhöhte Bewölkung (s.o.) |
| Schneefall | – 5 % | höhere Temperatur |
| Tauabsatz | – 65 % | geringe rel. Luftfeuchtigkeit (s.o.) |
| **Luftverunreinigungen** | | |
| $CO_2$, $NO_X$, AVOC[1)], PAN[2)] | mehr | Emissionen, Immissionen |
| $O_3$ | weniger | nächtliche Reduktion durch NO |

[1)] AVOC = anthropogene Kohlenwasserstoffe; [2)] PAN = Peroxiacetylnitrat

licherweise nimmt der Einfluss der Siedlung auf das Klima mit ihrer Größe und Dichte zu. Besonders ausgeprägt ist er dementsprechend in Großstädten, wo sich fast alle pflanzenwirksamen Klimaelemente deutlich von denen des Umlandes unterscheiden (Tab. 3-2).

In den beiden folgenden Kapiteln soll die Bedeutung des Stadtklimas für die Zusammensetzung der Stadtflora etwas näher beleuchtet werden. Auf die Ursachen für die **Klimaveränderung**, die in Tab. 3-2 angeführt sind, kann aus Platzgründen nicht ausführlich eingegangen werden. Sie sind jedoch „im Wesentlichen drei Einflussgrößen zuzuordnen: Erstens werden vegetationsbedeckte Flächen reduziert, zweitens werden die ursprünglich natürlichen Bodenoberflächen durch überwiegend künstliche Materialien in versiegelte Oberflächen mit einem stark strukturierten Stadtkörper umgewandelt und drittens stellen zahlreiche technische Einrichtungen Quellen thermischer und luftverunreinigender Emissionen dar“ (KUTTLER 1998b). Für weitergehende Informationen sei auf zusammenfassende Aufsätze, Buchkapitel und Bücher über „Stadtklima“ verwiesen (z. B. GEORGII 1994, LANDSBERG 1981, KUTTLER 1998a).

### 3.1.1 Auswirkungen des physikalischen Stadtklimas

Von den charakteristischen Veränderungen des Stadtklimas dürfte für Flora und Vegetation vor allen Dingen die Tatsache, dass die Stadt wärmer ist als ihr Umland, von großer Bedeutung sein. Dieser Unterschied beruht in erster Linie auf weniger kalten Wintern und Nächten und hier wiederum insbesondere da-

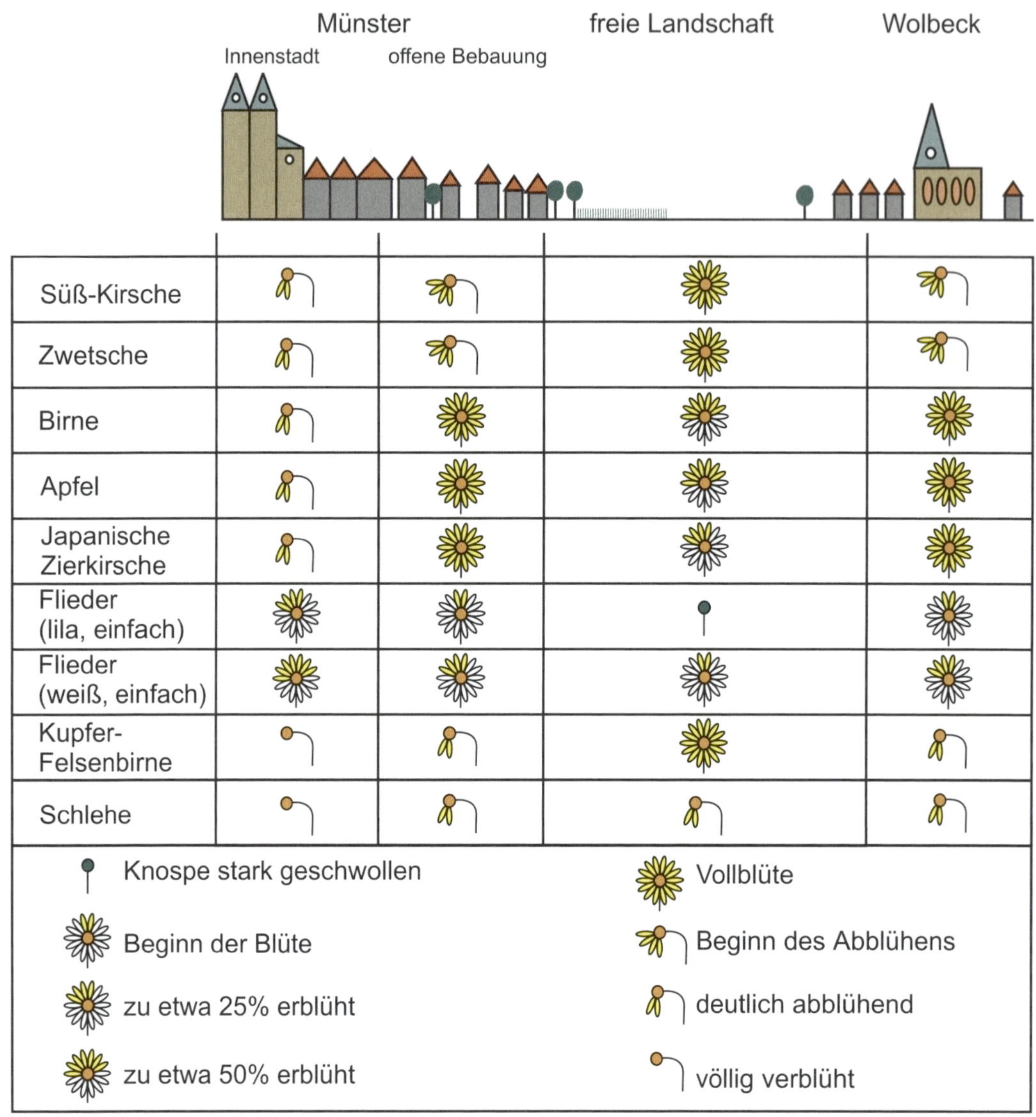


Abb. 3-2 Blütenentwicklung ausgewählter Arten in der Stadt Münster sowie im Vorort Wolbeck und der dazwischenliegenden freien Landschaft am 29.4.1988 (Wittig n.p.).

rauf, dass die Extremtemperaturen nicht so tief sinken wie im Umland. In Wien wurden nachts bis zu 13 °C höhere Temperaturen gemessen als im Umland (Auer et al. 1989). Als Folge des Stadtklimas haben dementsprechend zahlreiche frost- und kälteempfindliche Pflanzen, die an das natürliche mitteleuropäische Klima nicht angepasst sind, inzwischen einen festen Platz in unseren Großstädten gefunden. Beispiele für solche wärmeliebenden Neubürger (Neophyten; s.a. Kap. 5.3 u. 6.3.7) sind Schmetterlingsflieder (*Buddleja davidii*) und Götterbaum (*Ailanthus altissima*). Auch das Temperatur-Zeigerwertspektrum von Großstadtfloren (Kap. 6.3.6) deutet darauf hin, dass das wärmere Stadtklima Auswirkungen auf die Zusammensetzung der Flora hat. Besonders solche Arten, die (fast) ausschließlich in Großstädten vorkommen, sind durchweg ausgesprochene Wärmezeiger (vgl. 6.3.4).

Aus der verkürzten Frostperiode im Winter sowie den weniger kühlen Nächten resultiert

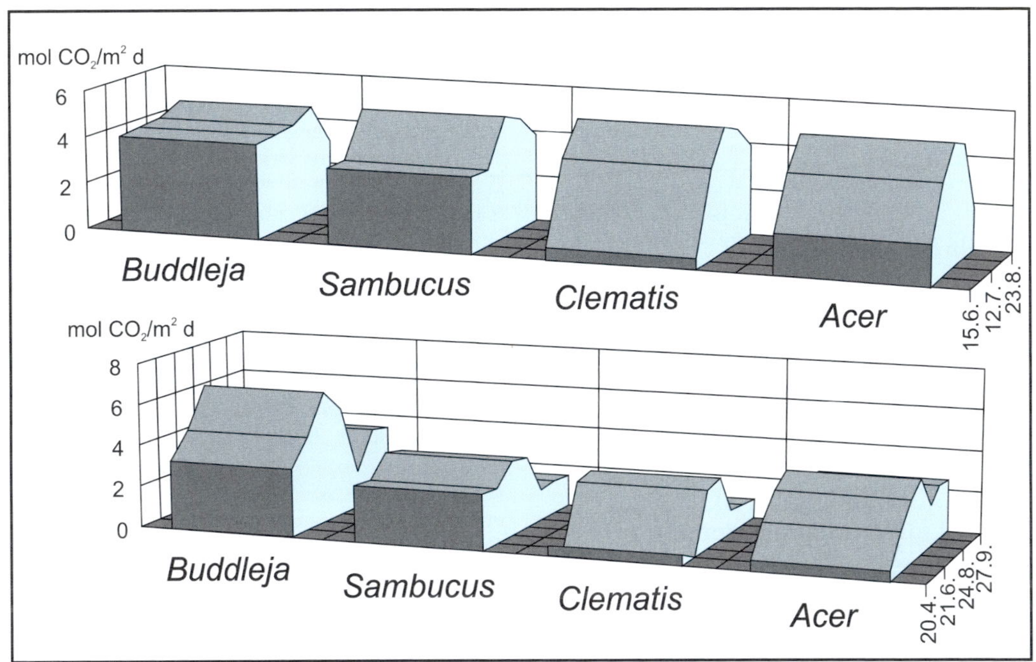


Abb. 3-3 Jahresverlauf der integrierten Photosyntheserate des in Städten sehr erfolgreichen neophytischen Strauches *Buddleja davidii* und dreier einheimischer Gehölze (*Clematis vitalba*, *Sambucus nigra* und *Acer pseudoplatanus*) in Wien an einem Innenstadtstandort (unten) und im Außenbereich (oben) der Stadt (nach Eisinger 1996).

außerdem ein früherer Beginn der Vegetationsperiode. Dieser lässt sich nicht nur für Städte, sondern auch für kleinere Siedlungen nachweisen (Abb. 3-2).

Frostempfindliche Therophyten blühen und fruchten in Städten aufgrund des erheblich später einsetzenden Frostes bis weit in den Winter hinein, während im Umland frühe Fröste bereits im Herbst das Absterben der gleichen Pflanzenarten verursachen. Für einige Therophyten bedeutet das frühere Blühen und Fruchten allerdings auch ein früheres Absterben, wobei neben den erhöhten Temperaturen sicherlich die größere Trockenheit der Stadt als Ursache in Betracht kommt.

Die Trockenheit städtischer Standorte wird dadurch verursacht, dass das Regenwasser in weiten Bereichen aufgrund des hohen Versiegelungsgrades oberflächlich schnell abfließt oder aufgrund der Bodenzusammensetzung (Kap. 3.2) schnell versickert, in jedem Fall also den Pflanzen nicht oder nur kurzfristig zur Verfügung steht. Zusammen mit der klimatischen Trockenheit (Herabsetzung der relativen Luftfeuchtigkeit um 8 bis 10 %) ist dies ein unübersehbarer Nachteil für die Stadtvegetation, der auch durch die verringerte Windgeschwindigkeit (weniger Transpiration) sowie den leicht erhöhten Niederschlag offensichtlich nicht ausgeglichen werden kann. Jedenfalls finden sich in Städten prozentual weniger hygromorphe Arten als im Umland (s. Kap. 6.3.5.2) und zu den charakteristischen Arten (Tab. 6-3) zählt keine einzige. Eisinger (1996) fand bei Untersuchungen in Wien, dass die einheimischen Gehölze *Clematis vitalba*, *Sambucus nigra* und *Acer pseudoplatanus* ihre Stomata im Innenstadtbereich während der Sommermonate weit weniger öffnen (entsprechend wurde ein höherer stomatärer Widerstand gemessen) als im Außenbereich der Stadt. Gut angepasst an die städtischen Bedingungen ist dagegen der neophytische Strauch *Buddleja davidii*, bei dem der stomatäre Widerstand nahezu während der gesamten Vegetationsperiode im Innenstadtbereich kleiner als im Außenbereich ist. Entsprechend ist bei *Buddleja davidii* die integrierte **Photosyntheserate** an Innenstadtstandorten deutlich größer als bei den drei untersuchten einheimischen Arten, die dagegen in einem städtischen Außenbezirk eine gleich große oder sogar höhere integrierte Photosyntheserate zeigen (Abb. 3-3). Zu erwähnen ist weiterhin der erhöhte Anteil so genannter **C4-Pflanzen** an der Stadtflora (s. Kap. 6.3.5.5), also von Arten, die aufgrund eines speziellen Weges der $CO_2$-Fixierung im Rahmen der Photosynthese besonders gut an Trockenstandorte angepasst sind.

Bisher gibt es dagegen keinen Hinweis auf eine Beziehung zwischen der Strahlungsminderung und der Zusammensetzung oder dem Lebensablauf der Stadtflora. Im Gegenteil: die Flora mitteleuropäischer Großstädte enthält nicht etwa weniger Lichtzeiger als die des Umlandes, sondern sogar mehr (s. Abb. 6-15).

### 3.1.2 Auswirkungen von Luftverunreinigungen

Luftverunreinigungen (Immissionen) wirken einerseits indirekt über Veränderungen des physikalischen Klimas (s. Tab. 3-2) auf die Pflanzen, sie verursachen andererseits aber auch direkte Effekte. Tab. 3-3 gibt einen Überblick über aktuelle Luftverunreinigungen in mitteleuropäischen Städten. Relativ gut untersucht sind die Auswirkungen der bis in die 70er Jahre erheblich höheren **$SO_2$-Belastung** (im Ruhrgebiet stellenweise im Jahresdurchschnitt über 0,3 mg $m^{-3}$ $d^{-1}$; bei Spitzenbelastungen über 1 mg $m^{-3}$ $d^{-1}$; s. STRATMANN et al. 1965) auf Flechten (s. Kap. 6.7) und Moose (Kap. 6.5).

**Tab. 3-3: Jahresmittelwerte der Spurenstoffkonzentrationen (in µg $m^{-3}$) von $SO_2$, $NO_2$ und Schwebstaub (SST) in Großstädten[1)] Mitteleuropas und zwei hessischen Reinluftgebieten[2)] in den 90er Jahren**

| | $SO_2$ | $NO_2$ | SST | Jahr |
|---|---|---|---|---|
| Berlin | 26 | 31 | 59 | 93 |
| Frankfurt/M. | 17 | 42 | 46 | 93 |
| Gelsenkirchen | 27 | 42 | 58 | 93 |
| Hamburg | 19 | 34 | 43 | 93 |
| Leipzig | 64 | 36 | 56 | 93 |
| Stuttgart | 10 | 45 | 41 | 93 |
| Kopenhagen | 11 | 69 | 78 | 94 |
| Wien | 11 | 34 | – | 95 |
| Spessart | 10 | 16 | 0 | 94 |
| Odenwald | 7 | 20 | 0 | 94 |

-: Kein Messwert
[1)] Quellen: s. KUTTLER (1998a); [2)] BALTRUSCH et al. (1995)

Auch zu Stadtbäumen (Kap. 7.1) und einigen Zierpflanzen existieren Arbeiten.

Über mögliche Reaktionen speziell der städtischen krautigen Wildpflanzen auf Immissionen ist dagegen relativ wenig bekannt. Lediglich die Auswirkungen von Ozon wurden bei zahlreichen Arten untersucht: FRANZARING et al. (1998) nennen in ihrer Literaturübersicht über die in Europa durchgeführten Studien zum Einfluss von **Ozon** auf die natürliche Vegetation 22 städtische Ruderalpflanzen als Untersuchungsobjekte (*Capsella bursa-pastoris*, *Chenopodium album*, *Cirsium arvense*, *Dactylis glomerata*, *Daucus carota*, *Euphorbia peplus*, *Galinsoga parviflora*, *Hordeum murinum*, *Lolium perenne*, *Malva sylvestris*, *Tripleurospermum perforatum*, *Plantago lanceolata*, *Plantago major*, *Poa annua*, *Senecio vulgaris*, *Solanum nigrum*, *Sonchus asper*, *Stellaria media*, *Tanacetum vulgare*, *Taraxacum officinale*, *Trifolium repens* und *Urtica dioica*). BERGMANN et al. (1996) untersuchten 16 Ruderalarten, davon zwei in der vorangehenden Aufzählung nicht enthaltene (*Matricaria suaveolens*, *Rumex obtusifolius*). Sichtbare Schäden durch Ozon zeigten sich bei elf der 16 Arten. *Capsella bursa-pastoris* und *Solanum nigrum* wurden zwar nicht sichtbar geschädigt, produzierten jedoch erheblich weniger Biomasse als nicht belastete Vergleichspflanzen. Bezüglich der Biomassereduktion erwiesen sich *Solanum nigrum*, *Malva sylvestris* und *Senecio vulgaris* als besonders empfindlich. Weder sichtbare Schäden noch eine Wachstumsreduktion zeigten *Chenopodium album* und *Urtica dioica*. Die Konkurrenzversuche von CORNELIUS (1982) mit *Chenopodium album* und *Urtica urens* sowie von CORNELIUS & MARKAN (1984) mit *Artemisia vulgaris* und *Soldidago canadensis* beweisen, dass es unter Ozoneinfluss zu Verschiebungen der Artenzusammensetzung der Vegetation kommen kann.

Bei Belastungsversuchen von Grünlandarten erwiesen sich der in städtischen Scherrasen häufige Weiß-Klee (*Trifolium repens*) sowie der dort zumindest nicht seltene Zwerg-Klee (*T. dubium*) als sehr ozonempfindlich (signifikante Abnahme der oberirdischen Biomasse um 26 % bzw. 17 %, ASHMORE et al. 1996), das bezeichnende Scherrasengras *Lolium perenne* zeigte dagegen im Rahmen dieser Untersuchung keinerlei Reaktion. Bei Begasungsversuchen von GRUB et al. (1997) wurde *Lolium perenne* sogar leicht gefördert, ebenso *Rumex obtusifolius*. Alle anderen im Rahmen dieser Untersuchungen berücksichtigten Arten städtischer Rasen zeigten dagegen eine Verringerung der oberirdischen Blattmasse bei – im Vergleich zur normalen Umweltsituation – 1,5-facher Ozon-Belastung. In England erwiesen sich *Plantago major*-Populationen aus Gebieten mit starker Ozonbelastung resistenter gegenüber Ozon als solche aus Gebieten mit geringer Belastung (Abb. 3-4).

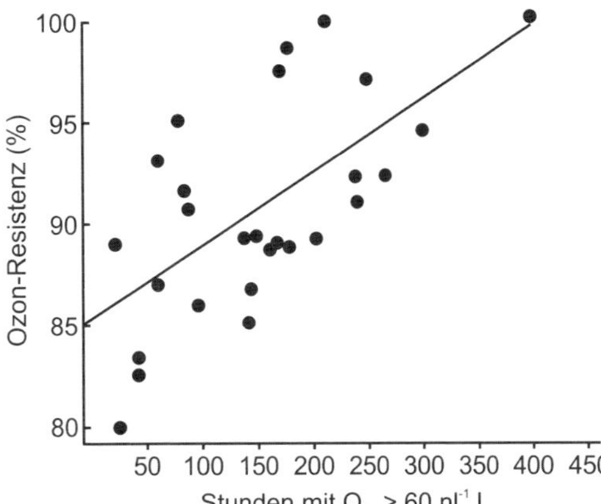


Abb. 3-4 Beziehung zwischen der $O_3$-Resistenz von *Plantago major*-Populationen (ausgedrückt als relatives Wachstum belasteter Pflanzen im Vergleich zu unbelasteten); Belastung: täglich sieben Stunden 70 nl $O_3$/l; Kontrollpflanzen: gefilterte Luft mit $O_3$ < 10 nl/l) und der $O_3$-Belastung ihres Standortes (ausgedrückt als Anzahl der Stunden mit einer $O_3$-Konzentration $O_3$ > 60 nl/l im Jahre 1989, dem Jahr vor dem Sammeln der Samen, aus denen die Versuchspflanzen gezogen wurden). $n = 27$, $r = 0{,}631$, $P < 0{,}001$ (aus Reiling & Davison 1992).

## 3.2 Stadtböden

Während das Klima in allen Städten in einheitlicher Weise gegenüber dem des Umlands verändert ist, so dass man berechtigterweise von „Stadtklima“ sprechen darf, weisen die Böden eines Stadtgebietes heterogene Eigenschaften auf. Es gibt also nicht den „Stadtboden“. Diese Heterogenität hat folgende Ursachen:

- Die Stadtgründungen erfolgten auf sehr verschiedenen Böden.
- Das Ausgangsmaterial, das später zum Boden wurde, ist von unterschiedlichster Herkunft.

Die Mehrzahl der Stadtböden hat allerdings im Laufe ihrer Entwicklung eine Vielzahl gleichartiger Einwirkungen erfahren, die zur Nivellierung der Unterschiede geführt hat. Im Einzelnen sind zu nennen:

- Viele Stadtböden, in der Regel der überwiegende Teil der außerhalb der ehemaligen Stadtmauern gelegenen (s. z. B. Frankenberger 1997), waren vorher Ackerboden (die Stadt musste ernährt werden, daher fand im unmittelbaren Umland Ackerbau statt). Durch Pflügen kam es zur Mischung und Vertiefung des humosen Oberbodens sowie zur Verdichtung im Unterboden. Außerdem wurden Kalkung und Düngung durchgeführt, was zur Erhöhung von Nährstoffgehalt und pH-Wert führte.
- Nach der Urbanisierung wurden die Ackerböden zum Teil in Gartenböden (Hortisole) umgewandelt, d. h. sie wurden in jahrelanger (oft jahrhundertelanger) Arbeit der Gartenbesitzer in Richtung auf einen Optimalzustand hin entwickelt: Auflockerung der Lehmböden, Tonanreicherung in Sandböden. Tab. 3-4 belegt die „Aufwertung“ der Gartenböden am Beispiel zweier Böden, die beide aus glazialen Sanden gebildet wurden, von denen der eine jedoch unter Wald blieb, der andere zu einem Hortisol entwickelt wurde.
- Zement und Mörtelreste führen zu einer Erhöhung des pH-Wertes der Bodenlösung. Manche städtische Sandböden ähneln daher bezüglich ihres pH-Wertes Kalk-Braunerden. Auch entlang von Straßen ist der Boden-pH-Wert in der Regel deutlich erhöht (Abb. 3-5).
- An Straßenrändern und insbesondere auf Baumscheiben ist eine Erhöhung des N- und P-Gehaltes zu verzeichnen.

**Tab. 3-4: Einige pflanzenrelevante Parameter einer Rosterde unter Wald[1] und eines Hortisols[2] aus gleichem Ausgangsmaterial, jeweils in 20 cm Tiefe**

| Bodentyp | Rosterde | Hortisol |
|---|---|---|
| pH | 3,3 | 7,0 |
| % Ton | 1,5 | 2,2 |
| ppm verfügbares Phosphat | 23,0 | 430,0 |
| o/oo Gesamtstickstoff | 0,1 | 1,4 |

[1] aus Runge (1975); [2] aus Dümmler et al. (1976)

**Tab. 3-5: Pflanzenrelevante Eigenschaften von Siedlungsböden**

| Nutzung | pH-$CaCl_2$ | C/N | Kalk % | nFK l/m² | $P_a$ g/m² | $Pb_e$ g/m² | $Zn_e$ g/m² |
|---|---|---|---|---|---|---|---|
| a) Buchenforst | 3,2 | 30 | 0,0 | 13 | 2,5 | 3,4 | 0,8 |
| b) verkrauteter Bahnkörper | 6,0 | 42 | 0,0 | 10 | 4,6 | 1,1 | 2,6 |
| c) Straßenrand | 7,6 | 25 | 0,5 | 34 | 11,0 | 52,0 | 8,3 |
| d) Industriegelände | 10,5 | 240 | 3,8 | 11 | 3,8 | 9,4 | 14,0 |
| e) Deponie (Müll, Bauschutt) | 6,8 | 15 | 1,8 | 42 | 8,4 | 2,2 | 2,0 |
| f) Robinienbestand auf Bauschutt | 7,2 | 24 | 6,9 | 75[1)] | 8,5 | 21,0 | n.b. |
| g) Friedhof | 6,5 | 12 | n.b. | 55 | 26,0 | 4,4 | 6,3 |

Alle Werte beziehen sich auf den Flach- und Hauptwurzelraum (0–20 cm Bodentiefe); Quellen: s. Blume (1998)
nFK nutzbare Feldkapazität
$P_a$ laktat-lösliches bzw. verfügbares P
$Pb_e$/$Zn_e$ EDTA-extrahierbare bzw. verfügbare, leicht mobilisierbare Metallionen
n.b. nicht bestimmt
1) der hohe Wert wird durch poröse Ziegel verursacht

- Der winterliche Streusalzeinsatz verursacht einen Anstieg des NaCl-Gehaltes.
- Staubniederschläge (Ruß, Straßenstaub u. a.) führen im gesamten Stadtgebiet, insbesondere aber entlang von Straßen und in der Umgebung größerer Emittenten (Industriegebiete) zu einer Basenanreicherung, aber auch zu einer Erhöhung des Schadstoffgehaltes (Schwermetalle, Organika).
- Fahrzeuge und Baumaschinen bewirken eine Verdichtung des Bodens.

Zusammenfassend lassen sich viele Stadtböden im Vergleich zu natürlichen Böden folgendermaßen charakterisieren:

- reicher an Karbonat und anderen den pH-Wert der Bodenlösung erhöhenden Substanzen,
- nährstoffreicher (Ausnahmen: Bahn- und Industriegelände; s. Tab. 3-5: b, d),
- deutlich schadstoffhaltiger (NaCl, Schwermetalle, Organika),
- trockener (s. Kap. 3.3).

Die erhöhte **Bodenreaktion** bedeutet eine Bevorzugung basiphiler Arten (s. Kap. 6.3.6). Eminent wichtig ist die vergleichsweise hohe Bodenreaktion im Hinblick auf die erhöhten **Schwermetallgehalte** städtischer Böden: Bei hohen pH-Werten liegen die Schwermetalle in wasserunlöslicher Form vor, können also nicht von den Pflanzen aufgenommen werden und sind damit nicht gefährlich für diese. Die Mobilität von Schwermetallen im Boden wird nicht nur mit steigendem pH, sondern auch mit steigendem Humusgehalt herabgesetzt. Der hohe Humusgehalt der ehemaligen Gartenböden trägt also ebenfalls dazu bei, dass sich die erhöhten Schwermetallgehalte nicht entsprechend nachteilig auf die Stadtflora auswirken.

Das **gesteigerte Nährstoffangebot** eines großen Teiles der städtischen Böden schlägt sich sowohl im Nährstoff-Zeigerwertspektrum der Stadtflora insgesamt als auch in dem der charakteristischen Stadtarten nieder: Nährstofffliehende Arten (N-Zeigerwert $\leq 3$) sind im Stadtgebiet selten. Die häufigen Stadtarten haben dagegen überwiegend hohe N-Zeigerwerte (vgl. Tab 6-3).

Die **Streusalzbelastung** kann dazu führen, dass die für Pflanzen bedeutsamen Kationen $Ca^{2+}$, $Mg^{2+}$ und $K^+$ durch $Na^+$-Ionen aus den Böden verdrängt werden. Auch auf den Luft- und Wasserhaushalt des Bodens wirkt sich der Einsatz von Streusalz negativ aus: Werden bestimmte Ionen aus dem Boden verdrängt, lagern sich die Bodenteilchen fester zusammen. Außerdem können sich unter den veränderten Milieubedingungen die für die Krümelstruktur des Bodens wichtigen Mikroorganismen nicht mehr in ausreichendem Maße entwickeln. Ein weiterer negativer Effekt des Streusalzes ist die Erhöhung des osmotischen Druckes in der Bodenlösung, wodurch den Pflanzen die Wasseraufnahme erschwert wird. Insbesondere Straßenbäume leiden sehr unter den Auswirkungen des Streusalzes (vgl. Kap. 7.1). Typische Folgen sind Stoffwechselstörungen und eine frühzeitige Seneszenz der Blätter (Zolg & Bornkamm 1983a, b). Nach Chinnow (1975) wird die schädigende Wirkung des NaCl durch

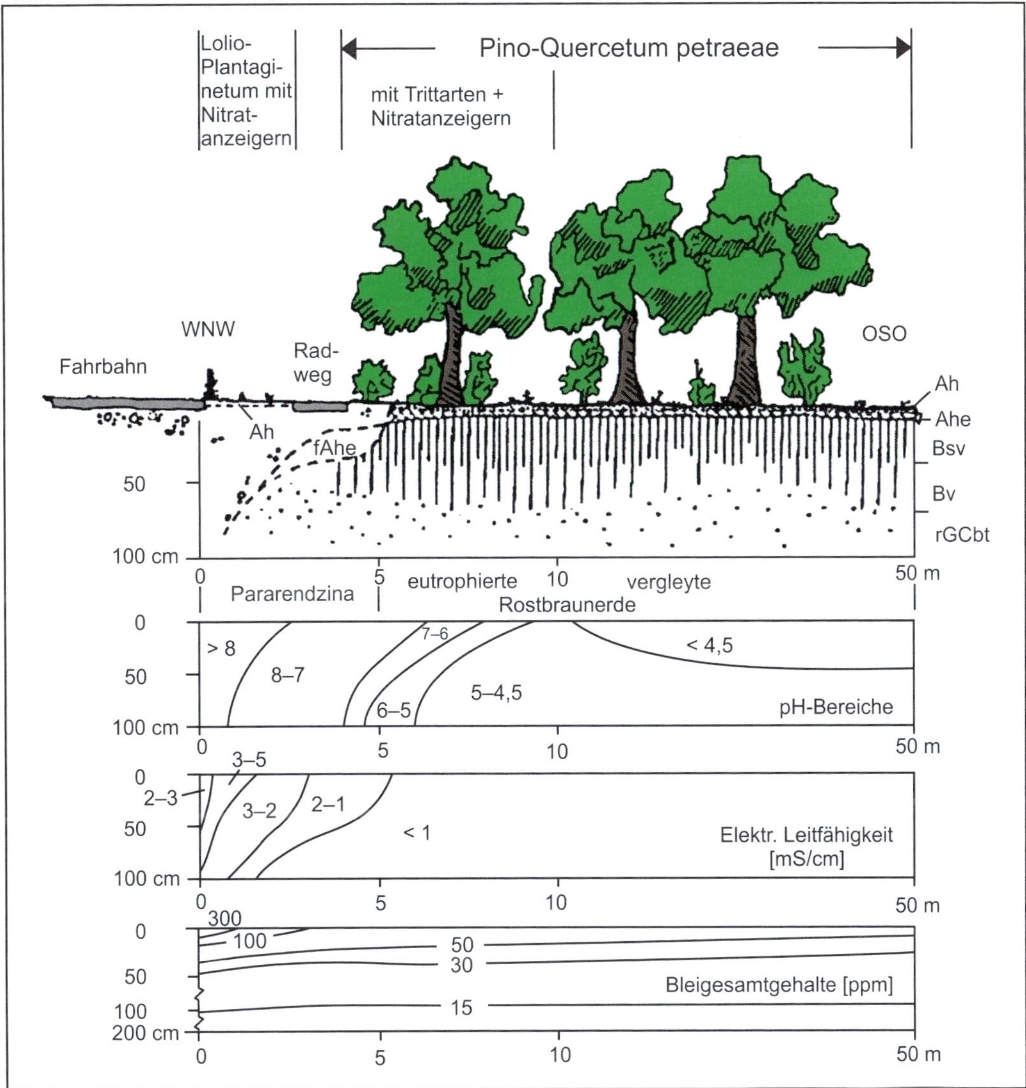


Abb. 3-5 Veränderungen eines Waldökosystems am Straßenrand in Berlin-Tegel (nach Blume et al. 1978).

den hohen Kalziumgehalt der meisten Stadtböden etwas vermindert. In der Spontanvegetation kommt es an Stellen starken Streusalzeinsatzes zu einer Auslese salztoleranter Arten, z. B. *Agrostis stolonifera, Cirsium arvense, Plantago major, Potentilla anserina, Sagina procumbens, Sonchus arvensis, Taraxacum officinale* und *Trifolium repens*. In der Regel ist *Puccinellia distans* ausschließlich an salzbelasteten Stellen zu finden und dementsprechend bandförmig entlang von Straßen mit hoher winterlicher Salzgabe verbreitet (Abb. 3-6; s.a. Jackowiak 1982).

Die **Bodenverdichtung**, die für Bäume ein schwerwiegendes Problem darstellt, ist dafür verantwortlich, dass trotz der relativen Trockenheit der Stadt einige Arten der feuchtigkeitsliebenden Flutrasen, die an Sauerstoffarmut des Bodens angepasst sind, ein häufiger (*Ranunculus repens*) oder zumindest steter (*Agrostis stolonifera, Potentilla anserina, Rumex crispus*) Bestandteil der Stadtflora sind.

An verschiedenen Stadtstandorten treten **Schwermetalle** in Konzentrationen auf, die als Gefährdung für die Vegetation zu werten sind. Bei Cadmium ist ab Gehalten von 1 ppb mit

Abb. 3-6
Verbreitung von *Puccinellia distans* im südwestlichen Teil von Prag (nach Kopecký 1988).

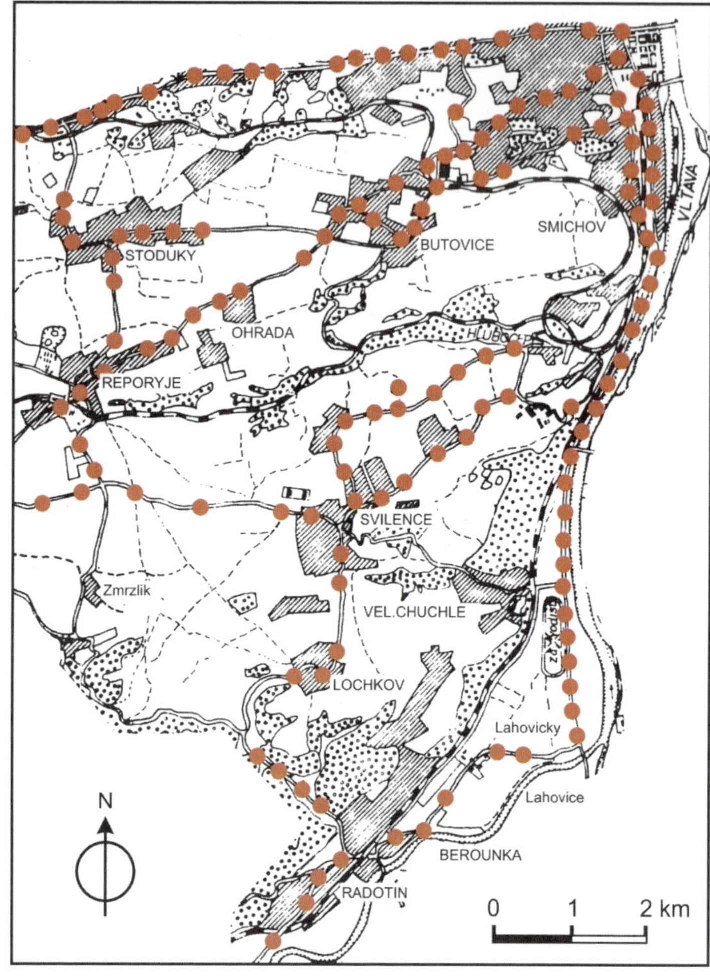


Beeinträchtigungen zu rechnen, einer Konzentration, die mehrfach an Straßenrändern (Atri & Bornkamm 1984, Overdieck & Gloe 1998), in Industriegebieten (Rebele & Werner 1984, Rebele 1986) sowie in Moospolstern auf Dächern (Darius & Drepper 1985) nachgewiesen wurde. Auch die für Blei als vegetationsgefährdend angesehene Konzentration von 20 ppm wird auf den eben genannten Standorten erreicht beziehungsweise überschritten.

Die pflanzenrelevanten Eigenschaften einiger siedlungsspezifischer Berliner Böden sind in Tab. 3-5 (Zeilen b bis g) denen eines naturnahen Bodens (Zeile a) der gleichen Stadt gegenübergestellt. Im Vergleich zur versauerten, kalkfreien, sandigen Braunerde des Buchenforstes, die von Natur aus in Berlin weit verbreitet ist bzw. wäre, sind in den siedlungsspezifischen Böden der pH-Wert, der Gehalt an pflanzenverfügbarem Phosphor sowie der von Zink stets erhöht. Auf Industriegelände und am Straßenrand ist auch der Bleigehalt (stark) erhöht. Das C/N-Verhältnis ist teils verbessert (Straßenrand, Deponie), teils verschlechtert (Bahnkörper, Industriegelände). Die nutzbare Feldkapazität, also die Wasserversorgung der Pflanzen, ist gegenüber dem diesbezüglich bereits ungünstigen Sandboden in einigen Fällen noch etwas verringert (Bahnkörper, Industriegelände), in anderen verbessert, aber überall als gering zu bewerten (BLUME 1998 spricht ab dem Wert 90 von mittlerer, ab 140 von hoher Feldkapazität). Bezüglich detaillierterer Angaben sei auf Spezialliteratur verwiesen (Übersichten bei BLUME 1992, 1998).

## 3.3 Wasserhaushalt

Grundlage des Wasserhaushaltes der Pflanzen ist die externe Versorgung mit Wasser. Diese hängt am natürlichen Standort nur vom Klima (Niederschläge, Luftfeuchtigkeit), vom Grundwasser und von den physikalischen Eigenschaften der Böden ab, wird in Siedlungen dagegen auch vom Menschen beeinflusst. In welchem Maße Pflanzen Wasser aus dem Boden aufnehmen und über die Transpiration wieder an die Atmosphäre abgeben, hängt am „natürlichen Standort" unter mittleren Standortbedingungen von ihrer genetisch bedingten morphologischen und physiologischen Konstitution ab. Immissionen und Schadstoffbelastungen der Böden können jedoch bei manchen Arten dazu führen, dass das Wasseraufnahmevermögen eingeschränkt und/oder die Transpiration gesteigert wird.

Städte sind also in vieler Hinsicht real oder physiologisch gesehen wasserhaushaltsmäßig ungünstigere (trockenere) Standorte als ihr Umland:

- die Luftfeuchtigkeit ist verringert;
- der Grundwasserspiegel ist abgesenkt;
- die Entfernung zum Grundwasser ist zusätzlich durch Bodenaufhöhung (Kulturschutt) vergrößert;
- der Oberflächenabfluss des Wassers ist verstärkt;
- aufgrund eines hohen Anteils von Gesteinsmaterial versickert das Wasser zumindest in Böden aus Schotter, Müll, Schlacke etc., wie sie häufig in Industrie- und Bahngelände zu finden sind, sehr schnell;
- toxische Substanzen in Böden und Luft können die Regulation des Wasserhaushalts der Pflanzen erschweren.

Während der Wasserhaushalt für Pflanzen in Städten also generell gesehen ein Problem darstellt, gibt es in allen Siedlungen auch einige Bereiche, wo **anthropogene Wasserzufuhr** für eine Begünstigung beziehungsweise für das Überleben mesophiler Pflanzenarten sorgt. Insbesondere ist hierbei das Sprengen von Rasenflächen oder die Bewässerung von Gärten sowie von Bäumen zu nennen. Nur dieser Bewässerung ist es zu verdanken, dass frischeliebende, mesophile Pflanzengesellschaften des Cynosurion (Weide- und Scherrasen), die eigentlich für temperiertes ozeanisch-subozeanisches Klima charakteristisch sind, sogar in (sub)kontinentalen und (sub)mediterranen Städten verbreitet sind.

Hier und da können feuchtigkeitsliebende Arten aufgrund von **Bodenverdichtung** (Wasserstau) gefördert werden. Einzelne Vertreter der **Flutrasen** (insbesondere *Ranunculus repens,* aber auch *Rumex crispus* und *Agrostis stolonifera)* sind daher in allen mitteleuropäischen Siedlungen ebenso anzutreffen wie die beiden ursprünglich in **Schlammuferfluren** beheimateten Spezies *Gnaphalium uliginosum* und *Juncus bufonius* und die auf Staunässe im Unterboden hinweisenden Arten *Polygonum amphibium* und *Tussilago farfara.* In dörflichen Siedlungen (vgl. Kap. 9.3) kommen bzw. kamen früher ein **Dorfteich** sowie **Gräben** als Lebensraum für feuchtigkeitsliebende Pflanzenarten, insbesondere aus den Gesellschaften der Schlammuferfluren (Bidentetalia tripartitae) und der Flutrasen (Agrostietalia stoloniferae) hinzu.

## 3.4 Nutzung

Sieht man von den im Rahmen dieses Buches nicht behandelten Einzel- und Kleinstsiedlungen ab, so gibt es derzeit in allen mitteleuropäischen Siedlungstypen folgende für die Ausbildung der Vegetationsdecke relevante Nutzungen:

- Wohnen,
- Abfalldeposition,
- Verkehr,
- Produktion von Nahrungsmitteln und Gütern,
- Handel,
- Bestattung der Toten (Friedhöfe),
- Freizeitgestaltung/Erholung.

Nur in Städten kommen Großindustrie, Verwaltung und Regierung hinzu. Überwiegend auf ländliche Siedlungen beschränkt sind die Haltung von Großvieh und die Existenz großflächiger Nutzgärten.

Nahezu alle genannten Nutzungen sind mit der **Errichtung von Gebäuden** und/oder sonstiger **Versiegelung von Oberflächen** verbunden. Beides wirkt sich einerseits direkt auf die

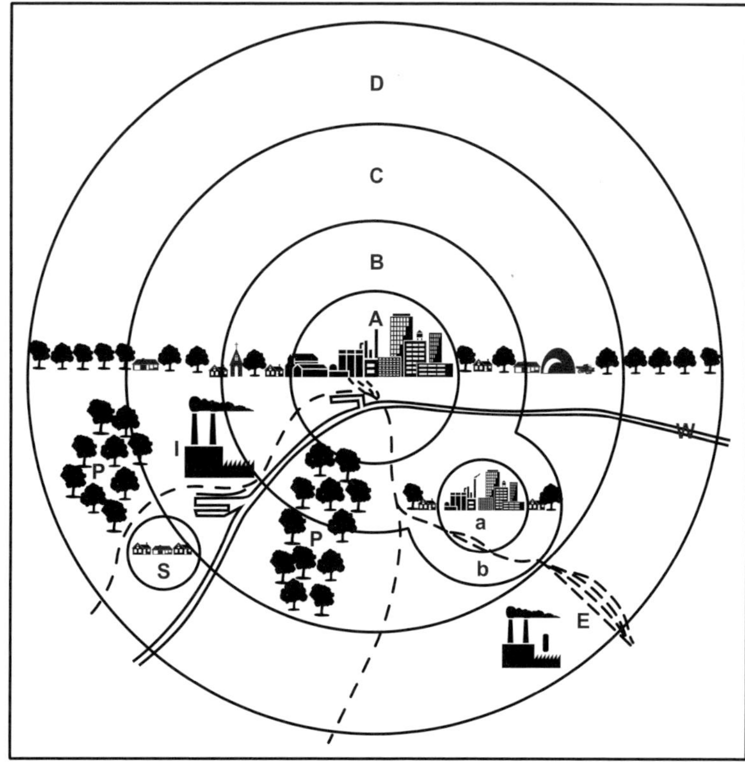


Abb. 3-7
Das konzentrische Stadtmodell (Zonen A, B, C, D) wird durch Unterzentren (a, b), Schlafstädte (S) und azonale Elemente (E, I, P, W) bis hin zur Unkenntlichkeit verwischt (aus Wittig 1991).
A, a Zone der geschlossenen Bebauung; B, b Zone der aufgelockerten Bebauung; C innere Randzone; D äußere Randzone; E Eisenbahngelände; I Industriegelände; P Parkanlagen und Grünflächen i.w.S.; S Schlafstädte; W Wasserstraßen und Hafengelände.

Pflanzen aus (versiegelte und bebaute Flächen sind nur von wenigen Spezialisten besiedelbar), hat aber andererseits auch, wie in den vorausgegangenen Kapiteln gezeigt wurde, indirekte Auswirkungen über die Beeinflussung des Klimas und des Oberflächenabflusses. Mit der Mehrzahl der Nutzungen sind **Schadstoffemissionen** (sei es letztlich nur über die Heizung der Gebäude) und eine allmähliche Materialanhäufung im Siedlungsbereich verbunden. Allerdings verteilen sich die Nutzungen und dementsprechend auch ihre Auswirkungen nicht gleichmäßig über das Gebiet einer Siedlung, sondern sind in unterschiedlichen Quartierstypen auch unterschiedlich ausgebildet. Besonders augenfällig ist dies in Städten, wo sich die in der Regel zum Zentrum hin zunehmende Bebauungsdichte und Oberflächenversiegelung in der Zusammensetzung der Flora widerspiegelt: Mit Anstieg von Bebauung und Besiedlung nimmt die Artenzahl der Pilze, Flechten und Moose vom Stadtrand zum Stadtzentrum hin deutlich ab, während die der Samenpflanzen im Stadtzentrum größer ist als im Umland (vgl. Tab. 6-1). Nicht zuletzt aufgrund dieser botanischen Beobachtungen gehen die ersten **ökologischen Stadtgliederungen** (z. B. Sukopp et al. 1973) von einem konzentrischen Stadtmodell aus (s. Abb. 3-7).

Aus zahlreichen Gründen ist der Idealfall einer wirklich konzentrischen Anordnung der Vegetation jedoch in keiner Stadt verwirklicht. So gibt es in fast allen Städten größere Vororte, die ebenfalls Zonen geschlossener Bebauung aufweisen. Nicht wenige Städte sind sogar durch das Zusammenwachsen zweier gleichwertiger Orte entstanden. Hierdurch kommt es zur Überlagerung und Verwischung der Zonen (s. Abb. 3-7). Auch sind manche Nutzungen bzw. Strukturen (Industrieanlagen, Einkaufszentren, Schul- und Sportzentren, Flughäfen, Parkanlagen, Friedhöfe, Kleingärten) auf exzentrisch liegende inselartige Bereiche beschränkt, was auch für einige Exklaven des Stadtumlandes gilt (Seen, Waldreste). Dennoch zeigen viele Arten eine annähernd konzentrische Verbreitung (Abb. 3-8) und auch die Auswertung bestimmter Merkmale der gesamten Gefäßpflanzenflora kann zu mehr oder weniger konzentrischen Stadtbildern führen (Sudnik-Wójcikowska & Moraczewski 1998). In Warschau unterscheiden sich Zonen stärke-

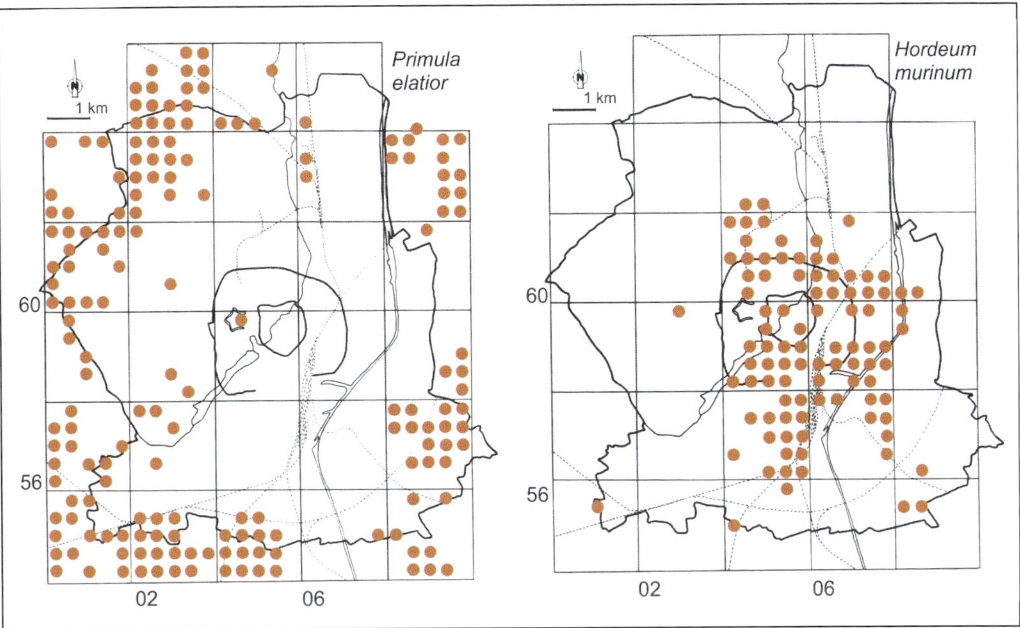


Abb. 3-8 Konzentrische Verbreitung von Arten: *Primula elatior* und *Hordeum murinum* in Münster (aus Wittig et al. 1985).

rer und geringerer „anthropropressure" (Sudnik-Wójcikowska 1986, 1988) in zahlreichen **Synanthropisationsmerkmalen**, die in Kap. 6.3.8 erläutert werden. Untersuchungen in anderen polnischen Städten zeigen, dass diese Unterschiede allgemein zutreffen (Sudnik-Wójcikowska 1992).

Neben den eben erwähnten inselartigen „extrazonalen" Gebieten gibt es in jeder Stadt bandförmige („azonale") Bereiche, die die Stadt durchziehen und dabei mehr oder weniger alle Stadtzonen durchschneiden (Bahnanlagen, Autobahnen, Kanäle, Fließgewässer). Auch diese werden vom Verbreitungsbild einiger Arten widergespiegelt (Abb. 3-9). Neuere stadtökologische Gliederungen sind daher in der Regel nicht konzentrisch ausgerichtet, sondern erfolgen auf der Basis von Nutzungstypen (s. Kap. 9).

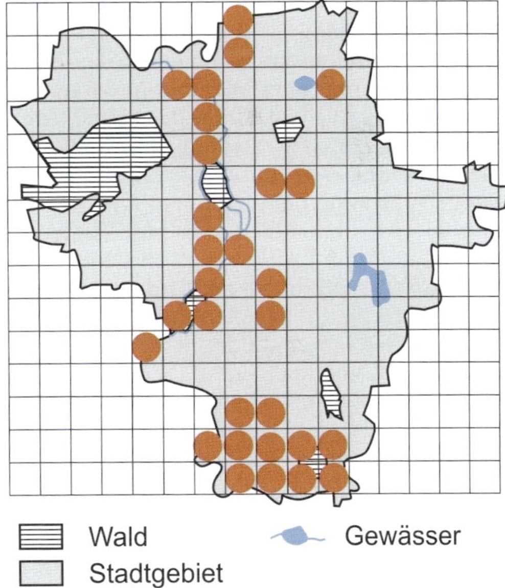


Abb. 3-9 Ein Beispiel für „azonale" Verbreitung: Das Moos *Amblystegium riparium* in Halle/S. (nach A. Müller 1993).

# 4 Methodische Probleme der Bestandsaufnahme der spontanen Flora und Vegetation

Die bisher in der Literatur vorliegenden Bestandsaufnahmen der Flora und Vegetation von Siedlungen sind leider in vieler Hinsicht uneinheitlich. Diese Uneinheitlichkeit resultiert aus folgenden Problemen:

- Definition der Begriffe „Siedlungsflora“ bzw. „Siedlungsvegetation“ (Kap. 4.1),
- Abgrenzung des Untersuchungsgebietes (Kap. 4.2),
- Repräsentativität der Probeflächenwahl (Kap. 4.3),
- zeitliche Repräsentativität (Kap. 4.4),
- syntaxonomische Probleme (Kap. 4.5).

## 4.1 Definitionen

Unter **„Flora“** versteht man die Summe der Pflanzenarten eines Gebietes oder eines Biotop-Typs, unter **„Vegetation“** die Summe der Pflanzengesellschaften. Beide Begriffe erfordern daher den Zusatz einer Gebiets- oder Biotopbezeichnung, z. B. Flora (oder Vegetation) von Mitteleuropa, von Deutschland, von Berlin bzw. Flora (oder Vegetation) der mitteleuropäischen Buchenwälder, der nährstoffreichen Gewässer, der Siedlungen (Siedlungsflora, Siedlungsvegetation). Die Begriffe „Flora/Vegetation einer Siedlung (einer Stadt, eines Dorfes)“ und „Siedlungsflora/Siedlungsvegetation (Stadtflora/-vegetation, Dorfflora/-vegetation)“ sind somit nicht identisch: Erstere meinen die Pflanzenarten oder Pflanzengesellschaften innerhalb der politischen Grenzen einer bestimmten Siedlung (einer Stadt, eines Dorfes), Letztere die Arten des betreffenden Biotop-Typs, also „Siedlung“ allgemein oder „Stadt“ bzw. „Dorf“. Nur Letztere sind Gegenstand dieses Buches.

Die Auflistung der **Siedlungsflora** ist allerdings weit schwieriger als die der Flora einer Siedlung. Insbesondere Städte, in geringerem Maße Dörfer, weisen nämlich neben den eigentlichen siedlungsspezifischen Habitaten auch solche auf, die eher für das Umland charakteristisch sind (Abb. 4-1 und 4-2), also nicht als städtisch oder dörflich bezeichnet werden dürfen. Dies bedeutet, dass zur Flora einer Stadt oder eines Dorfes neben den eigentlichen siedlungsspezifischen Arten (der „Stadtflora“ oder der „Dorfflora“) auch Arten der Umlandflora gehören. Somit ergibt sich das Problem der Ermittlung der typischen Stadtflora bzw. das der Abgrenzung der Stadt- gegen die **Umlandflora**. All dies trifft sinngemäß auch für die Vegetation zu. Da Siedlungen mit noch typisch ländlichem (dörflichem) Charakter – abgesehen von den hier nicht behandelten, eher Einzelhauscharakter besitzenden Streudörfern, wie sie beispielsweise für weite Bereich Nordwestdeutschlands charakteristisch sind, deutlicher vom Umland abgegrenzt sind (s. Abb. 1-2) und weniger Enklaven von Umlandbiotopen enthalten als (Groß)Städte, wird in den

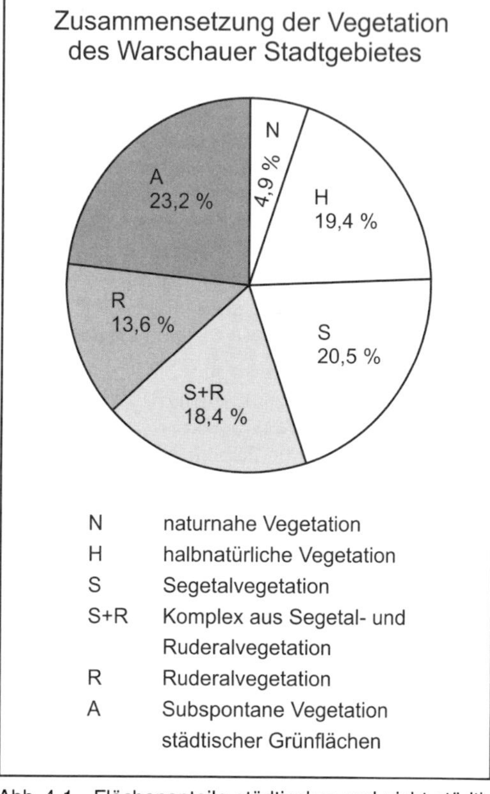


Abb. 4-1 Flächenanteile städtischer und nicht städtischer Vegetation auf dem Gebiet der Stadt Warschau (aus Chojnacki 1991).

Kap. 4.3 bis 4.5 speziell auf die Probleme bei der Bestandsaufnahme der spontanen Flora und Vegetation von Städten eingegangen. Analog gilt das Folgende aber auch für die Erfassung der Dorfflora und Dorfvegetation.

## 4.2 Abgrenzung

Abgrenzung der Stadt- gegen die Umlandflora ist dadurch möglich, dass die Flora der verschiedenen **Nutzungstypen** bzw. Stadtzonen getrennt erfasst wird. Bei der getrennten Aufnahme nach Nutzungstypen erhält man die Stadtflora i.e.S. als die Summe derjenigen Arten, deren Optimum im Bereich typisch städtischer Nutzungen liegt, also in der geschlossenen Bebauung, auf Industrieflächen, Verkehrsanlagen und Deponien, und die in der Natur und in der Agrarlandschaft fehlen oder dort allenfalls an einigen eng begrenzten Sonderstandorten auftreten (urbanophile Arten; s. Kap. 6.2.1 und 6.3.4). Zur Stadtflora i.w.S. gehören außerdem all diejenigen Arten, deren Optimum zwar nicht eigentlich in der Stadt liegt, die aber im gesamten Einflussbereich des Menschen, also in Städten, Dörfern und auf landwirtschaftlichen Nutzflächen gleichermaßen vertreten sind (urbanoneutrale Arten). Die Bereiche städtischer Nutzungen meidende (urbanophobe) Arten sind dagegen nicht zur Stadtflora zu zählen, auch wenn sie auf dem Gebiet einer Stadt vorkommen (s. Abb. 4-2). Bei der Auswertung einer getrennt nach Stadtzonen durchgeführten Bestandsaufnahme ist sinngemäß zu verfahren.

Im Grunde genommen wird bei Herausarbeitung der Stadtflora also nicht anders vorgegangen, als es bei der Erarbeitung der Flora naturnäherer Lebensräume üblich ist. Zur Buchenwaldflora i.e.S. gehören ausschließlich diejenigen Arten, die innerhalb von Buchenwäldern auf den eigentlichen Waldbereich beschränkt sind und nicht solche von darin eingeschlossenen Sonderstandorten und auch nicht diejenigen, die außer in Buchenwäldern in vielen anderen Wäldern vorkommen. Letztere zählen allerdings zur Buchenwaldflora i.w.S., genauso wie Arten der Waldsäume und Waldschläge, die in verminderter Artenzahl auch regelmäßig in Wäldern anzutreffen sind. Niemand würde dagegen die Unkrautflora und -vegetation eines in einem Buchenwald gelegenen Forsthauses zur Buchenwaldflora bzw. Bu-

Abb. 4-2 Obwohl *Orchis militaris* (links) und *Orchis purpurea* (rechts) auf dem Gebiet der Stadt Frankfurt wachsen (NSG Berger Hang), also Bestandteil der Flora von Frankfurt sind, gehören sie dennoch nicht zur Stadtflora (5/2001).

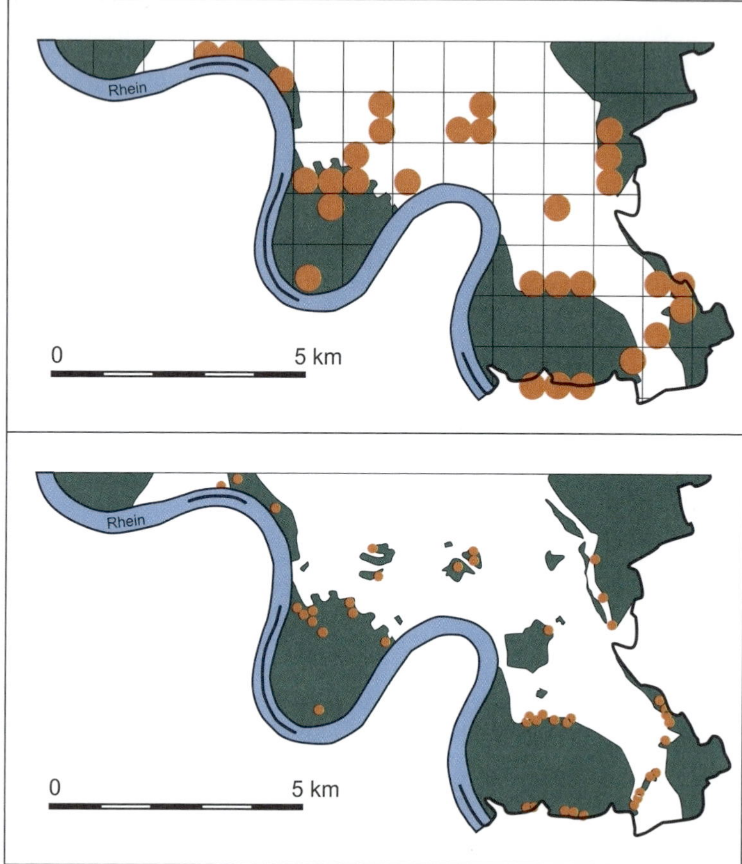


Abb. 4-3
Verbreitung des *Alliario-Chaerophylletum* (exkl. Fragmente) im Süden Düsseldorfs, öffentlich zugänglicher Bereich (aus WITTIG 1989a). Untersuchungszeitraum: Juni 1988; Zeitaufwand: 2 h pro km².
Oben: Rasterkarte; weiß: Bebauungsgebiet, grün: freie Landschaft.
Unten: Punktkarte; weiß: Bebauungsgebiet, grün: freie Landschaft und Waldreste, waldartige Parks und von alten Hecken umgebene Bereiche.
Während die Rasterkarte das *Alliario-Chaerophylletum* für Düsseldorf fälschlicherweise als urbanoneutral ausweist, erkennt man anhand der Kartierung der einzelnen Wuchsorte, dass die Assoziation ausschließlich an nicht-urbane Standorte gebunden ist.

chenwaldvegetation zählen. Erst recht käme wohl niemand auf den Gedanken, Arten oder Pflanzengesellschaften der Felsen, Wälder, Wiesen, Äcker und Gärten etc. einer in einem See gelegenen Insel zur Seeflora bzw. Seevegetation zu zählen. Als Argument für eine gemeinsame Erfassung der gesamten Flora und/oder Vegetation einer Stadt wird häufig angeführt, dass vielfältige Beziehungen zwischen den spezifischen Bedingungen der Stadt und den Enklaven bzw. Relikten der Umlandvegetation bestehen und dass die Entwicklung ihrer Flora und Vegetation maßgeblich von der umgebenden oder angrenzenden Stadt beeinflusst wird. Als weiteres Argument wird genannt, dass derartige Inseln und Randbereiche von Naturlandschaft Ausgang für Apophytisierungsprozesse sein können. Beides ist sicherlich richtig, trifft aber sinngemäß in gleichem Maße für den mitten im Wald gelegenen Forsthausgarten oder die Insel in einem See zu.

Die klare begriffliche Trennung von Stadtflora einerseits und Umlandflora andererseits (Flora der Natur- und Agrarlandschaft) bedeutet nicht, dass man in Städten gelegene Enklaven und Relikte der letzteren bei stadtökologischen und stadtfloristischen Arbeiten nicht (gesondert!!) berücksichtigen dürfte. Sie ist aber unerlässlicher Akt der wissenschaftlich exakten Begriffsbildung und damit Voraussetzung für reproduzierbare wissenschaftliche Arbeiten.

Beispielsweise erscheint das *Alliario-Chaerophylletum* im Süden Düsseldorfs auf den ersten Blick als eine zur Stadtvegetation gehörende Gesellschaft, da es im bebauten Gebiet nahezu gleich viele Rasterpunkte wie im Bereich der umgebenden Wälder und landwirtschaftlichen Nutzflächen aufweist. Die genaue Analyse zeigt jedoch, dass alle Vorkommen an Waldreste oder waldähnliche Parkanlagen gebunden sind (Abb. 4-3). Zur Stadtvegetation im engeren Sinne kann die Assoziation daher in Düsseldorf nicht gezählt werden.

Auf floristischem Gebiet gibt es in der Literatur zahlreiche ähnliche Beispiele, wo aufgrund guter Auswahl des entsprechenden Kartenhintergrundes klar erkenntlich ist, dass eine Art nicht zur eigentlich städtischen Flora gehört, z. B. *Impatiens glandulifera* in Bielsko-Biala (E. U. ZAJĄC 1971) und *Eryngium campestre* in Köln (KUNICK 1984). Da andererseits aber viele der veröffentlichten so genannten „städtischen" Florenlisten solche nicht-städtische Arten ohne kritische Anmerkungen enthalten, ist es nicht verwunderlich, dass KUNICK (1982) bei einem Vergleich der Flora von neun „Cities of the Central European Lowlands" nur einen gemeinsamen Artengrundstock von 15 % des Gesamtinventars aller neun Städte feststellen konnte. Sicher wäre der Anteil der gemeinsamen Arten bei einer Reduzierung der Florenlisten auf den eigentlich städtischen Bereich erheblich höher.

Will man die Bindung einer Pflanzenart oder Pflanzengesellschaft an Städte ermitteln, so ist zu bedenken, dass es auch außerhalb der Städte Bereiche gibt, die aus ökologischer Sicht als „urban" einzustufen sind. Insbesondere entlang größerer Bahnlinien „strahlt" die Stadt in das Umland hinein. In geringerem Maße trifft dies auch für andere große Verkehrswege zu. Zentrale Müllkippen, die oft weit außerhalb der Städte angelegt werden, stellen städtische Exklaven innerhalb des Stadtumlandes dar. Ein Beispiel für eine typisch städtische Vegetationseinheit, die man an Bahnlinien auch weit außerhalb der Städte antrifft, ist das *Rubetum armeniaci*.

## 4.3 Repräsentativität der Probeflächenwahl

Aus Gründen des Arbeits- und Zeitaufwandes ist es praktisch unmöglich, den Bereich einer Großstadt flächendeckend zu erfassen. Aber selbst wenn im Idealfall in dieser Hinsicht keine Limitierung bestände, blieben dennoch stets eine Vielzahl nicht betretbarer privater Grundstücke übrig. Es stellt sich daher die Frage, welche Aufnahmeflächen auszuwählen sind, um mit möglichst geringem Personal- und Zeitaufwand eine hohe Repräsentativität des Ergebnisses zu erzielen.

GÖDDE (1986) führte in Düsseldorf, Essen und Münster eine Rasterkartierung der Vegetation durch, bei der als Raster das Netz der Deutschen Grundkarte 1:5000 (DGK 5) benutzt wurde. Zum potentiellen Kartierungsgebiet wurden all diejenigen Raster gezählt, die zu mindestens 25 % zusammenhängend bebaut waren. Von diesen Rastern wurde per Zufall je ein Quadrant ausgewählt und flächendeckend kartiert. Flächendeckend heißt in diesem Fall, dass der gesamte öffentlich zugängliche Bereich erfasst wurde. Das mit dieser Methode erzielte Ergebnis zeigte bei allen drei Städten eine über 90 %ige Übereinstimmung mit dem tatsächlich vorhandenen Gesamtpotential an Gesellschaften.

Will man mit sehr wenig Zeitaufwand eine dennoch relativ vollständige Übersicht über die Vegetation einer Stadt erhalten, dann sollte man eine Bestandsaufnahme der Vegetation der gesamten Bahnanlagen durchführen. Die zu bearbeitende Fläche liegt in diesem Fall normalerweise unter fünf Prozent der Gesamtfläche des bebauten Gebietes. Im Verhältnis zu diesem geringen Arbeitsaufwand ist das Ergebnis beachtlich: Man erhält eine 55- bis 70%ige Übereinstimmung mit dem Gesamtpotential (GÖDDE 1987b). Entsprechendes gilt auch für die Stadtflora: HERMANN (1994) wies auf den zwei größeren Bahnhöfen Oldenburgs jeweils 50 % der gesamten Stadtflora nach.

## 4.4 Zeitliche Repräsentativität

Der Lebensraum Stadt ist einem ständigen Wandel unterworfen. Die Tatsache, dass eine Kartierung immer nur einen bestimmten zeitlichen Ausschnitt erfassen kann, macht sich daher besonders deutlich bemerkbar. Neben dem Nutzungswandel kommt noch hinzu, dass gerade in der Stadt viele wärmeliebende Gesellschaften auftreten, extrem kalte Jahre dementsprechend für manchen Bestandteil der Stadtvegetation einen besonders gravierenden Einschnitt darstellen, z. B. war das Verbreitungsgebiet von *Buddleja davidii*-Gebüschen in Düsseldorf nach zwei überdurchschnittlich kalten Jahren erheblich reduziert (WITTIG 1989a).

Aus der Tatsache, dass man in verschiedenen Jahren sehr unterschiedliche Verbreitungskarten erhalten kann, nun zu schließen, dass man möglichst viele Jahre hintereinander kartieren und die Ergebnisse undifferenziert in einer Karte zusammenfassen sollte, ist allerdings nicht angebracht. Dies wird am Beispiel zweier Kartierungen von *Hordeum murinum*, die im Stadtgebiet von Münster durchgeführt wurden, deutlich: *Hordeum murinum* ist in Münster eine fast modellhaft urbanophile Art (vgl. Kap. 6.2 sowie Abb. 3-8), also auf den engeren Bereich des urban-industriellen Gebietes beschränkt. Eine dort im Jahre 1982 durchgeführte Kartierung (nur öffentlich zugänglicher Bereich, Kartierungsaufwand 1 Person und 1/2 Tag pro km$^2$) ergab ein sehr bezeichnendes Verbreitungsbild dieser Art. Weit untypischer ist dagegen das Verbreitungsbild, das man in einem Zeitraum von 11 Jahren erhält. Hier erstreckt sich *Hordeum murinum* viel weiter in die Randbereiche des Stadtgebietes hinein und geht stellenweise sogar deutlich über den bebauten Bereich hinaus (Wittig 1989a). Abgesehen davon, dass sie ein untypisches Verbreitungsbild liefert, hat die letztgenannte Kartierung auch den großen Nachteil, nicht mehr nachvollziehbar zu sein, da weder der Kartierungsaufwand, noch der abgesuchte Bereich genau angegeben werden können.

Eine Beschränkung der Bestandsaufnahme auf den öffentlich zugänglichen Bereich erhöht in jedem Falle die Nachvollziehbarkeit der Arbeit und erleichtert den Vergleich mit den Ergebnissen aus anderen Städten sowie eine zukünftige Wiederholungsaufnahme in derselben Stadt. In gleicher Weise wirkt sich eine getrennte Erfassung der verschiedenen Nutzungsbereiche, Stadtstrukturtypen (vgl. Wittig & Diesing 1989) oder ökologischen Raumeinheiten (vgl. Gutte & Goldberg 1986) aus. Eine Reduzierung des Untersuchungsgebietes auf einige charakteristische Stadtstrukturtypen erleichtert ebenfalls den Vergleich.

## 4.5 Taxonomische Probleme

In einem anthropogen derart stark beeinflussten Bereich, wie ihn die Großstädte darstellen, findet man häufig Fragmentgesellschaften und Dominanzbestände einzelner Arten. Außerdem entstehen nicht selten neue Gesellschaften, wie z. B. die *Inula graveolens*-Gesellschaft (s. Gödde 1984). Aus diesem Grunde sollten bei der Bestandsaufnahme von Stadtvegetation insbesondere all diejenigen Bestände durch eine Vegetationsaufnahme belegt werden, die sich nicht sofort einem beschriebenen Syntaxon zuordnen lassen.

Neben diesem relativ stadtspezifischen syntaxonomischen Problem tritt natürlich auch das sich bei allen Bestandsaufnahmen ergebende sippentaxonomische Problem der Erfassung sog. Sammelarten (Aggregate) auf. Regelmäßig in Städten vertreten sind die Aggregate *Chenopodium album*, *Oenothera biennis*, *Poa pratensis*, *Polygonum aviculare*, *Rubus fruticosus*, *Stellaria media* und *Taraxacum officinale*.

Da mehrere zu einem dieser Aggregate gehörende Taxa Kennarten von Assoziationen oder höheren syntaxonomischen Einheiten sind, hat die Tatsache, ob bei einer Bestandsaufnahme die Arten sensu stricto (s. str.) oder lediglich die Aggregate aufgenommen werden, auch Rückwirkungen auf die syntaxonomische Genauigkeit der Bestandsaufnahme. Insbesondere in älteren Arbeiten wird häufig nicht angegeben, ob das Aggregat oder die Art s. str. gemeint ist. In den synthetischen Vegetationstabellen dieses Buches ist daher, mit einer Ausnahme, stets das Aggregat aufgeführt. Die Ausnahme bildet die Tabelle der Trittpflanzen-Gesellschaften (Tab. 8-1), weil man hier mit sehr hoher Wahrscheinlichkeit davon ausgehen kann, das es sich auch in den Fällen, in denen lediglich *Polygonum aviculare* agg. aufgenommen wurde, entweder ausschließlich oder wenigstens teilweise um *P. arenastrum* handelt.

Während es bei den meisten Aggregaten eine gleichnamige Art s. str. gibt, ist dies bei *Rubus fruticosus* und *Taraxacum officinale* nicht der Fall. Die erstgenannte Sammelart taucht in den Tabellen dieser Arbeit nicht auf. In der Mehrzahl der Fälle handelt es sich im städtischen Bereich um *Rubus armeniacus*. *Taraxacum officinale* agg. ist dagegen in nahezu allen Vegetationsaufnahmen aus dem besiedelten Bereich vertreten (Tab. 8-1, 8–3, 8–6, 8–7). Die im Siedlungsbereich vorkommenden Vertreter des Aggregates gehören wohl überwiegend zur Sectio *Ruderalia*, von der allein aus Deutschland über 200 Arten beschrieben sind (Wisskirchen & Haeupler 1998). Da über die Standortsbindung der Arten des Aggregats jedoch nur sehr wenig bekannt ist, kann, anders als bei *Polygonum arenastrum*, aus dem Standort nicht mit entsprechender Wahrscheinlichkeit auf die taxonomische Zugehörigkeit geschlossen werden. In den Tabellen dieses Buches ist daher das Aggregat *Taraxacum officinale* und nicht die Sectio *Ruderalia* der Gattung *Taraxacum* aufgeführt.

# 5 Herkunft und Entwicklung von Flora und Vegetation

## 5.1 Wichtige Begriffe

Verglichen mit naturnahen Lebensräumen (Wäldern, Mooren, Felsfluren, Gewässern) stellen Siedlungen sehr junge Standorte dar. Es ist daher verständlich, dass sich nur wenige Arten in Siedlungen neu bilden konnten. Die Mehrzahl muss einen Biotopwechsel vorgenommen haben und entweder aus der Umgebung oder auch entfernten Regionen in die Siedlungen eingewandert sein. Bereits in der ursprünglichen Naturlandschaft vorhandene Arten (**Indigene** = Idiochoren), die sich lediglich an anthropogene Standorte, in diesem Falle Siedlungen, angepasst haben, bezeichnet man als Apophyten (THELLUNG 1918/19). Arten, die erst mit direkter oder indirekter Unterstützung des Menschen in das Gebiet gelangt sind, heißen Hemerochoren oder Anthropochoren. Bei Letzteren kann man in der Regel Arten unterscheiden, die bereits in prähistorischer Zeit eingewandert sind (**Archäophyten**) und solche, die erst in historischer Zeit zu uns gelangten (**Neophyten**). Aufgrund unzureichender Datenlage ist allerdings gerade bei Siedlungspflanzen oft nicht klar, ob es sich um einheimische Arten oder Alteinwanderer handelt. Im Folgenden werden diese beiden Gruppen daher gemeinsam aufgeführt (Kap. 5.2) und den Neophyten (Kap. 5.3) gegenübergestellt. Als Besonderheit werden in Kap. 5.4 die **Anökophyten** behandelt. Hierunter versteht man auf vom Menschen geschaffenen Standorten wachsende Arten, für die kein natürlicher Standort bekannt ist, von denen man also annehmen muss, dass sie erst in der Kulturlandschaft (auf Wiesen, Weiden und Äckern) oder in Siedlungen entstanden sind. Eine umfassende pflanzengeographische Analyse der Flora einer Großstadt im Hinblick auf eine Klassifizierung in Apo-, Archäo- und Neophyten wurde erstmals für Posen von KRAWIECOWA (1951) durchgeführt. Die Herkunft der Archäophyten Polens wird von ZAJĄC (1983 ff.) diskutiert. Eine Zusammenstellung der für eine Unterteilung der Anthropochoren verwendeten Begriffe geben u. a. SCHROEDER (1969) und ZIZKA (1985).

Alle spontan auftretenden Siedlungspflanzen können auch als **Ruderalpflanzen** bezeichnet werden. Dieser Begriff leitet sich von dem lateinischen Wort *'rudera'* (n.pl., Trümmer) ab und wurde ursprünglich auf die nach Kriegen und anderen Katastrophen auf Trümmerschutt anzutreffenden Pflanzenarten bezogen. Inzwischen umfasst er jedoch alle an anthropogenen Standorten in und in der Umgebung von Siedlungen auftretenden Pflanzenarten (Arten der Weg-, Straßen- und Bahnränder, Industrie-, Gewerbe- und Lagerflächen, Bahnhöfe, Häfen, Deponien, Trittstandorte, Mauern und der Umgebung von Gebäuden etc.). Ein geplanter Band dieser Reihe (BRANDES: Ruderalvegetation) wird die Herkunft und Ausbreitung der Ruderalflora Mitteleuropas detailliert behandeln. Im Folgenden werden daher lediglich siedlungsspezifische Aspekte beleuchtet.

## 5.2 Indigene und Archäophyten

Mitteleuropa ist von Natur aus ein Waldland. Waldpflanzen aber sind an schattige, bezüglich Wasser- und Nährstoffhaushalt mittlere Standorte angepasst. Siedlung bedeutet jedoch, wie wir in Kap. 3 gesehen haben, Auflichtung, Nährstoffanreicherung und, als besonders siedlungscharakteristischer Faktor, häufige Störungen. Mit steigender Siedlungsgröße kommt zunehmende Trockenheit hinzu. Sieht man vom letztgenannten Faktor ab, so hat es auch in der mitteleuropäischen Waldlandschaft natürlicherweise stets Sonderstandorte gegeben, an denen Pflanzen an die o.g. Faktoren angepasst sein mussten: Fluss- und Meeresufer, Windwurf- und Brandflächen, Lawinenbahnen sowie Wildwechsel und die Umgebung von Tierbauten bildeten lichtreiche Lebensräume mit Nährstoffanreicherung und (häufigen) Störungen. Mehreren präadaptierten Pflanzenarten ist es deshalb bereits relativ früh gelungen, im Bereich menschlicher Siedlungen Fuss zu fassen. Der Vorgang des Überwechselns von natürlichen auf anthropogene Standorte, die **Apophytisierung**, ist auch heute noch zu beobachten. In Tab. 5-1 sind einige Apophyten des Siedlungsbereiches und ihre (ehemaligen) Naturstandorte exemplarisch zusammengestellt.

Abb. 5-1 Der natürliche Standort von *Urtica dioica* sind nährstoffreiche, wechselfeuchte Wälder (Mühlenbachtal bei Mönchengladbach, 6/1985).

**Tab. 5-1: Ursprüngliche Standorte von Apophyten der Siedlungen Mitteleuropas**

| Ursprünglicher Standort | Beispiele |
|---|---|
| Bruchwälder, Auenwälder, Hochstaudenfluren an Flussufern | *Aegopodium podagraria, Calystegia sepium, Elymus repens, Equisetum arvense, Galium aparine, Glechoma hederacea, Humulus lupulus, Lamium maculatum, Poa trivialis, Urtica dioica* |
| Spülsäume, Schlamm-, Sand- und Kiesflächen an Binnengewässern (Pionierfluren) | *Bidens tripartita, Chenopodium glaucum, Ch. rubrum, Corrigiola litoralis, Plantago major, Polygonum lapathifolium, Polygonum persicaria, Potentilla anserina, P. reptans, Rumex obtusifolius* |
| Spülsäume, Dünen und Felsen an Meeresküsten | *Atriplex prostrata, Elymus repens, Sonchus arvensis, Tripleurospermum perforatum* |
| Windwurf- und Verlichtungsflächen | *Cirsium arvense, C. vulgare, Verbascum*-Arten (s. auch Tab. 5-2) |
| Lockergestein (Geröllhalden, Sanddünen) | *Chaenorhinum minus, Galeopsis segetum, Sedum telephium* agg. *S. acre, Tussilago farfara* |
| Felsen | *Asplenium ruta-muraria, A. trichomanes, Sedum album Bryum capillare, Orthotrichum anomalum, Tortula muralis, Caloplaca saxicola, Lecanora muralis* |

Abb. 5-2 *Aegopodium podagraria* ist natürlicherweise Bestandteil bachbegleitender Waldgesellschaften des Alno-Ulmion (Haidtränktal in der Hohen Mark bei Oberursel im Taunus, 6/1998).

Abb. 5-3 Das ursprünglich in Auenwäldern beheimatete *Solanum dulcamara* ist inzwischen auch auf Bahn- und Industriebrachen anzutreffen (ehemaliger Sammelbahnhof Essen-Frintrop 7/2000).

**Tab. 5-2: Schlagpflanzen mit Nebenoptimum in Siedlungen und Siedlungspflanzen mit Nebenoptimum auf Waldschlägen[1]**

| Art | Vorkommen auf Waldschlägen[2] | Vorkommen in Siedlungen[2] |
|---|---|---|
| *Cirsium arvense* | Epilobietea | **Artemisietea** |
| *Cirsium vulgare* | Epilobietea, v.a. Atropion | **Artemisietea**, v.a. **Onopordetalia** |
| *Digitalis purpurea* | **Epilobietea** | Artemisietea |
| *Epilobium angustifolium* | **Epilobietea** | Artemisietea |
| *Linaria vulgaris* | Epilobietea | **Onopordetalia**, Agropyretalia |
| *Urtica dioica* | Epilobietea | **Artemisietea** |
| *Verbascum densiflorum* | Atropion | **Onopordion** |
| *Verbascum nigrum* | **Atropion** | Arction |
| *Verbascum phlomoides* | Atropion | **Onopordion** |
| *Verbascum thapsus* | **Epilobietea** | Onopordetalia |

[1] Angaben, falls nicht anders vermerkt, nach Oberdorfer (2001)
[2] Fettdruck: soziologisches Optimum; normale Schriftstärke: Nebenvorkommen

An Flüssen und Bächen rissen die periodisch auftretenden Hochwässer wohl stets Lücken in die Gehölzschicht der begleitenden **Auenwälder**, so dass Lebenschancen für Licht liebende krautige Arten vorhanden waren. Gut angepasst an solche Bedingungen sind überflutungstolerante Geophyten, die nach Abklingen des Hochwassers sofort austreiben können. Nährstoffliebende Arten erhalten durch das vom Hochwasser mitgebrachte Getreibsel die entsprechende Versorgung. Solche Arten sind stets kümmernd im Unterwuchs der betreffenden Wälder vorhanden, werden jedoch erst bei Auflichtung konkurrenzkräftig und dominierend. Nicht selten gelangen sie nur an solchen „gestörten" Standorten zur Blüte und zum Fruchten. Viele Arten, die in Siedlungen heute in Gesellschaften des Aegopodion (Urticenea, Artemisietea) anzutreffen sind, waren ursprünglich wohl in Auenwäldern beheimatet und dort für Lichtungen charakteristisch. Zu denken ist beispielsweise an *Urtica dioica* (Abb. 5-1), *Calystegia sepium*, *Galium aparine*, *Glechoma hederacea*, *Lamium maculatum* und *Aegopodium podagraria* (Abb. 5-2) sowie *Poa trivialis*, also Arten, die im Bereich von Siedlungen auch heute noch an eher frischen Standorten in Gärten, an schattigen Alleen, in Villenvierteln, an Rändern von Parks sowie in der (ehemaligen) Dorfflora beheimatet sind.

Abb. 5-4 Die hauptsächlich an Flussufern beheimatete *Corrigiola litoralis* ist auch im Bahn- und Industriegelände anzutreffen (Münster, 8/1973).

In jüngster Zeit breitet sich mit dem Hopfen (*Humulus lupulus*) eine weitere einheimische Auenwaldart verstärkt in Siedlungen und sogar in Großstädten aus (Sukopp & Kowarik 1987). Nach eigenen Beobachtungen trifft dies auch für *Solanum dulcamara* zu (Abb. 5-3), dessen ursprüngliches Optimum ebenfalls in Feuchtwäldern liegt. Kopecký (1984b) beschreibt aus der Umgebung Prags, wie *Chaerophyllum aromaticum, Ch. bulbosum* und *Anthriscus sylvestris* aus naturnahen Gesellschaften (Ufersäume, Wälder, Waldsäume) über anthropogene Ufer- und Straßensaumgesellschaften in (dörfliche) Siedlungsgesellschaften des Arction gelangt sein könnten.

In der erst im Hochsommer oder Frühherbst trocken fallenden Zone zwischen Mittelhochwasser- und Niedrigwasserlinie wachsen ebenfalls Arten, die für Siedlungsbedingungen ausgezeichnete Präadaptionen mitbringen: Sie sind daran angepasst, den Lebenszyklus innerhalb kürzester Zeit zu vollenden, auf kiesig schottrigen Substraten zu wachsen und hohe Strahlungsintensitäten (völlig schattenfreier Bereich) zu ertragen. In vieler Hinsicht ähneln die ökologischen Bedingungen solcher Flussuferstandorte denjenigen, wie man sie auf Bahngeländen, jungen Deponien oder Industrieflächen antrifft. Ein Beispiel für eine Flussuferart, die auch auf Bahn- und Industriegelände wächst (s. Vogel 1999), ist der Hirschsprung (*Corrigiola litoralis*; Abb. 5-4). Auch mehrere andere bezeichnende Arten von **Flussuferpioniergesellschaften** der Klasse Bidentetea (Abb. 5-6) haben ein Nebenoptimum im Siedlungsbereich, meist allerdings in der ehemaligen dörflichen Vegetation (*Chenopodium glaucum, Ch. rubrum*). Entsprechendes gilt für einige Arten der **Flutrasen** (Agrostietalia), z. B. *Potentilla anserina* (Abb. 5-5) und *Rumex obtusifolius*. In vieler Hinsicht vergleichbare Verhältnisse (spätes Trockenfallen des Standortes, Licht- und Nährstoffreichtum) gab es in der Naturlandschaft sicherlich am Ufer mancher Seen, so dass dort ebenfalls der ursprüngliche Standort einiger heute in Siedlungen anzutreffenden Arten zu suchen ist.

Auch an unseren **Meeresküsten** existieren von Natur aus waldfreie Standorte, die zudem stickstoffreich sind (Spülsäume mit Gesellschaften der Cakiletea maritimae). Alle dort wachsenden Arten müssen salztolerant sein, was an bestimmten siedlungstypischen Standorten einen Konkurrenzvorteil ergeben kann (streusalzbehandelte Straßenränder, Gelände chemischer Industrieanlagen, Abwasserrinnen, Misthaufen etc.). In Meeresspülsäumen wächst z. B. *Tripleurospermum maritimum*, die als Stammform der Sisymbrietalia-Art *T. perforatum* gilt, und die in Siedlungen bevorzugt im Chenopodion rubri und Sisymbrion zu findende *Atriplex prostrata* (Abb. 5-7).

Nicht nur auf Lichtungen in Bruch- und Auenwäldern sowie an Gewässerufern und Meeresküsten, sondern auch auf einigen mittleren bis vergleichsweise trockenen Standorten herrschen Bedingungen, wie sie mancherorts im Siedlungsbereich existieren. Beispielsweise häuft sich in Wäldern in der Regel organische Substanz auf und im Boden an, die bei plötzlichem vermehrten Lichteinfall beschleunigt mineralisiert wird, so dass ein erhöhtes Nährstoffangebot existiert. Pflanzen, die dieses erhöhte Angebot für ein schnelles Wachstum und eine möglichst hohe Samenproduktion nutzen können, sind an solchen Standorten im Vorteil. Da das erhöhte Nährstoffangebot nicht nur für ein Jahr ausreicht und sich auch das Kronendach meist nicht sofort wieder schließt, ist es nicht erforderlich, dass der gesamte Vegetationszyklus in einem Jahr abgeschlossen wird. Sehr förderlich ist es allerdings, wenn möglichst schnell der Platz behauptet werden kann und eventuell später kommende Konkurrenten auf diese Weise benachteiligt werden. Somit ist es günstig, im ersten Jahr möglichst viel Aufwand in die Produktion großer, andere Keimlinge behindernder Blätter sowie in die Entwicklung des Wurzelwerks zu stecken und im nächsten Jahr, wenn weitere Nährstoffe freigesetzt worden sind, den Schwerpunkt auf die Samenproduktion zu legen. Zweijährige Rosettenpflanzen gehören daher zum typischen Inventar krautiger **Waldlichtungsfluren** der Klasse Epilobietea. Weil die nächste Lichtung oft sehr weit entfernt ist und am selben Ort eventuell erst nach langer Zeit wieder entsprechend günstige Verhältnisse herrschen, ist die Produktion zahlreicher, flugfähiger und/oder lange Zeit im Boden überlebensfähiger Verbreitungseinheiten von großem Vorteil. Pflanzen der Waldlichtungen (und -säume) haben dementsprechend viele

Abb. 5-5 Die für dörfliche Trittpflanzengesellschaften bezeichnende *Potentilla anserina* ist ursprünglich an Flussufern beheimatet (Weser-Ufer bei Höxter, 7/1977).

Abb. 5-6 In Spülsäumen an Flussufern wachsen mehrere Arten, die einen Nebenstandort in der dörflichen Ruderalvegetation besitzen (Weser-Ufer bei Hitzacker, 8/1989).

Abb. 5-7 Der ursprüngliche Standort der in Siedlungen bevorzugt im Chenopodion rubri und im Sisymbrion anzutreffenden *Atriplex prostrata* sind die Spülsäume der Meeresküste (Helgoland, 7/1972).

Abb. 5-8
*Epilobium angustifolium*, eine Charakterart der krautigen Waldlichtungsgesellschaften (Epilobietea angustifolii), ist auch in Ruderalgesellschaften von Siedlungen anzutreffen (Pilsen, 6/2000).

Eigenschaften, die auch für die Ansiedlung und das Überleben in Siedlungen von Vorteil sind. Mehrere von ihnen besitzen daher ein Nebenoptimum in Gesellschaften der Siedlungen und umgekehrt (s. Tab. 5-2 und Abb. 5-8).

Viele Eigenschaften, die auf eine Herkunft von Waldlichtungen bzw. ein Abstammen von Waldlichtungsarten hindeuten, besitzen auch die bereits seit der jüngeren Steinzeit (OBERDORFER 2001) als charakteristische **Kulturbegleiter** in Siedlungen auftretenden Kletten-Arten (Charakterarten der Arction-Gesellschaften; s. Kap. 8.3.2). Eine nah verwandte Art, die Hain-Klette *(Arctium nemorosum),* ist ja noch heute für Lichtungen im Bereich von (allerdings meist feuchteren, im Übergang zur Aue) Wäldern bezeichnend.

An Störungen, starke Lichteinstrahlung sowie, anders als die vorgenannten, zusätzlich auch an Trockenheit angepasst sind solche Ar-

**Tab. 5-3: Bestandteile der heutigen Siedlungsflora, die mindestens seit der Römerzeit nachgewiesen sind, und ihre heutige soziologische Bindung innerhalb von Siedlungen**

| Art[1)] | in Mitteleuropa seit[2)] | Vorkommen in Siedlungen[3)] |
|---|---|---|
| *Achillea millefolium* | Römerzeit | **Cynosurion**, Onopordetalia |
| *Aegopodium podagraria* | vorneolith. Zeit | ***Urtico-Aegopodietum*** |
| *Aethusa cynapium** | Neolithikum | Fumario-Euphorbion |
| *Alliaria petiolata* | Neolithikum | Glechometalia |
| *Anagallis arvensis* | Neolithikum | Polygono-Chenopodetalia, Sisymbrion |
| *Anthriscus sylvestris* | vorneolith. Zeit (Km) | Arction, Glechometalia |
| *Arabidopsis thaliana* | Neolithikum | Koelerio-Corynephoretea, Onopordion |
| *Arctium lappa** | Neolithikum | ***Arctio-Artemisietum*(Arction)** |
| *Arctium minus** | Neolithikum | **Arction**, Aegopodion |
| *Arenaria serpyllifolia* | Neolithikum | Koelerio-Corynephoretea, Salsolion, Onopordion |
| *Artemisia vulgaris** | Neolithikum | **Artemisietea** |
| *Atriplex patula* | vorneolith. Zeit | Sisymbrion, Chenopodietalia albi |
| *Atriplex prostrata** | vorneolith. Zeit (Km) | Chenopodion rubri, Sisymbrion |
| *Ballota nigra* | Bronzezeit | **Arction**, Glechometalia |
| *Bromus sterilis* | Neolithikum | **Sisymbrion**, Fumario-Eurphorbion |
| *Bromus tectorum* | Bronzezeit | **Sisymbrietalia**, Koelerio-Corynephoretea |
| *Capsella bursa-pastoris** | Neolithikum | **Stellarietea**, Polygonion avicularis |
| *Carduus nutans* | vorneolith. Zeit | **Onopordion** |
| *Cerastium holosteoides* | Neolithikum | **Cynosurion** |
| *Chenopodium album* agg.* | vorneolith. Zeit | **Stellarietea** |
| *Chenopodium bonus-henricus* | Neolithikum | ***Chenopodietum boni-henrici*** |
| *Chenopodium hybridum* | Neolithikum (Kr) | **Sisymbrion, Fumario-Euphorbion** |
| *Chenopodium polyspermum* | Neolithikum | *Chenopodio-Oxalidetum*, Chenopodion rubri |
| *Cichorium intybus* | Eisenzeit | Conv.-Agropyrion, D.-Melilotion, Arrhenatherion |
| *Cirsium arvense* | vorneolith. Zeit | **Artemisienea** |
| *Cirsium vulgare* | Neolithikum | **Onopordetalia** |
| *Convolvulus arvensis** | Neolithikum | **Convolvulo-Agropyrion** |
| *Cynosurus cristatus* | Eisenzeit | Cynosurion |
| *Dactylis glomerata* | Eisenzeit | Artemisietea, ruderales *Arrhenatheretum* |
| *Datura stramonium* | Bronzezeit | **Sisymbrietalia** |
| *Daucus carota* | Neolithikum | **Dauco-Melilotion**, ruderales *Arrhenatheretum* |
| *Descurainia sophia* | Eisenzeit | **Sisymbrion**, Onopordion |
| *Echinochloa crus-galli* | Neolithikum | Stellarietea |
| *Echium vulgare* | Neolithikum | Dauco-Melilotion, Koelerio-Corynephoretea |
| *Elymus repens* | vorneolith. Zeit (Km) | Artemisietea |
| *Erodium cicutarium* | Bronzezeit | Koelerio-Corynephoretea |
| *Euphorbia helioscopia** | Neolithikum (O) | Fumario-Euphorbion |
| *Fallopia convolvulus* | vorneolith. Zeit | Stellarietea |
| *Galeopsis tetrahit** | vorneolith. Zeit | Artemisietea, Stellarietea |
| *Galium aparine** | Neolithikum | Galio-Urticenea |
| *Geranium columbinum** | Bronzezeit | Stellarietea |
| *Geranium pusillum* | Bronzezeit | **Sisymbrion** |
| *Heracleum sphondylium* | vorneolith. Zeit (Km) | Aegopodion, Arction, ruderales *Arrhenatheretum* |
| *Hordeum murinum* | Bronzezeit | ***Hordeetum murini***, Cynosurion |
| *Hyoscyamos niger* | Neolithikum | **Onopordion** |
| *Hypericum humifusum* | Neolithikum (Km) | Polygonion avicularis, Cynosurion |
| *Hypochoeris radicata* | Eisenzeit | Koelerio-Corynephoretea, Cynosurion |
| *Lamium album* | Neolithikum | **Arction**, Aegopodion |
| *Lamium purpureum** | Neolithikum | Chenopodietalia albi, Sisymbrion |
| *Lapsana communis** | Neolithikum | Alliarion |
| *Lepidium campestre* | Römerzeit | Fumario-Euphorbion, Sisymbrion |
| *Lepidium ruderale* | Römerzeit | **Polygonion avicularis**, Sisymbrion |
| *Linaria vulgaris* | vorneolith. Zeit | **Onopordetalia**, Agropyretalia |
| *Lolium perenne* | Neolithikum | **Cynosurion** |
| *Malva neglecta* | Eisenzeit | **Sisymbrion, Cynosurion** |
| *Malva pusilla* | Neolithikum | **Polygonion avicularis**, Sisymbrion |
| *Malva sylvestris* | vorneolith. Zeit | **Onopordetalia**, Sisymbrion |
| *Matricaria chamomilla** | Neolithikum | Stellarietea, Plantaginetea |

**Tab. 5-3: Fortsetzung**

| Art[1] | in Mitteleuropa seit[2] | Vorkommen in Siedlungen[3] |
|---|---|---|
| *Medicago lupulina* | Bronzezeit | Cynosurion, Stellarietea, Onopordetalia |
| *Mercurialis annua* | Bronzezeit | Stellarietea |
| *Nepeta cataria* | Neolithikum | **Onopordion**, Arction |
| *Papaver rhoeas** | Neolithikum | Stellarietea |
| *Parietaria officinalis* | Römerzeit (Kl) | Geo-Alliarion |
| *Pastinaca sativa* | Neolithikum | **Onopordetalia**, ruderales *Arrhenatheretum* |
| *Picris hieracioides* | vorneolith. Zeit (Km) | **Dauco-Melilotion**, Agropyretalia |
| *Plantago arenaria* | Eisenzeit | **Salsolion** |
| *Plantago lanceolata* | Neolithikum (Ka) | **Cynosurion**, Sisymbrietalia, Onopordetalia, Koelerio-Corynephoretea |
| *Plantago major* | vorneolith. Zeit | **Polygonion avicularis**, Cynosurion, Stellarietea |
| *Poa annua* | Eisenzeit | **Polygonion avi.**, **Stellarietea**, Cynosurion |
| *Poa pratensis* agg. | Neolithikum | Cynosurion, Artemisienea, rud. *Arrhenatheretum* |
| *Poa trivialis* | Neolithikum | Glechometalia |
| *Polygonum aviculare* agg.* | vorneolith. Zeit | **Polygonion avicularis**, Stellarietea |
| *Polygonum lapathifolium* agg. | vorneolith. Zeit | Stellarietea |
| *Polygonum persicaria* | vorneolith. Zeit | Stellarietea |
| *Portulaca oleracea* | Römerzeit | Polygonion avicularis, Stellarietea |
| *Potentilla anserina* | vorneolith. Zeit | Agropyro-Rumicion, Polygonion avicularis |
| *Potentilla reptans* | Eisenzeit | Cynosurion, Agropyro-Rumicion, Agropyretalia |
| *Prunella vulgaris* | Neolithikum | Cynosurion, Polygonion avicularis |
| *Ranunculus repens* | vorneolith. Zeit | Cynosurion, Agropyro-Rumicion, Stellarietea |
| *Raphanus raphanistrum** | Neolithikum | Stellarietea |
| *Reseda lutea* | Römerzeit | **Onopordetalia**, Agropyretalia |
| *Reseda luteola** | Neolithikum | **Onopordion**, Arction |
| *Senecio vulgaris** | ?? | Chenopodietalia albi, Sisymbrion |
| *Setaria viridis* | Neolithikum | Stellarietea |
| *Sherardia arvensis** | Neolithikum (Kr) | Fumario-Euphorbion, Cynosurion |
| *Silene alba* | Neolithikum | **Artemisienea**, Sisymbrion |
| *Silene dioica* | vorneolith. Zeit (Km) | Glechometalia |
| *Sisymbrium altissimum* | Neolithikum (Kn) | **Sisymbrion** |
| *Sisymbrium loeselii* | Neolithikum | **Sisymbrion** |
| *Sisymbrium officinale** | Neolithikum | **Sisymbrion**, Arction |
| *Solanum nigrum** | Neolithikum | Stellarietea |
| *Sonchus oleracaeus** | Neolithikum | **Sisymbrion** |
| *Stellaria media* agg.* | vorneolith. Zeit | **Stellarietea** |
| *Taraxacum officinale* agg. | Eisenzeit (Km) | Cynosurion, Polygonion avicularis, Artemisietea |
| *Thlaspi arvense** | Neolithikum | Stellarietea, Sisymbrion |
| *Trifolium dubium* | Neolithikum | **Cynosurion**, Onopordetalia |
| *Trifolium repens* | Neolithikum | **Cynosurion**, Polygonion avicularis |
| *Tripleurospermum perforatum* | Eisenzeit | **Sisymbrietalia** |
| *Urtica dioica* | vorneolith. Zeit | Artemisietea |
| *Urtica urens* | Neolithikum | Sisymbrion, Chenopodietalia albi |
| *Verbena officinalis** | Neolithikum | Agropyro-Rumicion, Sisymbrion, Arction, Polygonion avicularis |
| *Veronica arvensis* | Neolithikum (Kr) | Koelerio-Corynephoretea, Cynosurion |
| *Veronica hederifolia* | Neolithikum | Fumario-Euphorbion, Glechometalia, Koelerio-Corynephoretea |
| *Veronica serpyllifolia* | Eisenzeit | Cynosurion, Polygonion avicularis |
| *Vicia hirsuta** | Neolithikum | Sisymbrion |
| *Vicia tetrasperma** | Neolithikum | Sisymbrion, Onopordetalia |
| *Viola tricolor* agg. | vorneolith. Zeit | Stellarietea |
| *Viola odorata* | Neolithikum? (Kn) | Alliarion |
| *Xanthium strumarium* | Römerzeit | Sisymbrietalia |

[1] die mit * gekennzeichneten Arten werden von Oberdorfer (2001) als „alte Kulturbegleiter" bezeichnet

[2] Angaben, falls nicht anders vermerkt, nach Lang (1994); Ka: Kalis & Meurers-Balke (1998); Kl: Klotz (1985); Km: Knörzer & Meurers-Balke (1999); Kn: Knörzer (1998); Kr: Kreuz (1990); O: Oberdorfer (2001)

[3] nach Einschätzung des Verfassers; Fettdruck = Hauptvorkommen; normale Schriftstärke = bedeutendes Nebenvorkommen; kleine Schrift = geringes Nebenvorkommen

Abb. 5-9 *Linaria vulgaris* ist im Bahn- und Industriegelände auf skelettreichen Böden häufig anzutreffen (Horažd'ovice, Böhmen, 6/2000).

ten, die natürlicherweise auf lockereren, nicht festgelegten Substraten (Geröllhalden, Sanddünen) vorkommen, also in **Geröllfluren** (Thlaspietea rotundifolii) und **Sandtrockenrasen** (Koelerio-Corynephoretea). Aus dieser Gruppe findet man auf Eisenbahnschotter sehr häufig *Chaenorhinum minus*, auf Bauschutt oder Straßenschotter der Dörfer des Berglandes manchmal *Galeopsis segetum* sowie auf diversen Trockenstandorten des Siedlungsbereiches, insbesondere im Bahn- und Industriegelände, *Arenaria serpyllifolia* und *Sedum acre.* Vieles spricht dafür, dass auch die stellenweise im Bahngelände häufige *Linaria vulgaris* (Abb. 5-9) ursprünglich auf Geröllflächen beheimatet war.

Standörtlich gesehen stellen mitteleuropäische Siedlungen eine künstliche Felslandschaft dar. Es ist daher nicht verwunderlich, dass einige **Felspflanzen** den Weg in die Siedlungen gefunden haben, wo sie an und auf Mauern sowie auf Dächern ihren natürlichen Standorten adäquate Nischen besiedeln. Die häufigsten sind (bzw. waren) bestimmte Flechten- (s. Kap. 6.7.2), Moos- (s. Kap. 6.5.2) und Farnarten (s. Kap. 6.4).

Apophyten gibt es also nicht nur unter den Samenpflanzen, sondern auch bei den Flechten, Moosen und Farnen, nur ist unser diesbezüglicher Wissensstand erheblich geringer. Eines der häufigsten Stadtmoose, *Bryum argenteum,* hat wahrscheinlich seinen natürlichen Standort an Vogelfelsen. Bei den in Siedlungen anzutreffenden Pilzen (Kap. 6.6) handelt es sich größtenteils um einheimische Arten, also um Apophyten. Über Apophytie bei

Flechten berichtet OLECH (1998), über Synanthropisationserscheinungen innerhalb der Lackporlinge (*Ganoderma*) SOKOŁ (1997).

Wie bereits oben erwähnt, treten einige unserer heutigen Siedlungspflanzen bereits seit der jüngeren Steinzeit, andere seit der Bronzezeit als Kulturbegleiter auf. Der Nachweis erfolgt mit Hilfe der Pollenanalyse oder durch Funde von Samen, Früchten oder Pflanzenresten im Bereich archäologischer Grabungen. Beispielsweise wies WILLERDING (1988) im ca. 7000 Jahre alten Füllmaterial ehemaliger Bodeneintiefungen einer bandkeramischen Siedlung des Leinetals Diasporen folgender, auch heute in Siedlungen regelmäßig anzutreffender Arten, nach: *Chenopodium album, Fallopia convolvulus*, *Lapsana communis*, *Plantago major*, *Polygonum lapathifolium*, *P. persicaria*, *Rumex acetosella* und *Setaria viridis*. Als besonders fündig erweisen sich in der Regel Abfallplätze, Vorratslager, Gräber und Brunnen. In zehn bandkeramischen Siedlungen in Deutschland und Österreich fanden sich nach KREUZ (1994) neben heute vorwiegend auf Äckern anzutreffenden Arten auch solche, die jetzt immer noch in Siedlungen vorhanden sind: *Bromus sterilis* (oder *tectorum*), *Capsella bursa-pastoris*, *Chenopodium hybridum, Echinochloa crus-galli, Fallopia convolvulus*, *Nepeta cataria*, *Setaria viridis* (oder *verticillata*) und *Solanum nigrum*. Nach TRZCIŃSKA-TACIK & WASYLIKOWA (1982) sind *Chenopodium album, Polygonum persicaria*, *P. lapathifolium* und *P. aviculare* die am häufigsten in steinzeitlichen Siedlungen auf polnischem Gebiet nachgewiesenen Wildkräuter.

Eine Vielzahl von Pflanzenarten (s. Tab. 5-3) konnte so als seit über 2000 Jahren in Siedlungen vorkommend identifiziert werden. In der Pollenanalyse dienen manche dieser Arten dementsprechend umgekehrt als **Siedlungszeiger**. Oft ist es bei Pollen allerdings nicht möglich, zwischen einzelnen Arten einer Gattung zu differenzieren. Eng an die Siedlungstätigkeit des Menschen geknüpft ist beispielsweise das Auftreten von *Plantago*-Pollen, ohne dass es möglich ist, zwischen *Plantago major* agg., *P. media* und *P. lanceolata* zu unterscheiden. Als Licht liebende Arten wurden aber alle drei durch die Siedlungstätigkeit des Menschen gefördert, so dass ihnen dieser Zeigerwert zu Recht zugeordnet werden kann. Arten, die nicht windbestäubt sind, produzieren allerdings vergleichsweise wenig Pollen. Für sie kann daher nicht geklärt werden, ob sie auch vor Beginn der Siedlungstätigkeit im Gebiet vorhanden waren, also einheimisch sind und lediglich durch den Menschen gefördert wurden, oder ob sie erst mit dem Menschen eingewandert sind, es sich also um Archäophyten handelt. Hinzu kommt, dass der Status einer Art (Idiochorophyt, Archäophyt, Neophyt) sich auf lokaler und auch regionaler Ebene deutlich von dem auf mitteleuropäischer Ebene unterscheiden kann. So sind viele Mauerpflanzen, z. B. die Farne *Asplenium ruta-muraria* und *A. trichomanes* (Abb. 5-10), die Moose *Tortula muralis* und *Grimmia pulvinata* sowie die Flechten *Caloplaca saxicola* und *Lecanora muralis* in Mitteleuropa sicherlich einheimisch. Die felsfreien Flachlandregionen Mitteleuropas konnten sie jedoch erst besie-

Abb. 5-10 Felspflanzen wie *Asplenium trichomanes* konnten ihr Areal deutlich erweitern, nachdem der Mensch künstliche Felsstandorte (Mauern) geschaffen hatte (Oberursel-Weißkirchen, 9/2001).

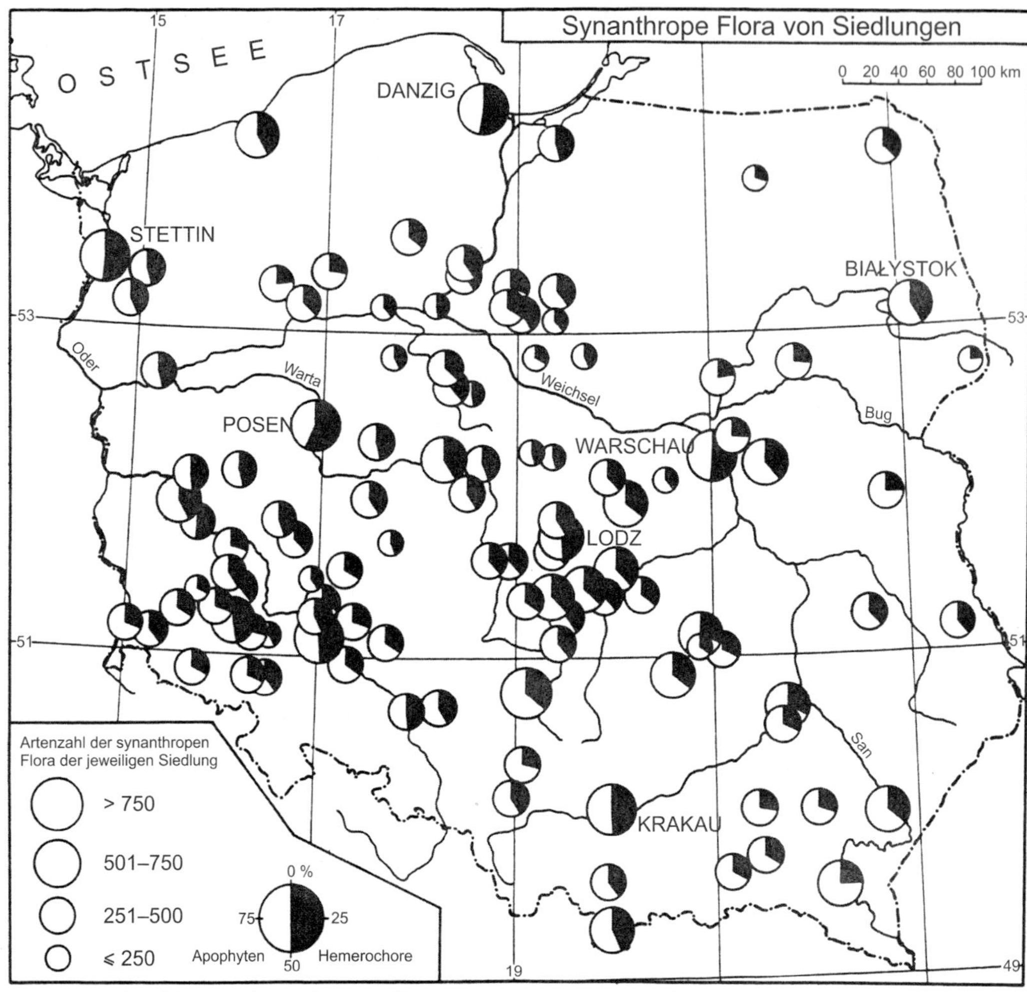


Abb. 5-11 Anteil hemerochorer Arten an Siedlungen unterschiedlicher Größe in Polen (aus FALIŃSKI 1998).

deln, nachdem der Mensch Steinhäuser und Steinmauern angelegt hatte. In vielen Regionen geschah dies bereits in der Römerzeit oder spätestens im Mittelalter, so dass diese Mauerpflanzen dort Archäophyten sind. In einigen ländlichen Regionen gab es jedoch noch vor wenigen Jahrhunderten ausschließlich Lehmbauten (Fachwerk). Hier sind die entsprechenden Mauerarten also erst in historischer Zeit eingewandert und damit Neophyten.

Ein großer Teil der **alten Siedlungspflanzen** wurde früher vom Menschen für die eigene Ernährung, zur Körperpflege, als Mottenabwehrmittel, Heil- und Färbepflanze oder zur Gewinnung von Fasern genutzt (s. Tab. 5-4). Insbesondere trifft dies auf Arten der (ehemals charakteristischen) **Dorfflora** zu. Manche der bezeichnenden dörflichen Pflanzengesellschaften bestehen nahezu ausschließlich aus ehemals **genutzten Pflanzen**. Es ist daher anzunehmen, dass solche nutzbaren Pflanzen im Bereich von Siedlungen geduldet, wenn nicht sogar gezielt gefördert wurden. Besaßen sie, was für viele zutrifft (z. B. *Arctium*-Arten) Klett- oder Klebverbreitung, so wurden sie zwangsläufig vom Menschen oder seinem Vieh in neu gegründete Siedlungen transportiert. Es ist aber auch nicht auszuschließen, dass die Arten bewusst mitgenommen und angesiedelt wurden. Im Mittelalter wurden solche Ansiedlungen regelmäßig in Klostergärten vorgenommen. HEDAL (1987) spricht in derartigen

Fällen von „naturhistorske minder" [naturhistorische Denkmäler], ØSTERGAARD (1957) von „middelalderplanter" [Mittelalterpflanzen]. Viele der alten Siedlungspflanzen gelangten also höchstwahrscheinlich erst mit direkter oder indirekter Hilfe des Menschen nach Mitteleuropa und sind daher Archäophyten, andere waren dagegen schon vorher da und wurden lediglich durch den Menschen und seine Tätigkeiten gefördert.

## 5.3 Neophyten

Während die Abgrenzung zwischen Indigenen und Archäophyten schwierig ist und die Herkunft der Archäophyten oft im Dunkel der Geschichte verborgen bleibt (vgl. SCHOLZ 1995), ist das erstmalige Auftreten von Pflanzen in historischer Zeit in der Mehrzahl der Fälle klar belegt. Nach FALIŃSKI (1971) besteht ein deutlicher Zusammenhang zwischen der Größe einer Siedlung und der Zahl der hemerochoren Arten (Abb. 5-11). Von der Einzel- über die kleine Waldsiedlung bis hin zum „normalen" Dorf nehmen dabei zunächst die Archäophyten zu, während für Städte, insbesondere Großstädte, Neophyten besonders charakteristisch sind. Neuere Untersuchungen aus Tschechien bestätigen diese Tendenzen: P. PYŠEK (1989a,b) fand dort in Dörfern einen im Vergleich zur Gesamtflora Tschechiens auffällig erhöhten Anteil an Archäophyten, während sich der Prozentsatz der Neophyten kaum von dem der Umlandflora unterschied. In Städten war dagegen der Anteil der Neophyten deutlich, der der Archäophyten nur geringfügig erhöht (s.a. P. PYŠEK & A. PYŠEK 1991, P. PYŠEK 1998b). Entsprechende Tendenzen zeigen sich im Vergleich der Flora nordrhein-westfälischer Städte und Dörfer. Berlin, in dessen Zentrum und inneren Stadtzonen die Archäophyten prozentual stärker vertreten sind als in den umgebenden Dörfern (KOWARIK 1990a), scheint diesbezüglich eine Ausnahme zu bilden.

Gleiche Unterschiede wie zwischen Stadt- und Dorfflora ergeben sich beim Vergleich alter und neuer Florenlisten von Städten, z. B. Berlin (KOWARIK 1995a), Halle a.d.S. (KLOTZ 1984a), Posen (Abb. 5-12). Offensichtlich ist der Anstieg des Anteils der Neophyten eine Folge der Zunahme von Bebauung und Industrialisierung. Entsprechend nimmt der Anteil der Neophyten in Dörfern mit der Verstädte-

**Tab. 5-4: Ehemalige Nutzungen von Wildpflanzen des Siedlungsbereiches (ohne reine Zierpflanzen und Getreide-Beikräuter)**

| Art | Nutzungen[1] E | M | S |
|---|---|---|---|
| *Aegopodium podagraria* | B | A | |
| *Anthemis cotula* | | | m |
| *Anthemis tinctoria* | | | F |
| *Arctium lappa* | | A | |
| *Artemisia absinthium* | G | A | |
| *Artemisia vulgaris* | G | A | |
| *Ballota foetida* | | A | |
| *Ballota nigra* | | A | |
| *Bryonia alba* | | A | |
| *Bryonica dioica* | | A | |
| *Chelidonium majus* | | A | |
| *Chenopodium album* | B | | |
| *Chenopodium bonus-henricus* | B | | |
| *Chenopodium vulvaria* | | A | |
| *Cichorium intybus* | B | A | |
| *Conium maculatum* | | A | |
| *Cynoglossum officinale* | | A | |
| *Dipsacus sylvestris* | | | Z, x |
| *Geum urbanum* | G | A | |
| *Hyoscyamus niger* | | A | |
| *Hypericum perforatum* | | A | |
| *Lamium album* | | A | |
| *Leonurus cardiaca* | | A | |
| *Malva neglecta* | | A | |
| *Malva sylvestris* | | A | |
| *Marrubium vulgare* | | A | |
| *Melilotus albus* | | A | m |
| *Melilotus officinalis* | | A | m |
| *Nepeta cataria* | | A | |
| *Oenothera biennis* | W | | |
| *Pastinaca sativa* | G | A | |
| *Plantago major* | | A | |
| *Polygonum aviculare* agg. | | A | |
| *Potentilla anserina* | | A | |
| *Raphanus raphanistrum* | S | | |
| *Saponaria officinalis* | | A, W | |
| *Sedum acre* | | A | |
| *Sedum telephium* agg. | S | A | |
| *Senecio vulgaris* | | A | |
| *Sinapis arvensis* | G | | |
| *Sonchus oleraceus* | B | | |
| *Symphytum officinale* | | A | |
| *Tanacetum parthenium* | | A | m |
| *Tanacetum vulgare* | | A | Z |
| *Turritis glabra* | | A | |
| *Tussilago farfara* | | A | |
| *Urtica dioica* | | A | |
| *Verbascum densiflorum* | | A | K |
| *Verbascum thapsus* | | A | |
| *Verbena officinalis* | | A | |

[1] nach OBERDORFER (2001), ergänzt
**E:** Ernährung (B: Blattgemüse; W: Wurzelgemüse, S: Salat, G: Gewürz);
**M:** Medizin und Körperpflege (A: Arzneipflanze, W: Seife);
**S:** Sonstige Nutzungen (F: Färbepflanze, K: Faserpflanze, m: Mottenschutz; Z: Zierpflanze; x: Werkzeug).

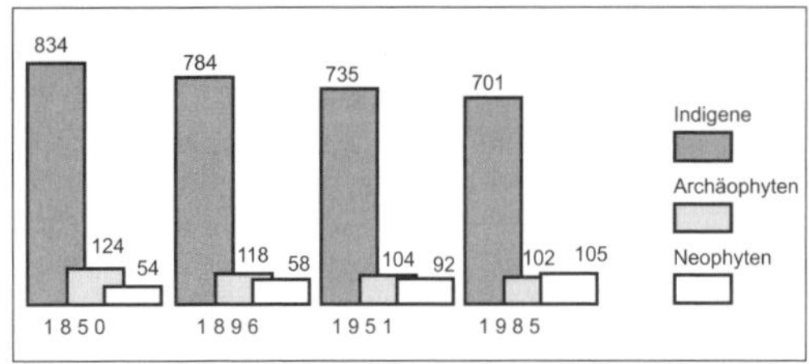


Abb. 5-12 Artenzahl der Indigenen, Archäophyten und Neophyten in der Flora von Posen in den Jahren 1850, 1896, 1951 und 1985 (aus JACKOWIAK 1990).

rung zu: P. PYŠEK & MANDÁK (1997) wiesen für die Dörfer des Böhmischen Karstes im Zeitraum von 1982 bis 1995 insgesamt gesehen einen Anstieg der Artenzahl, jedoch einen Rückgang der Archäophyten und Indigenen, somit also eine bedeutende Zunahme der Neophyten nach (Abb. 5-13).

Der Zusammenhang zwischen Neophytenzahl und Stadtgröße ist für Berlin sehr gut belegt: 1787 waren dort 20, 1884 schon 51 und 1959 sogar 79 Neophyten eingebürgert (SCHOLZ 1960). Im gleichen Zeitraum stieg die Bevölkerung von etwa 200000 auf etwa 3000000 Einwohner an. Genaugenommen hat aber wohl nicht die Einwohnerzahl, sondern die zunehmende Intensität der anthropogenen Störungen der Standorte (Hemerobie) den Anstieg der Hemerochoren verursacht. Nach KOWARIK (1988) existiert eine enge Beziehung zwischen der **Hemerobie** des Standortes und der Abnahme der Indigenen bzw. Zunahme der Hemerochoren. Während in Berlin an ungestörten Standorten (Hemerobiestufe 1) durchschnittlich 98 % der Arten einheimisch sind und nur 2 % Neophyten auftreten, sind an Orten mittleren Störungsgrades (Hemerobiestufe 5) nur 60 %, an stark gestörten Standorten (Hemerobiestufe 9) sogar lediglich 50 % indigene Arten vorhanden, wobei unter den Hemerochoren stets die Zahl der Neophyten gegenüber der der Archäophyten überwiegt (Abb. 5-14).

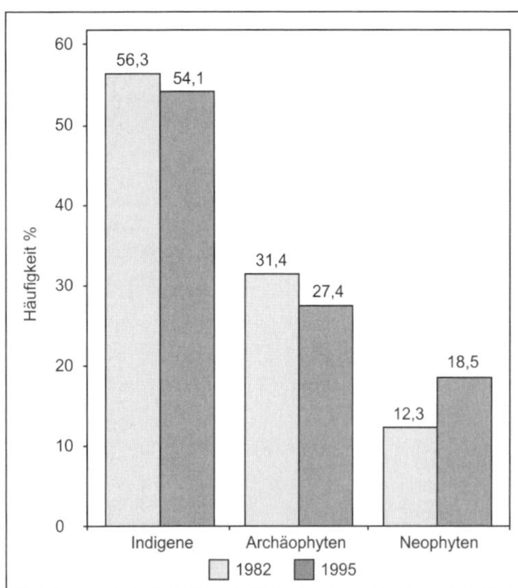


Abb. 5-13 Gegenüberstellung der Zusammensetzung der Flora von zehn Dörfern des Böhmischen Karstes in den Jahren 1982 und 1995 im Hinblick auf den Status der Arten (nach P. PYŠEK & MANDÁK 1997).

Die Zunahme der Neophyten ist mit einem Rückgang der Indigenen und auch der Archäophyten verbunden. Beispielsweise sind

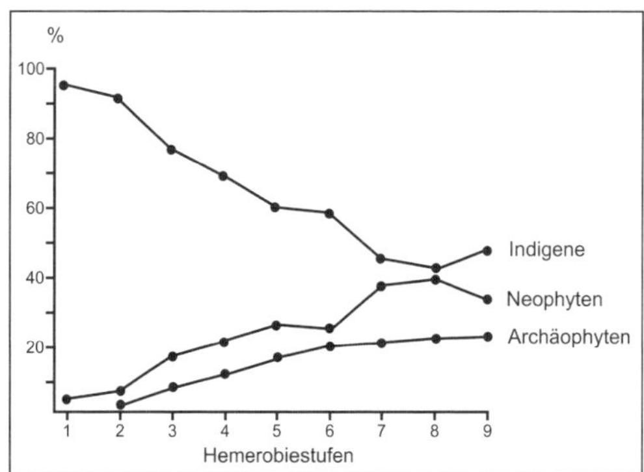


Abb. 5-14 Prozentualer Anteil der Indigenen, Archäophyten und Neophyten an der Artenzahl der Vegetation der Hemerobiestufen 1–9 in Berlin (West).
(100 % = Anteil aller auf der jeweiligen Hemerobiestufe vorkommenden Arten; Hemerobiestufe 1: sehr gering gestört; Hemerobiestufe 9: sehr stark gestört; 2–8 Zwischenstufen (nach KOWARIK 1988).

in Halle/Halle-Neustadt heute an Indigenen nur noch 75,1 %, an Archäophyten 78,7 % des Artenbestandes von 1848 vorhanden (KLOTZ 1984a). Die Neophyten sind dagegen im Vergleich zu 1848 auf 295 % angestiegen. Ursachen für den Neophytenreichtum der Großstädte sind:

- die Vielzahl hochgradig anthropogen gestörter Standorte (Hemerobiestufen 7 bis 9),
- die Besonderheiten des Stadtklimas (s. Kap. 3.1.), die zur Begünstigung von Ar-

**Tab. 5-5: Im Siedlungsbereich gelegene Ausgangspunkte (Einwanderungstore) von Neophyten)**

| Einwanderungstor | Beispiele für Publikationen | Ort/Gebiet |
|---|---|---|
| (Güter-)Bahnhöfe | Hupke (1933)<br>Jauch (1938)<br>Kreh (1960)<br>K. M. Meyer (1930, 1932[1])<br>Scheuermann (1930, 1934, 1940) | Köln[2]<br>Karlsruhe<br>Stuttgart (und allgemein)<br>Breslau<br>Rhein.-Westf. Industriegebiet |
| Häfen | Baumgarten (1973, 1985)<br>Brandes (1989a)<br>Hamann & Koslowski (1988)<br>Jehlík & Hejný (1974)<br>Jehlík (1981)<br>Jehlík (1984)<br>Klotz (1984b)<br>Misskampf & Züghart (2000)<br>Runge (1965, 1972)<br>Stieglitz (1981)<br>Stricker (1962)<br>Szotkowski (1978) | Basel<br>Niedersachsen (Binnenland)<br>Gelsenkirchen<br>Tschechoslowakei<br>Hamburg<br>Tschechoslowakei<br>Halle-Trotha<br>Bremen<br>Münster<br>Neuß<br>Leipzig<br>obere Oder |
| Großmärkte | Fiedler (1937) | Großmarkthalle in Leipzig |
| Mülldeponien | Hetzel & Meierott (1998)<br>Scheuermann (1928) | Franken<br>Rhein.-Westf. Industriegebiet |
| Ölmühlen | Jehlík (1988) | Tschechien |
| Gärten, Grünanlagen, Parks | Adolphi (1995, 1997)<br>Kosmale (1981)<br>Kunick (1991)<br>Pedersen (1983) | Rheinland<br>Erzgebirgsvorland<br>Deutschland<br>Dänemark (Dörfer) |
| Vogelfutterhäuschen | Scheuermann & Wein (1939) | Nordhausen |

[1] speziell die auf dem Güterbahnhof befindlichen Südfrucht-Umschlag- und -Lagerplätze; [2] auch Hafengelände.

ten aus warm-trockenen Gebieten gegenüber den Indigenen führen,

- die Anpflanzung nahezu unzähliger fremdländischer Arten entlang von Straßen, in Parks und in Gärten und die damit gegebenen Möglichkeiten der Verwilderung,
- die Funktion der Städte als Handels- und Verkehrszentren und die daraus resultierende Existenz zahlreicher „Einwanderungstore“ und „Einwanderungswege“.

Typische **Einwanderungstore** (s. Tab. 5-5) für Neophyten sind all diejenigen Orte, an denen Waren oder Abfälle, insbesondere aus dem Agrar- und Forstbereich, um- oder ausgeladen, gelagert oder verarbeitet werden, also Häfen, Güterbahnhöfe, Lagerhallen, (Groß-) Märkte, verarbeitende Betriebe (Webereien, Sägewerke, Mühlen, Lebensmittelhersteller etc.) sowie Mülldeponien. Mit den Waren kommt und kam insbesondere früher, als die Produktion der Güter noch nicht in „sterilen“ Produktionsbetrieben erfolgte und als Verpackungsmaterial Stroh, Blätter, Rinde oder andere organische Materialien benutzt wurden, eine Vielzahl von Diasporen zur Ausbreitung, insbesondere im Südfruchtpackmaterial (K. Meyer 1932, T. Müller 1951–53). Aus der Zeit vor dem zweiten Weltkrieg liegen zahlreiche Berichte über die an solchen Orten des Güterumschlages, der Lagerung und des Verkaufs festgestellten Fremdpflanzen vor, z. B. von Scheuermann (1930, 1934, 1940), Fiedler (1937), Hupke (1933). Seeschiffe, die eine Strecke ohne Ladung zurücklegen mussten, nahmen früher Ballasterde auf, um eine stabilere Lage im Wasser zu erhalten. Am Zielhafen wurde diese Erde dann entladen und gegen Ware ausgetauscht. So wurden Erde und die darin enthaltenen Diasporen nicht selten über Kontinente hinweg transportiert. In Seehäfen stellte daher früher oft die Ballasterde eine weitere Quelle für Fremdpflanzen dar (Saarisalo-Taubert 1963).

Mülldeponien sind teilweise noch heute reich an Neophyten, die sogar eigene Phytozönosen aufbauen können, z. B. existiert auf

Abb. 5-15 Das in Gärten kultivierte Strand-Silberkraut (*Lobularia maritima*) ist in Siedlungen manchmal verwildert anzutreffen (Düsseldorf, 6/1992).

Mülldeponien Bayerns eine *Citrullus lanatus-Solanum lycopersicum*-Gesellschaft, deren Artenkombination überwiegend aus neo- bzw. ephemerophytischen Nahrungs- und Vogelfutterpflanzen besteht. Die Artenzusammensetzung dieser Biozönose spiegelt „aktuelle Konsumgewohnheiten unserer (Wohlstands-)Gesellschaft wider" (Hetzel & Ullmann 1995).

Außer mit Waren unabsichtlich eingeschleppten Neophyten gibt es auch solche, die absichtlich zum Zwecke der Kultivierung als Nutz- oder Zierpflanzen in Gärten und auf Feldern oder aber zur Komplettierung botanischer Gärten eingeführt wurden und sich von dort spontan ausgebreitet haben. Äcker, Hausgärten und Botanische Gärten sowie Müllplätze gehören daher ebenfalls zu den Einwanderungstoren. Viele der in Gärten angebauten fremdländischen Arten vermehren sich in unserem Klima unter günstigen Bedingungen spontan. Allerdings gelingt es nur wenigen,

Abb. 5-16 Die in Gärten kultivierte großblütige Nachtkerze (*Oenothera glazioviana*) ist häufig verwildert anzutreffen und stellenweise fest eingebürgert (Oberursel, 7/2000).

Abb. 5-17
*Iva xanthiifolia* hat sich erst in jüngster Zeit in mitteleuropäischen Großstädten ausgebreitet (Leipzig, 1994).

sich unter Konkurrenzbedingungen zu behaupten, also feste Bestandteile spontaner Pflanzengesellschaften zu werden. Dementsprechend sind in Florenlisten von Städten meist nur verhältnismäßig wenige Gartenpflanzen anzutreffen. Die Mehrzahl der Autoren notiert nämlich diejenigen Arten nicht, die stets nur in unmittelbarer Nachbarschaft zu Gärten anzutreffen sind, bei denen also klar zu erkennen ist, dass sie sich nicht auf Dauer gegenüber den einheimischen Arten behaupten können, sondern des ständigen Nachschubs aus den Gärten bedürfen. Beispiele für Arten, deren Vorkommen in mitteleuropäischen Städten meist auf die unmittelbare Nachbarschaft einer Kultivierung in Gärten oder aber auch auf abgekippte Gartenabfälle zurückzuführen ist, sind das Filzige Hornkraut (*Cerastium tomentosum*) und das Strand-Silberkraut (*Lobularia maritima*; Abb. 5-15). Auch die Vorkommen einiger in Mitteleuropa insgesamt gesehen einheimischer bzw. eingebürgerter Arten in Siedlungen sind oft eine Folge der Kultivierung in Gärten. Dies dürfte für viele Mauerpflanzen (mit Ausnahme der Farne) zutreffen, z. B. *Corydalis lutea*, *Cymbalaria muralis*, *Sedum* spec. Eine Zusammenstellung von aus Gärten und Parkanlagen verwilderten

Zierpflanzen ist in Tab. 5-6 enthalten (s.a. Abb. 5-15 u. 5-16).

Auch heute noch wird hin und wieder das Neuauftreten von Arten fremdländischer Herkunft oder die plötzliche Massenentfaltung von zwar seit längerer Zeit im Gebiet vorhandenen, jedoch bisher seltenen Arten festgestellt. In den 80er Jahren war dies beispielsweise für *Inula graveolens* in Essen der Fall (Gödde 1984, Reidl 1984), für *Iva xanthiifolia* (Abb. 5-17) in Warschau (Sudnik-Wójcikowska 1987b) und für *Chenopodium pumilio* in Frankfurt (Kramer 1991). Sehr gut dokumentiert ist die Ausbreitung des aus Südafrika stammenden *Senecio inaequidens* (Abb. 5-18), die von den Nordseehäfen seit Beginn der 70er Jahre erfolgte und inzwischen über weite Bereiche Mitteleuropas hin fortgeschritten ist (z. B. Kuhbier 1977, Adema & Mennema 1978, Lebau et al. 1978, Asmus 1988, Mazomeit 1991, D. J. Werner et al. 1991, Griese 1998, Bornkamm & Prasse 1999).

Die Ausbildung der Stadtflora ist also kein abgeschlossener, sondern ein ständig fortschreitender, dynamischer Prozess (vgl. auch Gutte 1990, 1996, Sudnik-Wójcikowska 1987c). Die Zahl der zuwandernden Arten nimmt in jüngster Zeit allerdings beträchtlich ab. Dies dürfte darauf zurückzuführen sein, dass diejenigen Arten, die an unser Klima und an die speziellen Verhältnisse in Städten angepasst sind, Zeit genug hatten, um einzuwandern, so dass fast alle präadaptierten Arten inzwischen hier sind (vgl. Jaeger 1977). Auf diese Weise wird verständlich, warum es so wenige überregionale Neophyten unter den Sporenpflanzen gibt (s. a. Kap. 5.2 u. 6.7.7): Ihre Verbreitungseinheiten, die Sporen, sind so leicht, dass sie vom Wind auch über Kontinente und Meere hinweg verdriftet werden können. Sie mussten also nicht auf die Verbreitung durch den Menschen warten, sondern sind schon in prähistorischen Zeiten an alle „passenden" Standorte gelangt (Wirth 1976c). Regional und erst recht lokal sind auf anthropogen eingebrachtem standortsfremdem Gestein dagegen unter den Gestein bewohnenden Moosen und Flechten zahlreiche Neophyten zu verzeichnen (vgl. Kap. 6.5.2).

Für das Weiterwandern von Neophyten von einer Siedlung zur anderen sind einerseits alle Mechanismen denkbar und sicherlich auch mitverantwortlich, die für die Einschleppung der Neophyten gesorgt haben. Daneben ist

**Tab. 5-6: Ehemals aus Ziergärten und Parkanlagen verwilderte Neophyten der Siedlungsflora**

| Art | Herkunft[1)] | Vorkommen[2)] | Bemerkungen |
|---|---|---|---|
| *Acer negundo* | N-Amerika | Bahngelände | |
| *Ailanthus altissima* | China | in Großstädten überall | s. Kowarik (1983), Kowarik & Böcker (1984), Gutte et al. (1987), Kramer (1995) |
| *Antirrhinum majus* | Mediterrangebiet, W-Asien | Mauern | |
| *Aster lanceolatus/ A. tradescantii* | N-Amerika | Bahn- u. Industriegelände | nach Adolphi (1995) häufig miteinander verwechselt |
| *Aster novae-angliae* | N-Amerika | Bahngelände | Hauptvorkommen an Flussufern im Convolvulion |
| *Aster novi-belgii* agg. | N-Amerika | Schuttplätze, Bahn- und Industriegelände | zum Aggregat gehören *A. novi-belgii, A.* x *salignus, A. laevis, A.* x *versicolor* |
| *Buddleja davidii* | China | v.a. Bahn- und Industriegelände | s. Kreh (1952), Kunick (1970) |
| *Cotoneaster horizontalis* | W-China | Mauern, Bahnschotter | außerhalb von Siedlungen an Felsstandorten |
| *Cymbalaria muralis* | Adriagebiet bis Schweiz | Mauern | |
| *Duchessna indica* | S- und SO-Asien | Parkanlagen, Friedhöfe, Vorgärten | |
| *Euphorbia lathyris* | Mediterrangebiet, W-Asien | Dörfer | |
| *Fallopia japonica* | O-Asien | Bahn- u. Industriegelände, Mülldeponien | außerhalb von Siedlungen häufiger als innerhalb, Schwerpunkt in Flussufersäumen |

**Tab. 5-6: Fortsetzung**

| Art | Herkunft[1)] | Vorkommen[2)] | Bemerkungen |
|---|---|---|---|
| *Geranium phaeum* | südl. Mitteleuropa | im größten Teil Mitteleuropas nur außerhalb von Siedlungen | für Dänemark aber als Siedlungspflanze genannt (JENSEN 1989) |
| *Heracleum mantegazzianum* | SW-Asien | selten gemähte Bereiche an großen Straßen, z. B. auf Mittelstreifen | Hauptvorkommen entlang von Bächen außerhalb von Siedlungen |
| *Hieracium aurantiacum* | Gebirge N- u. M-Europas | Scherrasen | |
| *Iberis umbellata* | Mediterrangebiet | Bahn- u. Industriegelände, Bergehalden, Schuttplätze | oft mit *Lobularia maritima* |
| *Impatiens parviflora* | M-Asien | Parkwälder, Heckensäume | Schwerpunkt in Wäldern außerhalb von Siedlungen |
| *Lobularia maritima* | Mediterrangebiet | wenig betretene Pflasterritzen, steinige Wege | bevorzugt an Trittstandorten mit Möglichkeiten zur Trittvermeidung (Pflasterritzen, Bordsteinkanten) |
| *Lunaria annua* | Italien, SO-Europa | Hecken, Gebüsche, v.a. in Dörfern | |
| *Lysimachia punctata* | Kleinasien, SO-Europa, Italien | Straßengräben, Dörfer des Berglandes | auch außerhalb von Siedlungen (im Aegopodion) |
| *Mahonia aquifolium* | N-Amerika | Parkanlagen, Friedhöfe, Hecken | |
| *Mentha spicata* | westl. Mediterrangebiet | Schuttplätze | |
| *Oenothera glazioviana* | N-Amerika | Bahn- u. Industriegelände, Schuttplätze, Straßenränder | s. WITTIG et al. (1999) |
| *Onopordum acanthium* | Mediterrangebiet | Schuttplätze, Dämme; auch Dörfer | |
| *Oxalis corniculata* | Mediterrangebiet | steinbelegte Wege, Pflasterritzen, Gärten | |
| *Parthenocissus inserta* | N-Amerika | Bahn- u. Industriegelände, aufgegebenes Gartenland | viele Literaturangaben zur Einbürgerung von *P. quinquefolia* beruhen wahrscheinlich auf Verwechslung mit *P. inserta* |
| *Paulownia tomentosa* | China | Bahn- u. Industriegelände, Innenstadtbereiche | bisher v.A. in sehr großen Städten; s. a. NOWACK (1987), RICHTER & BÖCKER (2001) |
| *Platanus hybrida* | Ursprung unbekannt | in der Nähe gepflanzter Bäume auf Straßenbanketten und an Mauern | s. KOWARIK (1984), BRENNENSTUHL (1990) |
| *Pseudofumaria lutea* | S-Alpen | Mauern | |
| *Robinia pseudacacia* | USA | Bahnböschungen, ehemalige Trümmerflächen | s. KOHLER & SUKOPP (1964), KLAUCK (1988), KOWARIK (1990b) |
| *Rubus armeniacus* | Armenien? | Bahnlinien, aufgelassenes Gartenland | s. WITTIG & GÖDDE (1985) |
| *Sedum spurium* | N-Iran, Kaukasus, Armenien, Kurdistan | Mauern, felsige Böschungen in Bergdörfern | |
| *Solidago canadensis* | atlant. N-Amerika | alle wenig bis mäßig gestörten Ruderalstandorte, Säume an Verkehrswegen, aufgelassenes Gartenland | auch außerhalb von Siedlungen im Auenbereich der Flüsse häufig (s. WITTIG 1978, VIŠŇÁK 1991) |
| *Solidago gigantea* | N-Amerika | ähnlich *S. canadensis*, aber auf frischere Standorte beschränkt | deutlich seltener als *S. canadensis* |
| *Symphytum asperum* agg. | Kaukasus | aufgelassenes Gartenland in Dörfern | zum Aggregat gehören u. a. *S. peregrinum* und *S.* x *uplandicum* |
| *Veronica filiformis* | Kaukasus, Kleinasien | Scherrasen | s. MÜLLER & SUKOPP (1993) |

[1)] v.a. nach ADOLPHI (1995); falls dort nicht erwähnt, nach OBERDORFER (2001); [2)] Verfasser

Abb. 5-18 *Senecio inaequidens* hat sich in Mitteleuropa entlang von Verkehrswegen stark ausgedehnt (Essen-Flintrop, 6/2000).

aber auch an ein „natürliches" Ausbreiten über Keimung, Blüte und Samenbildung zu denken. Für alle Neophyten, die über keine effektiven Mechanismen der Fernverbreitung (flugfähige Diasporen) verfügen, ist so etwas nur möglich, wenn entsprechende lineare Strukturen (Adolphi 1998) als **„Wanderstraßen"** vorhanden sind (s.a. Jehlik & Hejný 1974, Büscher 1999). Auf oder entlang dieser Straßen müssen einheimische Arten aufgrund anthropogener Störungen so stark benachteiligt sein, dass die in der Regel unter natürlichen oder naturnahen Bedingungen nicht konkurrenzfähigen Neophyten zur Vermehrung gelangen können. Geeignete Wanderwege sind alle Verkehrstraßen, (s. Abb. 3-6 u. 5–18), also:

- Straßen (s. z. B. Kopecký 1988),
- Bahnlinien (z. B. Dürer 1866, Koster 1985, Wittig et al. 1985),
- Flüsse (s. z. B. P. Pyšek & Prach 1993) und Kanäle (Sukopp & Scholz 1965).

## 5.4 Anökophyten

Für mehrere schon in prähistorischer Zeit im Gefolge des Menschen auftretende Arten ist kein natürlicher Standort bekannt. Man muss daher annehmen, dass diese **„obligatorischen Unkräuter"** (Scholz 1991) erst auftraten, nachdem der Mensch durch seine Eingriffe Teile der Naturlandschaft zur Kulturlandschaft umgewandelt hatte. An derartigen alten Anökophyten kommen in Siedlungen beispielsweise *Bromus hordeaceus, Capsella bursa-pastoris, Chenopodium album, Ch. hybridum, Cynodon dactylon, Hordeum murinum* s. str., *Poa annua, Senecio vulgaris und Stellaria media* vor (s. Sukopp & Scholz 1997). Aber auch in jüngster Zeit sind gerade in Siedlungen einige Arten neu entstanden bzw. in der Entstehung begriffen. Beispielsweise lassen sich bei mehreren der heute in europäischen Städten anzutreffenden Nachtkerzen-Arten (*Oenothera* spec.) nur noch wenige Übereinstimmungen zwischen den europäischen Formen und ihren nordamerikanischen Vorfahren feststellen, die vor etwa 350 Jahren nach Europa eingeführt wurden (Sukopp et al. 1979b). Innerhalb dieser Sippen ist momentan offensichtlich eine reiche Differenzierung im Gange.

Scholz (1993) vermutet, dass die in Mitteleuropa bisher als *Solidago canadensis* bezeichnete Sippe nicht mit der „echten" in Nordamerika beheimateten *Solidago canadensis* identisch ist, sondern dass es sich um ein in Europa aus nordamerikanischen Vorkommen entstandenes Taxon handelt, das er provisorisch als *Solidago anthropogenea* bezeichnet. Unter den Moosen ist eventuell *Marchantia polymorpha* ssp. *ruderalis* ein Anökophyt, unter den Flechten *Aspicilia moenium* (s. Kap. 6.7.7).

## 5.5 Entwicklungstendenzen

Allgemeine Entwicklungstendenzen im Rahmen der Entstehung insbesondere der Stadtflora lassen sich mit folgenden Methoden aufzeigen:

- Vergleich der aktuellen Stadtflora mit der Umlandflora,
- Vergleich der Flora einer Stadt mit der benachbarter Dörfer,
- Vergleich aktueller Florenlisten mit solchen aus dem vergangenen Jh.,
- Beobachtung der Reaktion der Dorfflora auf die Verstädterung der Dörfer,
- Identifizierung von Pflanzenresten und Pollen im Zuge archäologischer Grabungen.

Folgende Tendenzen werden dabei offensichtlich (s. u. a. Kowarik 1992a):

- Rückgang eines größeren Teils der einheimischen und archäophytischen Arten, insbesondere von Angehörigen der Familien Orchidaceae und Cyperaceae sowie von weiteren Arten mit enger ökologischer Amplitude, mit Bindung an nährstoffarme Standorte oder an traditionelle landwirtschaftliche Nutzungsformen;
- Ausbreitung eines kleineren Teils der einheimischen Arten als Apophyten auf neue Standorte (insbesondere Arten mit breiter ökologischer Amplitude);
- Ausbreitung nicht einheimischer Arten (Neophyten), vor allem auf gestörten Standorten;
- Entstehung neuer Ökotypen, Subspezies oder sogar Spezies.

## 5.6 Zeitlicher Ablauf

Die Entwicklung der Siedlungsflora Mitteleuropas weist vier Abschnitte auf:

- die Zeit bis zum 15. Jahrhundert,
- der Zeitraum vom 15. Jahrhundert bis zum Beginn des Industriezeitalters,

- das Industriezeitalter,
- die postindustrielle Zeit.

Bis zum Beginn der Neuzeit (Ende des 15. Jh.) bestand die Siedlungsflora definitionsgemäß nur aus Indigenen und Archäophyten. Der Unterschied zwischen Stadt- und Dorfflora war weit geringer als heute. In den eng bebauten mittelalterlichen Städten fehlten allerdings große Freiflächen, wie sie heute im Bahn- und Industriegelände von Städten zu finden sind. Sowohl die für spontane Vegetation zur Verfügung stehende Fläche als auch die Diversität der Standorte war erheblich geringer, als sie es heute in den Städten ist. Im Vergleich zum Dorf dürfte daher, anders als heute, sowohl die Individuen- als auch die Artenzahl der Pflanzen geringer gewesen sein. Mauerpflanzen waren damals in Städten sicherlich weitaus häufiger, als sie es heute sind. Da es keine geordnete Entsorgung der Abfälle und Abwässer gab, war der Anteil der extrem nitrophytischen Arten und der sowohl stickstoff- als auch feuchtigkeitsliebenden Spezies in Städten wohl ebenfalls erheblich größer als heute.

Im Gegensatz zu heute spielten also aller Wahrscheinlichkeit nach Bidentetea-Gesellschaften eine nicht unerhebliche Rolle in der Siedlungsvegetation (z. B. das *Chenopodietum glauco-rubri*) und die Trennung zwischen Tritt- und Flutrasen war wohl weniger eindeutig als heute. Allerdings waren bereits alle für die heutige Siedlungsvegetation bedeutsamen großen Vegetationsgruppen (Trittrasen, einjährige Ruderalgesellschaften, ausdauernde Staudenfluren) vorhanden, wie Knörzer (1987) für das römische Köln nachwies. Unter anderem waren zur Römerzeit in Köln bereits Trittpflanzengesellschaften mit *Polygonum aviculare* und *Plantago major*, Gesellschaften des Sisymbrion mit *Sisymbrium officinale*, *Atriplex* spec., *Chenopodium album*, *Ch. murale*, *Bromus sterilis* und *Urtica urens*, sowie Artemisietea-Gesellschaften (*Onopordetum*, *Lamio-Ballotetum*, *Arctio-Artemisietum*) vorhanden.

**Tab. 5-7: Zeitliche Dynamik des Vorkommens ausgewählter epökophytischer Neophyten in Warschau (nach Sudnik-Wójcikowska 1987c)**

| | in Warschau seit | Entwicklung des Vorkommens* | | | |
|---|---|---|---|---|---|
| | | vor 1824 | 1824–1914 | 1914–1939 | 1939–1983 |
| *Conyza canadensis* | 1730 | ⬤ | ⬤ | ⬤ | ⬤ |
| *Senecio vernalis* | 1824 | • | ⬤ | ⬤ | ⬤ |
| *Atriplex tatarica* | 19. Jh. (1. Hälfte) | • | ● | ● | ⬤ |
| *Helianthus tuberosus* | 1730?, 1873 | • | • | ● | ⬤ |
| *Reseda lutea* | 152, 1873 | • | • | ● | ⬤ |
| *Sisymbrium loeselii* | 1824?, 1895 | • | • | ● | ⬤ |
| *Amaranthus retroflexus* | 1873 | · | ⬤ | ⬤ | ⬤ |
| *Galinsoga parviflora* | 1873 | · | ⬤ | ⬤ | ⬤ |
| *Oxalis stricta* | 1870 | | ● | ⬤ | ⬤ |
| *Matricaria suaveolens* | 1884 | | • | ⬤ | ⬤ |
| *Diplotaxis muralis* | 1895 | | • | ● | ⬤ |
| *Sisymbrium altissimum* | 1894 | | • | ● | ⬤ |
| *Bunias orientalis* | 1883 | | • | • | ⬤ |
| *Oenothera depressa* | 1894 | | • | • | ⬤ |
| *Galinsoga ciliata* | 1917 | | | ● | ⬤ |
| *Atriplex oblongifolia* | 1977–1982 | | | | ⬤ |
| *Chenopodium strictum* | 1961 | | | | ⬤ |
| *Iva xanthifolia* | 1959 | | | | ⬤ |
| *Lepidium densiflorum* | 1946 | | | | ⬤ |

* Die Größe des Punktes ist ein Maß für die anzunehmende bzw. in der Mehrzahl der Fälle anhand von Aufzeichnungen, Herbarbelegen, Veröffentlichungen etc. nachgewiesene Größe des Vorkommens im Untersuchungsgebiet:
· : Vorkommen wahrscheinlich, Angaben liegen nicht vor
• : Vorkommen durch Angaben belegt
●: Leichte Expansion (falls in links daneben stehender Spalte kein oder ein kleinerer Punkt vorhanden ist) bzw. gleichbleibend auf mittlerem Niveau oder weitere leichte Expansion (falls bereits für den vorhergehenden Zeitraum ein gleich großer Punkt angegeben ist)
⬤: Starke Expansion (falls im vorhergehenden Zeitraum ein kleinerer oder kein Punkt angegeben ist) bzw. gleichbleibend hohes Niveau oder weitere leichte Expansion (falls bereits für den vorhergehenden Zeitraum ein großer Punkt angegeben ist)

Die Entdeckung Amerikas führte zu einer allmählichen Ausweitung von Handel und Verkehr und damit zu einem ersten Auftreten einzelner Neophyten. Vermutlich blieben diese aber auf die großen Hafenstädte sowie wenige inländische Zentren des Warenimports (Residenzstädte überregionaler Bedeutung) beschränkt. Der Charakter der Stadtflora wurde also insgesamt noch nicht verändert.

Mit der Erfindung der Eisenbahn und des Dampfschiffes stiegen Handel und Verkehr zu Beginn des 19. Jahrhunderts sprunghaft an. Die Folge war ein ebenso sprunghafter Anstieg der adventiven Arten. Zwischen dem ersten Auftreten einer Art und ihrer Einbürgerung können allerdings mehrere Jahrzehnte vergehen. Eine deutliche Veränderung der Siedlungsflora durch vermehrtes Auftreten von Neophyten erfolgte daher erst gegen Ende des 19. Jahrhunderts. Zu diesem Zeitpunkt wurde die dauerhafte Ansiedlung und Ausbreitung neuer Arten zusätzlich dadurch gefördert, dass die Industrialisierung zu einer starken Ausdehnung der Städte führte und so großflächig stark hemeorobe Standorte geschaffen wurden. Die stärkste Ausbreitung von Neophyten, gepaart mit einem deutlichen Rückgang von Archäophyten und Indigenen, erfolgte in Städten sogar erst in der Zeit zwischen den beiden Weltkriegen und in den ersten Jahrzehnten nach dem zweiten Weltkrieg, wie von SUDNIK-WÓJCIKOWSKA (1987c) für Warschau belegt (s. Tab. 5-7).

Gegen Ende des 20. Jahrhunderts ist ein allmähliches Nachlassen der Zuwanderung von Neophyten zu verzeichnen (s. o.). Viele der in Städten eingebürgerten, bisher stadtcharakteristischen Neophyten breiten sich mit zunehmender Verstädterung der Dörfer auch in diesem Siedlungstyp aus. Gleichzeitig befinden sich einige bisher für Dörfer charakteristische Archäophyten und nitrophile Pflanzengesellschaften in starkem Rückgang (s. u. a. A. PYŠEK & P. PYŠEK 1987). Einigen wenigen (ehemaligen) Dorfpflanzen gelingt der Einzug in die Städte, z. B. *Malva neglecta* (s. WITTIG 2001a). Der zwischenzeitlich große Unterschied zwischen Stadt- und Dorfflora wird also allmählich kleiner.

Weltweit zeichnet sich innerhalb gleicher Klimazonen, teilweise sogar über die Grenzen von Klimazonen hinweg, eine starke Tendenz zur Vereinheitlichung der Stadtflora ab. Hierfür können folgende Ursachen genannt werden (s.a. SUKOPP & WURZEL 1995):

- Aufgrund des weltumspannenden Verkehrs- und Handelsnetzes kann jede Art an sämtliche potentiellen Wuchsorte gelangen.
- In allen Städten ist die menschliche Nutzung der wichtigste Standortfaktor. Pflanzen, die an anthropogene Störungen angepasst sind, haben dementsprechend in allen Städten (zumindest der gleichen Klimazonen) gute Überlebenschancen.
- Großklimatisch bedingte Standortsunterschiede werden in Städten höherer Breiten durch den Wärmeinsel-Effekt, in Städten arider Regionen durch künstliche Bewässerung ausgeglichen.
- Die Mehrzahl der jeweils einheimischen Arten ist in der Regel nicht an städtische Bedingungen angepasst. Nach Störungen entstandene Vegetationslücken werden daher mit präadaptierten Neuankömmlingen besetzt.

# 6 Zusammensetzung der spontanen Siedlungsflora

Da sich Städte standörtlich deutlicher vom Umland unterscheiden als Dörfer, ist die Stadtflora entsprechend stärker von der des Umlandes unterschieden als die Dorfflora. Im Folgenden wird daher insbesondere auf die Stadtflora eingegangen. Charakteristika der Dorfflora werden in Kap. 9.3 behandelt.

## 6.1 Überblick

Alle Großgruppen des Pflanzenreiches, also Algen, Pilze, Moose, Flechten, Farne und Samenpflanzen, treten auch in Siedlungen auf. Mit Ausnahme der Algen, über die diesbezüglich wenig bekannt ist, werden die einzelnen Gruppen und ihre stadttypischen Vertreter in den folgenden Kapiteln vorgestellt.

Die meisten Abhandlungen über Siedlungsflora beziehen sich überwiegend oder ausschließlich auf die Samenpflanzen, in einigen Fällen auch auf die Gefäßpflanzen, also Samen- und Farnpflanzen. Wenn in der Literatur von den Charakteristika oder den Veränderungen der Siedlungsflora die Rede ist, so ist meist nicht die gesamte, sondern nur die Samen- bzw. Gefäßpflanzenflora gemeint (z. B. Kowarik 1990a, 1992a, Kunick 1982, Sudnik-Wójcikowska 1988, P. Pyšek 1989a, b, Klotz 1988). Wegen der sich daraus ergebenden Bedeutung für die Theorie der Siedlungsflora beginnen wir mit den Samenpflanzen (Kap. 6.3) und wenden uns danach den übrigen Gruppen zu (Kap. 6.4 Farne, Kap. 6.5 Moose, Kap. 6.6 Pilze, Kap. 6.7 Flechten). Vor dieser speziellen Betrachtung wird allgemein auf charakteristische Verbreitungsmuster von Pflanzen in Städten eingegangen (Kap. 6.2). Da von Flechten und Moosen gebildete Gesellschaften in Siedlungen, anders als beispielsweise in Heiden, Mooren und Wäldern sowie an Felsstandorten, flächenmäßig bedeutungslos und zudem meist nur fragmentarisch entwickelt sind, werden sie in den Kap.n 6.5 bzw. 6.7 mitbehandelt, während den Gesellschaften der Gefäßpflanzen ein eigenes Kap. gewidmet ist (Kap. 8).

Zur Flora mitteleuropäischer Städte ist generell folgendes zu sagen:

- Die Artenzusammensetzung der heutigen spontanen Vegetation weicht deutlich von der Flora des gleichen Gebietes in Zeiten weniger intensiver Urbanisation ab.
- Flora und Vegetation von Städten unterscheiden sich signifikant von Flora und Vegetation des Umlandes.
- Die Floren mitteleuropäischer Städte gleicher Größe zeigen eine sehr große Ähnlichkeit in ihrer Artenzusammensetzung.

Die überraschende Ähnlichkeit der Stadtfloren führt Jackowiak (1998) darauf zurück, dass Städte und Großstädte ein überregionales polyzentrisches floristisches System bilden, wobei Fließgewässer und Verkehrswege die Verbindungsadern darstellen. Als weitere Ursache dieser Ähnlichkeit nennt der Autor, dass im Umland existierende physiogeografische Grenzen mit der Verstädterung eines Raumes – aufgrund der in diesem Raum herrschenden stadttypischen Standortbedingungen – allmählich abgebaut werden und im Stadtzentrum schließlich völlig verschwinden.

## 6.2 Verbreitungstypen von Stadtpflanzen

Wie in den Kapiteln 6.3 bzw. 6.7 noch detaillierter dargelegt wird, sind die einzelnen Pflanzenarten nicht gleichmäßig über den Stadtbereich verteilt, sondern es lassen sich zumindest bei einigen Arten deutliche Prioritäten für bestimmte Stadtzonen, Stadtstrukturtypen oder Nutzungsformen erkennen. Kunick (1974) unterscheidet für die Millionenstadt Berlin 15 verschiedene Verbreitungstypen. Erste Versuche, auch in mittleren Großstädten Beziehungen zwischen der Verbreitung einzelner Pflanzenarten und bestimmten stadtökologischen Gegebenheiten herzustellen, wurden ebenfalls von Kunick unternommen (Bremerhaven: 1979; Köln: 1984). Wittig et al. (1985) unterteilen die Flora in stadtfliehende (urbanophobe, wobei zwischen extrem und mäßig urbanophob differenziert wird), in Stadt und Umland verbreitete (urbanoneutrale) und stadtbevor-

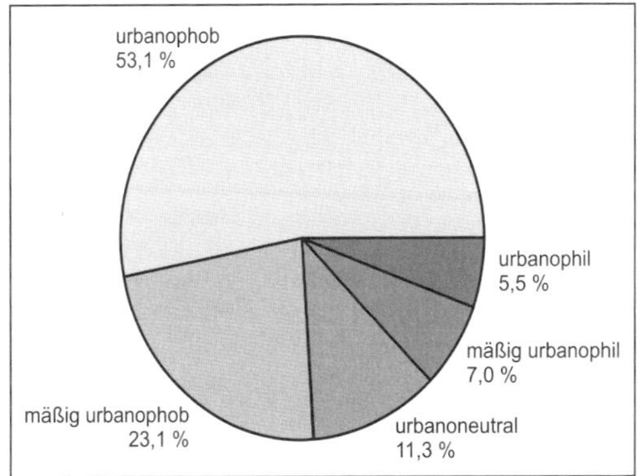


Abb. 6-1 Die Bindung der Flora Mittel- und Nordostdeutschlands an urbane Standorte (Daten aus FRANK & KLOTZ 1990).

zugende (urbanophile, wiederum aufgeteilt in mäßig und extrem urbanophil) Pflanzenarten. Die Gruppenzugehörigkeit kann von Stadt zu Stadt durchaus variieren: So gehört z. B. *Stellaria holostea* in Bremerhaven zu den extrem urbanophoben Arten, in vielen anderen Städten dagegen zu den mäßig urbanophoben, und *Hordeum murinum* ist in NW-Deutschland extrem, in S-Deutschland dagegen nur mäßig urbanophil.

Wie KLOTZ (1992) am Beispiel der Flora Mittel- und NO-Deutschlands zeigt (Abb. 6-1), sind in Flach- und Mittelgebirgsregionen Mitteleuropas gut drei Viertel der Arten urbanophob (53,1 % extrem, 23,1 % mäßig). Etwas mehr als ein Zehntel (11,3 %) der Arten verhält sich urbanoneutral, ein Achtel ist urbanophil (7 % mäßig, 5,5 % extrem). Auf typisch urban-industriellen Standorten kann man also etwa ein Viertel der Gesamtflora der jeweiligen Region antreffen, im Gesamtgefüge einer Stadt etwa die Hälfte. Allerdings gilt dies nicht für den Alpenraum, dort dürfte der Anteil der Urbanophoben erheblich höher sein.

Die Begriffe „urbanophob" und „urbanophil" sind in mancher Hinsicht parallel zu den Begriffen „hemerophob" (störungsempfindlich und daher je nach Grad der Hemerophobie ausschließlich oder überwiegend an ungestörten Standorten anzutreffen) und „hemerophil" (auf Störungen angewiesen und daher überwiegend oder ausschließlich an gestörten Standorten vorkommend). Wie in Kap. 6.2.2 erläutert wird, sind die jeweiligen Begriffspaare jedoch nicht identisch.

## 6.2.1 Urbanophobe, urbanoneutrale und urbanophile Arten

Standorte, welche in Städten aufgrund anthropogener Eingriffe fehlen, sind insbesondere oligo- bis mesotrophe, unverschmutzte Gewässer, unverbaute Gewässerränder, Feuchtgebiete, mäßig nährstoffreiche Kalkböden und magere Böden. Arten, die an derartige Standorte gebunden sind, meiden die urban-industriellen Bereiche fast völlig. Des Weiteren fallen in Städten all diejenigen Arten aus, die empfindlich auf mechanische Störungen, z. B. Tritt, Überschüttung, Hacken und Lagern, reagieren. Zu diesen **extrem urbanophoben** Arten gehören in Mitteleuropa nahezu alle Orchideen, die meisten Gentianaceen und Liliaceen sowie viele Cyperaceen.

Konkrete Beispiele für Pflanzen mit extrem urbanophober Verbreitung sind in Duisburg *Aira caryophyllea, Littorella uniflora, Lycopodiella inundata* und *Nardus stricta* (vgl. DÜLL & KUTZELNIGG 1987), in Bremerhaven *Molinia caerulea* (vgl. KUNICK 1979), in Warschau u. a. *Genista tinctoria* (Abb. 6-2a). Extrem urbanophob sind außerdem viele Flechten (s. Kap. 6.7) und Moose (s. Kap. 6.5).

**Mäßig urbanophobe** Arten (Abb. 6-2b) haben ihren Verbreitungsschwerpunkt im außerstädtischen Bereich, ohne jedoch im engeren Stadtgebiet völlig zu fehlen. Innerhalb dieses Verbreitungstyps kann eine Aufteilung in zwei Untertypen erfolgen.

Der erste umfasst Pflanzen, die innerhalb des Stadtgebietes ausschließlich auf naturnahe, nicht urbane Bereiche wie große, extensiv gepflegte Parkanlagen und Seen beschränkt bleibt (extrazonale Verbreitung) oder in der Stadt nur entlang von Fließgewässern, Grünschneisen u. ä. vorkommt (azonale Verbreitung). Als Beispiele seien die Waldpflanzen *Anemone nemorosa, Arum maculatum, Polygonatum multiflorum* und *Primula elatior* genannt. Diese Kennarten oder Begleiter anspruchsvoller Laubwaldgesellschaften finden sich hauptsächlich in Stadtrandgebieten, in zentrumsnahen Grünanlagen dagegen nur, sofern es sich um sehr alte, waldähnliche Parks handelt. *Anemone nemorosa* besitzt von den genannten Arten im Allgemeinen die weiteste Verbreitung innerhalb des Stadtgebietes, was wohl auf ihre große ökologische Amplitude (ELLENBERG et al. 1992) zurückzuführen ist. Weitere Beispiele für auf relativ naturnahe Bereiche der Städte beschränkte Spezies sind die

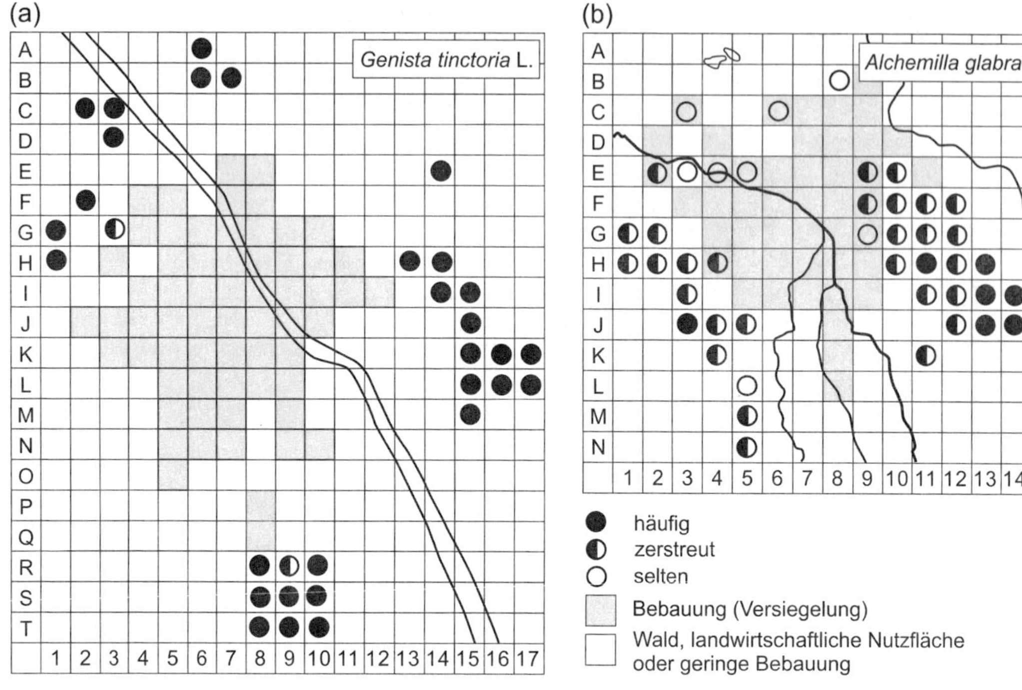


Abb. 6-2 Beispiele für urbanophobe Verbreitung:
extrem urbanophob (a): *Genista tinctoria* in Warschau (aus SUDNIK-WÓJCIKOWSKA 1986);
mäßig urbanophob (b): *Alchemilla glabra* in Zürich (aus LANDOLT 1997).

an Flussufern vorkommenden Röhrichtarten *Phalaris arundinacea* und *Carex gracilis* oder das an Auenwaldrelikte gebundene Moos *Amblystegium riparium* (vgl. Abb. 3-9) sowie die auf den Wiesen der Flussdeiche weit in die Städte hinein vordringende Trockenrasenart *Eryngium campestre*.

Den zweiten Untertyp bilden Arten, die zwar ebenfalls überwiegend die naturnahen Stadtstrukturbereiche besiedeln, aber zusätzlich auf stärker anthropogen beeinflussten Standorten wachsen. So findet man die Waldpflanzen *Stachys sylvatica* und *Scrophularia nodosa* auch in intensiver gepflegten Parks, in alten Wohnanlagen und auf ruderalen Freiflächen. Dabei kommt *Stachys sylvatica* fast ausschließlich im naturnäheren Flügel der nitrophilen Hochstaudengesellschaften vor, während *Scrophularia nodosa* auch in stärker ruderalen Gesellschaften der Klasse Artemisietea auftritt. Die Apophytisierung (s. Kap. 5.2) ist bei *Scrophularia nodosa* also offensichtlich recht weit vorangeschritten.

Eine wichtige Ursache des unterschiedlichen Verhaltens von Waldpflanzen gegenüber dem Lebensraum Stadt liegt sicherlich in den Ausbreitungsmechanismen: für die ausschließlich auf Ameisenverbreitung angewiesene *Anemone nemorosa* ist es so gut wie unmöglich, isoliert liegende, neu geschaffene Stadtparkanlagen zu besiedeln. Die Diasporen windverbreiteter Arten werden dagegen viel leichter über weitere Entfernungen transportiert und kommen verständlicherweise auch hin und wieder an solchen Standorten zur Entwicklung, die eigentlich nicht arttypisch sind.

Pflanzen, die innerhalb und außerhalb von Städten genügend geeignete Siedlungsstandorte finden und daher die Stadt weder meiden noch bevorzugen, bilden die Gruppe der **urbaneutralen** Arten (Abb. 6-3). Zu ihr gehören viele Ubiquisten, z. B. Arten der Hackfrucht-Gesellschaften wie *Galinsoga parviflora*. Urbanoneutral sind auch Pflanzenarten von Trittstandorten (z. B. *Plantago major, Polygonum aviculare* agg.) sowie Arten der Parkrasen und Weiden, da entsprechende Flächennutzungen gleichermaßen in städtischen wie nichtstädtischen Bereichen üblich sind. Nitrophile Saumarten können sich ebenfalls urbanoneutral verhalten. In Düsseldorf und Essen trifft dies z. B. auf *Bryonia dioica* zu, in Münster auf *Ca-*

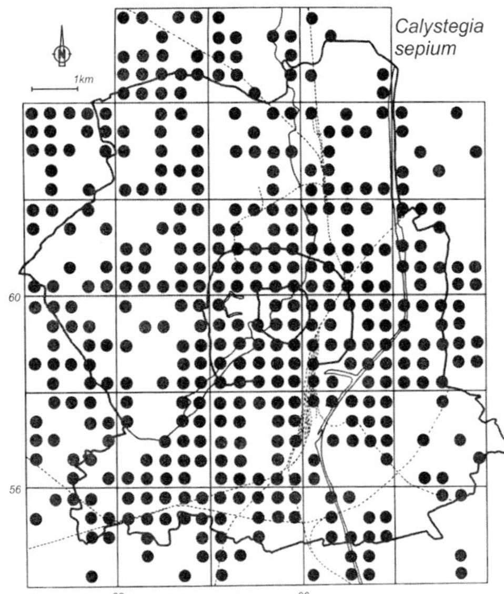


Abb. 6-3 Ein Beispiel für urbanoneutrale Verbreitung: *Calystegia sepium* in Münster (aus WITTIG et al. 1985).

*lystegia sepium*. Diese beiden Lianen nutzen in Städten Ziergehölzpflanzungen, Hochstauden und Zäune als Kletterhilfe. Auch einige Neophyten sind inzwischen gleichermaßen in Städten wie deren Umland vertreten. In Münster gilt dies z. B. für *Fallopia japonica*. Als letztes gehören schließlich noch Pioniergehölze wie *Betula pendula, Salix caprea* und *Acer pseudoplatanus*, die eine relativ weite ökologische Amplitude besitzen, zur Gruppe der urbanoneutralen Arten.

Pflanzenarten, die einen deutlichen Verbreitungsschwerpunkt innerhalb des bebauten Stadtgebietes zeigen, ohne im Umland vollständig zu fehlen, bezeichnet man als **mäßig urbanophil** (Abb. 6-4a). In Münster, Düsseldorf und Essen gehören die Neophyten *Oenothera biennis* und *Solidago canadensis*, deren Verbreitung im Umland auf offene, wärmebegünstigte Flächen beschränkt ist, zu diesem Typ. Mäßig urbanophil verhalten sich weiterhin in Düsseldorf und Essen die Sisymbrion-Arten *Hordeum murinum* und *Lactuca serriola* (WITTIG et al. 1985), was allerdings interessanterweise nicht für Oldenburg zutrifft, wo beide Arten als extrem urbanophil einzustufen sind, also das Umland der Stadt völlig meiden (HERRMANN 1994).

Die **extrem urbanophilen** Arten (Abb. 6-4b) sind auf bestimmte, stadttypische Standortfaktoren angewiesen (z. B. hoher Störungsgrad, warmtrockenes Klima) und deshalb nicht in der Lage, in außerstädtischen Bereichen Fuß zu fassen. Extrem urbanophile Pflanzen können entweder im gesamten Stadtgebiet siedeln, ohne bestimmte Standorte deutlich zu bevorzugen (holourbane Arten), sie können bevorzugt in Industriegebieten und Verkehrsanlagen anzutreffen sein (industriophile Arten), oder sie finden sich sogar überwiegend im Bahngelände (orbitophile Arten). Ein typisch holourbanes Verbreitungsbild wird in anderem Zusammenhang bereits in Abb. 3-8 präsentiert: *Hordeum murinum* in Münster. Eine Zusammenstellung orbitophiler Arten findet sich bei WITTIG et al. (1985); DETTMAR (1992b) präsentiert eine Liste von Arten, die im Ruhrgebiet als industriophil zu bezeichnen sind.

In der Flora von Süd-Limburg findet man für *Hordeum murinum* und *Eragrostis pilosa* die Angabe, „vooral in stedelijke omgeving" [v.a. in städtischer Umgebung] bzw. „vooral in stedelijke gebied" [v.a. in städtischem Gebiet], für *Amaranthus albus*, *Herniaria glabra* und *Lepidium virginicum* „voraal op spoorweg- en industrieterreinen" oder „...fabrieksterreinen" [v.a. auf Bahngelände und in Industriegebieten] sowie für *Vulpia myuros* „voraal gevonden langs spoorwegen" [v.a. entlang von Bahngleisen gefunden] (BLINK 1997: 142, 109, 24, 136, 162).

### 6.2.2 Hemerophobe und hemerophile Arten

JACKOWIAK (1995) bezeichnet Arten, die bevorzugt an gestörten Standorten vorkommen, als hemerophil und solche, die gestörte Standorte meiden, als hemerophob. Da in Städten Störungen zu den charakteristischen Standortfaktoren gehören, können typisch urbanophile Arten niemals hemerophob sein. Vielmehr ist es sehr wahrscheinlich, dass eine urbanophile Art gleichzeitig hemerophil ist. Umgekehrt sind viele Arten deshalb nicht in Städten anzutreffen (also urbanophob), weil sie Störungen nicht ertragen, d. h. hemerophob sind. Zahlreiche Beispiele belegen jedoch, dass die Begriffspaare dennoch nicht identisch sind. Beispielsweise sind Vertreter der Getreideunkraut-Gesellschaften von Kalkäckern (Caucalidion) in Städten äußerst selten, obwohl Äcker hochgradig gestörte Lebensräume dar-

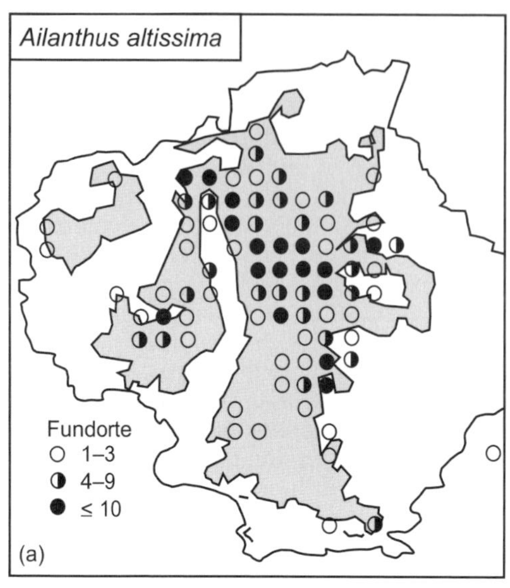


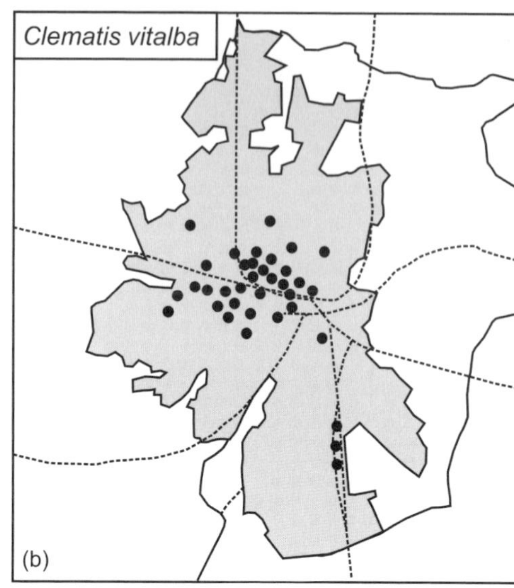


Bebauungsgebiet nicht oder gering bebautes Gebiet

Abb. 6-4 Beispiele für urbanophile Verbreitung:
mäßig urbanophil (a): *Ailanthus altissima* in Leipzig (aus Gutte et al. 1987; dargestellt ist die Zahl der Fundpunkte pro Rasterfläche);
extrem urbanophil (b): *Clematis vitalba* in Oldenburg (nach Herrmann 1994; dargestellt sind die einzelnen Fundpunkte).

stellen. Auch Steinbrüche sind stark gestörte Standorte, dennoch können sich darin nach Nutzungsaufgabe innerhalb weniger Jahre seltene Arten der Fels- und Halbtrockenrasen, z. B. *Ophrys*- und *Orchis*-Arten, ansiedeln, was auf Stadtbrachen in der Regel nicht geschieht.

Auch müssen hochgradig urbanophile Arten nicht gleichzeitig stark hemerophil sein. In den sauren Sandgebieten des nordwestlichen Mitteleuropas gilt dies beispielsweise für *Clematis vitalba*, die auf Grund ihres Basenbedarfs dort nur in Städten vorkommt (Abb. 6-4b), im überwiegenden Teil Mitteleuropas dagegen keine Bindung an die Stadt zeigt, weil ihre Basenansprüche dort auch durch den Boden des Umlandes erfüllt werden.

## 6.3 Samenpflanzen

Von den in Kap. 6.1 genannten Großgruppen sind die Samenpflanzen offenbar am besten an das Stadtleben angepasst. Sie sind nämlich die einzige Gruppe, deren Artenzahl in Städten selbst in den Jahren starker Luftverschmutzung größer war als im Umland (Tab. 6-1), allerdings erst ab einer Stadtgröße von etwa 50 000 Einwohnern (Haeupler 1974). Die Flora von Städten ist aber nicht nur artenreicher als die nichtstädtischer Gebiete, sondern sie unterscheidet sich auch qualitativ davon. Folgende Eigenschaften sind bei der Stadtflora gegenüber der Umlandflora verändert:

- Artenzusammensetzung (bestimmte Arten fehlen oder sind reduziert, andere kommen nur in Städten vor oder sind dort zumindest vermehrt anzutreffen; vgl. Kap. 6.2.1 sowie Kap. 6.3.4),
- Artenzahl (allgemein und pro Quadratkilometer erhöht; s. Kap. 6.3.1; Ursachen: s. Kap. 6.3.2),
- Familienspektrum (Kap. 6.3.3),
- Spektrum bestimmter morphologisch-anatomischer und physiologischer Eigenschaften (Kap. 6.3.5),
- Zeigerwertspektrum (Kap. 6.3.6),
- Anteil hemerochorer Arten (Kap. 6.3.7),
- Hemerobiespektrum (Kap. 6.3.8);
- soziologisches Spektrum: Da den Pflanzengesellschaften ein eigenes Kapitel gewidmet ist (Kap. 8) und bei der Darstellung der Siedlungsbiotope (Kap. 9) nochmals auf die jeweils charakteristischen Vegetationseinheiten hingewiesen wird, erübrigt sich hier ein Kapitel über die soziologische Bindung.

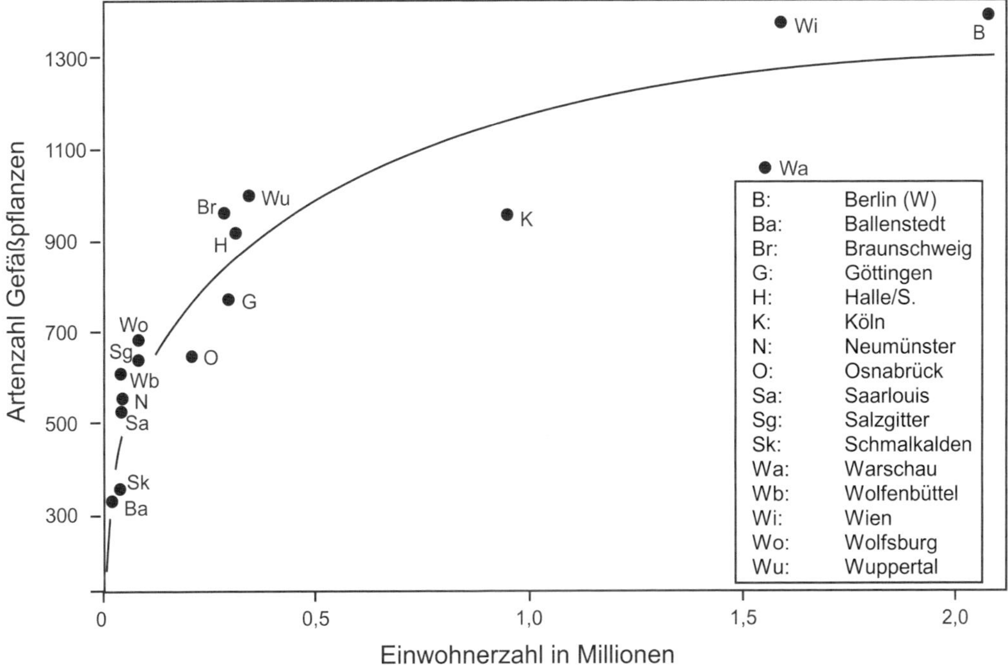


Abb. 6-5 Anzahl der Gefäßpflanzenarten und Einwohnerzahl von Städten (Brandes & Zacharias 1990, Klotz 1990).

## 6.3.1 Artenreichtum der Samenpflanzenflora

Die Zahl der auf dem Gebiet einer Stadt anzutreffenden Arten hängt verständlicherweise von der Fläche der Stadt ab. Ebenso klare Beziehungen ergeben sich auch zwischen Einwohnerzahl und Zahl der im Stadtgebiet anzutreffenden Gefäßpflanzensippen (Abb. 6-5), die angesichts der wenigen in Städten vorkommenden Farnpflanzenarten (vgl. Kap. 6.4) nahezu mit der der Samenpflanzen gleichzusetzen ist.

Enger noch als zu Fläche oder Einwohnerzahl ist, wie Brandes & Zacharias (1990) zeigen, die Beziehung zur Einwohnerdichte. Der pro Flächeneinheit wirksame menschliche Einfluss scheint also offensichtlich besonders bedeutend für den Artenreichtum zu sein. Da er unterschiedlichste Nutzungen umfasst (s. Kap. 3.4), bewirkt er eine sehr starke Heterogenität der Stadt. Das resultierende kleinräumige Mosaik von Standortsbedingungen bietet einer Vielzahl von Arten verschiedener Herkunft und Einwanderungszeit die entsprechenden Nischen. Zu bedenken ist, dass es sich in Abb. 6-5 nicht um die Artenzahl der Stadtflora, sondern um die Artenzahl der Flora der jeweiligen Städte handelt (vgl. Abb. 6-6). Die Zahlen enthalten also nicht nur die Arten der Stadtflora, sondern auch Arten von noch auf

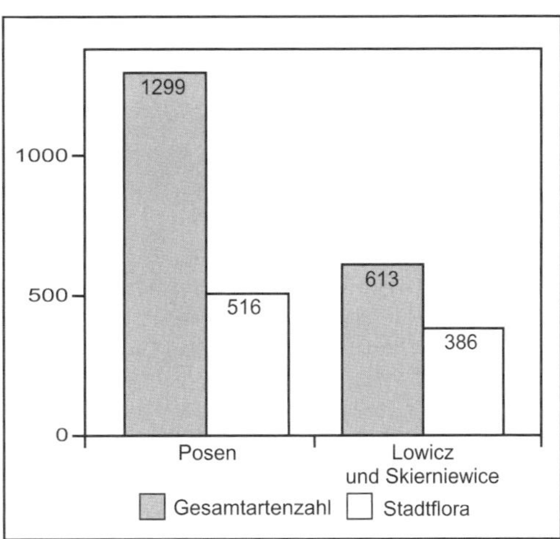


Abb. 6-6 Artenzahlen der Flora auf dem politischen Gebiet von Städten und in den Stadtbiotopen der jeweiligen Stadt (Datenbasis: Jackowiak 1990, Sowa & Warcholińska 1987).

dem Stadtgebiet vorhandenen Resten der Natur- und Kulturlandschaft (vgl. Abb. 4-1), also beispielsweise Arten der Waldflora, Grünlandflora, Gewässerflora und manchmal sogar von Moor- und/oder Heideflora etc. Aus dieser Kombination verschiedener Florentypen resultiert die unterschiedliche Artenvielfalt der einzelnen Stadtzonen (Tab. 6-1): In der Zone der aufgelockerten Bebauung und der inneren Randzone ist die Vermischung unterschiedlichster Lebensräume besonders stark, so dass dort die höchsten Artenzahlen anzutreffen sind. Im Zentrum fehlen dagegen die Lebensräume der Natur- und der Agrarlandschaft fast vollständig. Daher ist in Berlin dort die Artenzahl geringer, als bei den vorab genannten Zonen, aber immer noch höher als in der äußeren Randzone, wo bereits die Lebensräume der Agrar- und Naturlandschaft überwiegen. In den beiden polnischen Städten Warschau (Abb. 6-7) und Posen ist die Innenstadt dagegen im Vergleich zum Umland floristisch deutlich verarmt (weniger als 200 Arten pro km²).

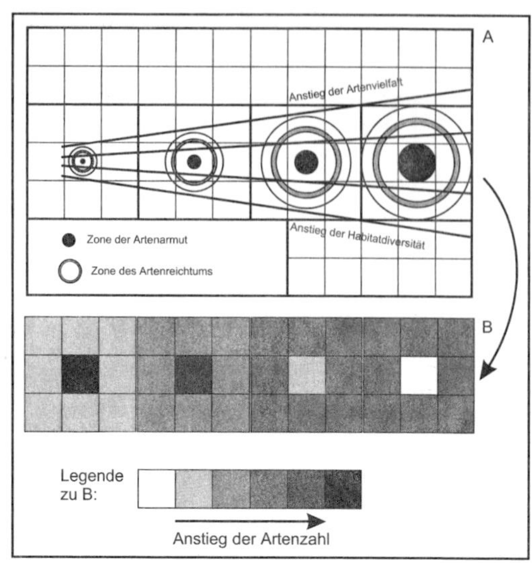


Abb. 6-8 Raum-zeitliches dynamisches Modell des Artenreichtums der Stadtflora auf der Basis konzentrischer Stadtzonen (A) und von Rasterfeldern (B) (nach JACKOWIAK 1998, verändert).

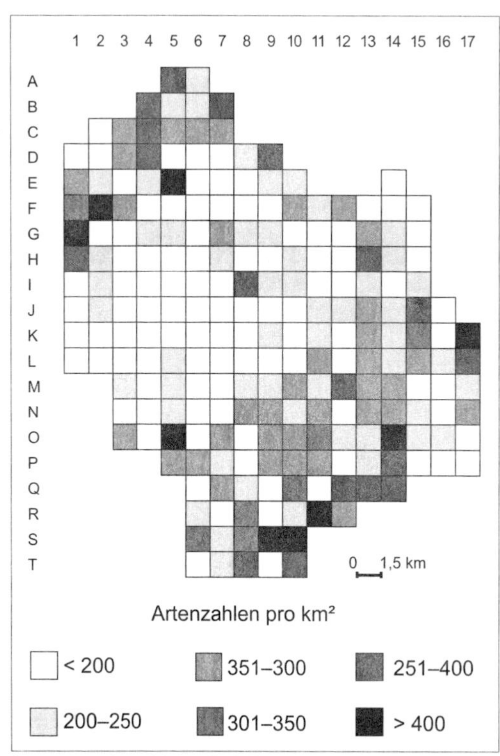


Abb. 6-7 Anzahl der Gefäßpflanzen pro km² im Stadtgebiet von Warschau (aus SUDNIK-WÓJCIKOWSKA & MORACZEWSKI 1998).

Genau wie in Berlin stellt jedoch der Übergang vom Zentrum zum Stadtrand eine Zone floristischen Reichtums dar.

Nach JACKOWIAK (1998) besitzen bereits relativ kleine Städte in ihrem Zentrum eine Zone der floristischen Armut und im Übergangsbereich vom Zentrum zur Randzone einen Bereich des floristischen Reichtums. Bei Erfassung in einem groben Raster erscheint aber dennoch das zentrale Rasterfeld floristisch reich. Mit zunehmendem Stadtwachstum verarmt das Stadtzentrum allmählich, bleibt jedoch in der ersten Phase artenreicher als das ursprüngliche Umland bzw. hat auf der nächsten Wachstumsstufe in etwa die gleiche Artenzahl wie das Umland. Auf der letzten Stufe des Stadtwachstums ist das Zentrum artenärmer als das Umland ursprünglich war (s. Abb. 6-8).

### 6.3.2 Die besondere Eignung der Samenpflanzen für den Lebensraum Stadt

Die Samenpflanzen zeichnen sich durch mehrere Eigenschaften aus, die sie im Lebensraum Stadt eindeutig gegenüber den Sporenpflanzen begünstigen:

- Sie sind insbesondere im Hinblick auf ihren Wasserhaushalt höher, d. h. besser organi-

**Tab. 6-1: Artenzahlen verschiedener Stämme des Pflanzenreiches in den vier Stadtzonen[1)]**

| Pflanzengruppe | Stadt | Quelle | Bebauung geschl. | Bebauung aufgel. | Randzone innere | Randzone äußere |
|---|---|---|---|---|---|---|
| Pilze | Łodz | ŁAWRYNOWICZ (1982) | 72 | 162 | 403 | |
| Flechten[2)] | New Castle | GILBERT (1970) | 0 (-1) | 1–4 | 7–12 | 23–28 |
| Moose[2)] | New Castle | GILBERT (1970) | 0 | 0 | 0 | 4 |
| Farnpflanzen | Düsseldorf | WITTIG (s. Tab. 6-11) | 3[3)] | 8 | 15 | 24 |
| Farn- u. Samenpfl. | Berlin | KUNICK (1974) | 380 | 424 | 415 | 357 |

[1)] in den 1960–80er Jahren (Zeiten hoher $SO_2$-Belastung); [2)] nur epiphytische Arten; [3)] nur Stadtzentrum i.e.S.

siert als die anderen Gruppen. Die geringere relative Luftfeuchtigkeit, das tiefstehende Grundwasser, der schnelle Oberflächenabfluss und die höheren Temperaturen (sowie die dadurch bedingte stärkere Verdunstung bzw. Transpiration) stellen für alle anderen Pflanzengruppen daher in weit stärkerem Maße einen limitierenden Faktor dar als für die Samenpflanzen.

- Die im Vergleich zu den meisten Sporenpflanzen große Unabhängigkeit vom Wassergehalt der Luft erlaubt es den Samenpflanzen, auch in Zeiten relativer Trockenheit, in denen die Sporenpflanzen ihr Wachstum einstellen müssen, weiter zu wachsen. Dies ermöglicht kurze Generationszeiten bzw. schnelle Regeneration, was angesichts der auf städtischen Standorten häufig auftretenden Störungen ein sehr großer Vorteil ist.
- Einige der im Laufe der Evolution zunächst im Hinblick auf die Optimierung des Wasserhaushaltes entwickelten morphologisch-anatomischen „Errungenschaften“ der Samenpflanzen erhöhen auch deren Resistenz gegenüber Luftschadstoffen:
  - Die wasserundurchlässigen Abschlussgewebe schützen die Zellen vor direktem Kontakt mit in Niederschlägen gelösten toxischen Luftverunreinigungen und halten auch toxische Stäube von den Zellen fern.
  - Anders als die Thallophyten decken die Spermatophyten ihren Wasserbedarf nahezu ausschließlich aus dem Boden. In Niederschlägen enthaltene Verunreinigungen müssen somit zunächst den Boden passieren und werden dort, zumindest teilweise, absorbiert.
  - Die Samenpflanzen besitzen die Fähigkeit, ihre Ionenaufnahme zumindest in gewissen Grenzen zu regulieren und toxische Ionen zu diskriminieren.

### 6.3.3 Familienspektrum

Wie bereits in Kap. 6.2 erwähnt, sind in Städten nicht alle Samenpflanzenarten gleichermaßen anzutreffen, sondern es gibt neben stadtbevorzugenden Arten auch solche, die die Stadt meiden. Offensichtlich hängt das unterschiedliche Verhalten mit bestimmten systematischen (und damit morphologisch-anatomischen) Merkmalen zusammen, denn einige in Mitteleuropa hinsichtlich ihrer Artenzahl nicht unbedeutende Familien fehlen im Stadtgebiet völlig, andere in der Gesamtflora Deutschlands nicht sehr bedeutsame Familien erreichen im Stadtgebiet hohe prozentuale Anteile (Tab. 6-2).

Besonders ungünstig ist der urban-industrielle Bereich offensichtlich für die Liliaceen und Orchidaceen. Beide sind in der Flora der Bundesrepublik Deutschland (OBERDORFER 2001), die weitgehend mit der Flora Mitteleuropas identisch ist und daher in Tab. 6-2 als Vergleichsbasis dient, immerhin mit 2,4 bzw. 2,1 % vertreten, fehlen den untersuchten Stadtfloren jedoch gänzlich oder kommen mit nur einer Art vor. Stark reduziert ist in Städten auch der Anteil der Cyperaceae (von fast 5,0 auf ca. 0,4 %), während der Prozentsatz der Asteraceae und Poaceae deutlich, der der Brassicaceae, Chenopodiaceae und Lamiaceae geringfügig erhöht ist. Die relativ stärkste Zunahme haben die Onagraceae (Verdoppelung des prozentualen Anteils) und die Polygonaceae (Verdrei- bzw. Vervierfachung ihres Anteils) zu verzeichnen. Betrachtet man nur die stadttypischen Vegetationseinheiten, so ist eine nochmalige prozentuale Zunahme, insbesondere der Asteraceae und Poaceae, zu erkennen (s. z. B. VIŠŇÁK 1995, 1996). Beschränkt man sich dagegen nicht auf die Stadtflora (vgl. Kap. 4), sondern ermittelt die Anteile der einzelnen Familien an der gesamten Flora innerhalb der Grenzen einer Stadt, so fallen die Unterschiede oft erheblich

**Tab. 6-2: Familienspektren[1] der Flora der Bundesrepublik Deutschland und der spontanen urbanen Flora von Münster, Köln und Plauen sowie Łowicz und Skierniewice**

| Familien | Flora | spontane Stadtflora | | | |
|---|---|---|---|---|---|
| | BRD % | Münster % | Köln % | Plauen % | Ło./Sk. % |
| Asteraceae[2] | 12,3 | 15,4 | 15,1 | 17,9 | 20,2 |
| Poaceae | 7,9 | 13,7 | 11,6 | 10,8 | 12,7 |
| Brassicaceae | 5,5 | 7,0 | 7,1 | 8,1 | 10,1 |
| Polygonaceae | 1,4 | 5,3 | 4,5 | 2,9 | 6,2 |
| Onagraceae | 1,3 | 3,2 | 2,8 | 1,7 | 1,8 |
| Lamiaceae | 3,3 | 4,6 | 4,5 | 3,9 | 8,5 |
| Chenopodiaceae | 1,7 | 2,5 | 2,6 | 3,9 | 4,7 |
| Fabaceae | 5,7 | 5,6 | 6,1 | 6,4 | 9,8 |
| Apiaceae | 3,8 | 3,9 | 2,8 | 3,9 | 0,8 |
| Caryophyllaceae | 4,1 | 4,6 | 3,3 | 5,7 | 7,3 |
| Rosaceae[3] | 5,2 | 2,8 | 5,9 | 3,9 | 6,0 |
| Scrophulariaceae | 5,1 | 4,6 | 2,4 | 2,7 | 7,8 |
| Ranunculaceae | 3,8 | 1,4 | 0,7 | 0,7 | 0,8 |
| Cyperaceae | 5,0 | 0,4 | 0,5 | 0,2 | 0,8 |
| Liliaceae | 2,4 | 0,0 | 0,2 | 0,5 | 0,3 |
| Orchidaceae | 2,1 | 0,0 | 0,0 | 0,0 | 0,0 |
| Gesamtzahl der Arten | 2849 | 285 | 424 | 407 | 386 |

**BRD:** Nach Oberdorfer (1994); siehe auch die Fußnoten
**Köln:** Nach Bornkamm (1974b)
**Münster:** Nach Wittig (1974), ergänzt (s. Wittig 1991)
**Plauen:** Nach Weber, R. (1961)
**Łowicz und Skierniewice (Ło./Sk.):** Nach Sowa & Warcholińska (1987, Tab. IV, Spalten 9, 11, 14 - 18; in diesen sind die Arten der stadttypischen Lebensräume enthalten, bei den übrigen Spalten handelt es sich um nichtstädtische Lebensräume, z. B. Felder, Obstgärten, Gewässer, Gräben, Hecken)

1 nur Familien mit einem Anteil ≥ 2 % an der Gesamtflora oder der ruderalen Stadtflora sind aufgeführt

2 ohne Klein- u. Zwischenarten der Gattung *Hieracium* (90 Arten)

3 ohne Arten der Agg. *Rubus fruticosus* (77) u. *Alchemilla vulgaris* (62) sowie ohne Obstbäume (7) u. Zierrosen (9); die Diskrepanz zw. Münster u. Köln rührt bei den Rosaceae daher, dass in Münster nur die engere Innenstadt erfasst wurde, wo ruderale Gebüsche keine Rolle spielen, in Köln dagegen zahlreiche spontane Gebüsche aufgenommen wurden in denen die Rosaceae *(Crataegus, Rosa, Prunus)* stark vertreten sind

geringer aus, je nachdem ob und wie große Waldgebiete, landwirtschaftliche Nutzflächen, Gewässer und eventuell sogar Moore und Heiden etc. sich auf dem Territorium der betreffenden Stadt befinden. Beispielsweise enthält die Flora Posens nur 11,6 % Asteraceae und sogar nur 9,4 % Poaceae (Jackowiak 1990). Die Orchidaceae nehmen allerdings auch schon im Umfeld einer Großstadt deutlich ab (s. z. B. Sudnik-Wójcikowska 1987c).

### 6.3.4 Die häufigsten und die charakteristischen Samenpflanzen der Städte

Im oberen Teil der Tabelle 6-3 sind diejenigen krautigen Arten zusammengestellt, die in mindestens drei von fünf ausgewerteten Listen der Stadtflora deutscher Städte (Dortmund, Düsseldorf, Frankfurt, Münster und Saarlouis) zu den zwanzig **häufigsten Arten** zählen. Abgesehen von *Conyza canadensis*, die zumindest im Norden Mitteleuropas in Städten häufiger vorkommt als in Dörfern, sowie von dem in ganz Mitteleuropa urbanophilen *Hordeum murinum* (vgl. Abb. 3-8), sind diese Arten offensichtlich auch ideale Dorfpflanzen und darüber hinaus in der Kulturlandschaft außerhalb der Siedlungen (auf Äckern, an Straßen und Wegen) weit verbreitet. Es handelt sich somit nicht um Stadtpflanzen i.e.S. (urbanophile Arten), sondern um allgemeine **Kulturbegleiter** und **Ubiquisten**, also allenfalls um urbanoneutrale Arten. Die am besten an das Stadtleben angepassten und deshalb häufigsten Arten sind also nicht gleichzeitig die charakteristischen Arten der Stadt. Gleiches gilt übrigens auch für ländliche Siedlungen (s. Kap. 9.3). Bemerkenswert ist, dass zwei Drittel der Arten auch in Pilsen zu den häufigsten Stadtpflanzen (A. Pyšek & P. Pyšek 1988c) zählen und unter den 40 häufigsten Arten 90 % der Arten aus dem oberen Teil von Tab. 6-3 zu finden sind.

**Tab. 6-3: Ökologische Charakterisierung der 20 häufigsten mitteleuropäischen Stadtarten[1)] und einer entsprechenden Anzahl krautiger urbanophiler Arten[2)]**

| Artname | Reproduktion und Ausbreitung | | | | | Zeigerwerte | | | | | | St | Leb | B | m-a B | H | W (cm) | Str |
|---|---|---|---|---|---|---|---|---|---|---|---|---|---|---|---|---|---|---|
| | 1 | 2 | 3 | 4 | 5 | L | T | K | F | R | N | | | | | | | |
| **Häufigste Arten** | | | | | | | | | | | | | | | | | | |
| *Artemisia vulgaris* | x | x | x | w | x | 7 | 6 | 0 | 6 | 0 | 8 | i | h,c | s | m,sk | 0 | ? | C |
| *Capsella bursa-pastoris* | x | x | w | s | x | 7 | 0 | 0 | 5 | 0 | 6 | a | t | w | m | 7 | 90 | R |
| *Chenopodium album* agg. | x | x | w | w | x | 0 | 0 | 0 | 4 | 0 | 7 | i | t | w | m,hg | 7 | 100 | CR |
| *Cirsium arvense* | x | x | x | s | x | 8 | 5 | 0 | 0 | 0 | 7 | i | g | s | m,sk | 0 | 280 | C |
| *Conyza canadensis* | x | x | x | s | x | 8 | 6 | 0 | 4 | 0 | 5 | n | t,h | s | m | 0 | 100 | CR |
| *Dactylis glomerata* | x | x | x | w | x | 7 | 0 | 3 | 5 | 0 | 6 | i | h | s | m | 0 | ? | C |
| *Galinsoga ciliata* | x | x | x | s | x | 7 | 6 | 4 | 4 | 6 | 7 | n | t | s | hg,m | 7 | 80 | CR |
| *Hordeum murinum* | x | x | x | w | x | 8 | 7 | 0 | 4 | 7 | 5 | a | t | s | sk | 7 | ? | R |
| *Lolium perenne* | x | x | x | w | x | 8 | 6 | 3 | 5 | 7 | 7 | i | h | w | m | 6 | ? | C |
| *Plantago major* | x | x | x | w | x | 8 | 0 | 0 | 5 | 0 | 6 | a | h | s | sk,m | 7 | 80 | CSR |
| *Poa annua* | x | x | x | w | x | 7 | 0 | 5 | 6 | 0 | 8 | i | t,h | w | hg,m | 7 | Fl | R |
| *Polygonum aviculare* agg. | x | x | x | s | x | 7 | 6 | 0 | 4 | 0 | 6 | a | t | s | sk,m | 7 | 80 | R |
| *Rumex obtusifolius* | x | x | x | x | x | 7 | 5 | 3 | 6 | 0 | 9 | i | h | w | m,hg | 0 | 200 | C |
| *Sagina procumbens* | x | x | w | s | ? | 7 | 0 | 3 | 5 | 7 | 6 | i | h,c | w | m,sk | 8 | ? | CSR |
| *Senecio vulgaris* | x | x | x | s | x | 7 | 0 | 0 | 5 | 0 | 8 | i | t,h | w | m | 7 | 45 | R |
| *Sisymbrium officinale* | x | x | w | s | x | 8 | 6 | 5 | 4 | 0 | 7 | a | t | s | m | 6 | ? | CR |
| *Sonchus oleraceus* | x | x | x | s | x | 7 | 6 | 0 | 4 | 8 | 8 | a | t,h | s | m,hg | 7 | 100 | CR |
| *Stellaria media* agg. | x | x | w | s | x | 6 | 0 | 0 | 0 | 7 | 8 | i | t | w | hg | 7 | Fl | CR |
| *Taraxacum officinale* agg. | x | x | x | s | x | 7 | 0 | 0 | 5 | 0 | 8 | i | h | s | hg,m | 0 | 200 | CSR |
| *Urtica dioica* | x | x | w | w | x | 0 | 0 | 0 | 6 | 7 | 9 | i | h | s | hg,m | 0 | 70 | C |
| **Extrem Urbanophile** | | | | | | | | | | | | | | | | | | |
| *Amaranthus albus* | x | x | x | x | ? | 8 | 8 | 6 | 2 | 0 | 7 | n | t | s | m | 9 | ? | SR |
| *Berteroa incana* | x | x | w | | ? | 9 | 6 | 7 | 3 | 6 | 4 | n | t,h | w | sk,m | 0 | ? | CSR |
| *Bromus tectorum* | x | x | x | w | x | 8 | 6 | 7 | 3 | 8 | 4 | a | t | s | sk | 8 | ? | R |
| *Cardaminopsis arenosa*[3)] | | x | w | s | ? | 9 | 0 | 4 | 4 | 6 | 2 | i | t,h | s | m | 0 | ? | CSR |
| *Cardaria draba* | x | x | x | s | x | 8 | 7 | 7 | 3 | 8 | 4 | n | h,g | s | sk,m | 0 | 100 | CSR |
| *Carduus acanthoides* | x | x | w | s | ? | 9 | 5 | 6 | 4 | 8 | 7 | a | h | s | sk,m | 0 | ? | CR |
| *Chenopodium botrys* | x | x | w | w | ? | 8 | 7 | 2 | 4 | 7 | 6 | n | t | s | m | 9 | ? | R |
| *Diplotaxis tenuifolia* | | x | w | s | ? | 8 | 7 | 3 | 3 | 0 | 6 | n | c,h | w | m,sk | 7 | ? | CR |
| *Eragrostis minor* | x | x | x | w | ? | 8 | 7 | 5 | 3 | 0 | 4 | n | t | s | sk | 9 | ? | R |
| *Hordeum murinum* | x | x | x | w | x | 8 | 7 | 0 | 4 | 7 | 5 | a | t | s | sk | 7 | ? | R |
| *Lactuca serriola* | x | x | w | s | x | 9 | 7 | 7 | 4 | 0 | 4 | i | h,t | s | sk | 0 | 200 | CR |
| *Lepidium virginicum* | x | x | w | s | x | 8 | 7 | 0 | 4 | 6 | 5 | n | t,h | w | m,sk | 8 | ? | R |
| *Oenothera biennis* | | x | w | s | ? | 9 | 7 | 3 | 4 | 0 | 4 | n[5] | h | s | m,sk | 7 | 160 | CR |
| *Poa compressa* | x | x | x | w | x | 9 | 0 | 4 | 2 | 9 | 3 | a | h | s | sk,m | 0 | ? | CSR |
| *Reseda lutea* | x | x | w | s | x | 7 | 6 | 3 | 3 | 8 | 5 | a | h | s | m,sk | 0 | 80 | CSR |
| *Reseda luteola* | x | x | w | s | ? | 8 | 7 | 3 | 4 | 9 | 6 | a | h | s | sk,m | 8 | ? | CS |
| *Salsola kali*[4)] | x | x | w | w | ? | 9 | 7 | 8 | 4 | 8 | 5 | n | t | s | sk | 9 | 85 | SR |
| *Silene vulgaris* | | x | w | s | x | 8 | 0 | 0 | 4 | 7 | 4 | i | h,c | s | sk,m | 0 | 100 | CSR |
| *Sisymbrium altissimum* | x | x | | s | | 8 | 6 | 7 | 4 | 7 | 4 | n | t,h | w | sk,m | 8 | ? | CR |
| *Vulpia myuros* | x | x | x | w | x | 8 | 7 | 3 | 2 | 5 | 1 | i | t | s | sk | 9 | ? | SR |

1: kleine Blüten (X); 2: zahlreiche Blüten (X)
3: Windverbreitung möglich (W); Kleb- bzw. Klettverbreitung und Windverbreitung möglich (X) (nach FRANK & KLOTZ 1990)
4: Windbestäubung (W) oder Selbstbestäubung (S) bzw. beides (X) (nach FRANK & KLOTZ 1990)
5: Aufbau einer Samenbank im Boden möglich (X) (nach KLEYER 1995)

**Zeigerwerte**
**L** Licht
**T** Temperatur
**K** Kontinentalität
**F** Feuchtigkeit
**R** Bodenreaktion
**N** Stickstoff

**Status (St)**
**a** Archäophyt
**i** Idiochorophyt
**n** Neophyt

**Lebensform (Leb)**
**c** Chamaephyt
**g** Geophyt
**h** Hemikryptophyt
**t** Therophyt

**Blattausdauer (B)**
**s** sommergrün
**w** überwinternd grün

**morph.-anat. Bau (m-a B)**
**hg** hygrophytisch
**m** mesophytisch
**sk** sklerophytisch

**Hemerobie (H)**
**0** indifferent
**6** meso- bis euhemerob
**7** euhemerob
**8** eu- bis polyhemerob
**9** polyhemerob

**Wurzeltiefe (W)**
**Fl** Flachwurzler

**Strategie (Str):**
**C** Konkurrenz-Strategie
**S** Toleranz-Strategie
**R** Ruderal-Strategie

Zeigerwerte nach ELLENBERG et al. (1992), Lebensform, Blattausdauer u. morphol. anat. Bau nach ELLENBERG (1974); Hemerobie-Zeigerwert nach KOWARIK (1988): gilt nur für Berlin! Status und Wurzeltiefe nach OBERDORFER (2001); Strategie nach FRANK &KLOTZ (1990)

1) Es werden nur Arten aufgeführt, die in den Listen der Stadtflora von Dortmund, Düsseldorf, Frankfurt, Münster u. Saarlouis mindestens dreimal zu den 20 häufigsten Arten zählen (s. WITTIG 1991).
2) Aus WITTIG et al. (1985); 3) ssp. *arenosa*; 4) ssp. *ruthenica*; 5 genaugenommen ein Anökophyt

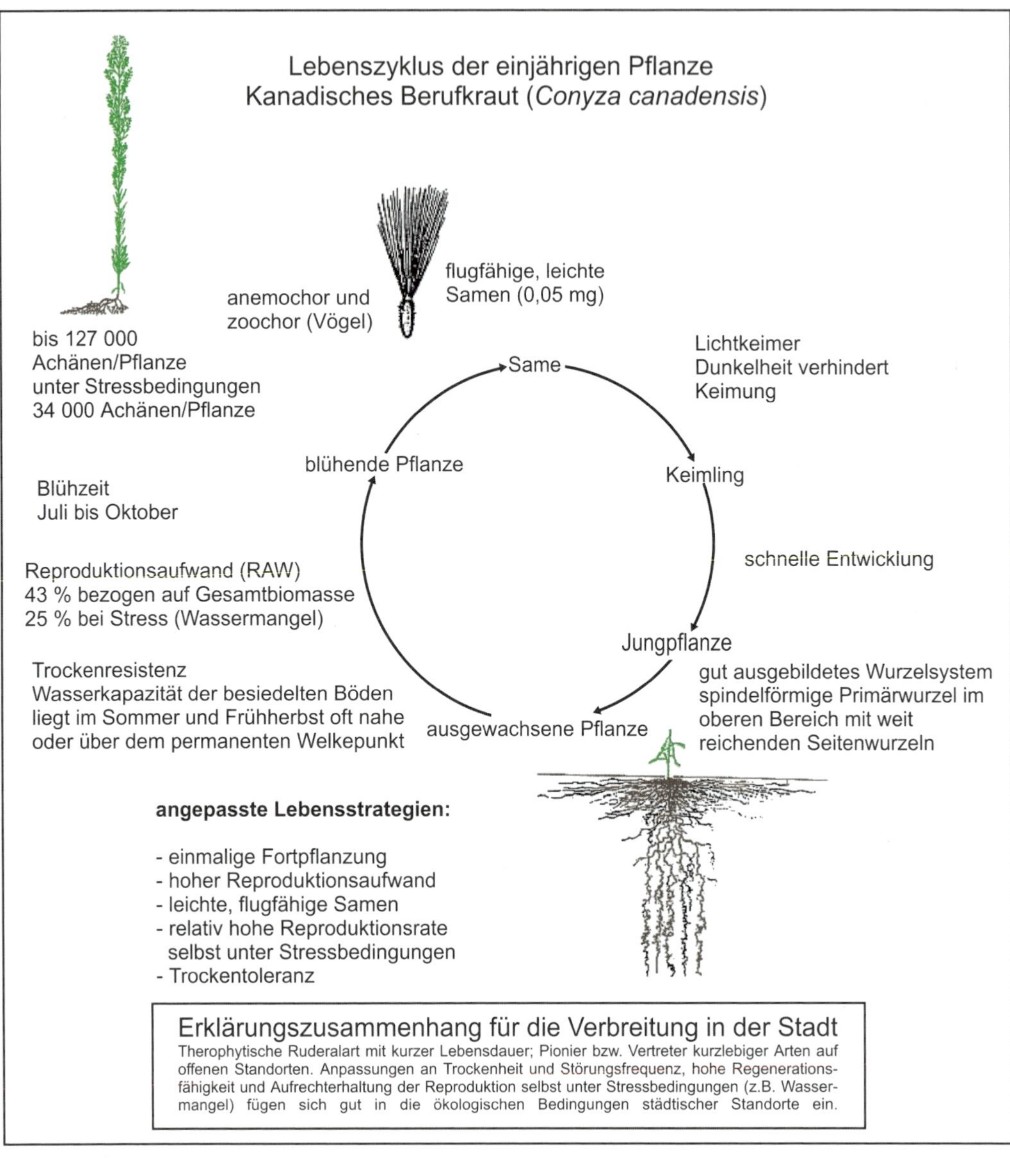


Abb. 6-9 Ökologischer Steckbrief von *Conyza canadensis* (aus Wenzel & Gerhardt 1993).

Als **charakteristische Stadtpflanzen** sollen diejenigen Arten angesehen werden, die nur oder fast ausschließlich in der Stadt vorkommen, d. h. die (extrem) urbanophilen Arten. Der untere Teil von Tab. 6-3 enthält 20 Arten, die in Nordwestdeutschland bevorzugt oder sogar ausschließlich in Städten auftreten. Ein Vergleich dieser städtischen Charakterpflanzen mit den häufigsten Stadtpflanzen zeigt folgende Unterschiede:

- Die mittleren Zeigerwerte (nach Ellenberg et al. 1992) für Licht, Temperatur, Kontinentalität und Bodenreaktion sind bei den urbanophilen Arten eindeutig zu den höheren Werten hin verschoben, bei Feuchtigkeit und Stickstoff dagegen zu den niedrigeren. Abgesehen vom mittleren Stickstoffzeigerwert spiegelt der Vergleich der extrem urbanophilen Arten mit den häufigen Stadtarten die in Kap. 6.3.6 beschriebenen

Unterschiede zwischen den Zeigerwerten von Stadt- und Umlandflora wider.

- Unter den urbanophilen Arten finden sich viele sklerophytisch gebaute Spezies, wenig mesophytische und keine hygrophytischen Vertreter.
- Unter den extrem urbanophilen Arten ist der Anteil der Spezies mit überwinternd grünen Blättern erhöht.
- Unter den Arten, denen Kowarik (1988) einen Hemerobiezeigerwert zuordnet, dominieren in der Gruppe der häufigsten Stadtarten die Werte 6 und 7, in der Gruppe der charakteristischen Stadtarten die Werte 8 und 9.
- Während bei den häufigen Stadtarten die Indigenen deutlich gegenüber den Archäophyten und diese wiederum deutlich gegenüber den Neophyten (60:30:10) überwiegen, herrschen bei den urbanophilen Arten genau umgekehrte Verhältnisse (15:20:65).
- Bei den urbanophilen Arten herrschen CSR-, CR- und R-Strategie vor, während die C-Strategie keine Rolle spielt. Bei den häufigen Stadtarten ist dagegen neben der CR- und R-Strategie auch die C-Strategie vertreten. Der Anteil von Arten, die zumindest teilweise auf Stresstoleranz setzen (CS, RS, CSR) ist unter den urbanophilen deutlich höher als unter den häufigen Stadtarten (s. Kap. 6.3.5.4).

Keine Unterschiede bestehen bezüglich der vorherrschenden Lebensform (Thero- und Hemikryptophyten sind in beiden Gruppen gemeinsam vorherrschend) sowie der Ausbreitungs- (ausschließlich Wind-, Kleb- und Klettverbreitung) und Bestäubungsmechanismen (nur Wind- und (potentielle) Selbstbestäubung mit leichter Dominanz der letzteren).

In all diesen Unterschieden und Gemeinsamkeiten spiegeln sich die charakteristischen Standorteigenschaften des urban-industriellen Lebensraumes deutlich wider (vgl. Kap. 3). Besonders hingewiesen sei noch einmal auf die hohen Temperaturzeigerwerte und damit auf den sich darin ausdrückenden hohen Wärmebedarf der extrem urbanophilen Arten (s. auch Sudnik-Wójcikowska 1998). Letzteres ist sicherlich die Ursache dafür, dass die betreffenden Arten auf den engeren urban-industriellen

Abb. 6-10 Morphologische Plastizität von *Conyza canadensis*: links extrem kleinwüchsige Individuen von einem trockenen, mäßig betretenen Standort, rechts hochwüchsige Individuen an einem nicht betretenen, frischen bis mäßig trockenen Standort (Leipzig, 9/1995).

Bereich beschränkt sind und das jeweilige Stadtumland meiden. Dass die Urbanophilie der städtischen Charakterpflanzen, zumindest in erster Linie, wärmebedingt ist, zeigt sich auch daran, dass sich das Verhalten dieser Arten gegenüber dem Lebensraum Stadt mit der geographischen Lage ändert: Arten, die in Nordwestdeutschland extrem urbanophil sind (z.B. *Hordeum murinum),* müssen bereits im Raum Düsseldorf/Köln/Bonn als nur mäßig urbanophil eingestuft werden, da sie dort auch in größeren Dörfern gedeihen (LOHMEYER 1983), und verlieren im mediterranen Klimabereich ihre Bindung an den Siedlungsraum, wie z. B. die Verbreitungskarte von *Hordeum murinum* in Rom (CELESTI-GRAPOW et al. 1995) klar zeigt.

Soziologisch ist der überwiegende Teil der urbanophilen Arten in der Vegetation oft gestörter Plätze angesiedelt, wobei auf Klassenebene die Artemisietea und Stellarietea, auf der der Ordnungen die Artemisietalia und Sisymbrietalia am stärksten repräsentiert sind.

## 6.3.5 Anpassungen an den Lebensraum Stadt

Anpassungen an den Lebensraum Stadt lassen sich durch Vergleich der Eigenschaften der Stadt- und der Umlandflora sowie durch die bereits im vorigen Kap. (6.3.4) vorgenommene Gegenüberstellung der allgemein häufigen und der besonders stadtcharakteristischen Arten erkennen. Nachstehend werden folgende Merkmalskomplexe beleuchtet:

- Lebensform (Kap. 6.3.5.1),
- Bauplan (Kap. 6.3.5.2),
- Blattlebensdauer (Kap. 6.3.5.3),
- Lebensstrategie (Kap. 6.3.5.4),
- Weg der $CO_2$-Fixierung (Kap. 6.3.4.5).

In der Regel sind auch bei in Städten sehr erfolgreichen Arten nicht alle Merkmale im Hinblick auf eine optimale Anpassung an die städtischen Lebensbedingungen ausgebildet. Abb. 6-9 verdeutlicht dies am Beispiel der zu den häufigsten Stadtarten (vgl. Tab. 6-3) zählenden *Conyza canadensis*, deren Anpassungen im Bereich von Lebensform und Lebensstrategie, einer erstaunlichen morphologischen Plastizität (Abb. 6-10) sowie im Wurzelsystem liegen, während Blattbau und Weg der $CO_2$-Fixierung keine stadttypischen Abwandlungen zeigen. Für einige Siedlungspflanzen bzw. in Siedlungen häufig vorkommende Pflanzenarten existieren zusammenfassende Abhandlungen über ihre Biologie oder aber spezielle Untersuchungen zu einigen ausgewählten Bereichen der Ökologie (s. Tab. 6-4).

**Tab. 6-4: Veröffentlichungen zur Ökologie von Siedlungspflanzen (alphabetisch nach Arten)**

| Art | Veröffentlichungen |
|---|---|
| *Atriplex sagittata* | MANDÁK & PYŠEK (1998) |
| *Berteroa incana* | BRANDES & SCHREI (1997) |
| *Chenopodium botrys* | BORNKAMM (1971), BORNKAMM & SUKOPP (1971) DAPPER (1971), DE SANTO-VIRZO (1971), SUKOPP (1971), ZIMMERMANN-JÄGER (1971), |
| *Claytonia perfoliata* | BORKOWSKY (1998) |
| *Conyza canadensis* | CORNELIUS & HAUG (1991), REGEHR & BAZZAZ (1979) |
| *Corispermum leptopterum* | KÖCK (1986, 1988), KRISCH (1987), WEGENER (1987) |
| *Hordeum murinum* | DAVISON (1970a,b, 1977) |
| *Iva xanthiifolia* | KRIPPELOVA (1969) |
| *Lactuca serriola* | MARKS & PRINCE (1981) |
| *Melilotus albus* | FAENSEN-THIEBES (1992) |
| *Parietaria judaica* | BRANDES (1998) |
| *Parietaria officinalis* | KLOTZ (1985a) |
| *Pastinaca sativa* | BASKIN & BASKIN (1979) |
| *Plantago major* | KUIPER & BOS (1992)[1)], W. WERNER et al. (1989) |
| *Senecio vulgaris* | HARPER & OGDEN (1970), LEISS & MÜLLER-SCHÄRER (2001) |
| *Solidago canadensis* | CORNELIUS (1982, 1990a,b), CORNELIUS & FAENSEN-THIEBES (1990), HARTNETT & BAZZAZ (1983, 1985a-c), SCHMID et al. (1988, 1990), SCHMID & BAZZAZ (1987), SCHMIDT (1981, 1983), VOSER-HUBER (1983)[2] |
| *Tanacetum vulgare* | CORNELIUS & HAUG (1991), |

[1)] Gattung *Plantago*; [2)] Gattung *Solidago*

### 6.3.5.1 Lebensform

Raunkiaer (1934) klassifizierte die Pflanzen nach der Lage ihrer Erneuerungsknospen oder Triebspitzen in Phanerophyten (Erneuerungsknospen oder Triebspitzen an aufragenden oberirdischen Zweigen), Chamaephyten (nahe der Erdoberfläche), Hemikryptophyten (an der Erdoberfläche), Kryptophyten (im Boden oder Wasser) und Therophyten (Einjährige). Da die Bevorzugung bestimmter Lebensformen in erster Linie vom Klima abhängig ist (Begon et al. 1991) und an stark gestörten Standorten außerdem Einjährige bevorteilt sind, sollte das Lebensformspektrum der Stadtflora deutlich von dem der Umlandflora verschieden sein. Die Erstellung eines realistischen Lebensformspektrums der spontanen Stadtflora bereitet jedoch aus folgenden Gründen Schwierigkeiten:

- Manche veröffentlichten Listen von Stadtflora sind das Ergebnis einer in erster Linie pflanzensoziologischen Bestandsaufnahme der ruderalen Vegetation. Da ruderale Gehölzgesellschaften in der Mehrzahl der Städte eine relativ geringe Bedeutung besitzen, sind Gehölze (Phaneropyhten) in derartigen Listen unterrepräsentiert.
- Eine zu geringe Berücksichtigung von Phanerophyten ist auch bei floristischen Bestandsaufnahmen nicht auszuschließen. In Gärten und Hinterhöfen wachsende Phanerophyten werden nämlich häufig nicht erfasst, da ihnen nicht anzusehen ist, ob sie sich spontan angesiedelt haben und auch spontan aufgewachsen sind oder ob sie entweder angepflanzt wurden oder aber zwar spontan gekeimt sind, dann aber nur aufgrund ständiger Pflege (Bewässerung, Konkurrenzbeseitigung) überlebt haben.
- Häufiger als eine Vernachlässigung dürfte bei floristischen Kartierungen aber eine zu starke Berücksichtigung von Gehölzen erfolgen, indem alle Gehölzkeimlinge notiert werden. Zur Flora gehören jedoch per definitionem nur solche Arten, die nicht nur spontan keimen, sondern eine dritte spontane Generation hervorgebracht haben.

Wegen dieser Schwierigkeiten ist es wenig sinnvoll, eine Lebensformanalyse auf der Basis der veröffentlichten Florenlisten durchzuführen. Je nachdem, welche Kriterien der jeweiligen Bestandsaufnahme zu Grunde liegen, könnte sich die Stadtflora im Vergleich zur Flora des Umlandes als scheinbar extrem arm

**Tab. 6-5: Lebensform- und Bauplan-Spektra (%) der krautigen Großstadt- und Umlandflora***

| Merkmal | Umland | Großstadtflora | | |
|---|---|---|---|---|
| | 0 | 1 | 2 | 3 |
| Lebensform | | | | |
| Therophyten | 21,9 | 42,6 | 38,9 | 45,0 |
| Hemikryptophyten | 57,0 | 46,3 | 48,6 | 45,0 |
| Geophyten | 12,9 | 6,2 | 6,9 | 2,5 |
| Chamaephyten | 8,1 | 4,8 | 5,6 | 2,5 |
| Bauplan | | | | |
| hydrophytisch | 3,4 | 0,0 | 0,0 | 0,0 |
| helophytisch | 13,2 | 0,7 | 0,0 | 0,0 |
| hygrophytisch | 9,4 | 12,3 | 6,9 | 0,0 |
| mesophytisch | 49,9 | 63,2 | 58,3 | 40,0 |
| sklerophytisch | 22,2 | 23,2 | 34,7 | 60,0 |
| Blattsukkulente | 1,9 | 0,7 | 0,0 | 0,0 |
| Blattlebensdauer | | | | |
| sommergrün | 56,4 | 41,5 | 66,7 | 80,0 |
| überwinternd grün | 36,3 | 57,5 | 33,0 | 20,0 |

* Baupläne nach Ellenberg (1974), Lebensformen nach Ellenberg et al. (1992)
0: Liste der Gefäßpflanzen Mitteleuropas (aus Ellenberg et al. 1992) ohne Phanerophyten, Nanophanerophyten und holzige Chamaephyten (2486 Arten)
1: Mäusegersten-Gesellschaft in 7 mitteleuropäischen Städten (Wittig & Ou 1993; 134 Arten)
2: Charakteristische Arten der Bahnhöfe Mitteleuropas (aus Brandes 1979; 36 Arten)
3: Extrem urbanophile Arten (s. Tab. 6-3, 20 Arten)

oder extrem reich an Phanerophyten erweisen. Unabhängig von der angewandten Methode ergibt sich jedoch in der Regel eine deutliche Erhöhung des Anteils der Therophyten auf Kosten der Chamae-, Hemikrypto- und Kryptophyten, insbesondere in der inneren Stadtzone und im urban-industriellen Bereich (Tab. 6-5), wobei es im Einzelfall zu deutlichen Abweichungen von dieser Regel kommen kann. Diese Bevorzugung von Therophyten wird von den meisten Autoren als Folge der häufigen **Störungen** und der Belastung der Standorte (s. Sudnik-Wójcikowska 1988: anthropopressure) gedeutet, hat aber wohl auch mit der gerade auf Industrie- und Verkehrsflächen besonders ausgeprägten städtischen Trockenheit (vgl. Kap. 3.3) zu tun. Eine Vielzahl der städtischen Therophyten entwickelt sich nämlich im zeitigen Frühjahr und beendet ihren Lebenszyklus bereits im Frühsommer. Beispiele sind die auf urban-industriellen Standorten anzutreffenden Sandtrockenrasenarten *Arabidopsis thaliana*, *Arenaria serpyllifolia* und *Cerastium semidecandrum* sowie die auf Baumscheiben, in Gärten und Grünanlagen

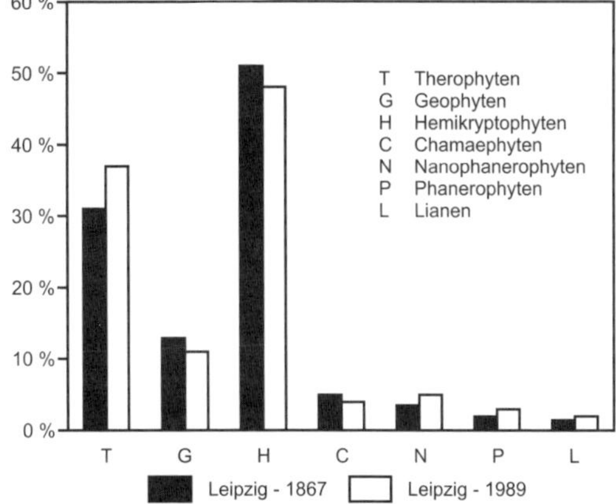


Abb. 6-11 Lebensformspektren der Flora von Leipzig in den Jahren 1867 und 1989 (aus KLOTZ & GUTTE 1992).

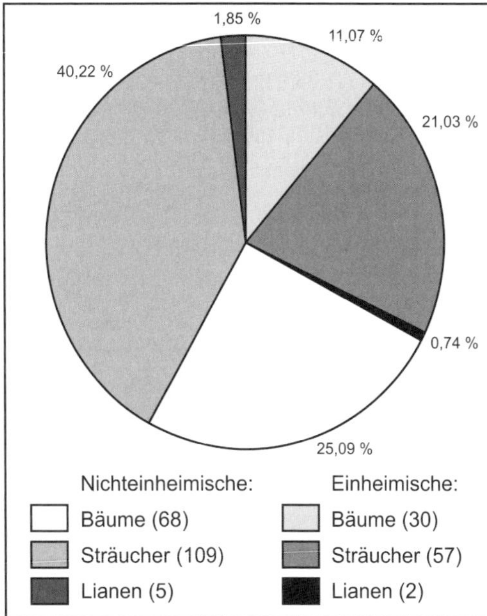


Abb. 6-12 Lebensformspektren der neophytischen und der einheimischen Arten der Berliner Gehölzflora (nach KOWARIK 1992b).

sehr häufige *Stellaria media*. Die besonders stadtcharakteristischen Ruderal-Arten *Bromus sterilis*, *B. tectorum* und *Hordeum murinum* sterben ebenfalls lange vor Ende der Vegetationsperiode ab.

Die Erhöhung des Anteils der Therophyten an der gesamten Flora eines Stadtgebietes erfolgt offensichtlich parallel zur Zunahme der urban-industriell geprägten Flächen, wie KLOTZ & GUTTE (1992) am Beispiel von Leipzig zeigen. Bemerkenswerterweise hat in Leipzig von 1867 bis 1989 nicht nur die Zahl der Therophyten, sondern auch die der Phanerophyten, also der Baum-, Strauch- und Lianenarten, zugenommen (Abb. 6-11). Diese Beobachtung stimmt mit den Zahlen von KOWARIK (1992b) überein, der für Berlin 182 neophytische Gehölzarten, für das Umland dagegen nur 132 angibt, wobei es sich in der Mehrzahl der Fälle wohl nur um spontane Vermehrung, nicht aber um gesicherte Einbürgerungen handelt. Genau wie unter den einheimischen Gehölzen dominieren auch unter den neophytischen Stadtgehölzen die Sträucher (Abb. 6-12). Besonders hoch ist der Anteil der Gehölze an der Flora von Gewerbe- und Industriebrachen, in Wien beispielsweise über 25 % (112 von 433 Arten in 50 Gebieten; RADLER & PUNZ 1999).

### 6.3.5.2 Bauplan

Während die oben erwähnten Therophyten dem typisch städtischen Stressfaktor **Trockenheit** durch Vermeidung begegnen, befähigen bestimmte morphologische Eigenschaften dazu, der Trockenheit standzuhalten. Dazu gehören:

- Reduzierung der transpirierenden Oberfläche (niedriger Wuchs, Kleinblättrigkeit bis hin zur völligen Reduktion der Blätter),
- Aufbau von Transpirationswiderständen (dicke Cuticula, dicke Außenwände der Abschlussgewebe, Einsenkung der Stomata und/oder Reduktion ihrer Anzahl, Besatz mit toten Haaren),
- Ausbildung eines tief reichenden Wurzelwerks.

Arten, bei denen diese Eigenschaften ausgeprägt sind, werden von ELLENBERG (1974) als **sklerophytisch** bezeichnet und den bauplanmäßig an luftfeuchte Standorte angepassten hygrophytischen, den intermediären mesophytischen Arten sowie den Sumpfpflanzen (helophytisch), den Wasserpflanzen (hydrophytisch) und den Sukkulenten gegenübergestellt.

Wie Tab. 6-5 zeigt, ist in der Stadtflora im Vergleich zur Gesamtflora Mitteleuropas und zur Umlandflora der Anteil der sklerophytisch und mesophytisch gebauten Arten auf Kosten der Helo-, Hygro- und Hydrophyten, erstaunlicherweise aber auch zu Ungunsten der Sukkulenten, erhöht. Innerhalb der extrem urbanophilen Arten gehen auch die mesophytischen Arten zu Gunsten der sklerophytischen zurück. Selbst in dieser Gruppe findet man nur sehr wenige Sukkulente. Offensichtlich ist die eindeutige Mehrzahl der Sukkulenten zwar an Trockenheit, nicht aber gleichzeitig an Störungen angepasst, so dass sie für Stadtstandorte nicht geeignet ist.

#### 6.3.5.3 Blattlebensdauer

In der Flora Mitteleuropas gibt es nur wenige so genannte immergrüne Arten, deren skleromorphe Blätter mehr als ein Jahr überdauern. Bei der Mehrheit der Arten leben die Blätter weniger als ein Jahr. Hierbei sind zwei Typen zu unterscheiden: sommergrüne Arten, deren Blätter bereits im Herbst abgeworfen werden, und überwinternd grüne, deren Blätter erst vor Beginn der nächsten Vegetationsperiode ihre Funktionsfähigkeit einbüßen, die also auch während der Winterzeit assimilieren können.

Allgemein sind überwinternd grüne Arten an Standorten oder in Regionen mit wintermildem Klima bevorteilt. In winterkalten Gebieten ist es dagegen ein Nachteil, einjährige (d. h. nicht gegen Frost geschützte) Blätter den Winter hindurch zu behalten, da Frostschäden das Eindringen von Parasiten erleichtern. Wohl als Folge der erhöhten Wintertemperaturen ist in Städten auf wasserhaushaltsmäßig relativ günstigen Standorten, z. B. Baumscheiben, der Anteil der Arten mit überwinternd grünen Blättern höher als in der Umlandflora. Auf trockenen Industriestandorten herrschen dagegen kurzlebige (nicht überwinternde) Therophyten vor (s. Tab. 6–5).

#### 6.3.5.4 Lebensstrategie, Ausbreitungsmechanismen und Samenbank

Nach Grime (1974, 1979) wird die Zusammensetzung der Vegetation an einem Standort durch die drei Faktorenkomplexe **Wettbewerb** (Konkurrenz), **Stress** (definiert als Mangelsituation) und **Störung** bestimmt. In Anpassung an diese drei Komplexe haben sich bei den Pflanzen drei **Lebensstrategien** entwickelt:

- **C-Strategie** (competitive strategy): relativ hoch- und insbesondere breitwüchsig (ober- und unterirdisch) sowie (potentiell) schnellwüchsig, große Blattflächensumme, befähigt zur Akkumulation einer hohen Streuauflage auf der Bodenoberfläche, störungsempfindlich, stressempfindlich; Resultat: auf guten bis mittleren, störungsfreien Standorten sehr konkurrenzstark;
- **S-Stragegie** (stress tolerant strategy): klein- und langsamwüchsig, stresstolerant, störungsempfindlich; Resultat: auf ungestörten Mangelstandorten dominierend, nur dort zur Etablierung dauerhafter Populationen befähigt;
- **R-Strategie** (ruderal strategy): schnellwüchsig, schnelle Samenbildung, schnelle Etablierung der Keimlinge, Aufrechterhaltung der Samenproduktion auch bei Mangelsituationen auf Kosten des vegetativen Wachstums; Resultat: auf guten bis mittleren gestörten Standorten dominierend, auf ungestörten Standorten nicht zur Bildung dauerhafter Populationen befähigt.

Da viele Pflanzenarten Merkmalskombinationen aufweisen, die auf eine gemischte Strategie hindeuten, werden zusätzlich noch die entsprechenden Strategietypen unterschieden, also CS-, SR-, CR- und CSR-Strategie.

In der Flora von Städten ist unter den Krautigen der Anteil der Ruderal-Strategen im Vergleich zur Umlandflora erhöht. In verstärktem Maße trifft dies für die Gruppe der urbanophilen Arten zu, bemerkenswerter Weise aber auch für die der urbanoneutralen (s. Tab. 6-6). Allerdings machen die reinen R-Strategen selbst dort nur 15,8 bzw. 17,6 % aus. Die größte Steigerung im Vergleich zur Gesamtflora weisen unter den Urbanophilen im städtischen Raum die CR-Strategen auf, die in der Gesamtflora nur 11,7 % ausmachen, dagegen 31 % der urbanophilen Arten stellen.

Die Art und Weise der **Diasporenausbreitung** ist ein wichtiger Bestandteil der Lebensstrategie. Verbreitung durch den Wind ist im Hinblick auf schnelle Besiedlung neuer, bisher unbesiedelter Standorte, wie sie in Städten beispielsweise durch den Abriss eines Hauses oder mit der Erklärung ehemaliger landwirtschaftlicher Nutzflächen zu Bauerwartungsland entstehen, die am besten geeignete Methode. Auch die Klebverbreitung (z. B. unter Schuhsohlen) ist insbesondere bei Trittpflanzen eine sehr effektive Ausbreitungsmethode. Weiterhin sind Diasporen, die an Kleidung haften bleiben und so transportiert werden können, gut für eine effektive Ausbreitung der betreffenden Art geeignet. Tatsächlich treffen die bisher genannten drei Ausbreitungsmechanismen (Wind-, Kleb- und Klettverbreitung) auf 39 der 40 in Tab. 6-3 enthaltenen Arten zu (s.a. Wenzel & Gerhardt 1995).

**Tab. 6-6: Strategie-Typen-Spektra der Flora der neuen Bundesländer, der Flora von Leipzig (1867 und 1989), unter den urbanoneutralen und den urbanophilen Arten sowie auf Essener Brachflächen**

| Strategie-Typ[1] berücksichtigte Arten | neue Länder[2] 2007 | Leipzig 1867[3] 983 | Leipzig 1989[3] 995 | urbano-neutral[2] 240 | urbanophil[2] 261 | Brach-flächen[4] 549 |
|---|---|---|---|---|---|---|
| C | 24,0 | 23,9 | 28,0 | 29,2 | 34,0 | 35,0 |
| CS | 18,4 | 15,0 | 12,6 | 2,9 | 3,4 | 11,0 |
| S | 3,2 | 1,6 | 1,5 | 0,8 | 0,8 | - |
| SR | 5,5 | 5,5 | 4,2 | 2,1 | 1,1 | 5,0 |
| R | 9,8 | 10,6 | 13,6 | 15,8 | 17,6 | 12,0 |
| CR | 11,7 | 15,1 | 19,6 | 33,3 | 31,0 | 22,0 |
| CSR | 27,5 | 28,3 | 20,5 | 15,8 | 11,9 | 16,0 |

1) nach Grime (1974, 1979)
2) nach Frank & Klotz (1990)
3) nach Klotz & Gutte (1992)
4) nach Reidl (1993)

Da Vögel selbst in Stadtzentren nicht selten sind, haben auch solche Arten in Städten gute Chancen, die durch Vögel verbreitet werden. Beispielsweise werden zwei in Städten sehr erfolgreiche Sträucher, *Sambucus nigra* und *Rubus armeniacus*, durch Vögel verbreitet. Ameisen-, Schleuder- und Selbstverbreitung erlauben dagegen keine schnelle Besiedlung neuer, entfernt gelegener Standorte. Entsprechend sind diese Ausbreitungstypen bei Stadtpflanzen nicht gerade häufig.

Die größten Chancen bei der Wiederbesiedlung eines Standortes, dessen Vegetation vernichtet wurde, besitzen Arten, die nicht erst herbei transportiert werden müssen, sondern deren Ausbreitungseinheiten (Diasporen) bereits überall im Boden vorhanden sind. Voraussetzungen für den Aufbau einer solchen **Diasporenbank** (bei Samenpflanzen: Samenbank) im Boden sind große Langlebigkeit der Samen und eine diskontinuierliche Keimung. Gewährleistet wird diese dadurch, dass von dem zuerst keimenden Samen eine hemmende Wirkung auf den benachbarten Samen der gleichen Art erfolgt. Weiterhin sollte die Keimung nur dann erfolgen, wenn sich nicht andere Arten bereits so stark etabliert haben, dass für das Überleben des Keimlings keine Aussicht besteht. Licht- und/oder Wärmekeimer sowie solche Arten, deren Samenkeimung durch Nachbarschaftseffekte verhindert wird, sind dementsprechend bevorteilt, denn ihre Keimung unterbleibt in dicht geschlossenen Pflanzenbeständen. Werden diese durch menschliche Eingriffe vernichtet, wie es in Siedlungen häufig geschieht, so können die noch im Boden vorhandenen Samen auskeimen. Die in Städten erfolgreichen Arten und – soweit die entsprechenden Informationen vorliegen – auch die stadtcharakteristischen Arten besitzen allesamt langlebige Samen (vgl. Tab. 6-3).

Arten, zu deren Lebensstrategie die schnelle Erzeugung sehr vieler Samen gehört, sollten möglichst unabhängig von Bestäubern sein. Tatsächlich trifft dies sowohl für die häufigsten als auch für die stadtcharakteristischen Arten (Tab. 6-3) zu: sie sind entweder **windbestäubt** oder können sich **selbst bestäuben**. P. Pyšek (1997) belegt die Bedeutung der Windbestäubung für den „Invasionserfolg" am Beispiel der Asteraceae, P. Pyšek et al. (1995) am Beispiel der erfolgreichen Neophyten.

Bei der Besiedlung von aufgeschüttetem feinerde- und humusarmen, also wasserhaushalts- und ernährungsmäßig sehr ungünstigem und dementsprechend für das Überleben von Keimlingen wenig geeignetem Substrat ist eine Besiedlung erfolgversprechender, die ohne das empfindliche Keimlingsstadium auskommt. **Ausläufer bildende Arten** sind daher an derartigen Standorten im Vorteil. Beispiele für in Städten sehr erfolgreiche Arten mit unterirdischen Ausläufern sind die insbesondere an Trockenstandorten häufigen Agropyretalia-Arten *Agropyron repens*, *Convolvulus arvensis* und *Equisetum arvense*, die auf fast allen Brachen anzutreffenden Artemisietea-Arten *Artemisia vulgaris* und *Solidago canadensis* sowie die neophytischen Bäume *Ailanthus altissima* und *Robinia pseudacacia*. Auch einige Arten mit oberirdischen Ausläufern (*Ranunculus repens*, *Trifolium repens*, *Potentilla reptans*, *Glechoma hederacea*) sind in Städten sehr häufig anzutreffen, allerdings bevorzugt auf wasserhaushaltsmäßig etwas besseren Standorten, insbesondere solchen mit zeitwei-

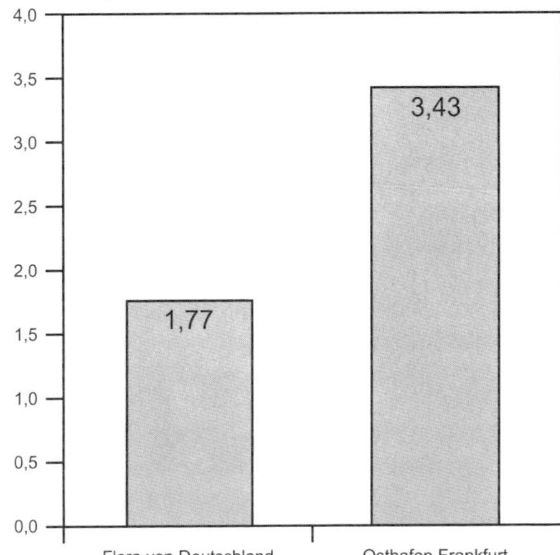


Abb. 6-13 Anteile von C4-Pflanzen an der Flora eines Frankfurter Industriegebietes und der gesamten Flora Deutschlands (ohne Alpenraum; Datengrundlage: LOTZ 1998, HOFFMANN 1994).

liger künstlicher Bewässerung wie Parkrasen und Gärten.

Tief liegende, Ausläufer bildende unterirdische Sprosse, wie sie die o.g. Agropyretalia-Arten besitzen, sind nicht nur gut geeignet für die Besiedlung ungünstiger Standorte, sondern ermöglichen auch ein Überleben an Standorten mit häufigem Herbizideinsatz. Nach Vernichtung der oberirdischen Vegetation durch Herbizide können sofort neue Ausläufer gebildet werden, wodurch ein erheblicher Konkurrenzvorteil gegenüber anderen Arten, die sich über Keimung regenerieren müssen, besteht.

#### 6.3.5.5 Wege der $CO_2$-Fixierung (C3-und C4-Pflanzen)

Fast alle einheimischen Samenpflanzenarten fixieren das $CO_2$ auf dem so genannten C3-Weg. Da sowohl die $CO_2$-Aufnahme, als auch die Wasserabgabe durch Transpiration an die Öffnung der Stomata gebunden sind, ist der C3-Weg – bezogen auf den Wasserhaushalt – vergleichsweise ungünstig, denn das für die $CO_2$-Übertragung verantwortliche Enzym besitzt eine relativ geringe Affinität zum $CO_2$, d. h. dieses wird nur dann übertragen, wenn es in hoher Konzentration vorliegt. C3-Pflanzen müssen daher ihre Stomata häufig öffnen, wenn ihre Photosynthese nicht zum Erliegen kommen soll. Das Öffnen der Stomata aber bedeutet gleichzeitig, insbesondere an Standorten mit geringer Luftfeuchtigkeit, einen Wasserverlust durch Transpiration.

Weit effektiver ist das beim C4-Weg für die $CO_2$-Fixierung maßgebliche Enzym. C4-Pflanzen können also bei gleicher Assimilationsleistung ihre Stomata häufiger schließen bzw. länger geschlossen halten als C3-Pflanzen. C4-Pflanzen sind daher insbesondere für aride Klimagebiete bezeichnend, in der Flora Mitteleuropas ist ihr Anteil mit knapp 2% (48 Arten, davon nur 9 indigen) sehr gering (HOFFMANN 1994). In Industriegebieten ist er jedoch meist deutlich höher (Abb. 6-13). Fast alle in Mitteleuropa eingebürgerten C4-Pflanzen sind urbanophil oder zumindest urbanoneutral, gehören also zur Stadtflora. Stadtfloren weisen daher einen erheblich höheren Anteil an C4-Pflanzen auf als die Gesamtflora der jeweiligen Region. In Tschechien gehört mit *Amaranthus retroflexus* (Abb. 6-14) eine C4-Pflanze zu den drei häufigsten städtischen Arten (P. PYŠEK et al. 1995).

### 6.3.6 Das ökologische Zeigerwertspektrum der spontanen Stadtflora

Ein Vergleich der spontanen Stadtflora von Großstädten mit der Flora des jeweiligen Umlandes im Hinblick auf die Zeigerwertspektren zeigt folgende Ergebnisse (s. Abb. 6-15): Bezüglich Licht, Temperatur, Bodenreaktion und Stickstoff sind die Stadtspektren in Richtung der höheren Werte verschoben, bei Feuchtigkeit zu den niedrigeren hin. Die Kontinentalitätswerte weisen überwiegend eine Rechtsverschiebung auf, jedoch auch einen Anstieg im Bereich des Zeigerwertes 2 (zwischen ozeanisch und subozeanisch). In Übereinstimmung mit stadtspezifischen Abänderungen der Standortfaktoren gibt in es Städten also mehr Licht liebende, thermophile und nitrophile sowie weniger azidophile und feuchtigkeitsliebende Arten als im Umland. Die typische Stadtkombination thermophil und Trockenheit ertragend drückt sich in einer höheren Anzahl kontinentaler Arten aus. Wohl aufgrund der erhöhten Durchschnittstemperatur bzw. der milden Winter sind aber auch prozentual mehr ozeanisch-subozeanische Arten vorhanden (viele typische Stadtarten mediterranen Ursprungs zeigen eine subozeanische Ausbreitungstendenz!).

Überraschend ist zunächst, dass die Zahl der Licht liebenden Arten erhöht ist, denn Städte

Abb. 6-14
*Amaranthus retroflexus*, eine in Städten häufige C4-Pflanze (Frankfurt/M., 8/2000).

sind nicht heller als ihr Umland (vgl. Tab. 3-1). Da aber außerhalb der Tropen warme Standorte natürlicherweise hohen Lichteinfall aufweisen, gibt es in der außertropischen Flora kaum eine, in Mitteleuropa sogar keine schattenliebende Art ($L \leq 3$), die gleichzeitig Wärme liebend ($T \geq 7$) und Trockenheit anzeigend ($F \leq 3$) ist.

Ähnliche Unterschiede wie zwischen Umland- und Stadtflora ergeben sich in der Regel bei einem Vergleich einer alten, aus dem 18. Jahrhundert stammenden mit der aktuellen Liste der Flora einer Stadt (s. Klotz 1984a) als erster feststellte. Gedeutet werden kann dies Ergebnis als Folge der fortschreitenden **Verstädterung** der Flora. In Kleinstädten sind daher deutlich geringere Unterschiede in der Flora des Zentrums und der Industriegebiete einerseits und der Peripherie andererseits zu erwarten. Für die tschechische Kleinstadt Horažd'ovice bestätigen die Ergebnisse von Mandák et al. (1993) diese Hypothese.

Wie in Kap. 6.3.4 gezeigt wird, trifft die Verschiebung der Zeigerwerte auch und sogar ganz besonders für die extrem urbanophilen Arten zu. Eine Ausnahme macht lediglich der Stickstoffzeigerwert: Während sich sein Spektrum bei der Stadtflora insgesamt in Richtung höhere Werte verschiebt (s. Abb. 6-15), ergibt sich bei den extrem urbanophilen Arten eine Verschiebung zu niedrigen Werten. Die Stadt ist also offensichtlich zwar global betrachtet ein stickstoffreicherer Standort als das Umland, die typischen urban-industriellen Bereiche (City, Großindustrie, Eisenbahnknotenpunkte) sind dagegen stickstoffärmer.

Mit fortschreitender **Sukzession** werden ursprünglich extreme Standorte wie z. B. Gleisschotter, Bergematerial, Schlacke etc. „milder", weil Feinmaterial angehäuft und Humus gebildet wird, was sich günstig auf den Nährstoff- und Wasserhaushalt auswirkt. Diese Standortsveränderung spiegelt sich im Zeigerwertspekrum und entsprechend auch in den mittleren Zeigerwerten für Feuchtigkeit und Stickstoff wider (P. Pyšek & A. Pyšek 1991b).

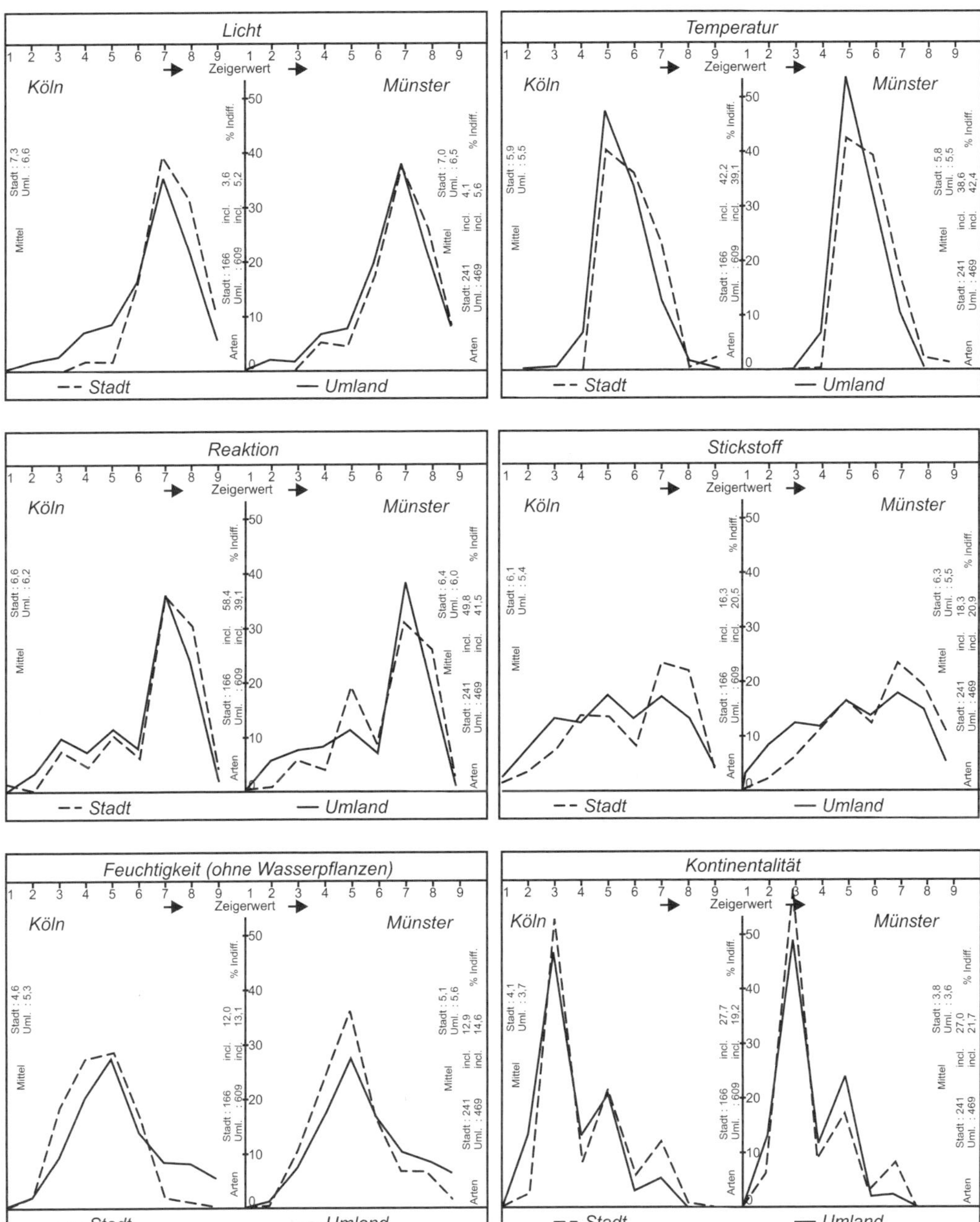


Abb. 6-15 Zeigerwertspektren der Stadtflora von Köln und Münster im Vergleich zu den Spektren der Umlandfloren (aus Wittig & Durwen 1981).

### 6.3.7 Anteil hemerochorer Arten an der Stadtflora

Bereits in Kap. 5.3 (Abb. 5-11) wird dargestellt, dass die Zahl der nicht einheimischen Arten in Siedlungen größer als im Umland ist und nochmals mit steigender Siedlungsgröße zunimmt. Wie ebenfalls schon erwähnt, sind in Dörfern in erster Linie die Archäophyten, in Großstädten besonders die Neophyten für diese Zunahme verantwortlich. Ein Vergleich der häufigen mit den stadtcharakteristischen Arten bestätigt diese Aussage ebenso wie ein Vergleich alter und neuer Florenlisten einer Stadt (s. Kap. 6.3.4 sowie Klotz 1984a, Sudnik-Wójcikowska 1987c). Nochmals erhöht ist der Anteil der Neophyten im Bereich besonders stadtcharakteristischer Bereiche wie Industriegebiete, Bahnanlagen und Häfen (s. Abb. 6-16). Städtische Ruderalgesellschaften sind deutlich reicher an Neophyten als andere Vegetationstypen (s. Kowarik 1992a), die Gruppe der extrem urbanophilen Arten besteht fast ausschließlich aus Neophyten (Tab. 6-7). Die möglichen Ursachen für den hohen Neophytenanteil in Städten sind in Kap. 5.3 aufgeführt. Insbesondere sei nochmals auf den Zusammenhang zwischen dem Gestörtheitsgrad des Standorts (Hemerobie: s. Kap. 6.3.8) und dem Auftreten von Neophyten hingewiesen (Abb. 5-14).

### 6.3.8 Hemerobie der Standorte und Synanthropisation der Flora

Nicht oft genug kann betont werden, dass häufige und intensive **anthropogene Störungen** von Flora und Vegetation eines der wichtigsten Standortmerkmale des urban-industriellen Lebensraumes sind. Auf diese Störungen reagieren Flora und Vegetation, wie in den voraufgegangen Abschnitten dieses Kapitels aufgezeigt, mit einer Veränderung ihrer Artenkombination im Vergleich zu ungestörten Standorten, nämlich mit der Zunahme des Anteils synanthroper Arten (Apo-, Archäo-, Neo- u. An-

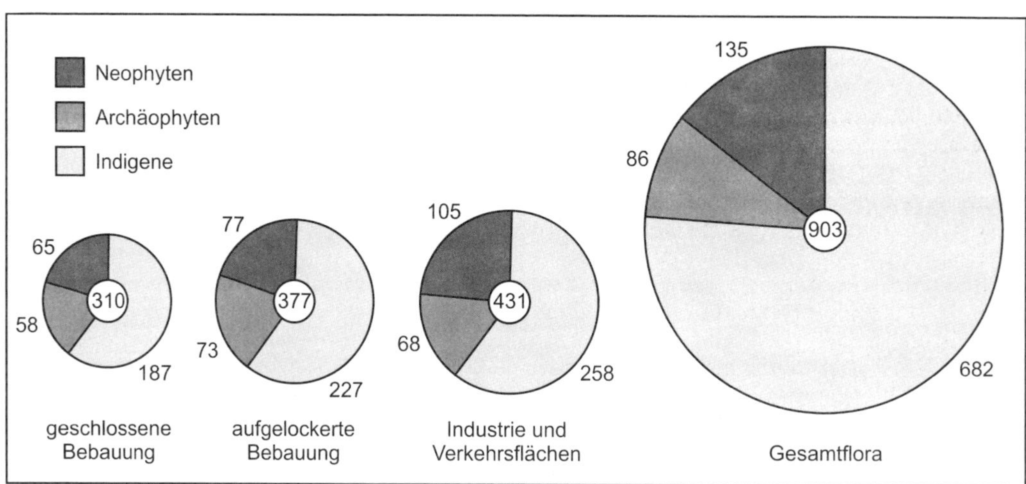


Abb. 6-16 Anteile der einheimischen Pflanzen, Archäophyten und Neophyten an der Gesamtflora Posens sowie an der typischer Stadtstandorte (nach Jackowiak 1990).

**Tab. 6-7: Anteil von Idiochorophyten, Archäophyten und Neophyten an der Gesamtflora sowie an der Zahl der urbanoneutralen und urbanophilen Arten Ostdeutschlands (nach Frank & Klotz 1990)**

| Flora<br>n | gesamt<br>2206 | urbanoneutral<br>242 | mäßig urbanophil<br>149 | extrem urbanophil<br>118 |
|---|---|---|---|---|
| indigen | 73,0% | 46,7% | 17,4% | 1,7% |
| archäophytisch | 7,0% | 21,1% | 7,4% | 2,5% |
| neophytisch | 20,0% | 32,2% | 75,2% | 95,8% |

ökophyten; Begriffe: s. Kap. 5) und der Therophyten. Der Grad dieser Veränderungen, der unter dem Begriff **„Synanthropisation"** zusammengefasst wird, kann daher als ein Maß für die Gestörtheit (Hemerobie) eines Standorts angesehen werden. Unter **Hemerobie** versteht man „die Gesamtheit aller Wirkungen, die beim beabsichtigten und nicht beabsichtigten Einwirken des Menschen auf Ökosysteme stattfindet" (SUKOPP 1976). Für die Einordnung von Pflanzenbeständen in eine je nach Autor fünf- bis neunstufige Hemerobieskala sind vor allen Dingen folgende Parameter maßgeblich:

- Anteil der in historischer Zeit eingewanderten Arten (Neophyten),
- Verlust von Arten der natürlichen Flora,
- Anteil einjähriger Arten (Therophyten).

Mittels der Auswertung aller zur Verfügung stehenden pflanzensoziologischen Aufnahmen sowie einer Befragung von Experten wurden in Berlin sämtliche wildwachsenden Gefäßpflanzen daraufhin untersucht, ob sie schwerpunktmäßig im Bereich einer Hemerobiestufe vorkommen (KOWARIK 1988). Für viele Arten konnte ein solcher Schwerpunkt festgestellt werden. Die betreffenden Arten sind somit Zeigerarten für eine bestimmte Hemerobiestufe. Ähnlich wie bei den Ellenbergschen Zeigerwerten (ELLENBERG et al. 1992) kann damit auch der mittlere Hemerobiezeigerwert eines Pflanzenbestandes errechnet werden. Da die ökologische Bindung einer Art von Ort zu Ort durchaus variieren kann, betont KOWARIK (1988) zu Recht, dass die von ihm ermittelten Hemerobiezeigerwerte nur für Berlin Gültigkeit haben.

Für die Definition der höchsten Hemerobiestufen wurden solche Biotoptypen herangezogen wurden, die überwiegend oder ausschließlich in Städten existieren. Es ist daher nicht vewunderlich, dass sich die Stadtflora und insbesondere die Gruppe der urbanophilen Arten sowie die Flora von Industrie- und Verkehrsflächen durch einen hohen Anteil von Arten mit den Hemerobiezeigerwerten 8 und 9 sowie von Arten ohne Bindung an eine bestimmte Hemerobiestufe auszeichnet.

Als Maß für die Synanthropisation der Flora eignen sich nach SUDNIK-WÓJCIKOWSKA (1992) mehrere Verhältniszahlen (P1 bis P11), am besten aber eine Kombination davon, die als komplexe Synanthropisations-Indices I und II bezeichnet werden. Zur Berechnung der Verhältniszahlen ist eine genaue Kenntnis des Status der einzelnen Arten erforderlich, denn man benötigt neben der Gesamtzahl der Arten und der Therophyten die Zahl der Agriophyten, Apophyten (unterteilt in dauerhaft und nicht dauerhaft auf anthropogenen Standorten etablierte), Ephemerophten, Ergasiophygophyten und neophytischen Therophyten.

Mit Hilfe des so genannten realen Indexes der Hemerobie (RIH) erhält man in der Regel ein gutes Abbild der Veränderung der Flora eines Gebietes (s. JACKOWIAK 1995). Zur Berechnung des RIH einer Fläche benötigt man neben der Gesamtsumme (S) der Arten dieser Fläche die Zahl der eu- (e) und polyhemeroben (p) Arten sowie der oligo- (o) und mesohemeroben (m):

$$\mathrm{RIH} = \frac{(e + p) - (o + m)}{S}$$

## 6.4 Farnpflanzen (Pteridophyta)

Vom Stamm der Farnpflanzen (Pteridophyta), der in Mitteleuropa etwa 80 Arten umfasst, ist im urban-industriellen Bereich nur eine Art mit hoher Sicherheit anzutreffen: der Acker-Schachtelhalm (*Equisetum arvense*, vgl. Abb. 8-38). In Bereichen mit alten Mauern kommen regelmäßig Mauerraute (*Asplenium ruta-muraria* und Gemeiner Wurmfarn (*Dryopteris filix-mas*) vor. Bereits deutlich seltener sind *Asplenium trichomanes* (vgl. Abb. 5-10), *Dryopteris carthusiana* und *Athyrium filix-femina*. Allerdings hat keine dieser Arten ihr Verbreitungsoptimum im Stadtbereich. Sie sind also allenfalls als urbanoneutral, nicht dagegen als urbanophil einzustufen.

Der häufigste Pteridophyt der Städte, der **Acker-Schachtelhalm** (*Equisetum arvense*), zählt nicht zu den Farnen i.e.S., sondern zur Klasse der Schachtelhalme (Equisetatae). Aufgrund ihres tiefreichenden Rhizomsystems, ihrer Regenerationsfähigkeit und ihrer Kriechwurzeln ist die Art gegen Überschüttung relativ unempfindlich und außerdem in der Lage, neue Standorte schnell zu besiedeln. Ihr soziologisches Optimum liegt in den halbruderalen Halbtrockenrasen (Agropyretalia repentis). Sie ist aber auch in den anderen Ordnungen der *Artemisietea* (Kap. 8.3) sowie in den *Stellarietea* (Kap. 8.2) und *Molinio-Arrhenatheretea* (Kap. 8.5) anzutreffen.

Abb. 6-17 *Dryopteris filix-mas*, hier mit *Clematis vitalba* und *Sambucus nigra*, ist der häufigste Farn im Siedlungsbereich (Frankfurt/M., 8/2001).

Abb. 6-18 Von den durchfahrenden Zügen geschorenes Exemplar des seltenen *Asplenium scolopendrium* in Gleisschotter des Frankfurter Ostbahnhofs (6/2000).

Die **Mauerraute** (*Asplenium ruta-muraria*), ein typischer Mauerfarn, ist auf Kalksteinmauern oder Mörtelfugen angewiesen. Die modernen verputzten, verklinkerten, gestrichenen oder aus Kunststoff und Beton bestehenden Mauern unserer Innenstädte eignen sich dementsprechend nicht als Standorte, so dass die Art in Städten sehr selten geworden ist. Am ehesten trifft man sie noch in Altbaugebieten, im Bereich historischer Stadtkerne oder an Stadtmauern sowie Burgen oder Schlössern an. Von letztgenannten Standorten wird die Art allerdings leider häufig im Zuge von Konservierungs- oder Restaurierungsmaßnahmen

**Tab. 6-8: Vorkommen von Farnpflanzen i.w.S. (Pteridophyta) im Stadtgebiet von Düsseldorf und seiner engeren Umgebung (Kreise Mettmann und Neuß, Süden v. Duisburg)**

| Wissenschaftlicher Name | Stadtzonen 1 | 2 | 3 | 4 |
|---|---|---|---|---|
| **Filicinae** | | | | |
| *Asplenium ruta-muraria* | × | × | × | × |
| *Asplenium scolopendrium* | | | × | × |
| *Asplenium trichomanes* | | × | × | × |
| *Athyrium filix-femina* | | × | × | × |
| *Blechnum spicant* | | | | × |
| *Cystopteris fragilis* | | | | × |
| *Dryopteris carthusiana* | | × | × | × |
| *Dryopteris dilatata* | | | × | × |
| *Dryopteris filix-mas* | × | × | × | × |
| *Gymnocarpium dryopteris* | | | | × |
| *Osmunda regalis* | | | | × |
| *Pilularia globulifera* | | | | × |
| *Polypodium vulgare* | | | × | × |
| *Pteridium aquilinum* | | | × | × |
| *Thelypteris palustris* | | | | × |
| *Thelypteris phegopteris* | | | | × |
| **Euqisetales** | | | | |
| *Equisetum arvense* | × | × | × | × |
| *Equisetum fluviatile* | | | × | × |
| *Equisetum × moorei* | | × | × | × |
| *Equisetum palustre* | | | × | × |
| *Equisetum ramosissimum* | | × | × | × |
| *Equisetum telmateja* | | | × | × |
| **Lycopodiales** | | | | |
| *Lycopodiella inundata* | | | | × |
| *Lycopodium clavatum* | | | | × |
| **Gesamtzahl** | **3** | **8** | **15** | **24** |

1: Zone der geschlossenen Bebauung (nur Stadtzentrum)
2: Aufgelockerte Bebauung (Wohnsiedlungen m. Abstandsgrün, Wohnsiedlungen m. Gärten, gering versiegelte Bereiche v. Industrie-, Bahn- u. Hafengelände)
3: Innere Randzone (landwirtschaftl. Siedlungen, Waldfriedhöfe, waldartige Parks, Restwäldchen)
4: Äußere Randzone (landwirtschaftl. Nutzflächen, Wälder u. Feuchtbiotope in der engeren Umgebung d. Stadt)

entfernt. Die typische Pflanzengesellschaft der Mauerraute ist das nach ihr benannte *Asplenietum trichomano-rutae-murariae* (s. Kap. 8.7), wo sie im Idealfall mit dem in Städten allerdings weit selteneren Braunen Streifenfarn (*Asplenium trichomanes*) vergesellschaftet ist.

Auch der **Gewöhnliche Wurmfarn** (*Dryopteris filix-mas*, Abb. 6-17) und seltener der Wald-Frauenfarn (*Athyrium filix-femina*) kommen an alten Mauern sowie außerdem in schattigen alten Gärten vor, dort allerdings meist subspontan. Beide Arten sind übrigens meist häufiger als die Mauerraute, (s. z. B. Brandes et al. 1998). Der Dornige Wurmfarn (*Dryopteris carthusiana*) ist der wohl anspruchsloseste unserer einheimischen Wald-Farne, was ihm ermöglicht, vereinzelt auch an schattigen Orten im engeren Stadtgebiet zu wachsen. Obwohl neben den genannten Arten noch einige weitere regelmäßig in Siedlungsbiotopen vorkommen können, ist das Artenspektrum der Pteridophyta im Vergleich zum Umland stark verarmt, wie Tab. 6-8 am Beispiel von Düsseldorf belegt. Manchmal treten an Mauern oder anderen künstlichen Felsstandorten sogar sehr seltene Farne auf, z. B. *Polystichum aculeatum* in einer Dachnische des Wiener Stephansdoms (Zechmeister & Grabherr 1998), *Asplenium ceterach* an einer Ziegelsteinmauer in Bielefeld-Brackwede (Wittig & Lienenbecker) und *Asplenium scolopendrium* im Gleisschotter eines Frankfurter Bahnhofs (Abb. 6-18).

## 6.5 Moose

### 6.5.1 Verbreitungsmuster

Genau wie die Farnpflanzen zeigen auch die Moose im Zentrum von Städten generell eine deutliche Verarmung ihres Artenspektrums. An einigen, oft nur wenige Quadratzentimeter umfassenden Sonderstandorten, beispielsweise Mauerritzen und Tropfstellen unter Dachrinnen, findet man jedoch manchmal Arten, die Stadtstandorte zumeist meiden. So ist es zu erklären, dass Schaepe (1990) auf Ruderalstellen in Berlin insgesamt 67 Moosarten nachweisen konnte, während andere Autoren für derartige Standorte meist weniger als fünf Arten nennen (s. u.).

Gilbert (1968, 1970) studierte eingehend die Moosvorkommen auf Dächern, an Mauern, auf Grasflächen und an Bäumen im Industriegebiet von New Castle, Nordengland. Die Ergebnisse dieser Untersuchungen, die von Düll (1974) für den Duisburger Raum weitgehend bestätigt werden konnten, lassen sich, ergänzt durch Beobachtungen aus Bremen (Koperski 1986, 1996) und Leipzig (Gutte 1996), folgendermaßen zusammenfassen:

- Die reichhaltigste Moosflora in Städten findet sich dort, wo Kleinstrukturen mit feuchtem Mikroklima vorhanden sind (Mauern, Feuchtstellen, Rasenflächen, Baumgruppen) oder aber großflächig ein moosgünstiges Klima sowie eventuell auch eine geringe Schadstoffbelastung vorherrscht (Friedhöfe, Parkanlagen).
- Mauern und Dachfirste verlieren zum Stadtzentrum hin alle Moose. Letzte Reste der Moosflora halten sich in Mörtelfugen.
- Im Stadtrandgebiet sind in Kurzrasen noch zahlreiche Moosarten anzutreffen. Zum Stadtzentrum hin nimmt die Artenzahl deutlich ab. Am weitesten zum Zentrum dringen Moose in hohem, wenig gemähten Gras und an Stellen mit relativ hohem Boden-pH oder viel Feuchtigkeit vor. In den Rasenflächen des Zentrums wachsen nur sehr wenige Arten, insbesondere *Brachythecium rutabulum* und *Ceratodon purpureus*.
- Moose, die am natürlichen Standort mehr oder weniger euryök sind, werden zum Zentrum hin kalkliebend.
- Außerhalb von Parkanlagen und großen Rasenflächen kommen im Stadtzentrum nur noch *Bryum argenteum* und *Ceratodon purpureus* vor (Abb. 6-19).
- Die epiphytische Moosflora ist schon in der Umgebung der Stadt sehr stark reduziert. Im engeren Stadtgebiet findet man keine Moose an Baumstämmen.

Die Ergebnisse lassen sich gut erklären, wenn man annimmt, dass das **Stadtklima** (Luftverschmutzung, geringe Luftfeuchtigkeit, s. Kap. 3.1) für das Phänomen der Moosarmut der Stadtzentren verantwortlich ist. Mit Ausnahme von *Bryum argenteum* und *Ceratodon purpureus* kommen Moose im engeren Stadtgebiet nämlich am ehesten dort vor, wo eine Neutralisation von Säuren (saure Niederschläge, „saure" Gase) möglich ist (Mörtelfugen, Böden mit hohem pH-Wert) oder wo ein Teilschutz vor Deposition von Schadstoffen gegeben ist (unter Dachvorsprüngen und Bäumen oder im hohen Gras). Die letztgenannten Standorte bieten nicht nur Schutz in dieser Hinsicht, sondern auch vor erhöhter Transpiration. Moose reagieren also offensichtlich

Abb. 6-19 *Bryum argenteum* (oben) und *Ceratodon purpureus* (unten) sind die im Zentrum von Großstädten häufigsten Moose (Münster 1972).

ähnlich wie Flechten, deren Vorkommen ja auch durch $SO_2$-Immissionen und durch Lufttrockenheit eingeschränkt wird. Sie können daher ebenfalls als Bioindikatoren eingesetzt werden (s. Kap. 10.1.1).

Die in den letzten Jahren erfolgte deutliche Verringerung der $SO_2$-Belastung hat zur Rückkehr von Moosen in die Innenstädte geführt (Stapper et al. 2000), die z. B. in Bonn und Wien aber noch nicht sehr weit voran geschritten ist (s. Dilg 1998, Hohenwallner 2000).

### 6.5.2 Standorte und Vergesellschaftung

In Arbeiten über Siedlungsvegetation werden Moosgesellschaften häufig gar nicht oder nur randlich behandelt. Es ist daher nicht auszuschließen, dass in Siedlungen mehr Moosgesellschaften anzutreffen sind, als im Folgenden genannt werden.

Wie schon erwähnt, sind ***Bryum argenteum*** und ***Ceratodon purpureus*** sowie in Rasenflächen ***Brachythecium rutabulum*** diejenigen Moosarten, die im extrem urban-industriellen Bereich als einzige noch mit hoher Stetigkeit anzutreffen sind. Das soziologische Optimum von *Bryum argenteum* und *Ceratodon purpureus* liegt in der Silbermoos-Mastkraut-Gesellschaft (*Sagino-Bryetum*; s. Kap. 8.1.4), die oft als „Pflasterritzengesellschaft" bezeichnet wird, sowie in der *Bryum argenteum-Ceratodon purpureus*-Gesellschaft, die an Extrem-Standorten (Trockenheit, Fehlen von Feinboden) auf Bahn- und Industriegelände und in Pflasterritzen des Innenstadtbereichs wächst (s. z. B. Dettmar 1986, Hard 1982). Außerdem kommen beide Arten an Mauern vor. Ein typisches, auch im Innenstadtbereich häufiges Mauermoos ist ***Tortula muralis,*** die Charakterart des *Tortuletum muralis* Waldheim 1944. Diese Assoziation ist auch im Innenstadtbereich relativ häufig, meist allerdings, wie alle anderen Moos-Unionen, nur fragmentarisch entwickelt. Beispielsweise kommen im Zentrum von Hannover neben *Tortula muralis* nur die Ubiquisten *Bryum argenteum* und *Ceratodon purpureus* sowie mit *Grimmia pulvinata* ein weiteres Mauermoos vor (Drehwald & Preising 1991). Den Innenstädten des Ruhrgebiets fehlte in den 70er-Jahren sogar die letztere Art weitgehend (Nordhorn-Richter & Düll 1982). Beide Mauermoose treten im *Asplenietum trichomano-rutae-murariae* (s. Kap. 8.7) als Begleiter auf. An sehr schattigen Mauern mit kühlem, luftfeuchten Klima, also v.a. in alten Brunnen, an feuchtem Mauerwerk oder an Regen- und Abwasserrinnen findet man das *Tortulo-Oxyrrhynchietum speciosi* Hübschmann 1953. In vieler Hinsicht stimmen die Standortansprüche mit denen des *Cystopteridetum fragilis* (s. Kap. 8.7) überein. Dementsprechend sind die beiden Gesellschaften häufig (sofern man angesichts ihrer Seltenheit dieses Wort gebrauchen darf) miteinander verzahnt.

An stark eutrophen, offenen Standorten, also beispielsweise in der Umgebung von Kompost- und Misthaufen, auf Brandstellen, in Blumentöpfen und -kästen, aber auch auf Flächen mit sandig-steinigem Substrat (z. B. im Bahn- und Industriegelände, auf mit Asche bestreuten Plätzen u. a.) ist ***Funaria hygrometrica*** (Abb. 6-20) relativ häufig. Gutte (1996) nennt dieses Moos, das als Charakterart des *Funarietum hygrometricae* Hübschmann 1957 gilt, sogar bei der Aufzählung der häufigsten Moosarten Leipzigs, zusammen mit *Ceratodon purpureus*, *Bryum argenteum*, *Brachythecium* *rutabulum*, *Eurhynchium swartzii*, *Tortula muralis* und *Bryum caespiticium*.

Im Randbereich betretener Stellen findet man in allen bisher untersuchten Städten *Barbula convoluta*, die Charakterart des *Barbuletum convolutae* Hadač et Šmarda 1944, manchmal zusätzlich *B. unguiculata*. Letztere tritt auch im auf kalkreichen Gartenböden wachsenden *Pottietum davallianae* Kühner ex Marstaller 1981 und im *Pottietum truncatae* Waldheim 1944 auf, das manchmal in Gärten, Friedhöfen und Parkanlagen vorkommt.

Standorte mit ortsfremdem Substrat beherbergen häufig Arten, die lokal oder sogar regional als Neophyten zu werten sind. So fand Koperski (1986) in Bremen auf eingebrachtem Kalkgestein zahlreiche Moosarten, von denen in der von Natur aus weitgehend kalkfreien nordwestdeutschen Tiefebene bisher nur wenige oder keine Vorkommen bekannt waren.

Wegen ihres Reichtums an Kleinstrukturen gehören **Friedhöfe** zu den moosreichsten Standorten im Siedlungsbereich. Auf 33 Bremer Friedhöfen wies Koperski (1996) insgesamt 85 Moos-Arten (7 Leber-, 78 Laubmoose) nach, wobei auf den einzelnen Friedhöfen je nach Flächengröße, Alter, Standortsvielfalt, Baumbestand und Pflegemaßnahmen zwischen 11 und 55 Arten vorhanden waren. Die häufigsten Arten auf Grabeinfassungen aus Sandstein und Beton sowie an Friedhofsmauern waren *Grimmia pulvinata*, *Orthotrichum anomalum*, *Schistidium apocarpum* und *Tortula muralis*. Soziologisch sind diese Bestände dem *Tortuletum muralis* zuzuordnen. In Rasenflächen wurden v.a. *Atrichum undulatum*, *Brachythecium albicans*, *B. rutabulum*, *Eurhynchium praelongum*, *Polytrichum formosum*, *P. juniperinum* und *Rhytidiadelphus squarrosus* angetroffen, die auch ungepflegte Gräber besiedeln. An den Stämmen alter Laubbäume waren *Lophocolea heterophylla*, *Ceratodon purpureus*, *Dicranoweisia cirrata* und *Hypnum cupressiforme* relativ häufig. Hierbei handelt es sich um das *Dicranoweisietum* Duvigneaud ex Hübschmann 1952, welches nach Drehwald & Preising (1991) die einzige epiphytische Moos-Union ist, die in größere Städte vordringt.

Im **Botanischen Garten** der Universität Frankfurt wachsen insgesamt 59 Moosarten (Ziegler 1996), wobei *Brachythecium rutabulum* die häufigste Spezies ist. Auf eingebrachten Kalksteinbrocken hat sich ein fragmentarisches *Tortuletum muralis,* auf einer künstlichen Binnendüne das *Brachythecietum albicantis* Gams ex Neumayr 1971 ausgebildet. Letzteres kommt im Siedlungsbereich manchmal auf Mauerkronen und alten Strohdächern vor. Bleiben Reetdächer sehr lange ungestört, so kann sich auf ihnen in küstennahen Siedlungen aus dem *Brachythecietum albicantis* das *Pohlio-Leptodontietum flexifolii* Barkmann et Ringelberg-Giesen 1959 nom. invers. entwickeln (s. auch Frahm 1981). Zum gleichen Verband wie die beiden vorgenannten Unionen gehört das *Racomitrio-Polytrichetum piliferi* Herzog ex Hübschmann 1952, das im Bahn- und Industriegelände fragmentarisch auftreten kann.

Abb. 6-20 *Funaria hygrometrica* ist in Siedlungen auf zahlreichen Standorten anzutreffen.

## 6.6 Pilze

Sieht man von Łodz ab, so weiß man sehr wenig über die städtische Pilzflora. Die Aussagen von Ławrynowicz (1982: 41) „little is known

Abb. 6-21 Schopf-Tintling (*Coprinus comatus*) in einem Scherrasen (Ottmarsbocholt, 1978).

**Tab. 6-9: Verbreitung verschiedener ökologischer Gruppen von Pilzen in den Stadtzonen von Łodz (nach Ławrynowicz 1982)**

| Ökologische Gruppe | Stadtzonen | | | Gesamtes Stadtgebiet | |
|---|---|---|---|---|---|
| | Geschlossene Bebauung | Aufgelockerte Bebauung | Randzone | | |
| | absolute Artenzahlen | | | | % |
| Symbiontische Waldpilze | 8 | 42 | 165 | 178 | 37,4 |
| Saprophytische Waldpilze | 22 | 45 | 152 | 158 | 33,2 |
| Symbionten offener Flächen | 7 | 17 | 37 | 49 | 10,3 |
| Saprophyten offener Flächen | 29 | 49 | 41 | 80 | 16,8 |
| Parasiten | 6 | 9 | 8 | 11 | 2,3 |
| **Gesamtartenzahl** | **72** | **162** | **403** | **476** | **100,0** |
| | prozentualer Anteil der Artengruppen | | | | |
| Symbiontische Waldpilze | 4,5 | 23,6 | 92,7 | - | 100 |
| Saprophytische Waldpilze | 13,9 | 28,5 | 96,2 | - | 100 |
| Symbionten offener Flächen | 14,3 | 34,7 | 75,5 | - | 100 |
| Saprophyten offener Flächen | 36,3 | 61,3 | 51,3 | - | 100 |
| Parasiten | 54,6 | 81,8 | 72,7 | - | 100 |
| **Gesamtanteil** | **15,3** | **34,0** | **84,7** | **-** | **100** |

of urban macro-fungi“ trifft auch heute noch zu. Von den wenigen Arbeiten, die über Pilze in Städten veröffentlicht wurden, befasst sich nämlich nur ein äußerst geringer Teil mit dem eigentlichen urban-industriellen Stadtbereich. Bevorzugt untersucht werden parkartige Gebiete, z. B. die städtischen Gärten in Augsburg und die Siebentischanlagen bei Augsburg (Stangl 1962, 1965), das Arboretum in Berlin (Benkert 1979), die Botanischen Gärten von Greifswald (Kreisel 1967) und Halle (Dörfelt & Sommer 1973) sowie der Höhenpark Killesberg in Stuttgart (Raitelhuber 1987). Butin & Schwarz (1956: Bad Godesberg) behandeln ebenfalls insbesondere den Stadtpark, die Rheinanlagen und einige weitere parkähnliche Flächen. Von im engeren Sinne urban-industriellen Standorten werden nur *Psalliota vaporaria* (Bahnhofsanlagen), *Hypholoma lacrimabundum* (Massenauftreten im Juli 1948 auf frisch aufgeschüttetem Kies und Sand) und *Coprinus comatus* (Abb. 6-21; innerhalb des Stadtgebietes häufiger als außerhalb, v.a. an stickstoffreichen Stellen entlang von Wegen) genannt. In Vorgärten wurden *Hygrocybe conica, Phallus impudicus* und *Psalliota edulis* häufiger angetroffen. Letztere Art wird auch als „Stadt-Champignon“ bezeichnet, da sie nicht nur in Vorgärten vorkommt, sondern auch auf Müll- und Abfallplätzen und selbst unter und zwischen Straßenpflaster und Asphalt gedeiht. Es wird berichtet, dass die Art in der Lage sei, mit ihrem Fruchtkörper große Steinplatten hochzuheben. Der für Godesberg erwähnte *Coprinus comatus* und einige andere coprophile Arten waren nach Skirgiłło (1990) früher auch im Stadtgebiet von Warschau häufiger als auf naturnahen Standorten anzutreffen, sind aber inzwischen in der Stadt seltener geworden, was die Autorin auf den winterlichen Einsatz von Streusalz und die Zunahme des Kfz-Verkehrs zurückführt.

Das Vorkommen holzschädigender Arten an Straßenbäumen wurde in Hamburg (Seehann 1979) und Wiesbaden (Schadewaldt 1987) untersucht. In Hamburg wurden in zehn Beobachtungsjahren 35 pathogene Pilzarten an Straßenbäumen nachgewiesen, in Wiesbaden in einem Beobachtungsjahr 23. Ein gefürchteter Schadpilz in Bauten ist der Hausschwamm (*Serpula lacrimans*), der Holzhäuser und das Gebälk von Fachwerkhäusern und Dachböden völlig zerstören kann und so zu deren Einsturz führt.

Die bisher einzige gesamtstädtische Analyse der Großpilz-Flora einer Stadt liegt aus Łodz vor (Ławrynowicz 1982). Dabei wurden eine Zonierung des Stadtgebietes vorgenommen (3 Zonen) und insgesamt 106 Aufnahmen an Straßen, Stadtplätzen, auf Rasen und Ruderalstellen, in Parks und in Stadtwäldern durchgeführt (s. Tab. 6-9). Im Stadtzentrum, das zu 80–90 % mit Gebäuden und Straßen bedeckt ist und daher mit der Zone der geschlossenen Bebauung im Sinne von SUKOPP et al. (1973) gleichgesetzt werden kann, konnten insgesamt 72 Pilzarten nachgewiesen werden. Die Mehrzahl von ihnen lebt saprophytisch, wobei der größere Teil für Freiflächen charakteristisch und überwiegend in Scherrasen anzutreffen ist. Zu dieser Gruppe zählen als häufigste Arten *Panaeolina foenisecii*, *Panaeola fimicola* und Vertreter der Gattungen *Conocybe*, *Agrocybe* und *Stropharia*. Auf verrottendem Holz und/oder Kot wurden Arten der Gattungen *Agaricus* und *Coprinus* angetroffen. Der häufigste Symbiont war *Marasmius oreades*. Besonders charakteristisch für die zentrale Zone sind das Fehlen jeglicher Pilzarten mit holzigen Fruchtkörpern (z. B. *Fomes fomentarius*, der in der Umgebung der Stadt Łodz in Wäldern häufig anzutreffen ist) und die geringe Anzahl symbiontischer Arten. In der mittleren Zone (sie entspricht wohl der Zone der aufgelockerten Bebauung von SUKOPP et al. 1973) wurden mehr als doppelt so viele Spezies notiert wie im Stadtzentrum, aber weniger als die Hälfte der Artenzahl der Randzone. Letztere hat mit 403 Arten eine sehr reiche Pilzflora, in der die Waldpilze und unter ihnen die Symbionten die größte Gruppe bilden. Nach Ansicht der Autorin ist die Artenzahl in der Stadtrandzone größer als in manchen ungestörten Wäldern in der Umgebung von Łodz.

Zusammenfassend betrachtet lassen die Ergebnisse aus Łodz eine Verarmung der Pilzflora der inneren Stadtzone erkennen, während im Außenbereich eine reiche Pilzflora vorhanden ist. Die gegen das Stadtzentrum hin auftretende Verarmung ist, wie Tab. 6-1 zeigt, allerdings längst nicht so groß wie bei Moosen und Flechten. Nicht lichenisierte Pilze sind also insgesamt gesehen weniger urbanophob und daher wohl auch weniger empfindlich gegen Luftverschmutzungen als Moose und Flechten. Einige Arten reagieren allerdings durchaus sensibel. Hierzu gehört z. B. der die Blätter von Berg-Ahorn befallende Parasit *Rhytisma acerinum*, der in Gebieten hoher $SO_2$-Belastung fehlt (vgl. DÖRFELT & BRAUN 1980).

## 6.7 Flechten

Außer nach systematischen Gesichtspunkten kann man die Flechten anhand ihrer Physiognomie einteilen. Normalerweise unterscheidet man dabei vier große Gruppen, nämlich

- Krustenflechten,
- Blattflechten,
- Strauchflechten,
- Bartflechten.

Eine weitere Möglichkeit der Untergliederung ist die nach dem bevorzugten Substrat. Hierbei sind insbesondere die folgenden großen Gruppen von Bedeutung:

- epiphytische (borkenbewohnende = corticole) Flechten,
- epi- und endolithische (mauer- bzw. felsbewohnende = saxicole) Flechten,
- epigäische (erdbewohnende = terricole) Flechten.

Beide Einteilungen sind bzw. waren für die Stadtbotanik wichtig, denn die jeweiligen Gruppen verhalten sich gegenüber dem Lebensraum Stadt durchaus unterschiedlich. WIRTH (1976c: 203) nennt folgende Charakteristika der Flechtenflora bzw. -vegetation größerer Städte, wobei diese Aussagen heute auf Grund verringerter $SO_2$-Immissionen vielerorts nicht mehr zutreffen:

„1. Das Stadtinnere ist gewöhnlich sehr arm an rindenbewohnenden Flechten, in manchen Fällen fehlen epiphytische Flechten ganz. Bisweilen ist die Flechtenflora der Bäume im gesamten Stadtgebiet bis auf drei Arten und weniger reduziert.

2. Zu den peripheren Teilen der Städte hin bessert sich der Flechtenbewuchs im Allgemeinen deutlich, auch wenn Inseln bzw. Zungen besser oder schlechter entwickelter Flechtenvegetation oft recht differenzierte Verhältnisse schaffen.

3. Die einzelnen Flechtenarten zeigen ein bestimmtes Verteilungsmuster. Einzelne Arten kommen nur in peripheren, andere bis hinein in zentrale urbane Gebiete vor. Allgemein pflegt *Lecanora conizaeoides* am weitesten in die Großstädte vorzudringen. Blattflechten treten erst in einiger Entfernung vom Zentrum auf.

4. Der Vitalitätszustand der Flechten bessert sich in zentrifugaler Richtung. An den Verbreitungsgrenzen der Flechtenarten sind die Thalli oft deutlich geschädigt.

5. Epilithische Flechten kommen noch in recht großer Artenzahl in der sehr epiphytenarmen und in der epiphytenfreien Zone vor. Sie bilden oft noch flächendeckende Gesellschaften.“

Untersuchungen zur Flechtenflora von Städten, bei denen eine deutliche Verarmung des Stadtzentrums festgestellt wurde, liegen

Abb. 6-22 *Lecanora conizaeoides* ist die $SO_2$-resistenteste epiphytische Flechtenart.

Abb. 6-23 Auch *Hypogymnia physodes* ist relativ unempfindlich gegenüber $SO_2$.

Abb. 6-24 *Evernia prunastri* ist mäßig $SO_2$-empfindlich und tritt daher an stark belasteten Standorten nicht auf.

übrigens bereits aus dem 19. Jahrhundert vor (Paris: Nylander 1866, München: Arnold 1891 ff.). Schon Nylander macht die unreine Luft dafür verantwortlich. Arnold (1892: 28) stellt fest: „Im Inneren der Stadt, nämlich dem einst von einer Backsteinmauer umschlossenen Teil von München, kommen Flechten jetzt wohl nicht mehr vor." Bezüglich der Ursache wird er noch präziser als Nylander und meint (1900: 99), dass „der durch den Verbrauch der Stein- und Braunkohlen erzeugte Ruß" das Verkümmern der Lichenen herbeiführt.

### 6.7.1 Verbreitungsmuster der epiphytischen Flechten

Von allen epiphytischen Flechtenarten dringt bzw. drang in den Jahren starker $SO_2$-Belastung *Lecanora conizaeoides* (Abb. 6-22) in west- und mitteleuropäischen Städten am weitesten bis zum Stadtzentrum hin vor. Mit zunehmender Entfernung vom Stadtzentrum folg(t)en einige weitere Krustenflechten: *Lepraria aeruginosa, Amandinea punctata, Lecanora saligna* und *Candelariella xanthostigma.* Die am wenigsten urbanophoben Blattflechten sind *Hypogymnia physodes* (Abb. 6-23), *Parmelia sulcata* und *Physcia tenella*. Strauchflechten treten (traten) meist erst außerhalb der Bebauungsgebiete auf, wobei *Evernia prunastri* (Abb. 6-24) zu den häufigeren Arten gehört. Bartflechten fand man i.A. erst in so großer Entfernung von Städten, dass sie bei städtischen Flechtenkartierungen nicht erfasst wurden, heute wachsen sie dagegen sogar wieder in Ballungsgebieten (Heibel et al. 1999, Kricke & Feige 1999). Die eben dargelegte Reihenfolge des Vordringens in Richtung auf das Stadtzentrum („Resistenz-Hierarchie"; Wirth 1976c) gilt nur für „normale Borke". Normal heißt in diesem Fall mäßig sauer und nicht eutrophiert. Bei annähernd neutraler und/oder eutrophierter Borke ändert sich das Artenspektrum. In Deutschland tritt unter derartigen Bedingungen *Lecanora conizaeoides* kaum in Erscheinung. Statt dessen sind *Amandinea punctata, Lecanora hageni* und *Phaeophyscia orbicularis* in der Innenstadt anzutreffen. Etwas weiter außen kommen *Physcia tenella, Phaeophyscia nigricans, Physconia grisea, Xanthoria candelaria* und *X. parietina* hinzu. Vor Einsetzen der $SO_2$-Belastung war dies übrigens ein Teil der typischen Artenkombination der Flechtenvegetation von Allee-Bäumen an unbefestigten Straßen. Die Ansprüche an Nährstoff- und Basengehalt des Standortes wurden dort durch den ständig aufgewirbelten, in der Regel nährstoff- und basenreichen Straßenstaub befriedigt. Mit nach-

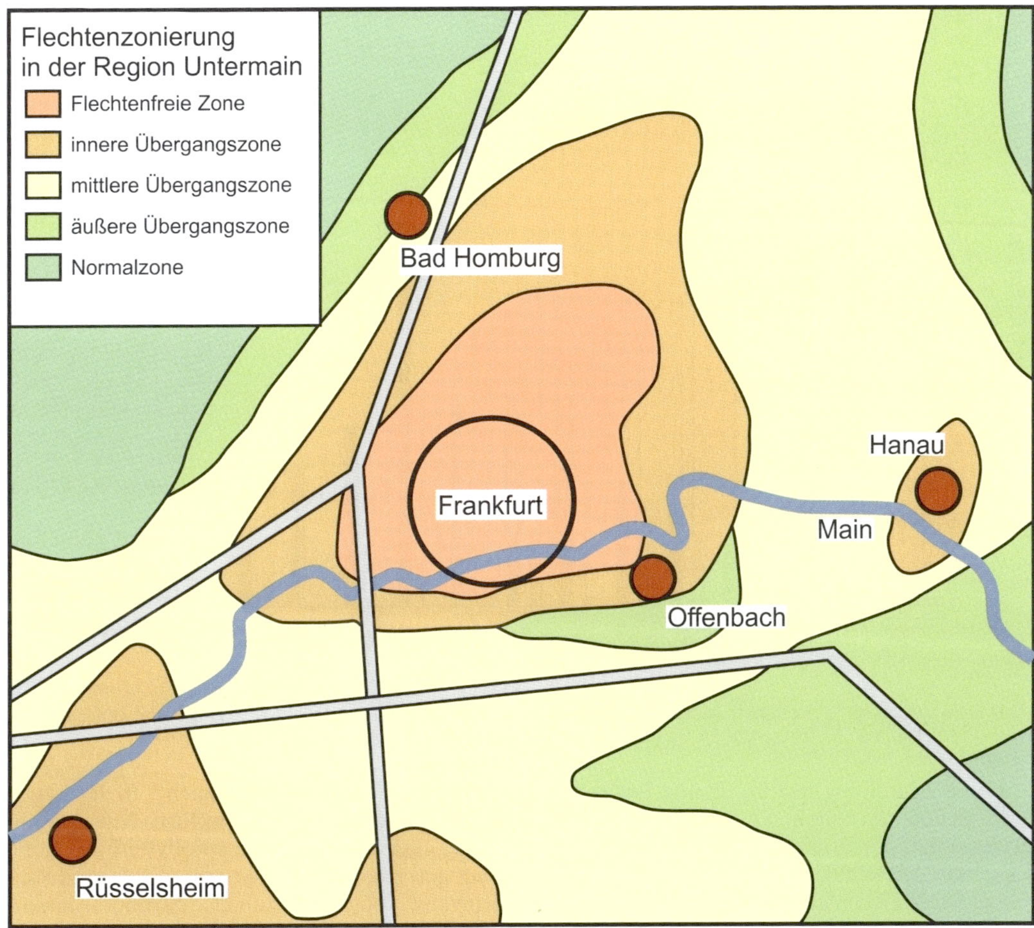


Abb. 6-25 Flechtenzonierung im Großraum Frankfurt/M. in den 1970er Jahren (nach STEUBING 1981).

lassenden $SO_2$- aber weiterhin hohen N-Immissionen treten diese nitrophilen Arten allmählich in den Innenstädten immer stärker in Erscheinung (vgl. Tab. 6–10).

Bezüglich der epiphytischen Flechtenflora sind Städte mehr oder weniger konzentrisch gegliedert, wobei seit SERNANDER (1926) mindestens drei **Flechtenzonen** unterschieden werden:

- Der (heute oft nicht mehr vorhandene) zentrale epiphytenfreie Bereich wird als Flechtenwüste bezeichnet.
- An die Flechtenwüste schließt sich nach außen hin die sogenannte Kampfzone an, die heute Übergangszone genannt wird. In ihr ist die Flechtenflora im Vergleich zum Umland deutlich verarmt. Außerdem zeigen die vorhandenen Individuen teilweise Schädigungen und/oder es unterbleibt die Ausbildung von Fruchtkörpern.
- Dort, wo Artenzahl, Artenkombination und Entwicklungszustand der Flechten den Verhältnissen im Umland entsprechen, spricht man von der Normalzone.

Die von Sernander für Stockholm aufgezeigte Zonierung wurde u. a. für Hamburg (VILLWOCK 1962) und Magdeburg (MIELKE 1971) dokumentiert. VARESCHI (1936) unterteilt die Kampfzone in eine innere und äußere, und Beschel (1958) nimmt eine Dreiteilung vor: Innere Kampfzone, Übergangsbereich (mittlere Kampfzone), äußere Kampfzone. Zusammen mit der Flechtenwüste und der normalen Zone ergeben sich auf diese Weise fünf Flechtenzonen (s. Abb. 6–25).

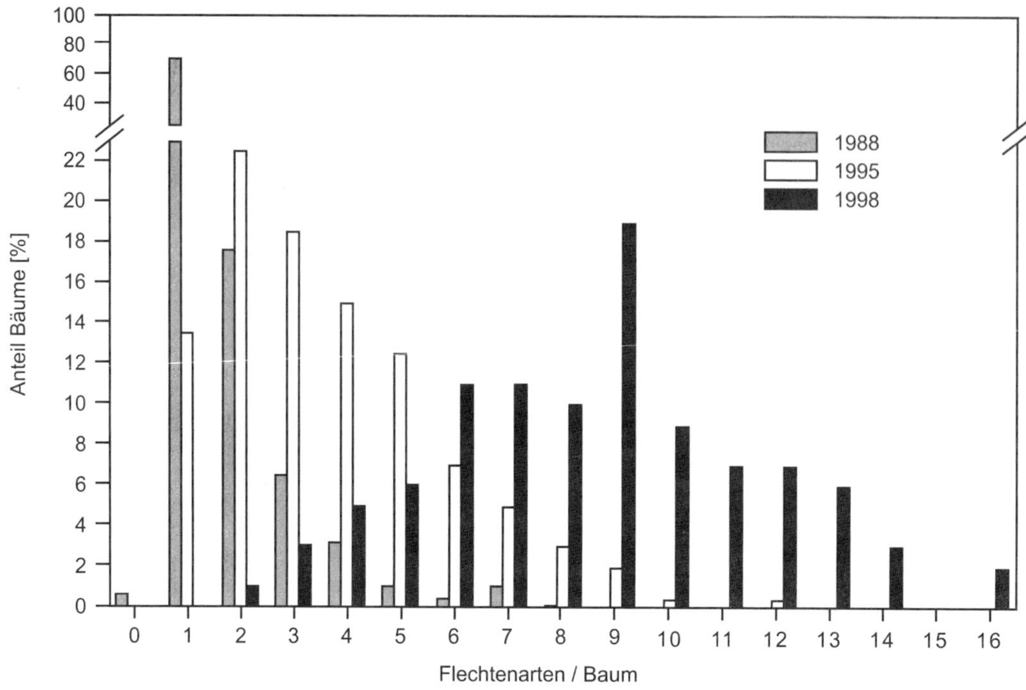


Abb. 6-26 Beziehung zwischen Anzahl der Flechtenarten in Münster pro Baum und Anteil der untersuchten Bäume (%) im zeitlichen Vergleich (nach H. Möller & Daniels 2000).

Diese Einteilung in fünf Zonen hat sich in zahlreichen Arbeiten (z. B. Domrös 1966: Ruhrgebiet; Gerhardt & Grösser-Hellriegel 1983: Bielefeld; Ehrendorfer et al. 1971: Graz; Seitz 1983: Augsburg und Straßburg) als praktikabel erwiesen, ist aber heute vielerorts Historie. Die deutliche Verringerung der $SO_2$-Belastung hat nämlich dazu geführt, dass epiphytische Flechten wieder in Innenstädten anzutreffen sind (s. u.).

Verständlicherweise hängen relative Lage und Größe der einzelnen Flechtenzonen von der Größe der Stadt bzw. des Ballungszentrums ab. Bei isoliert in einer ländlichen Umgebung gelegenen Städten (z. B. Erlangen: Kilias 1974) ist (war) die Flechtenwüste auf das zentrale Stadtgebiet beschränkt. Blattflechten wie *Hypogymnia physodes* und *Parmelia* div. spec. erreich(t)en fast den Stadtkern. Nach Verheyen et al. (1987) gab es im Stadtgebiet von Münster keine Flechtenwüste (mehr?). Nahezu der gesamte bebaute Stadtbereich war innere Kampfzone, während die im Zuge der Gebietsreform eingemeindeten eher ländlichen Bezirke überwiegend der Übergangszone angehörten. Die äußere Kampfzone und die Normalzone fanden sich auch in den Außenbezirken der Stadt Münster nicht. In Ballungszentren (z. B. Raum Frankfurt: Kirschbaum 1972) erstreckte sich die epiphytenfreie Zone dagegen fast über die gesamte Stadt und stellenweise sogar deutlich darüber hinaus (s. Abb. 6–25).

Aufgrund der zu Beginn der 80er Jahre einsetzenden, zunächst allmählichen, inzwischen fast rasant verlaufenden Rückwanderung weniger empfindlicher Flechtenarten in die Innenstädte (s. z. B. Kandler & Poelt 1984, Rabe & Wiegel 1985, Steubing 1987, Stapper et al. 1999), sind Flechtenwüsten in den Städten des westlichen Mitteleuropas heute wohl nicht mehr vorhanden.

In Münster wiesen H. Möller & Daniels (2000) für den Zeitraum 1988 bis 1998 eine sehr starke Zunahme der Anzahl epiphytischer Flechtenarten pro Baum im Stadtgebiet nach (Abb. 6–26): Während 1988 die Mehrzahl der untersuchten Bäume (70 %) lediglich eine Flechtenart aufwies und kein einziger Baum mehr als sieben epiphytische Arten trug, wurden 1998 an allen Probebäumen mindestens zwei Flechtenarten, an über 85 % der Bäume mindestens 6 gefunden, wobei der Median bei neun Arten (19 % der Bäume) und das Optimum bei 16 Arten (2 % der Bäume) lag. Neben dieser quantitativen Veränderung stellten die Autoren auch eine qualitative fest: Nicht mehr die $SO_2$-tolerante *Lecanora conizaeoides*, wie noch zum Ende der 80er Jahre, sondern die nitrophile *Physcia tenella* war 1998 die häufigste epiphytische Flechtenart in Münster (Tab. 6–10).

### 6.7.2 Verbreitungsmuster der epilithischen Flechten

Mit der epilithischen Flechtenflora der Städte haben sich weit weniger Autoren befaßt als mit der epiphytischen. Dies mag darauf zurückzuführen sein, daß epilithische Flechten nicht so leicht zu sammeln (man kann sie in der Regel nicht vom Substrat ablösen, sondern muß sie mit dem Stein einsammeln) und dazu noch schwerer bestimmbar sind, vielleicht aber auch daran, daß sie sich weniger gut als Indikatoren für $SO_2$-Belastung eignen (s. Kap. 6.7.4).

Auf basenreichem, neutralem bis basischem Gestein fand man auch in der sogenannten Flechtenwüste und in der *Lecanora conizaeoides*-Zone noch „einige Dutzend Arten" epilithischer Flechten (WIRTH 1976c: 205). Zum Zentrum größerer Städte hin verarmt(e) allerdings auch die Flechtenflora des basischen Gesteins deutlich. Die am weitesten zum Stadtzentrum hin vordringenden Arten sind (in der Reihenfolge abnehmender Stadt-Toleranz): *Lecanora dispersa*, *Caloplaca citrina*, *Candelariella aurella*, *C. heidelbergensis*, *Lecanora muralis*, *Candelariella medians*, *Caloplaca decipiens*, *Lecanora albescens*, *Lecania erysibe*, *Lecidella stigmatea*. Die Flechtenflora saurer Gesteine verhält sich dagegen ähnlich wie die epiphytische Flechtenflora.

### 6.7.3 Epigäische Flechten

Epigäische Flechten kommen insbesondere in Heiden sowie in lückigen Mager- oder Pionierrasen vor. Letzterer Vegetationstyp ist zwar auch in Siedlungen und insbesondere in Großstädten nicht selten, dort aber insbesondere an solchen Standorten anzutreffen, die stark mit Immissionen belastet sind bzw. es bis vor wenigen Jahrzehnten waren (Industrieflächen, Brach- und Randbereiche von Verkehrsflächen). Vereinzelt kann man an solchen Standorten jedoch tatsächlich mehr oder weniger kümmerlich entwickelte Flechten entdecken, meist Vertreter der Gattung *Cladonia*. Auf Rohböden, wie sie im Bahn- und Industriegelände häufig sind, ist am ehesten mit *Cladonia chlorophaea* s. str., *C. fimbriata*, *C. humilis*, *C. rei* und *C. subulata* zu rechnen, die dort meist mit dem Moos *Ceratodon purpureus* vergesellschaftet sind.

**Tab. 6-10: Die in den Jahren 1988, 1995 und 1998 jeweils 10 häufigsten epiphytischen Flechtenarten im Stadtgebiet von Münster (nach MÖLLER & DANIELS 2000)**

| | Prozentsatz der besiedelten Bäume | | |
|---|---|---|---|
| | 1988 | 1995 | 1998 |
| *Amandinea punctata* | 7,6 | 26,2 | 64,0 |
| *Candelariella reflexa* | 0,8 | 6,6 | 33,0 |
| *Evernia prunastri* | 0,7 | 3,6 | 32,0 |
| *Hypocenomyce scalaris* | 1,7 | 3,6 | 4,0 |
| *Hypogymnia physodes* | 3,5 | 4,6 | 35,0 |
| *Lecanora conizaeoides* | 94,4 | 54,4 | 13,0 |
| *Lecanora expallens* | <0,1 | 16,4 | 8,0 |
| *Lepraria incana* | 21,0 | 51,2 | 16,0 |
| *Parmelia glabratula* | 0,1 | 1,0 | 42,0 |
| *Parmelia sulcata* | 3,3 | 17,8 | 65,0 |
| *Phaeophyscia nigricans* | 0,0 | 0,0 | 33,0 |
| *Phaeophyscia orbicularis* | 0,7 | 31,0 | 69,0 |
| *Physcia adscendens* | 0,8 | 14,2 | 39,0 |
| *Physcia tenella* | 5,8 | 54,6 | 94,0 |
| *Xanthoria parietina* | 0,4 | 16,6 | 33,0 |
| *Xanthoria polycarpa* | 0,4 | 19,4 | 69,0 |

### 6.7.4 Die Ursachen der Flechtenzonierung

Experimentelle Untersuchungen belegen eine deutliche Parallelität zwischen der $SO_2$-Resistenz bzw. -Empfindlichkeit von Flechten und ihrer Verbreitung in Städten: Die (ehemals) am weitesten zum Stadtzentrum hin vordringende *Lecanora conizaeoides* ist im Experiment sehr $SO_2$-tolerant, *Evernia prunastri*, die erst im Stadtrandbereich auftritt, dagegen sehr empfindlich (s. Abb. 6–27). Da in Städten stark erhöhte $SO_2$-Konzentrationen auftreten bzw. früher aufgetreten sind (vgl. Tab. 3–3), ist eine plausible Erklärung für das Verhalten der Flechtenflora gegeben.

Wenn man $SO_2$ als wichtigsten Faktor für die Zonierung in Städten ansieht, wird auch verständlich, daß Flechten auf basischem Substrat weiter gegen das Stadtzentrum vordringen können als auf saurem. Basische Substrate sind in der Lage, sowohl Säuren direkt abzupuffern als auch die Pufferkapazität der auf ihnen wachsenden Organismen zu erhöhen. Insbe-

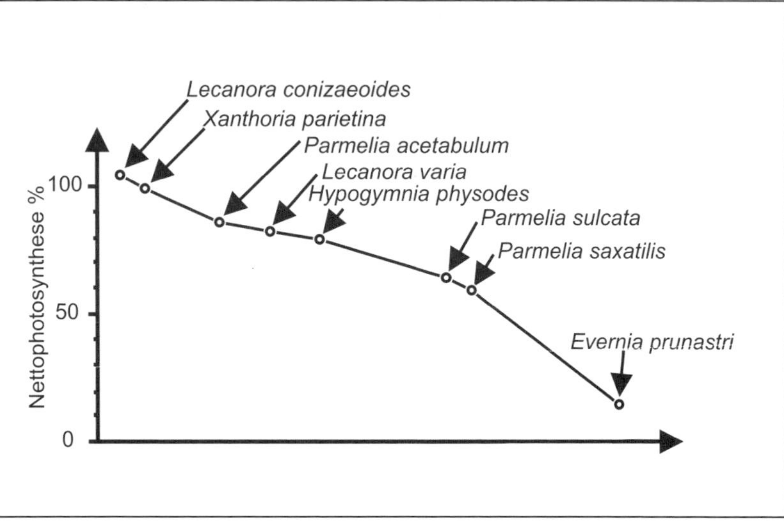


Abb. 6-27 Netto-Photosyntheserate verschiedener Flechtenarten nach einer 14-stündigen Begasung mit 2 mg $SO_2/m^3$ Luft im Vergleich zu unbegasten Individuen (aus P. Müller 1977).

sondere letzteres scheint für die Flechtenzonierung von großer Bedeutung zu sein, denn Türk & Wirth (1975) konnten im Experiment eine klare Abhängigkeit der $SO_2$-Resistenz vom Thallus-pH feststellen. Auch die in Städten unter $SO_2$-Einfluß nachweisbare Ansäuerung der Borke (Absenkung des pH-Wertes bis unter 3; vgl. Skye 1968) spielt sicherlich eine Rolle.

Epiphytische und epilithische Flechten decken ihren Wasserbedarf in der Regel ausschließlich aus der Atmosphäre. Da das Niederschlagswasser an den typischen Flechtenstandorten (Baumborke, Mauern, Dächer) sehr schnell abfließt, kommt der Luftfeuchtigkeit große Bedeutung zu. Diese aber ist, wie wir in Abschnitt 3.1 gesehen haben, in Städten im Vergleich zum Umland um ca. 6 % herabgesetzt. Bedeutsamer als dieser Durchschnittswert ist die Tatsache, daß der Taupunkt oft nicht mehr erreicht wird und daher längere Perioden ohne jegliche Wasserversorgung als im Umland zu überstehen sind. Früher erklärten daher manche Autoren das Phänomen der Flechtenwüste in Großstädten mit dieser verringerten Luftfeuchtigkeit. Die Mehrzahl der Fachleute (z. B. Coppins 1973; Wirth 1976c) ist jedoch inzwischen der Ansicht, daß dem physikalischen Stadtklima allenfalls eine verstärkende Wirkung zukommt, während Luftverunreinigungen die Hauptursache für die Veränderung der Flechtenflora in Ballungsgebieten sind.

Vergleichende Untersuchungen der Resistenz gegen $SO_2$ und HF, die an gut 20 Flechtenarten durchgeführt wurden, ergaben eine annähernd gleiche Reihenfolge. Insbesondere erwies sich in beiden Fällen *Lecanora conizaeoides* als die resistenteste Art (Börtitz & Ranft 1972).

### 6.7.5 Abhängigkeit vom Substrat

Sowohl bezüglich der Bedeckung mit Flechten als auch hinsichtlich der auf ihnen anzutreffenden Artenzahl sind „künstliche Felsen" (Dächer, Mauern, Pflastersteine, Grabsteine usw.) das im städtischen Bereich wichtigste Flechtensubstrat. Wie bereits erwähnt (s. 6.7.3), wirkt die chemische Beschaffenheit des Substrates (pH-Wert, Pufferkapazität) differenzierend auf die Flechtenflora. Da man nirgendwo eine derartige Vielfalt an unterschiedlichem Gesteinsmaterial antrifft wie auf Friedhöfen, das Mikroklima dort meist deutlich flechtengünstiger ist als im bebauten Stadtgebiet und außerdem in nahezu allen Städten zumindestens einige sehr alte Friedhöfe vorhanden sind (s. o.), stellen die Friedhöfe den wohl wichtigsten Standort für epilithische (saxicole) Flechten dar. Weitere wichtige Standorte von Gesteinsflechten sind Stadtmauern, Burgen, Schlösser und andere historische Bauwerke. Am Kölner Dom z. B. fand Klement (1956) 16 Flechtenarten vor.

Das Vorkommen von Flechten an Bäumen ist von der chemischen Beschaffenheit (insbesondere pH-Wert, Nährstoffgehalt; s. o.) der Borke und von deren Oberflächenbeschaffenheit abhängig. Bäume mit rauher Borke sind unter Stadtbedingungen bessere Standorte als solche mit glatter. Nach SCHUSTER (1985) ist dies darauf zurückzuführen, daß in Rissen und Spalten bessere Anheftungsmöglichkeiten der Hyphen in allen Richtungen bestehen und mehrere Soredien gesammelt werden können. Außerdem fördert das in den Spalten herrschende „Nanoklima“ (höhere Luftfeuchtigkeit) die Keimung und das Wachstum der frühen Entwicklungsstadien. Da die Eigenschaften der Borke artspezifisch sind, kann man bei den einzelnen Baumarten deutliche Unterschiede hinsichtlich ihrer Eignung als Flechtenstandort verzeichnen.

Während die Gruppe der erdbewohnenden (terricolen) Flechten in manchen stadtfernen Pflanzengesellschaften bzw. Biotopen mit zahlreichen Arten vertreten ist und durchaus aspektbestimmend sein kann, spielen sie in Städten nur auf älteren *„urban wastelands“* eine Rolle (GILBERT 1990), da es ansonsten zu wenig ungestörte Bereiche mit offenen Böden gibt. Relativ häufig ist *Collema tenax*.

### 6.7.6 Flechtengesellschaften

Die häufigste unter den epiphytischen Flechtenunionen in Siedlungen ist das *Lecanoretum conizaeoides* Barkm. 1958. Oft besteht diese Gesellschaft nur aus zwei Arten, nämlich der Krustenflechte *Lecanora conizaeoides* und der Grünalge *Pleurococcus vulgaris* auct. Im Herbst kommt es manchmal zu einer großflächigen Entwicklung des Pilzes *Athelia arachnoidea* auf *Lecanora conizaeoides* und den Grünalgen. Eine weitere epiphytische Krustenflechtenunion der Städte ist das *Amandineetum (= Buellietum) punctatae* Barkm. 1958.

Aufgrund der sich momentan gerade in den Blattflechtenbeständen der Städte abspielenden starken Veränderungen erscheint eine detaillierte Beschreibung der Gesellschaften wenig sinnvoll. Bisher werden in der Literatur folgende Gesellschaften (teils in fragmentarischer Form) für Städte gemeldet: *Physcietum adscendentis* Frey & Ochsner 1926, *Pseudevernietum furfuraceae* Hil. 25, *Lecanoretum subfuscae* Ochsner 1925 und *Parmelietum acetabuli* Ochsner 1928.

Die epilithische Flechtenvegetation ist im Stadtgebiet reicher gegliedert als die epiphytische, z. B. konnten HOPP & KAPPEN (1981) in Würzburg in einem Bereich, der lediglich eine epiphytische Flechtenunion beherbergte, fünf verschiedene Kalkflechtenunionen nachweisen (teils allerdings nur in fragmentarischer Ausbildung). Die gleiche Anzahl fanden HOCKE & DANIELS (1993) in Münster. Eine häufige calcicole Flechten-Gesellschaft anthropogener Standtorte ist das *Caloplacetum murorum* (Du Rietz 1925) Kaiser 1926. Die in Städten auf Mauern, Dachziegeln, Grabsteinen usw. weit verbreitete Art *Lecanora muralis* (Abb. 6–28) ist so euryök, daß sie keiner Gesellschaft zugeordnet werden kann.

Abb. 6-28 *Lecanora muralis*, eine euryöke und daher in Städten relativ häufige epilithische Flechtenart.

Eine 0weitere epilithische Gesellschaft, das *Caloplacetum citrinae* BESCHEL ex Klement 1955, findet man in der Regel nur im unteren Bereich von Mauern bis in maximal 40 cm Höhe. Die durch Urin geförderte (urophile) Gesellschaft ist dort meist cynogen (durch Hunde verursacht). Nach BESCHEL (1958) reicht sie in der Nähe von Wirtshäusern an sichtgeschützten Orten auch bis ungefähr 80 cm über Bodenhöhe hinauf. An derartigen Standorten ist sie offensichtlich androgen. Nitrophil ist auch das im subozeanischen Klima auf Friedhöfen an Kunststeinen wachsende *Xanthorietum candelariae* Beschel ex Klement.

PAUS (1997) beschreibt ruderale epigäische Cladonien-Vergesellschaftungen als *Cladionetum rei* Paus 1997 (Tab. 6–11). Bevorzugte Standorte dieser Union sind nach Angaben der Autorin Sand- und Kiesgruben, Abraumhalden, Industriebrachen, Gleisschotter von Bahnhöfen sowie Straßenböschungen. Oft findet sich die Union als Begleitsynusie in Pionierstadien von Gesellschaften des *Dauco-Melilotion* oder des *Violion calaminariae*.

**Tab. 6-11: Artenzusammensetzung des *Cladonietum rei* an Ruderalstandorten im Siedlungsbereich (nach Paus 1997)**

| Anzahl der Aufnahmen | 15 | 7 | 10 |
|---|---|---|---|
| **Charakterarten** | | | |
| *Cladonia rei* | V | IV | V |
| *Cladonia chlorophaea* s.str. | II | IV | II |
| *Cladonia humilis* | V | V | IV |
| *Cladonia cariosa* | . | V | . |
| *Peltigera didactyla* | . | I | V |
| **sonstige Kryptogame** | | | |
| *Cladonia fimbriata* | IV | V | III |
| *Ceratodon purpureus* | IV | V | V |
| *Cladonia subulata* | III | II | I |
| **Phanerogame** | | | |
| *Agrostis capillaris* | II | II | II |
| *Rumex acetosella* | II | . | III |

[1] Es werden nur solche Arten aufgeführt, die in einer der drei Spalten mit SK III oder in allen dreien mit mindestens SK II vorkommen

[2] Es werden nur diejenigen Aufnahmen von Paus (1997) verwendet, die von eindeutigen Siedlungs- und Ruderalstandorten stammen

### 6.7.7 Entwicklung der städtischen Flechtenfloren

Schöller (1995) rekonstruierte für den Frankfurter Raum auf der Basis von Literaturdaten und der Auswertung verschiedener Herbarien die Flechtenflora des 19. Jh. und verglich sie mit den heutigen Verhältnissen. Von den damals vorkommenden insgesamt 314 Arten sind heute nur noch 148, also weniger als 50 %, im Großraum Frankfurt anzutreffen, 166 sind verschollen. Allerdings nennt der Autor auch 65 in der heutigen Flora vorhandene Arten, die sich für das 19. Jahrhundert mit der von ihm angewandten Methode nicht nachweisen lassen. 19 davon kommen ausschließlich auf anthropogenem Substrat vor, in erster Linie an Kalkmörtel- bzw. Betonmauern, oder wurden direkt anthropogen gefördert wie z. B. *Lecanora conizaeoides* und *Parmeliopsis ambigua.* Weitere 17 sind sterile Krusten. Bei all diesen Arten bedeutet das Fehlen des historischen Nachweises nicht, daß sie im vorigen Jh. tatsächlich nicht vorhanden waren. Eher ist es für 33 der 65 Arten wahrscheinlich, daß sie schon früher im Frankfurter Raum vorkamen, aber übersehen oder nicht gesammelt wurden. Der größte Teil der aktuell nachgewiesenen Arten ist übrigens (noch ?) selten bis extrem selten und oft auf wenige, winzige Vorkommen beschränkt. Flechten sind also im Frankfurter Raum weitaus seltener als es die reine Artenzahl ausdrückt.

Bei den Flechten der Siedlungen gibt es aus gesamtmitteleuropäischer Sicht nach Wirth (1997) wohl keinen einen einzigen Neophyten. Die wenigen noch in $SO_2$-belasteten Gebieten häufigen epiphytischen Arten waren früher allerdings extrem selten und konnten sich erst ausbreiten, nachdem die Konkurrenz der anderen Arten aufgrund der hohen Immissionsbelastung der Städte beseitigt worden war. Lokal sind diese Arten eventuell also Neophyten. Als ursprünglichen Standort von *Lecanora conizaeoides* gibt Wirth (1985) Moor-Randwälder mit *Pinus mugo* an.

Eine Vielzahl von Neo- und eventuell sogar auch Archäophyten ist dagegen unter den Gesteinsflechten zu finden. Zahlreiche von ihnen haben auf Mauern, Häusern und anderen Steinbauten unterschiedlichste Arten von Sekundärstandorten gefunden, wobei nicht nur natürliches Steinmaterial, sondern auch künstliche Substrate wie Mörtel, Beton, gebrannte Ziegel und Asbestplatten besiedelt werden. Als lokale Neophyten bzw. je nach Zeitpunkt des ersten Auftretens von Steinbauten auch Archäophyten, sind somit zu werten:

- in felsenfreien Regionen, also beispielsweise im nordwestlichen Flachland Zentraleuropas sowie im unteren Bereich der Mittelgebirge und im Alpenvorland, alle obligatorischen Gesteinsflechten;
- in Gebieten mit von Natur aus ausschließlich Kalkfelsen alle Silikatflechten (s. Wirth 1976b);
- in Gegenden mit von Natur aus ausschließlich Silikatfelsen und anderen sauren Felsen alle Kalkflechten (s. Wirth 1976b).

Einige Gesteinsflechtenarten sind auf mineralreiche, gedüngte Standorte angewiesen und waren daher früher auf Vogelfelsen, Felsen unterhalb von Greifvögelhorsten, Felsen am Eingang von Fledermaushöhlen etc. beschränkt,. An eutrophierten Mauerfüßen sind sie dagegen heute auch in Siedlungen anzutreffen (*Candellariella medians*, *Caloplaca decipiens*, *Physcia caesia*, *P. dubia*, *Phaeophyscia nigricans*, *Xanthoria elegans*). Von *Aspicilia moenium*, einer Art, die erst in jüngster Zeit für Deutschland nachgewiesen wurde, sind nach Wirth (1997: 283) keine natürlichen Habitate bekannt, wobei es aber dennoch zu früh ist, „um sie als ausschließliche Bewohnerin anthropogener Substrate zu kennzeichnen“.

# 7 Angepflanzte Arten

Untersuchungsgegenstände der Geobotanik sind die spontane, d. h. nicht gepflanzte oder gesäte, Flora und Vegetation sowie auch solche nicht spontanen, also gepflanzten oder angesäten Vegetationstypen, die nach der Pflanzung oder Saat nicht mehr oder allenfalls extensiv gepflegt werden (Wälder, Feldgehölze, Feldhecken, Scherrasen). Gärtnerisch intensiv gepflegte Pflanzenbestände wie Zier- und Nutzpflanzenbeete, Blumenkübel- und Balkonbepflanzungen, Zierstrauchanpflanzungen, Straßen-, Park- und Alleebäume, die einer ständigen Pflege unterliegen (Bewässerung, Düngung, Konkurrenzbeseitigung, Bekämpfung von Parasiten, konservierende Maßnahmen wie Baumchirurgie etc.), werden in geobotanischen Arbeiten in der Regel nicht behandelt (s. z. B. Ellenberg 1996). Obwohl derartiges Grün in Siedlungen i.A. weit mehr Fläche einnimmt als die spontane Vegetation, kann es daher dennoch nicht im Mittelpunkt des vorliegenden Buches stehen. Wie wir in Kap. 5 gesehen haben, besitzen Gärten und Parkanlagen jedoch eine nicht zu unterschätzende Bedeutung als Ausgangspunkt für die Ansiedlung von Neophyten. Außerdem verdanken zahlreiche spontan vorkommende Arten den angepflanzten ihren Lebensraum, man denke z. B. an Chenopodietalia-Arten in Gärten, auf Gräbern und in Zierbeeten von Friedhöfen und Parkanlagen, an Sisymbrion- und Trittpflanzengesellschaften auf Baumscheiben und an Geo-Alliarion-Fragmente vor Ziersträuchern sowie in Parkanlagen und auf Friedhöfen. Daher wird auch den angepflanzten Arten ein – allerdings relativ kurzes – Kapitel gewidmet.

Über die in Vorgärten, Gärten, auf Friedhöfen, in städtischen Grünanlagen und Parks angepflanzten krautigen und strauchigen Arten sind dem Verfasser, abgesehen von rein gärtnerischen Aufsätzen, nur sehr wenige Veröffentlichungen bekannt. Dagegen existieren zahlreiche Arbeiten über die Bäume der Straßen, Plätze und Parkanlagen von Städten. Die drei Abschnitte dieses Kapitels müssen daher ungleichgewichtig sein: Einem relativ ausgedehnten Abschnitt über die Stadtbäume (Kap. 7.1) folgen zwei deutlich kürzere über die Ziersträucher, Kletterpflanzen und Bodendecker (Kap. 7.2) und über krautige Arten (Kap. 7.3). Zur Verwilderung angepflanzter Gehölze finden sich Hinweise in Kap. 8.9.

## 7.1 Stadtbäume

Wie in Kap. 8.10 näher dargelegt wird, können Bäume auch in Städten spontan auftreten. Die Mehrzahl der dort vorkommenden adulten Baumindividuen und insbesondere auch -arten ist aber angepflanzt. Auf den ersten Blick gesehen mögen manchem die Begriffe „Baum" und „Stadt" große Gegensätze darstellen. Dass eine solche Vorstellung nicht berechtigt ist, zeigen die beiden folgenden Tatsachen:

- Definiert man einen Wald als einen im Luftbild mehr oder weniger geschlossen erscheinenden Baumbestand, so stehen nahezu 3 % des gesamten Waldbestandes der Bundesrepublik Deutschland in Städten, insbesondere alten Villengebieten oder auch älteren Mehrfamilienhaus-Siedlungen, auf städtischen Friedhöfen und in Stadtparks.
- An städtischen Straßen stehen in der Regel weit mehr Bäume, als man an landwirtschaftlichen Nutzwegen in der ausgeräumten Ackerlandschaft finden kann. Beispielsweise standen in der Stadt Düsseldorf in den 80er-Jahren (Schaaf 1987) entlang eines insgesamt 1100 km langen Straßennetzes 45 000 Straßenbäume. Durchschnittlich traf man also alle 25 m (bei einseitiger Bepflanzung) bzw. alle 50 m (bei beidseitiger Bepflanzung) auf einen Straßenbaum. Zwischenzeitlich wurden weitere Bäume gepflanzt, so dass sich die Dichte weiter erhöht hat.

In der englischsprachigen Literatur wird neuerdings die Gesamtheit des städtischen Baumbestandes als **„urban forest"** bezeichnet (vgl. Rowntree 1988). Im Unterschied „zum natural forest" setzt sich der „urban forest" (s. Abb. 7-1) aus zahlreichen, unterschiedlich großen „Inseln" zusammen. Die ökologisch bedeutsame Randzone ist also erheblich größer als bei naturnahen Wäldern und Forsten. Dafür fehlt den städtischen Baumbeständen meist der für Wälder charakteristische Unterwuchs.

Abb. 7-1 Reicher Baumbestand im Zentrum von Hannover (9/2000).

KOWARIK (1995b) untergliedert den „urban forest“ in Verkehrsforste (Alleen), Parkforste, Parkwälder und ruderale Wälder.

Der relative Baumreichtum der Städte ist allerdings eine junge Entwicklung. Die Städte der Antike und des Mittelalters waren überwiegend baumfrei. Wenn überhaupt, so fand man lediglich in der unmittelbaren Umgebung der Tempel und Paläste regelmäßig einige Bäume. In mittelalterlichen Städten konnte man nur vor dem Rathaus und/oder der Kirche, manchmal auch auf dem Marktplatz mit einiger Sicherheit einzelne Bäume antreffen. Besonders beliebt war die Linde. Baumgruppen oder gar größere geschlossene Baumpflanzungen waren, wie auf alten Bildern zu sehen ist, äußerst selten. Eine detaillierte Übersicht über „städtische Baumpflanzungen in früherer Zeit“ gibt HENNEBO (1982).

Auch heute noch sind Linden (*Tilia*) vielerorts häufig und insbesondere an bevorzugten Plätzen von Siedlungen anzutreffen, z. B. auf dem Markt-, Kirch- oder Rathausplatz (Abb. 7-2). Nach KUNICK (1985), der Untersuchungen aus Berlin, Bremerhaven, Karlsruhe, Köln und Stuttgart auswertete, ist die Sand-Birke (*Betula pendula*) insgesamt gesehen der im städtischen Bereich am häufigsten gepflanzte Baum (s. Tab. 7-1). Weitere häufig gepflanzte einheimische Laubbäume der Städte sind Berg-Ahorn (*Acer pseudoplatanus*), Hainbuche (*Carpinus betulus*), Spitz-Ahorn (*Acer platanoides*), Winter-Linde (*Tilia cordata*), Stiel-Eiche (*Quercus robur*), Vogelbeere (*Sorbus aucuparia*), Esche (*Fraxinus excelsior*) und Feld-Ahorn (*Acer campestre*). Die Birke bleibt übrigens auch dann Spitzenreiter, wenn man, wie in Hamburg (RINGENBERG 1994), nicht nur den gepflanzten, sondern den gesamten Baumbestand analysiert oder, wie in Leipzig und Halle (WINKLER 1996 bzw. SATTLER 2000) sämtliche Gehölze berücksichtigt. Unter den nichteinheimischen Arten sind die aus Südeuropa stammende Rosskastanie (*Aesculus hippocastanum*; Abb. 7-3) und Walnuss (*Juglans regia*) sowie die aus Nordamerika eingeführten Arten Zucker-Ahorn (*Acer saccharinum*) und Robinie (*Robinia pseudoacacia*) am weitesten in Städten verbreitet. Nadelbäume nehmen, mit Ausnahme von Berlin, in einer

**Tab. 7-1: Liste der in 8 deutschen Städten am häufigsten gepflanzten bzw. im bebauten Bereich insgesamt häufigsten[1]) Baumarten**

| **Stadt** | | **Bremerhaven** | **Köln** | **Stuttgart** | **Karlsruhe** | **Berlin (West)** | **Hamburg** | **Halle** | **Leipzig** |
|---|---|---|---|---|---|---|---|---|---|
| **Quelle** | | 1 | 1 | 1 | 1 | 1 | 2 | 3 | 4 |
| **Baumart** | **Herkunft** | | | | | | | | |
| *Acer pseudoplatanus* | M-Eur | ● | ● | ○ | ○ | ○ | ● | ○ | ● |
| *Betula pendula* | M-Eur | ● | ● | ● | ● | ● | ● | ● | ● |
| *Acer platanoides* | M-Eur | | ○ | ○ | ● | ● | ○ | ● | ● |
| *Aesculus hippocastanum* | Med | ○ | ○ | ○ | | ● | ○ | ○ | ● |
| *Quercus robur* | M-Eur | ○ | ○ | | ○ | ○ | ○ | | ○ |
| *Carpinus betulus* | M-Eur | ○ | ● | ● | ○ | | ● | ○ | |
| *Sorbus aucuparia* | M-Eur | ● | ○ | ○ | | ○ | ● | | |
| *Tilia* spec. | | ○ | | | | ● | ○ | | ○ |
| *Acer campestre* | M-Eur | | ○ | ○ | | | | ○ | ○ |
| *Robinia pseudoacacia* | N-Am | | ● | | | ○ | | ○ | ○ |
| *Fraxinus excelsior* | M-Eur | | | | | | | ● | ● |
| *Picea abies* | M-Eur | ○ | ○ | ● | ● | ○ | ○ | ○ | ○ |
| *Picea omorica* | Med | ● | ○ | ○ | ● | ○ | ○ | | |
| *Taxus baccata* | M-Eur | ○ | ○ | ● | | | ○ | ○ | ○ |
| *Picea pungens* | N-Am | ○ | | ○ | ○ | ○ | ○ | | ○ |
| *Pinus nigra* | Med | ○ | ● | ○ | ○ | ○ | | | |

● an 1.-5. Stelle, ○ an 6.-15. Stelle

Es werden nur solche Arten aufgeführt, die in mindestens zwei Städten an erster bis fünfter Stelle oder in mindestens vier Städten an sechster bis fünfzehnter Stelle stehen.

**Quellen:** 1: zusammengestellt von KUNICK (1985); 2: RINGENBERG (1994); 3: SATTLER (2000); 4: WINKLER (1996)

[1]) In den fünf erstgenannten (links stehenden) Städten wurde der gepflanzte Baumbestand, in den drei anderen der gesamte Baumbestand charakteristischer Stadtstrukturtypen untersucht.

Abb. 7-2 Linde auf dem Marktplatz von Sušice (6/2000).

Abb. 7-3 Rosskastanie (*Aesculus hippocastanum*) als Alleebaum (Oberursel, 5/2000).

Rangliste der häufigsten Stadtbäume ebenfalls vordere Plätze ein: Zu den fünf „Spitzenreitern“ gehören in Bremerhaven (Kunick 1979) Omorika-Fichte (*Picea omorica*) und Europäische Lärche (*Larix decidua*), in Karlsruhe Omorika- und Europäische Fichte (*Picea abies*), in Stuttgart (Kunick 1983b) *Picea abies* und *Taxus baccata* (Eibe), in Köln (Kunick 1983a) die Schwarz-Kiefer (*Pinus nigra*). Im Essener Stadtgebiet sind *Pinus nigra*, *Picea omorica* und *P. pungens* die am häufigsten gepflanzten Nadelbäume (Reidl 1989).

Die Artenzusammensetzung des Stadtbaumbestandes ist von **Modetrends** (s. Maurer 1998), aber selbstverständlich auch von der gärtnerischen Erfahrung abhängig. Arten, die sehr häufig eingehen, werden als Straßenbäume entweder gar nicht mehr gepflanzt oder zumindest nicht in dem Maße nachgepflanzt, wie es ihrem Anteil am heutigen Baumbestand entspricht. Nach Kunick (1985) trifft dies zu für rot- und weißblühende Rosskastanien (*Aesculus* × *carnea* und *A. hippocastanum*), Berg-Ahorn (*Acer pseudoplatanus*), Rotdorn (*Crataegus laevigata* ‘Paulii’), Buche (*Fagus sylvatica*), Esche (*Fraxinus excelsior*), Walnuss (*Juglans regia*), Pyramiden-Pappel (*Populus nigra* ‘Italica’), Trauer-Weide (*Salix alba* ‘Tristis’) und Linden (*Tilia* spec.). In den Innenhöfen der Baublöcke und in den Gärten alter Villenviertel sind Obstbäume, insbesondere Apfel, Kirsche und Birne relativ häufig (vgl. Becher & Brandes 1985). Seit einigen Jahrzehnten werden allerdings auf Privatgrundstücken Nadelbäume häufig bevorzugt.

Stadt-, insbesondere Straßenbäume, müssen zahlreichen **Stressfaktoren** standhalten (Abb. 7-4), v.a.:

- Immissionen,
- Streusalz,
- Bodenverdichtung,
- Bodenversiegelung,
- Gas (durch defekte Leitungen),
- Trockenheit,
- mechanische Schädigung.

Die Mehrzahl dieser Faktoren steht in direktem oder indirektem Zusammenhang mit dem Kfz-Verkehr, der in mitteleuropäischen Städten noch immer kontinuierlich zunimmt. Es ist daher nicht verwunderlich, dass sich der **Kronenzustand** der **Straßenbäume** in Wien im Laufe der Jahre verändert hat (Abb. 7-5). Die **Lebenserwartung** von Straßenbäumen ist erheblich geringer als die von Parkbäumen, die wiederum geringer ist als die von Bäumen außerhalb der Stadt (s. Schneider 1975).

Relativ häufig wurde die Wirkung von städtischem **Straßenstaub** auf Gehölze untersucht (z. B. Flückiger et al. 1978, 1982). Übereinstimmend zeigten sich dabei eine Verringerung der Fotosynthese-Leistung, eine Erniedrigung des Diffusions-Widerstandes der Blattoberfläche und eine Erhöhung der Blatttemperatur. Die beiden letzteren Effekte dürften eine größere Trockenheitsempfindlichkeit nach sich ziehen. Zahlreiche Untersuchungen liegt über die Wirkung von Zementstaub vor. Dieser kann Zellen und Blätter beschädigen und so eine Verringerung des Wachstums hervorrufen (Literaturübersicht: Farmer 1993). Im Hinblick auf den pH-Wert ihrer Borke besteht bei Gehölzen allgemein ein Antagonismus zwischen der Wirkung von Säureredeposition (saurer Regen) und der in der Regel puffernden (aufbasenden) Wirkung der meisten Stäube. Ballach et al. (2001) wiesen dementsprechend in der Borke der Frankfurter Stadtbäume im Jahre 1998 einen deutlich höheren pH-Wert nach, als er fast zwei Jahrzehnte zuvor von Lötschert (1983) gemessen wurde.

Für ausreichend unempfindlich gegen Industrieabgase hält Ruge (1982) u. a. folgende Straßenbäume: Feld-, Eschen-, Spitz-, Berg-, und Zucker-Ahorn (*Acer campestre*, *A. negundo*, *A. platanoides*, *A. pseudoplatanus*, *A. saccharinum*), Rotblühende Rosskastanie (*Aesculus* × *carnea* ‘Briotii’), Götterbaum (*Ailanthus altissima*), Sand-Birke (*Betula pendula*), Gingko (*Gingko biloba*), Lederhülsenbaum (*Gleditsia triacanthos*), Tulpenbaum (*Liriodendron tulipifera*), Platane (*Platanus* × *acerifolia*), Scharlach-, Stiel- und Rot-Eiche (*Quercus coccinea*, *Q. robur*, *Q. rubra*), Robinie (*Robinia pseudoacacia*), Japanischer Schnurbaum (*Sophora japonica*), Silber-Linde (*Tilia tomentosa*), sowie den Bastard aus Sommer- und Winter-Linde (*Tilia platyphyllos* × *cordata* = T. × *vulgaris*).

Cornelius (1979) exponierte Testpflanzen von *Acer pseudoplatanus*, *Tilia cordata* und *Pinus sylvestris* an zwei unterschiedlich immissionsbelasteten Standorten im Großraum Frankfurt und führte nach einer Expositionsdauer von vier bis sechs Monaten Messungen der Nettophotosynthese der exponierten Individuen durch. Die Ergebnisse zeigten eine Depression der Nettophotosynthese bzw. eine Erniedrigung der Lichtsättigungskurve der Testgehölze an den stärker immissionsbelasteten

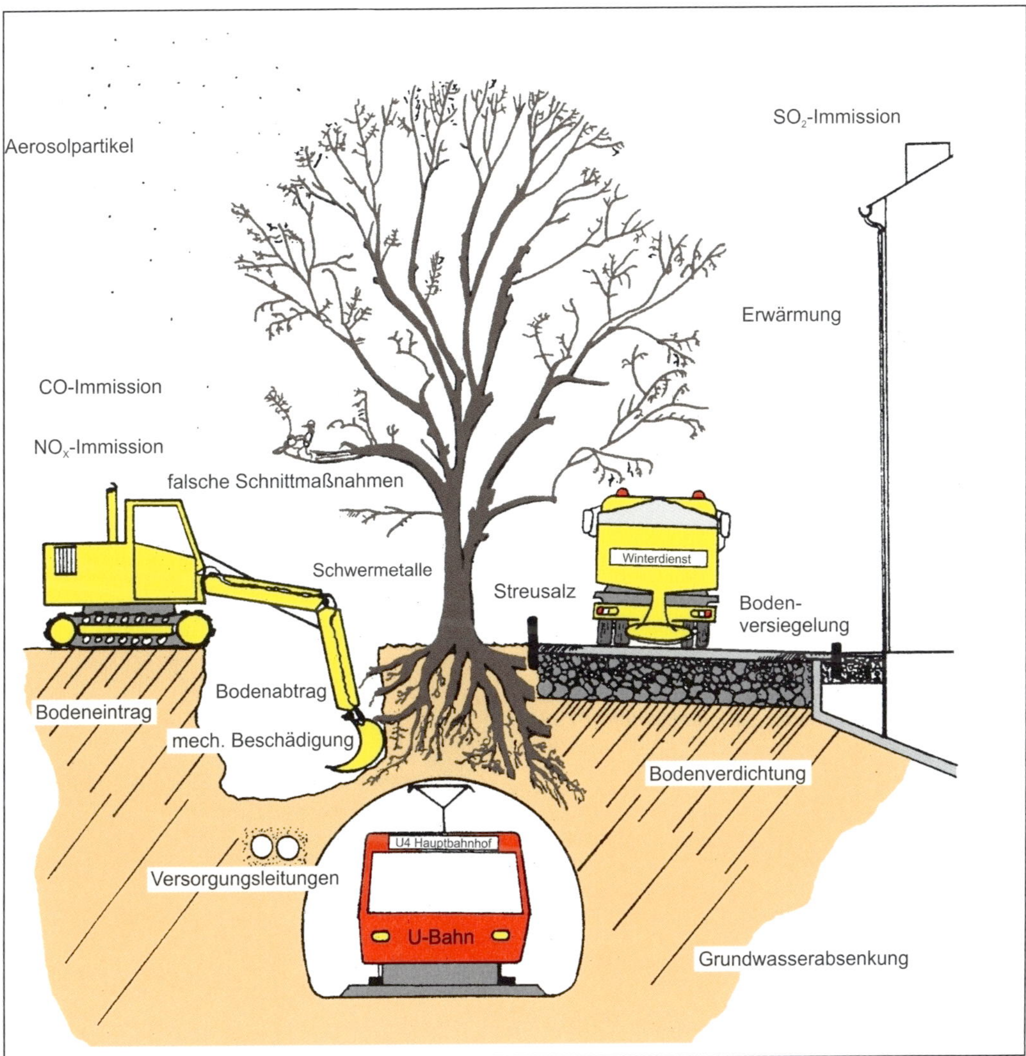


Abb. 7-4 Auf Straßenbäume in urbanen Gebieten einwirkende Stressfaktoren (aus Wittig et al. 1998).

Standorten gegenüber dem Standort mit geringer Luftverschmutzung. Die Unterschiede waren am stärksten bei *Acer pseudoplatanus* am schwächsten bei *Tilia cordata* ausgeprägt. Eine gleichzeitige Einwirkung von Streusalz ergab im Laborversuch eine deutlich stärkere Absenkung der Nettophotosynthese als bei alleiniger Immissionsbelastung (Cornelius 1980).

**Streusalz,** der zweite der oben genannten Stressfaktoren, verursacht spezifische Blattnekrosen, Kleinblättrigkeit und Wipfeldürre, insgesamt also eine Verschlechterung des Kronenzustandes (Abb. 7-6), sowie eine Verringerung des jährlichen Holzzuwachses (Abnahme der Jahrringbreite), wobei die einzelnen Arten allerdings unterschiedlich intensiv reagieren (vgl. z. B. Petersen 1986, Rössler et al. 1986, Spirig 1991). Geringerer Holzzuwachs bedeutet einen geringeren Querschnitt der Wasserleitungsbahnen und damit eine schlechtere Wasser- und folglich auch Nährstoffversorgung der Krone. Hierdurch wird die Assimilationsleistung geschmälert, wodurch der Holzzuwachs weiter beeinträchtigt wird. Langjährige Streusalzbelastung führt schließlich zum Tod. Bereits ehe es zu massiven sichtbaren

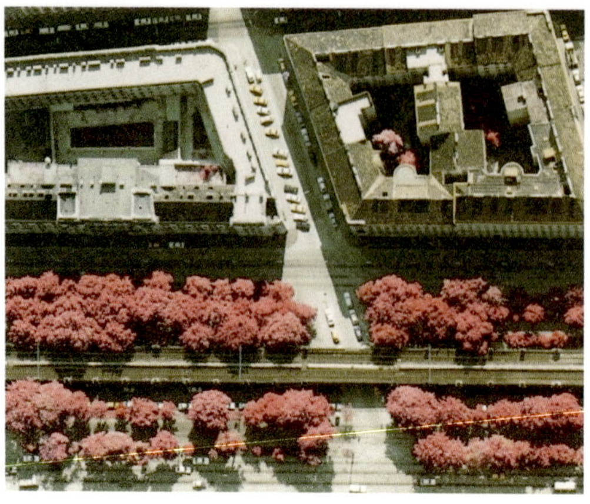

Abb. 7-5 Infrarot-Luftbilder eines Bereichs des Wiener Gürtels (Heralser Gürtel westl. U-Bahnstation Josefstetter Straße; oben links und o. rechts aus Braun 1990). Während die kräftige Rotfärbung alle Bäume im Jahre 1980 (o. l.) noch als gesund ausweist, zeigen die im Jahre 1986 (o. r.) vorherrschenden rot-grauen Farbtöne einen deutlich schlechteren Kronenzustand an. Nach mehreren Jahren mit verringertem Streusalzeinsatz und gezielter Förderung der Bäume (Bewässerung, Bodenverbesserung) ist im Jahr 2000 (rechts) eine Erholung der Bäume feststellbar (Arbeitsprogramm „BiotopMonitoring Wien", Österreich. Bundesinstitut für Gesundheitswesen, unveröffentlicht).

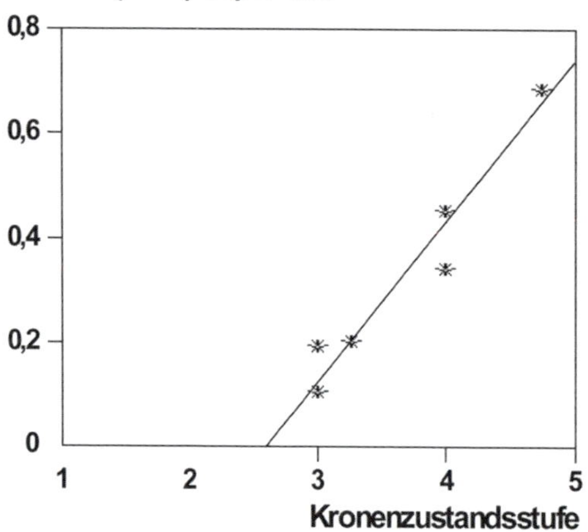


Abb. 7-6 $Na^+$-Gehalt der Blätter und Kronenzustand bei *Acer pseudoplatanus* in Wien (aus Braun 1990).

Schäden kommt, ist eine Veränderung der chemischen Zusammensetzung der Blätter zu verzeichnen (Zolg & Bornkamm 1983a).

Ringporige Bäume (Eiche, Esche, Robinie) sind im Allgemeinen salzresistenter als zerstreutporige (Linde, Ahorn, Rosskastanie). Höster (1982) führt diese unterschiedliche Resistenz darauf zurück, dass bei den zerstreutporigen Bäumen der jährliche Holzzuwachs gleichzeitig mit der Blattbildung vonstatten geht. Sind die Blätter stark chloridgeschädigt, so wirkt sich dies daher unmittelbar auf die Bildung der Jahresringe aus. Messungen haben ergeben, dass bei Linden eine Reduktion bis auf weniger als 10 % der normalerweise in einem Jahr angelegten Wasserleitungsfläche erfolgen kann, beim Berg-Ahorn auf etwa 20 %. Da ungefähr die äußeren zehn Jahrringe für den Wassertransport verantwortlich sind, wirkt sich eine derartige jährliche Reduktion der Leitungsfläche allerdings nicht sofort, sondern erst nach einer Aufeinanderfolge

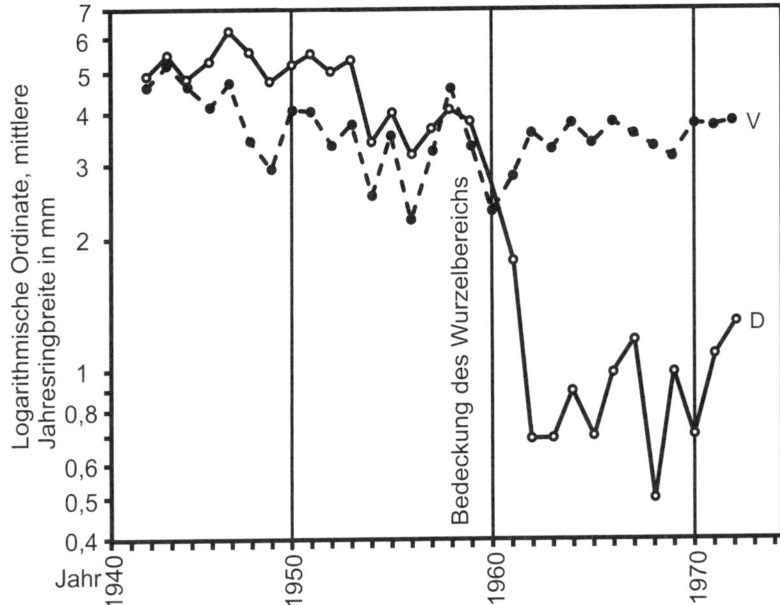


Abb. 7-7 Auswirkung von Bodenversiegelung auf die Jahrringproduktion (nach ASLANBOGA 1976): D Jahrringdiagramm einer Platane, deren Wurzelbereich im Jahre 1960 versiegelt wurde; V Jahrringdiagramm eines ungestörten Vergleichsbaumes.

von Jahren mit starker Salzbelastung aus. Ist aber eine solche Folge von starker Salzbelastung gegeben, so führt dies unweigerlich zu einem Zusammenbruch der Wasserversorgung und damit zum Tod der Bäume. Bei ringporigen Baumarten erfolgt die Wasserleitung zwar jeweils nur im äußersten (jüngsten) Jahrring, dafür werden die Jahrringe aber schon vor der Blattentfaltung zu etwa 70 % ihrer Gesamtfläche angelegt. Streusalzbedingte Blattschädigungen können somit nur noch zu einer Reduktion des Leitungsgewebes von maximal 30 % führen. Da außerdem gleich zu Anfang die für die ringporigen Arten charakteristischen weitlumigen Tracheen angelegt werden, in denen der Wassertransport etwa zehnmal so schnell erfolgt wie bei den zerstreutporigen Baumarten, führt bei den ringporigen Arten auch eine Folge mehrerer Jahre starker Salzbelastung nicht zum Absterben.

**Bodenverdichtung** und **Bodenversiegelung** behindern die Sauerstoffversorgung der Wurzeln. Hieraus ergibt sich folgende Wirkungskette: Abfall der Wurzelatmung, Hemmung des Wurzelwachstums, Hemmung der Wasser- und Nährsalzaufnahme und des Ionentransportes ins Wurzelinnere. Noch empfindlicher als die Wurzeln reagieren Mykorrhizapilze auf schlechte Sauerstoffversorgung. Die negativen Auswirkungen von Bodenversiegelung auf Bäume konnten durch ASLANBOGA (1976) mit Hilfe der Jahrring-Analyse nachgewiesen werden. Versiegelung des Wurzelbereiches führt bei allen untersuchten Bäumen sofort zu einem deutlichen Nachlassen des jährlichen Holzzuwachses (Abb. 7-7). Allgemein gilt die Regel, dass sich in Mitteleuropa bei einem gesunden Baum die Durchmesser von Krone und Wurzelsystem in etwa entsprechen. Werden Teile des Wurzelbereiches durch Bodenverdichtung oder -versiegelung bzw. den daraus resultierenden Sauerstoffmangel im Boden geschädigt, so beginnt der Baum zu kümmern und stirbt eventuell ab. Daher sollte um jeden Stadtbaum ein dem Kronendurchmesser entsprechender Bereich unversiegelt bleiben. Wo dies nicht möglich ist, kann das Überleben des Baumes gegebenenfalls durch Kappen der Krone gesichert werden.

**Sauerstoffmangel** im Boden wird gelegentlich auch durch undichte Erdgasleitungen hervorgerufen. Einerseits verdrängt dabei das ausströmende Erdgas den Sauerstoff mechanisch aus dem Boden und andererseits oxidieren Methanbakterien das $CH_4$ unter Sauerstoffverbrauch zu Kohlendioxid und Wasser. Sinkt der $O_2$-Gehalt in der Bodenluft unter ca. 12–14 %, so ersticken die Baumwurzeln (RUGE

**Tab. 7-2: Straßenbaumbestand deutscher Städte**

| | Berlin (West) | Hannover | Köln | Wiesbaden | Karlsruhe | Augsburg | Kassel | Frankfurt | Jena |
|---|---|---|---|---|---|---|---|---|---|
| **Anzahl** | **143135** | **26820** | ? | **14275** | **31093** | **21847** | **9887** | **24211** | **7570** |
| **Gattung** | % | % | % | % | % | % | % | % | % |
| *Tilia* | 41,7 | 30,5 | 37,0 | 23,2 | 8,8 | 33,9 | 24,6 | 13,5 | 24,5 |
| *Acer* | 16,1 | 16,1 | 10,6 | 15,7 | 28,3 | 30,0 | 21,5 | 11,6 | 21,8 |
| *Platanus* | 5,2 | 7,6 | 18,5 | 23,2 | 7,6 | 1,9 | 11,3 | 20,5 | 7,1 |
| *Robinia* | 3,9 | 3,3 | 10,9 | 12,7 | 5,3 | 2,3 | 6,0 | 14,5 | 1,0 |
| *Quercus* | 7,5 | 14,5 | 0,1 | 2,9 | 9,2 | 0,2 | 7,4 | 3,1 | 1,1 |
| *Aesculus* | 7,1 | 4,9 | 1,9 | 4,7 | 3,8 | 4,9 | 7,8 | 11,3 | 3,8 |
| *Fraxinus* | 1,8 | 1,1 | 0,9 | - | 2,4 | 10,6 | 3,4 | 1,1 | 3,7 |
| *Betula* | 3,6 | 3,1 | 3,9 | - | 4,3 | 3,5 | 1,1 | 3,1 | 8,0 |
| *Crataegus* | 2,4 | 2,0 | 7,1 | 3,4 | 2,4 | 0,1 | 1,4 | 1,9 | 1,9 |
| *Populus* | 1,8 | 2,1 | 0,8 | 3,0 | 1,8 | 3,3 | 2,6 | 7,9 | 1,8 |
| *Sorbus* | 3,5 | 5,0 | 1,0 | - | 3,2 | 0,4 | 6,7 | 2,8 | 7,2 |
| *Carpinus* | - | 1,7 | 0,3 | - | 7,5 | 0,2 | 0,9 | 0,5 | 1,0 |
| *Prunus* | - | 0,9 | 0,2 | 2,1 | 5,5 | 1,0 | 0,7 | 1,0 | 0,3 |
| *Corylus* | - | 1,3 | 0,3 | 0,9 | 1,4 | 1,0 | 1,2 | 0,6 | - |
| *Ulmus* | 1,3 | 3,7 | 0,4 | - | 0,8 | 0,2 | 1,0 | 0,8 | 0,0 |
| übrige | 4,0 | 2,2 | 6,0 | 8,3 | 8,2 | 6,5 | 3,9 | 2,8 | - |

Augsburg: SCHNEIDER (1993); Frankfurt: unveröffentlichte Liste des Gartenamtes; Jena: HEINRICH & KOCH (1989); übrige Städte: KUNICK (1988)

1982). Über erfolgversprechende Versuche zur Sanierung gasbeeinflusster Stadtbaumstandorte berichten NOE et al. (1994).

Aufgrund der **Trockenheit** der Stadtstandorte sind viele unserer einheimischen, an ausgeglichene Feuchtigkeitsverhältnisse angepassten Baumarten gegenüber Arten südländischer Herkunft benachteiligt. Die charakteristischen morphologisch-anatomischen Merkmale, die das Überleben an trockenen Standorten erleichtern, wurden bereits in Kap. 6.3.5.2 aufgeführt. In Übereinstimmung damit fanden FROLOV et al. (1984) bei an städtischen Straßen stehenden Eichen (*Quercus robur*) und Linden (*Tilia* × *vulgaris*) einen stärker skleromorphen Blattaufbau als bei Waldbäumen der gleichen Art.

**Mechanische Beschädigung** des Stammes erfolgt meist im Zuge von Baumaßnahmen oder durch Kraftfahrzeuge. Sie betrifft in erster Linie den Borkenbereich. Da dort der Abwärtstransport der Assimilate erfolgt, wird durch mechanische Beschädigung des Stammes die Versorgung der Wurzeln mit Kohlenhydraten verschlechtert. Je nach Größe dieser Beeinträchtigung kann hierunter das Wurzelwachstum und im folgenden Jahr dann auch das der Krone leiden. Gefährlich sind Stammverletzungen aber nicht in erster Linie wegen derartiger Wachstumseinbußen, die meist nach einigen Jahren wieder ausgeglichen werden können, sondern weil sie Schadpilzen die Infektion des Baumes erleichtern (REINARTZ & SCHLAG 1993).

Straßenbäume bilden im Haushalt einer Stadt einen nicht unerheblichen Kostenfaktor. Es ist daher verständlich, dass man bei Neuanpflanzungen vor allem solche Baumarten berücksichtigt, die an den Lebensraum Stadt möglichst gut angepasst sind, so dass große Überlebenschancen bestehen. F. H. MEYER (1982) bewertet folgende Eigenschaften als positiv für Stadtbäume:

- Pioniercharakter,
- weite ökologische Amplitude,
- Fehlen von Ektomykorrhiza,
- tiefreichendes Wurzelsystem,
- Ringporigkeit,
- Fiederblätter,
- behaarte Blattunterseite,
- glänzende Blattoberseite,
- Toleranz gegen heiße Sommer und Trockenheit,
- Salztoleranz.

Keine der bisher in Städten angepflanzten Baumarten erfüllt alle oben genannten Kriterien. Am nächsten kommen diesem Idealbild folgende Arten: *Ailanthus altissima* (Götterbaum), *Celtis occidentalis* (Westlicher Zürgelbaum), *Fraxinus velutina* (Samt-Esche), *Gleditsia triacanthos* (Lederhülsenbaum), *Phellodendron amurense* (Amur-Korkbaum), *Plata-*

*nus* × *acerifolia* (Platane), *Quercus coccinea* (Scharlach-Eiche), *Quercus robur* (Stiel-Eiche), *Robinia pseudoacacia* (Robinie) und *Sophora japonica* (Japanischer Schnurbaum). Mit *Quercus robur* enthält diese Aufzählung nur eine einzige mitteleuropäische Art. Es bleibt zu hoffen, dass die Anpflanzung weiterer einheimischer Arten nicht völlig unterlassen wird. Zur Zeit stellen die beiden einheimischen Gattungen Linde und Ahorn in den meisten Städten noch den Hauptanteil der Straßenbäume (Tab. 7-2). Auf Platz 3 und 4 folgen mit der Platane und der Rosskastanie zwei zwar nicht einheimische, jedoch schon seit langem für Mitteleuropa klassische Allee- und Parkbäume. Hinweise dafür, wie man durch Einbringung von geeignetem Substrat in die Pflanzgrube die Lebensbedingungen für Straßenbäume verbessern kann, geben KRIETER & MALKUS (1996).

Weit weniger als mit Straßenbäumen hat man sich in der wissenschaftlichen Literatur mit **Parkbäumen** befasst. In den Parkanlagen der Stadt Köln kommen nach KUNICK (1983a) insgesamt 167 angepflanzte Baumarten vor. Allerdings trifft man nur acht Arten in mehr als 50 % aller untersuchten Parks: Sand-Birke (*Betula pendula*), Berg-Ahorn (*Acer pseudoplatanus*), Hainbuche (*Carpinus betulus*), Robinie (*Robinia pseudacacia*), Schwarz-Kiefer (*Pinus nigra*), Eibe (*Taxus baccata*), Buche (*Fagus sylvatica*) und Rosskastanie (*Aesculus hippocastanum*). Sie alle sind in Mitteleuropa einheimisch oder aber zumindest inzwischen eingebürgert. Mit der Buche und der Hainbuche sind sogar diejenigen Arten unter den häufigsten Parkbäumen vertreten, die auch in der potentiellen natürlichen Vegetation in der Umgebung von Köln die wichtigste Rolle spielen.

In den Grünanlagen und auf den Friedhöfen der Stadt Essen werden nach REIDL (1989, Tab. 80) 52 Baumarten „häufiger gepflanzt", von denen *Acer pseudoplatanus*, *A. saccharinum*, *Betula pendula*, *Carpinus betulus* und *Quercus robur* auf mehr als 30 % aller untersuchten Flächen vorkommen. Nahezu gleich häufig sind *Acer platanoides*, *Fraxinus excelsior* und *Sorbus aucuparia*. Parkbäumen geht es gesundheitlich in der Regel deutlich besser als Straßenbäumen (s. z. B. WITTIG et al. 1998). In Wien hat sich allerdings im Zeitraum von 1980 bis 1986 auch der Gesundheitszustand der Parkbäume im Durchschnitt verschlechtert (BRAUN et al. 1990).

Die Zusammensetzung des Baumbestandes von Parkanlagen und Straßen ist oft ein charakteristisches Merkmal des jeweiligen Anlagen- bzw. Siedlungstyps. Bei Nachpflanzungen sollte darauf geachtet werden, dass es nicht zur Nivellierung des differenzierten Baumbestandes kommt. KUNICK (1983a) erstellte daher eine Liste von Leit- und Begleitbäumen für bestimmte Stadtbereiche und für verschiedene Grünanlagen der Stadt Köln. Eine umfangreiche Liste „ausgewählter anbauwürdiger Bäume, Sträucher und Kletterpflanzen für den mitteleuropäischen Siedlungsbereich" wurde von SCHULTE (1985) zusammengestellt.

## 7.2 Ziersträucher, Kletterpflanzen und Bodendecker

Eine sehr umfangreiche Bestandsaufnahme städtischer Ziersträucher und Kletterpflanzen legte KUNICK (1985) vor. Er untersuchte 145 Baublöcke in Berlin und 246 Baublöcke in Stuttgart mit einer Gesamtfläche von jeweils 5 km$^2$. Hierbei wurden in Berlin etwa 90, in Stuttgart etwa 110 Arten angetroffen. Die genaue Zahl kann deshalb nicht angegeben werden, weil einige nah verwandte, schwer unterscheidbare Arten gemeinsam erfasst wurden. Die Mehrzahl der Arten (ca. 40–50 %) stammt aus Ostasien, aus dem Mittelmeerraum kommen jeweils ungefähr 20 %, aus Nordamerika jeweils 15 %. An einheimischen (mitteleuropäischen) Arten sind immerhin 20 %, also genauso viel wie mediterrane Arten, in den Listen aus Berlin und Stuttgart enthalten. Unter denjenigen Arten, die in mindestens einem Viertel aller Baublöcke vorgefunden wurden, gehören allerdings nur etwa 10 % der mitteleuropäischen Flora an. In Berlin-Kreuzberg sind es *Ligustrum vulgare* (77,2 %), *Pinus mugo* (54,5 %), *Corylus avellana* (41,4 %) und *Crataegus monogyna* (27,6 %), in Stuttgart *Ligustrum vulgare* (61,0 % ), *Corylus avellana* (45,1 %), *Pinus mugo* (42,3 %), *Cornus sanguinea* (32,1 %) und *Viburnum lantana* (29,7 %), wobei *Pinus mugo* eine Pflanze der alpin-subalpinen Zwergstrauchregion ist, also in beiden Städten keinesfalls einheimisch genannt werden darf. Mit der Forsythie (*Forsythia intermedia*; 99,1 bzw. 70,3 %) und dem Flieder (*Syringa vulgaris*; 87,6 bzw. 82,9 %) rangieren in beiden Untersuchungsgebieten zwei nicht einheimische, allerdings „klassische" Ziersträucher auf den ersten Plätzen der Stetigkeitsliste.

In Hamburg notierte RINGENBERG (1994) 246 Straucharten, davon 173 sommer- und 73 immergrün.

Die häufigsten **Kletterpflanzen** der Städte sind wohl zur Zeit die im Volksmund als Wilder Wein bezeichneten Vertreter der Gattung *Parthenocissus* (*P. inserta*, *P. quinquefolia*, *P. tricuspidata*), von denen letztere laut Angaben mehrerer Bestimmungsschlüssel Haftorgane ausbilden, mit denen sie sich an Hauswänden und Mauern anheften (Abb. 7-8), während dies für *P. inserta* nicht angegeben wird. Nach ADOLPHI (1995: 131) kann sich jedoch auch *P. inserta* an mit Rauputz versehenen Wänden festhalten, denn „in den Vertiefungen des Putzes schwellen die Rankenenden kolbenförmig an, so dass es zu einer leidlichen Anhaftung kommt". Es ist daher nicht auszuschließen, dass es häufig zu Verwechslungen gekommen ist. Auch der einheimische Efeu (*Hedera helix*) besitzt Haftorgane, wird aber im urban-industriellen Bereich deutlich seltener gepflanzt als die *Parthenocissus*-Arten. In verstädterten Dorfkernen, alten Villen-Vierteln, an Stadtmauern und Schlössern ist er jedoch relativ häufig anzutreffen. Die Licht liebenden *Parthenocissus*-Arten eignen sich besonders gut für die Berankung von südexponierten Hauswänden, die Waldpflanze Efeu gedeiht dagegen auch an der schattigen Nordseite gut (Abb. 7-9). Stadtökologen empfehlen diese Verteilung der beiden Gattungen auf unterschiedliche Hausseiten nicht nur aus

Abb. 7-8 Haftorgane von *Parthenocissus tricuspidata* (Frankfurt/M., 10/2000).

Abb. 7-9 Mit Wildem Wein und Efeu beranktes Haus (Düsseldorf, 8/1990).

Abb. 7-10
*Fallopia baldschuanica* wird immer häufiger zur Begrünung von Lärmschutzwänden und Zäunen angepflanzt (Ockstadt, 8/2001).

standörtlichen Gründen, sondern auch deshalb, weil sich dies günstig auf die Innentemperatur der Häuser und auf den Energieverbrauch auswirkt: Im Sommer schützt die Berankung auf der Südseite die Räume vor einer Überhitzung, während im Winter die wärmende Kraft der Mittagssonne zum Aufheizen der Räume genutzt werden kann, da die *Parthenocissus*-Arten im Winter ihr Laub abwerfen, somit also zu dieser Zeit nicht isolierend wirken. Der immergrüne Efeu sorgt dagegen auf der Nordseite für eine ganzjährige Wärme-Isolierung (vgl. Köhler & Bartfelder 1987). Nach Thönnessen & Werner (1996) ist *P. tricuspidata* ein guter Akkumulationsindikator für Schwermetalle.

In jüngster Zeit wird die blütenreiche *Fallopia baldschuanica* (Abb. 7-10) relativ häufig angepflanzt; insbesondere zur Begrünung von Lärmschutzwänden. Hin und wieder trifft man auch auf den wegen seiner großen reichblütigen Blütenstände sehr dekorativen Blauregen (*Wisteria sinensis;* Abb. 7-11). Ebenfalls sehr dekorativ sind solche Vertreter der Gattung *Clematis,* deren Blütenstand durch auffällig gefärbte (weiß, rosa, blau, violett) Hoch-Blätter eingerahmt wird. Alle drei Arten bzw. Gattungen sind aber bei weitem nicht so häufig wie die *Parthenocissus*-Arten. *Fallopia baldschuanica* (*Polygonum aubertii*) erreicht nach Kunick (1985) in Berlin-Kreuzberg eine Stetigkeit von 15,9 % in Stuttgart von 24,4 %. Die

Abb. 7-11 *Wisteria sinensis* ist eine sehr dekorative Kletterpflanze (Oberursel-Weißkirchen, 5/2001).

*Clematis*-Arten und der Blauregen sind in der Liste von Kunick gar nicht aufgeführt. Sie alle benötigen jedoch Kletterhilfen, so dass sie zur Begrünung größerer Wandflächen weniger geeignet sind. Für Hamburg wies RINGENBERG (1994) insgesamt 38 Klettergehölze im besiedelten Bereich nach.

Der Bestand an **Bodendeckern** wurde in nordrhein-westfälischen Städten von ASMUS (1989) untersucht. Der eindeutige Spitzenreiter ist dabei *Cotoneaster dammeri* 'Skogsholme', gefolgt von *Cotoneaster salicifolia* 'Parkteppich' und *Symphoricarpos chenaultii* 'Hancock'. Als weitere, wie die vorgenannten wintergrüne, Bodendecker nennt ASMUS *Lonicera pileata*, *Lonicera nitida*, *Euonymus fortunei*, *Pachysandra terminalis* und *Hedera helix*. Sommergrüne Arten haben als Bodendecker nur eine untergeordnete Bedeutung. Die häufigsten unter ihnen sind *Hypericum calycinum*, *Spiraea bumalda* und *Potentilla fruticosa*.

## 7.3 Krautige Zier- und Nutzpflanzen

Die Zahl der von Gärtnereien und Versandhäusern angebotenen Zier- und Nutzpflanzen-Arten ist kaum noch zu überschauen. OELKE & GÖRKE (1994) notierten von Ende April bis Anfang Juni das Pflanzenangebot auf dem Wochenmarkt und in einem Baumarkt einer niedersächsischen Mittelstadt (Peine) und stellten dabei insgesamt 457 krautige Arten fest, von denen 87 als Saatgut, die anderen als Setzlinge oder Topfpflanzen angeboten wurden. Dennoch ist die Artenzusammensetzung von Gärten und Grünanlagen bezüglich der krautigen Arten meist nicht zufällig, sondern eine Folge des Zusammenspiels ökologischer, ökonomischer, sozialer und kulturhistorischer Faktoren. Ökologische Einschränkungen ergeben sich insbesondere aus klimatischen Gründen (mehrjährige Arten müssen in unseren Breiten frostresistent sein). Die unterschiedlichen Ansprüche der Arten an die Böden (Durchlüftung, Nährstoffversorgung, Wasserhaushalt) können, wenn auch nur mit erheblichem Aufwand (ökonomischer Faktor!), durch Bodenbearbeitung, Düngung und Bewässerung für fast alle Arten erfüllt werden. Modetrends spielen dementsprechend eine größere Rolle für die Artenzusammensetzung unserer Gärten als die Bodenbeschaffenheit. Daneben kommt der allgemeinen sozialen und ökonomischen Entwicklung große Bedeutung für die Artenzusammensetzung der Gartenflora zu. Aufgrund soziökonomischer Veränderungen lassen sich z. B. seit dem Ende des zweiten Weltkrieges bis heute folgende Veränderungen teils klar erkennen, teils postulieren:

- Die schnelle Verbesserung der wirtschaftlichen Situation im westlichen Mitteleuropa hatte dort eine Entwicklung vom Versorgungsgarten zum Ziergarten zur Folge. Nutzpflanzen sind dementsprechend gegenüber Zierpflanzen qualitativ und quantitativ insgesamt gesehen stark zurückgegangen (vgl. aber unten). In den ehemaligen Ostblockstaaten hat dieser Trend erst vor wenigen Jahren zögernd begonnen und ist in kleinen Orten ländlicher Regionen noch kaum zu erkennen.
- Das zunehmende Freizeitangebot und eine veränderte Interessenlage (Modetrends im Freizeitverhalten) haben dazu geführt, dass heute generell gesehen weniger Zeit für die Gartenarbeit aufgewendet wird als früher (vgl. aber unten). Hieraus resultiert die nachgewiesene Zunahme von Bodendeckern. Entsprechend ist zu erwarten, dass schwierig zu kultivierende Arten gegenüber problemlosen Arten im Rückgang begriffen sind und ausdauernde Arten im Vergleich zu den einjährigen zugenommen haben.
- Während es früher aufgrund des sozialen Drucks der Nachbarschaft quasi unmöglich war, Teile des Gartens der natürlichen Sukzession zu überlassen oder zumindest nur extensiv zu pflegen, ist dies heute, insbesondere in städtischen und stadtnahen Gemeinden, durchaus möglich und wird auch von einzelnen Gartenbesitzern praktiziert.
- Im Zuge von Modewellen wie „ökologische Ernährung“ und „Bio-Garten“ lassen sich für bestimmte Bevölkerungsschichten jedoch auch umgekehrte Entwicklungen aufzeigen. So gibt es heute einzelne Gärten, die mehr Arten an Gemüse-, Gewürz- und Heilpflanzen enthalten, als dies vor einigen Jahrzehnten der Fall war.
- Mit der zunehmenden freien Zeit und der Spezialisierung des Freizeitverhaltens gibt es entsprechend auch einzelne Gärten bzw. Gartenbesitzer, bei denen eine Erhöhung des zeitlichen und finanziellen Aufwandes für die Gartenpflege und ein Anbau von immer schwieriger kultivierbaren und „exotischeren“ Arten zu verzeichnen sind.

# 8 Spontane und subspontane Siedlungsvegetation

Wie in Kap. 3 gezeigt, gehören aus der „Sicht“ der Pflanzen vom Menschen verursachte Störungen des Standortes zu den bedeutendsten Charakteristika der Siedlungen. Es ist daher nicht verwunderlich, dass die spontane, d. h. die nicht vom Menschen planmäßig „gebaute“ Vegetation des urban-industriellen Bereiches nahezu ausschließlich aus solchen Pflanzengesellschaften besteht, die ELLENBERG (1996) unter dem Oberbegriff „Vegetation der oft gestörten Plätze“ zusammenfasst. Aus dem gleichen Grunde spielen Gehölzgesellschaften in Städten nur eine geringe Rolle, obwohl das spontane Aufkommen von Gehölzkeimlingen keine Seltenheit darstellt (KOWARIK 1992b). Weit über 90 % der spontanen und subspontanen Vegetation entfallen auf krautige Pflanzengesellschaften. Hier wiederum machen drei Typen den Hauptanteil aus, nämlich die Trittpflanzengesellschaften, die einjährigen Wildkrautgesellschaften und die ausdauernden ruderalen Hochstaudengesellschaften, denen neuerdings die ruderalen Trockenrasen angegliedert werden. An weiteren krautigen Vegetationstypen sind in allen Städten Sandtrockenrasen-Fragmente, ruderale Wiesen und Mauerpflanzengesellschaften vertreten. Auf seit längerer Zeit ungestörten Flächen (Abb. 8-1) kann man zusätzlich Gebüsche und Vorwaldstadien antreffen. Nur in Ausnahmefällen liegen jedoch im urban-industriellen Bereich Flächen so lange brach, dass es zur Entwicklung einer Waldgesellschaft kommt.

Jede dieser Gruppen von Pflanzengesellschaften wird im Folgenden unter den Gesichtspunkten des Lebensraumes Stadt im Überblick dargestellt. Außerdem werden jeweils einige in allen Städten weit verbreitete oder aber besonders charakteristische Gesellschaften gesondert behandelt. Die Benennung der Pflanzengesellschaften richtet sich weitgehend nach POTT (1995), bei nur in Österreich vorkommenden Gesellschaften nach MUCINA et al. (1993). Welcher Vegetationstyp an einem bestimmten Standort zu finden ist, hängt in erster Linie von der Art, Häufigkeit und Intensität des menschlichen Einflusses sowie der Zeit, die seit der letzten Intensiven Störung vergangen ist, ab. Darüber hinaus spielen aber auch die abiotischen Standortfaktoren, die im Boden vorhandene Samenbank, die in der Umgebung existierende Vegetation (Samenflug) sowie eventuell auch der Zeitpunkt (Jahreszeit) des Beginns der Sukzession eine Rolle (s. z. B. BORNKAMM 1985, 1986).

Neben der spontanen wird auch die subspontane Vegetation der Städte behandelt. Hierunter werden diejenigen Pflanzengesellschaften verstanden, die zwar ursprünglich vom Menschen angesät (Scherrasen) oder gepflanzt (waldartige Bereiche alter Parkanlagen) wurden, in denen sich aber inzwischen ein Gleichgewicht der Arten einstellen konnte, so dass die Sukzession auf gleichen Standorten auch gleiche Artenkombinationen hervorgebracht hat, man also von echten Pflanzengesellschaften sprechen kann.

Die Mehrheit der stadttypischen Vegetationsstandorte hat in der Natur keine Parallelen, ist also rein anthropogen oder zumindest sehr stark anthropogen überformt. FALIŃSKI (1969) bezeichnet die Vegetationseinheiten derartiger Standorte als „eusynanthrop“. Ein kleiner Teil zeigt Anklänge an oder besteht sogar aus Acker- bzw. Gartenbeikraut-Gesellschaften (Stellarietea mediae exkl. Sisymbrietalia), gehört also zu den so genannten proto-synanthropen Vegetationseinheiten. In sehr geringem Maße existieren in Städten auch solche Gesellschaften, die in der Natur auf bestimmte Sonderstandorte (meist Extremstandorte) beschränkt sind, und durch die Siedlungstätigkeit des Menschen weitere ihnen zusagende Standorte gefunden haben. Die Vorkommen auf anthropogenen Standorten in Siedlungen sind allerdings bezüglich der Artenkombination in der Regel nicht völlig identisch, sondern unterscheiden sich von den natürlichen Ausbildungen der Gesellschaften durch einige ruderale

Abb. 8-1 Auf älteren Brachflächen trifft man die drei Hauptvegetationstypen der Siedlungen, die Trittpflanzengesellschaften, einjährigen Wildkrautgesellschaften und ausdauernden Hochstaudengesellschaften sowie zusätzlich Gebüschinitialen in unmittelbarer Nachbarschaft an (Oberursel-Weißkirchen, 9/2000).

**Meine Adresse:**

Vorname/Name

Straße/Nr.

PLZ/Ort

Tel.-Nr. (für Rückfragen)

**Diese Karte habe ich entnommen aus:**

Das Buch hat mir gefallen ❑ ja | ❑ nein,

weil:

Bitte freimachen.

Antwort

Verlag Eugen Ulmer
Kundenservice
Postfach 70 05 61
70574 Stuttgart

Differenzialarten. FALIŃSKI (1969) spricht in diesen Fällen von natürlichen auxochoren Vegetationseinheiten (im Gegensatz zu den perdochoren, deren Areal durch die Aktivität des Menschen eingeschränkt worden ist).

## 8.1 Trittpflanzengesellschaften

Während beispielsweise für die typischen Vertreter der einjährigen Unkrautfluren die regelmäßige Beseitigung der Vegetation ihres Standortes einen essentiellen Standortfaktor darstellt, gibt es keine Trittpflanze, für die der Tritt lebensnotwendig ist. Die Arten treten an Trittstandorten lediglich gehäuft auf, weil sie vergleichsweise niedrigwüchsig und konkurrenzschwach, dazu in den meisten Fällen stark Licht liebend sind und daher Standorte benötigen, an denen sie nicht auf höherwüchsige, konkurrenzstarke Arten treffen.

### 8.1.1 Herkunft und Standortansprüche der Trittpflanzen

Da Trittpflanzen entweder trittverträglich sind oder es aber aufgrund extremer Kleinwüchsigkeit schaffen, den Tritt zu vermeiden, stellen betretene Standorte eine Möglichkeit zum Überleben dar. Die typischen Trittarten besitzen daneben jedoch noch mindestens eine weitere Möglichkeit, sich in der Kulturlandschaft oder sogar in der Naturlandschaft zu behaupten (vgl. OBERDORFER 2001). Fast alle einjährigen Trittpflanzen, insbesondere *Poa annua* und *Polygonum arenastrum*, aber auch der fakultativ mehrjährige *Plantago major*, sind mit hoher Stetigkeit auf Äckern anzutreffen. Bemerkenswerterweise werden in dem Standardwerk über die Verbreitung der Gefäßpflanzen in Dänemark (VESTERGAARD & HANSEN 1989) alle häufigen Trittpflanzen, also *Polygonum aviculare*, *Poa annua* und auch *Plantago major* nicht in dem Abschnitt „Ruderal sites and other urban areas“ (JENSEN 1989), sondern unter „Cultivated fields“ (MIKKELSEN 1989) aufgeführt.

Außer mit **mechanischer Belastung** und Schädigung durch Tritt müssen Trittpflanzen mit **Bodenverdichtung** und daraus resultierender **Sauerstoffarmut** im Boden zurecht kommen. Wie wir in Kap. 5 gesehen haben, stammen einige Trittpflanzen mit großer Sicherheit ursprünglich von überfluteten Standorten an Flussufern, wo sie auch heute noch regelmäßig anzutreffen sind. Eine Gruppe von Trittpflanzen, die typischen Besiedler von Pflasterritzen, insbesondere *Sagina procumbens* und *Bryum argenteum*, kommt an diesen speziellen Trittstandorten deshalb gehäuft vor, weil sich die Arten dort vor dem Tritt „verstecken“ können. Sie besiedeln darüber hinaus aber auch andere Mikro-Pionierstandorte, wobei *Bryum argenteum* eher den wechseltrockenen Bereich (z. B. Mauern, Bahnschotter), *Sagina procumbens* eher (wechsel)feuchte Standorte bevorzugt. Diese Lebensstrategie und Lebensform der Trittpflanzen hat, wie wir im folgenden Kapitel sehen werden, zu unterschiedlichen Meinungen bezüglich der synsystematischen Fassung und Gliederung der Trittpflanzengesellschaften geführt.

### 8.1.2 Anmerkungen zur Syntaxonomie

In den Anfängen der Synsystematik wurden die mitteleuropäischen Trittpflanzengesellschaften mit den übrigen Ruderal- und den Ackerunkraut-Gesellschaften in der Klasse Rudereto-Secalinetea Br.-Bl. et. al. 1936 zusammengefasst, dann aber als Klasse **Plantaginetea majoris** R. Tx. (1947) 1950 davon abgetrennt. Diese Plantaginetea majoris vereinigen alle Trittgesellschaften, unabhängig davon, ob ein- oder mehrjährige Arten vorherrschen, und werden bis zum Beginn der 1980er-Jahre von nahezu allen Autoren anerkannt. Seitdem taucht häufiger die von RÍVAS-MARTINÉZ (1975) beschriebene Klasse **Polygono arenastri-Poetea annuae** in der Literatur auf. Hierzu werden lediglich die von einjährigen Arten (Therophyten) dominierten Trittpflanzengesellschaften gezählt, während diejenigen Trittpflanzengesellschaften, in denen Hemikryptophyten, also mehrjährige Arten vorherrschen, den Wiesen und Weiden (Molinio-Arrhenatheretea R. Tx. 1937 em. 1970) zugeordnet werden. Innerhalb der Klasse nehmen einige Autoren einen Anschluss der hemokryptophytenreichen Trittgesellschaften an die Scherrasen (Cynosurion R.Tx. 1947) vor (z. B. ELLMAUER & MUCINA 1993), andere führen sie in einem eigenen Verband (Lolio-Plantaginion R. Tx. et Prsg. 1950), der dann sogar in eine eigene Ordnung, die neu, d. h. in engerem Sinne, definierten Plantaginetalia majoris R. Tx. et Prsg. 1950 gestellt wird. Laut POTT (1995) besitzen sowohl das Lolio-Plantaginion als auch die enger gefassten Plantaginetalia majoris keine Charakter-, sondern lediglich Differenzialar-

**Tab. 8-1: Die bezeichnenden Arten und die stetesten Begleiter der Trittpflanzengesellschaften mitteleuropäischer Siedlungen**

| Gesellschaft<br>Zahl der Aufnahmen | 1<br>40 | 2<br>112 | 3<br>127 | 4<br>35 | 5<br>88 | 6<br>87 | 7<br>160 | 8<br>30 | 9<br>67 | 10<br>91 | 11<br>17 |
|---|---|---|---|---|---|---|---|---|---|---|---|
| **Bezeichnende Arten** | | | | | | | | | | | |
| *Poa annua* | V | IV | **V** | **V** | IV | **V,4** | **V** | IV | **V** | III | III |
| *Polygonum arenastrum* | III | IV | **V** | **V** | **V,4** | II | IV | III | III | IV | I |
| *Plantago major* | IV | **V** | IV | **V** | IV | IV | II | I | III | II | III |
| *Lepidium ruderale* | | | II | | I | | I | | | | III |
| *Potentilla anserina* | **V,3** | | | | | I | | | | | |
| *Lolium perenne* | V | **V** | II | I | II | I | | | I | | III |
| *Trifolium repens* | V | IV | I | | | | | | II | | II |
| *Matricaria discoidea* | II | | **V** | III | | I | I | | II | I | |
| *Coronopus squamatus* | | | | **V** | | | | | | | |
| *Bryum argenteum* | | | | | | I | **V** | III | III | II | |
| *Sagina procumbens* | | | | | | | **V** | III | III | II | |
| *Ceratodon purpureus* | | | | | | | III | IV | III | II | |
| *Spergularia rubra* | | | | | | | | **V** | I | | |
| *Herniaria glabra* | | | | | | | | II | **V** | I | |
| *Arenaria serpyllifolia* | | | | | | | | I | II | | |
| *Herniaria hirsuta* | | | | | | | | | I | | |
| *Eragrostis minor* | | | | | | | | | I | **V** | |
| *Digitaria ischaemum* | | | | | | | | | I | II | |
| *Digitaria sanguinalis* | | | | | | | | | | II | I |
| *Cynodon dactylon* | | | | | | | | | | | **V** |
| **Begleiter** | | | | | | | | | | | |
| *Taraxacum officinale* | II | IV | IV | II | II | IV | II | | II | II | III |
| *Capsella bursa-pastoris* | | III | III | II | II | II | II | | II | I | III |
| *Conyza canadens* | | | II | | | II | II | II | IV | II | III |

Die Stetigkeitsklassen r und x werden der Übersichtlichkeit halber nicht aufgeführt; Quellen: s. Wittig (2001b)

**1:** ***Potentilla anserina*-Gesesellschaft** („*Potentilletum anserinae*"; *Lolio-Plantaginetum potentilletosum anserinae; Potentilla anserina-Polygonion avicularis*-Ges.)
**2:** ***Lolium perenne-Plantago major*-Ges.** (*Lolio-Plantaginetum typicum*; *Lolio-Polygonetum arenastri trifolietosum repentis*)
**3:** ***Matricario-Polygonetum avicularis*** (*Lolio-Plygonetum arenastri typicum*)
**4:** ***Coronopo-Matricarietum discoideae***
**5:** ***Polygonum arenastrum*-Gesellschaft** („*Polygonetum calcati*"; *Lolio-Polygonetum avicularis* auct. p.p.)
**6:** ***Poa annua*-Gesellschaft** („*Poetum annuae*")
**7:** ***Sagino-Bryetum argentei***
**8:** ***Rumici-Spergularietum rubrae* i.e.S.** (excl. *Herniarietum glabrae*)
**9:** ***Herniarietum glabrae* i.e.S.** (excl. *Rumici-Spergularietum rubrae*)
**10:** ***Eragrostis minor-Polygonum aviculare*-Gesellschaft** („*Eragrostio-Polygonetum avicularis*")
**11:** ***Cynodon dactylon*-Gesellschaft** („*Plantagini-Cynodontetum*")

ten. Ihre Existenzberechtigung sollte daher diskutiert werden.

Eine Durchsicht des reichlich vorhandenen Aufnahmematerials zeigt, dass, abgesehen von einigen Sonderstandorten, normalerweise drei Arten in Mitteleuropa auf stark betretenen Flächen etwa gleich häufig anzutreffen sind: die beiden einjährigen Arten ***Polygonum aviculare*** und ***Poa annua*** sowie der mehrjährige ***Plantago major***. In Gebieten mit Sommertrockenheit, in der zum starken Störfaktor Tritt als bedeutender Stressor der Wassermangel hinzukommt, ist es für mehrjährige Arten äußerst schwierig, an stark betretenen Standorten mehrere Jahre zu überleben. Daher dominieren im mediterranen Raum sowie im kontinentalen Europa die einjährigen Arten an Trittstandorten. So ist es verständlich, dass Rívas-Martinéz (1975) aus mediterraner und Mucina (1993a) aus subkontinentaler Sicht eine Klasse Polygono arenastri-Poetea annuae mit Dominanz der Therophyten bevorzugen. Im Zentrum sowie erst recht im Westen Mitteleuropas, wo auch in den Sommermonaten genügend Niederschlag fällt und Wasserstress daher eine geringere Rolle spielt, ist jedoch auch an stark betretenen Standorten die Vergesellschaftung ein- und mehrjähriger Tritt-

Abb. 8-2 Trittpflanzengesellschaft mit hohen Anteilen von *Plantago major* und vereinzelten weiteren Mehrjährigen (*Lolium perenne*, *Leontodon autumnalis*) sowie Einjährigen (*Matricaria discoidea*, *Poa annua*, *Polygonum arenastrum*; Lüdinghausen, 7/1973).

Abb. 8-3 Trittpflanzengesellschaft aus überwiegend einjährigen Arten (*Matricaria discoidea*, *Poa annua*, *Polygonum arenastrum*), jedoch auch mit *Plantago major* (Münster, 7/1973).

pflanzen die Regel, das getrennte Auftreten dieser Gruppen die Ausnahme. Dies ist ein gewichtiges Argument für die Zusammenfassung aller Trittpflanzengesellschaften in der Klasse Plantaginetea majoris (s. Wittig 2001b), wie sie z. B. in den Niederlanden erfolgt (Schaminée et al. 1996). Dies ist ein gewichtiges Argument für die Zusammenfassung aller Trittpflanzengesellschaften in der Klasse Plantaginetea majors (s. Wittig 2001b), wie sie in den Niederlanden erfolgt (Schaminée et al. 1996).

Die Tatsache, dass *Plantago major* nicht nur in Trittpflanzengesellschaften, sondern auch mit mittlerer Stetigkeit im Cynosurion vorkommt, spricht nicht gegen eine Klasse Plantaginetea majoris. *Poa annua*, die als typische Art der Polygono-Poetea annuae aufgelistet wird, geht nämlich weit stärker über diese Klasse hinaus, als *Plantago major* über die Plantaginetea majoris (vgl. Wittig 2002). In England sind *Poa annua* und *Matricaria discoidea* sogar weit häufiger mit der typischen Stellarietea-Art *Capsella bursa-pastoris* vergesellschaftet (nämlich in 84 % bzw. 78 % ihrer Vorkommen) als es *Plantago major* mit *Lolium perenne* ist (nur 66 % seiner Vorkommen). Die häufigsten gemeinsam mit *Plantago major* auftretenden Arten sind dort *Poa annua* und *Matricaria discoidea* (s. Grime et al. 1988). Mucina (1993: 380) bemerkt daher zu Recht: „vom soziologischen Gesichtspunkt werden die *Polygono-Poetea annuae*-Gesellschaften weniger durch eigene Kennarten als vielmehr durch das Fehlen von Arten anderer ruderaler Vegetationseinheiten charakterisiert."

Im Folgenden werden all diejenigen Assoziationen, die in Mitteleuropa für in Siedlungen gelegene Trittstandorte häufiger genannt werden, unabhängig von ihrer synsystematischen Zugehörigkeit aufgeführt. Dabei wird den beiden insgesamt gesehen häufigsten Gesellschaften, dem mäßig weit gefassten *Lolio-Plantaginetum* und dem *Bryo-Saginetum procumbentis* exemplarisch ein breiterer Raum gewidmet (Kap. 8.1.3 u. 8.1.4), während die übrigen kürzer abgehandelt werden (Kap. 8.1.5). Tab. 8-1 enthält die diagnostisch wichtigsten Arten und steten Begleiter aller siedlungstypischen Trittpflanzengesellschaften.

### 8.1.3 Die häufigsten echten Trittpflanzengesellschaften

Als „echte" Trittpflanzengesellschaften sollen hier solche verstanden werden, die starken Tritt tolerieren, im Gegensatz zum *Bryo-Saginetum procumbentis*, das die Strategie der Trittvermeidung verfolgt (s. Kap. 8.1.4). Am häufigsten sind an Trittstellen in mitteleuropäischen Siedlungen Pflanzenbestände, in denen ***Polygonum arenastrum, Poa annua*** und ***Plantago major*** gemeinsam auftreten, wobei teils eine dieser Arten dominiert, teils alle drei mehr oder weniger gleichmäßig vertreten sind. Oberdorfer (1971) fasst alle diese Bestände, in denen häufig auch ***Matricaria discoidea*** sowie seltener *Lepidium ruderale* auftreten, unter der Bezeichnung ***Matricario-Polygonetum avicularis*** (Knapp 1946) Th. Müller zusammen, später schlägt er den Namen ***Lolio-Poly-***

Abb. 8-4
*Potentilla anserina* als dominanter Bestandteil einer Gesellschaft des Polygonion avicularis (Oplot, Böhmen, 6/2000).

***gonetum arenastri*** Br.-Bl. 1930 em. Lohm. 1975 vor. Andere Autoren haben dagegen, je nach dominierender Art, verschiedene Assoziationen beschrieben. Man findet Bestände, wie sie durch Tab. 8-1, Spalte 2 und 3 repräsentiert werden, in Siedlungen am Rande unversiegelter Parkplätze und Hofflächen, auf als „Bolzplatz" genutzten Brachflächen, auf durch Brachflächen führenden Trampelpfaden, Wegen in Grünanlagen, Straßenbanketten, betretenen Baumscheiben und überall dort, wo Scherrasen so stark betreten werden, dass sie zu Trittgesellschaften degradieren. Im letzteren Fall herrschen meist ausdauernde Arten vor, wobei die „echte" Trittpflanze *Plantago major* hochstet, dabei oft dominant, vorkommt (Abb. 8-2) und außerdem stets *Lolium perenne* sowie häufig *Trifolium repens* am Aufbau der Gesellschaft beteiligt sind. Aber auch einjährige Arten, nämlich Vogel-Knöterich (in der Kleinart *Polygonum arenastrum*) und Einjähriges Rispengras (*Poa annua*) erreichen in diesem zu den Scherrasen überleitenden Vegetationstyp (Tab. 8-1: 2; dort neutral als *Lolium perenne-Plantago major*-Gesellschaft bezeich-

**Tab. 8-2: Relative Häufigkeit der Trittpflanzengesellschaften in Siedlungen Westböhmens (nach A. Pyšek 1978)**

| Gesellschaft | n | % |
|---|---|---|
| *Lolio-Plantaginetum majoris* | 2862 | 55,82 |
| *Plantagini-Polygonetum av.* | 1073 | 20,93 |
| *Potentilletum anserinae* | 1066 | 20,79 |
| *Sagino-Bryetum argentei* | 67 | 1,31 |
| *Eragrostio-Polygonetum av.* | 28 | 0,55 |
| *Plantagini-Juncetum tenuis* | 19 | 0,37 |
| *Poo-Coronopetum squamati* | 11 | 0,21 |
| *Poo-Sclerochloetum* | 1 | 0,02 |
| **Summe** | **5127** | **100,00** |

net) hohe Stetigkeiten (SK IV). Umgekehrt ist es in der typischen Form (Tab. 8-1: 3; Abb. 8-3): Hier überwiegen einjährige Arten, insbesondere *Polygonum arenastrum*, *Poa annua* und *Matricaria discoidea*, aber auch *Plantago major* ist meistens vorhanden (SK IV), während die Rasenarten *Lolium perenne* und *Trifolium repens* oft fehlen. Nach POTT (1995) und MUCINA (1993a) handelt es sich hierbei um das *Matricario-Polygonetum arenastri* Th. Müller in Oberd. 1971, nach OBERDORFER (1983a) und WITTIG (1991) um das *Lolio-Polygonetum arenastri typicum*.

Das ***Lolio-Plantaginetum*** im früher in der Literatur üblichen Sinne, also mit *Lolium perenne*, *Plantago major*, *Polygonum arenastrum* und *Poa annua*, ist offensichtlich im gesamten Mitteleuropa die häufigste Trittpflanzengesellschaft der Siedlungen. Jedenfalls treffen alle Autoren, die quantitative Angaben machen, diese Aussage, z. B. JANECKI & SAWCZUK (1983) für Warschau, A. PYŠEK (1978) für die Siedlungen Westböhmens (mit Angaben auch zur relativen Häufigkeit der anderen Trittpflanzengesellschaften: s. Tab. 8-2) und GUTTE (1972) für West- und Mittelsachsen. Der letztgenannte Autor unterscheidet eine typische Subassoziation und eine von *Puccinellia distans*; von beiden gibt es neben einer typischen Variante eine von *Agrostis stolonifera* (feuchte Standorte; weitere Differentialarten: *Juncus bufonius*, *Plantago intermedia*, *Gnaphalium uliginosum*, *Potentilla anserina*, *Ranunculus repens*). Außerdem führt er zwei „Rassen“: eine typische und eine von *Lepidium ruderale*.

In wärmeren Regionen Mitteleuropas kann die trittfeste und leicht wärmeliebende Schutt-Kresse (*Lepidium ruderale*) mit hoher Stetigkeit in der Gesellschaft vertreten sein (z. B. Würzburg: HETZEL & ULLMANN 1981). In vielen Städten Nordwestdeutschlands tritt ***Lepidium ruderale*** dagegen, falls überhaupt, nur an Sonderstandorten auf, meist im engeren Bereich der städtischen Wärmeinseln, also in Industriegebieten und im Bahnhofsbereich. Die Bestände mit *Lepidium ruderale* werden daher in kühleren Klimabereichen als gesonderte Variante oder Subassoziation herausgestellt (z. B. Osnabrück: HARD 1982; Kassel: KIENAST 1978).

An manchen Straßen mit starkem Streusalz-Einsatz findet man eine Ausbildung mit ***Puccinellia distans*** (s. u. a. GUTTE 1972). Dieser Vegetationstyp ist allerdings außerhalb von Siedlungen, insbesondere an Steigungsstrecken stark befahrener Straßen (BRANDES 1988, MORAZOWA-CECHOWA 1988), weit häufiger als im Siedlungsbereich. KOPECKÝ (1982a) wertet solche Bestände als *Puccinellia distans-*[*Polygonion avicularis*]-Gesellschaft. In allen bisher hiervon vorgelegten Tabellen ist *Poa annua* mit hoher Stetigkeit (IV bis V) und mit relativ hohen Deckungsgraden (durchschnittlich 2) verzeichnet. Außerdem findet man Trittgesellschaften mit *Puccinellia distans* hin und wieder auf Industriegelände (z. B. DETTMAR 1992a) sowie an Deponiestandorten (z. B. KIESEL et al. 1985, 1986). Die häufigsten Begleiter sind dort der Gewöhnliche Löwenzahn (*Taraxacum officinale*) und das Hirten-Täschelkraut (*Capsella bursa-pastoris*), die als Rosettenpflanzen beide relativ trittresistent sind, ihr Optimum allerdings in anderen Gesellschaften haben. Ein Anschluss an das *Matricario-Polygonetum* ist daher nicht möglich.

An feuchten Trittstellen, insbesondere auf Gänseweiden und an Dorfteichen fand man früher häufig eine zu den Flutrasen überleitende, teils aber noch deutlich zu den Trittrasen gehörende ***Potentilla anserina-Gesellschaft.*** Manche Autoren stufen diejenigen *Potentilla anserina*-Bestände, in denen außer *Potentilla anserina* keine weiteren Flutrasen-Arten vorkommen, dafür aber Trittpflanzen mit hoher Stetigkeit vertreten sind (Abb. 8-4; Tab. 8-1: 1), als Subassoziation des *Lolio-Plantaginetum* ein (z. B. KRIPPELOVÁ 1972). Andere Autoren (z. B. KNAPP 1961) sprechen vom *Potentilletum anserinae*.

Das von GUTTE (1972) als am stärksten betretene Trittpflanzengesellschaft bezeichnete ***Plantagini-Polygonetum avicularis*** (Knapp 45) Passarge 64, das auch aus Tschechien (KRIPPELOVÁ 1972, A. PYŠEK 1977) und Polen (ROSTAŃSKI & GUTTE 1971) beschrieben wird, ist offensichtlich nicht bzw. allenfalls zu einem kleinen Teil mit dem *Matricario-Polygonetum* identisch, sondern entspricht eher dem *Polygonetum calcati* (s. Kap. 8.1.5). Beispielsweise sind sechs der neun von ROSTAŃSKI & GUTTE (1971) aus Breslau veröffentlichten Aufnahmen des *Plantagini-Polygonetum avicularis* artenarme Dominanzbestände (Artmächtigkeit 4 oder 5) von *Polygonum aviculare*, in denen *Matricaria discoidea* nur einmal mit *r* auftritt, die also ohne Schwierigkeiten zur *Polygonum aviculare*-Gesellschaft (*Polygonetum calcati*) der westmitteleuropäischen Autoren gestellt werden können. In den verbleibenden Aufnahmen, in denen *Polygonum aviculare* Artmächtigkeiten von II oder III besitzt, ist *Matri-*

*caria discoidea* in zwei Fällen vorhanden (Artmächtigkeit + und 2), so dass man von einem *Matricario-Polygonetum avicularis* sprechen darf. Aufgrund sehr unterschiedlicher Lebenszyklen von *Polygonum arenastrum* und *Poa annua* weist das *Matricario-Polygonetum arenastri* deutlich voneinander verschiedene jahreszeitliche Aspekte auf: Im Frühjahr und Herbst dominiert *Poa annua*, im Sommer dagegen *Polygonum arenastrum*.

### 8.1.4 Die Mastkraut-Silbermoos-Gesellschaft

Das ***Sagino procumbentis-Bryetum argentei*** Diem. Sissingh et Westh. 1940, die Mastkraut-Silbermoos-Gesellschaft (Tab. 8-1: 7; Abb. 8-5), ist insbesondere im atlantisch-subatlantischen Klimabereich in Städten weit verbreitet und gut ausgebildet. Mit zunehmender Entfernung von diesem Klimabereich zieht sich die Gesellschaft aufgrund ihres Feuchtigkeitsbedarfes auf verdichtete, frische Böden sowie auf lokal humide Standortslagen im Schatten von Bäumen und Gebäuden zurück und kommt „besonders unter dem Dachtrauf" (Passarge 1963: 16) vor. Im atlantischen Gebiet wächst die Assoziation dagegen selbst auf großen, völlig unbeschatteten Plätzen, beispielsweise auf dem Domplatz in Münster. Vom *Lolio-Polygonetum arenastri* unterscheidet sich das *Bryo-Saginetum* hinsichtlich seiner Standortsansprüche insbesondere dadurch, dass es nicht tritttolerant ist, sondern aufgrund der niedrigen Wuchshöhe seiner Charakterarten in Spalten, Rissen und Bodenunebenheiten Schutz vor Tritt finden kann. Bevorzugte Standorte sind daher Pflasterritzen sowie betretene Sand- oder Schlackenböden. Vereinzelt kommt die Assoziation auch an Mauern vor, insbesondere im atlantischen Klimabereich (s. Segal 1969).

Als Charakterarten gelten allgemein das Niederliegende Mastkraut (***Sagina procumbens***) und das Silbermoos (***Bryum argenteum***). Das Purpurrote Hornzahnmoos (***Ceratodon purpureus***), das von Tüxen (1957) als Differentialart einer Untergesellschaft angesehen wird, ist in vielen Städten nicht auf bestimmte Ausbildungen der Gesellschaft beschränkt, sondern gehört insgesamt gesehen zu ihrer typischen Artenkombination. Hard (1982) unterscheidet im Stadtgebiet von Osnabrück sechs Ausbildungen des *Bryo-Saginetum procumbentis* i.e.S.:

- Die typische, meist moosreiche Ausbildung ist in einer artenreicheren Form für den Übergangsbereich zwischen gepflasterten und ungepflasterten Bereichen der Bürgersteige bezeichnend; in artenärmeren Beständen besiedelt sie die Fugen der Randbereiche grob gepflasterter gründerzeitlicher Wohnstraßen. Nach eigenen Beobachtungen tritt sie häufig auch im Zentrum der Bürgersteige sowie in Garageneinfahrten auf (Abb. 8-5).
- Die Ausbildung mit *Matricaria discoidea* schließt sich auf den grob gepflasterten gründerzeitlichen Straßen an die artenarme Variante der typischen Ausbildung zur Straßenmitte hin an (die Straßenmitte selbst wird vom *Matricario-Polygonetum* besiedelt).
- Eine Ausbildung mit *Herniaria glabra* ist charakteristisch für sandig-grusige Oberflächen und schottrige, wassergebundene Decken. Herbizideinfluss trägt sehr zur Stabilisierung bei. Fundorte sind Betriebsflächen der Bundesbahn und der Industrie.
- Die Ausbildung mit *Lepidium ruderale* ist insbesondere für trockenwarme, streusalzbeeinflusste und/oder durch Tierkot eutrophierte Standorte des innerstädtischen Bereiches charakteristisch.
- Die Ausbildung mit *Capsella bursa-pastoris*, die von vielen Autoren in Anlehnung an Tüxen (1957) als Subassoziation gewertet wird, zeigt ebenfalls eutrophe Standorte an, jedoch feuchtere und mit geringerer Trittbelastung und damit geringerer Verdichtung der meist feinsandigen bis schluffigen Bodenoberfläche. Wegen der günstigen Standortverhältnisse können Arten der Wegrauken-Gesellschaften (Sisymbrietalia), z. B. *Conyza canadensis*, *Tripleurospermum inodorum* und einjährige Arten der Äcker und Gärten (z. B. *Stellaria media*) als Keimlinge Fuß fassen. Ein typischer Wuchsort ist der Rinnsteinbereich. Außerdem gedeiht die Ausbildung mit *Stellaria media* an schattigen und halbschattigen Orten, im Traufbereich von Bäumen und Sträuchern oder unmittelbar neben Mauern.
- Eine Ausbildung mit mehrjährigen Gräsern, Kriechstauden und anderen Arten aus Rasengesellschaften, z. B. *Poa pratensis*, *Lolium perenne*, *Trifolium repens*, *Agrostis* spec. u. *Taraxacum officinale* leitet zu Rasengesellschaften über. Durch Herbizidein-

Abb. 8-5 Artenarme, typische Ausbildung des *Sagino-Bryetum argentei* (Basel, 8/1998).

Abb. 8-6 *Polygonum arenastrum* ist an stark betretenen, voll besonnten Standorten oft die einzige Pflanzenart (Oberursel, 6/2000).

Abb. 8-7 *Poa annua*-Gesellschaft (Oberursel, 6/2000).

satz kann diese Ausbildung gegenüber der vorgenannten gefördert werden.

Anders als HARD (s. o.) untergliedert OBERDORFER (1983) das *Bryo-Saginetum* in drei Subassoziationen:

- Eine artenarme (typische) Subassoziation, in der nur *Sagina procumbens* (V), *Bryum argenteum* (V), *Poa annua* (V) und *Plantago major* (III) mit hohen Stetigkeiten auftreten,
- eine wärmeliebende Subassoziation von *Eragrostis minor* (V), die viele der in der Literatur unter der Bezeichnung *Eragrostio-Polygonetum avicularis* veröffentlichten Aufnahmen umfasst,
- eine Subassoziation von *Polygonum calcatum* (V), die zum *Polygonetum calcati* (s. Kap. 8.1.5) vermittelt.

Manche Autoren, z. B. GUTTE (1972), ROSTAŃSKI & GUTTE (1971), führen zusätzlich eine Subassoziation von *Funaria hygrometrica*, die auf mit Asche bestreuten Wegen sowie Brandstellen zu finden ist.

### 8.1.5 Weitere Trittpflanzengesellschaften

Das ***Coronopo-Matricarietum discoideae*** Siss. (1966) 1969 (Tab. 8-1: 4) ist eine seltene Gesellschaft landwirtschaftlich geprägter Siedlungen. Die sehr nitrophile Assoziation kam früher bevorzugt in der Umgebung von Misthaufen und Jauchegruben vor. Da *Coronopus squamatus* zudem wärmeliebend ist, liegt der Schwerpunkt der Assoziation im Süden und Südosten Mitteleuropas. MUCINA (1993a) gibt die Assoziation für Österreich als stark zurückgehend an.

Überall dort, wo es für die vorgenannten Assoziationen zu trocken ist, d. h. auf stark besonnten, sandig-kiesigen oder sonst stark wasserdurchlässigen Substraten sowie auch in Pflasterritzen, findet man artenarme Pflanzenbestände mit sehr geringem Deckungsgrad, die überwiegend oder oft sogar ausschließlich aus dem zur Sammelart *Polygonum aviculare* gehörenden *P. arenastrum* bestehen. Nicht selten handelt es sich dabei um eine Sippe, die in vielen Floren als *Polygonum calcatum* verzeichnet ist. WISSKIRCHEN & HAEUPLER (1998) führen diese Sippe allerdings lediglich als Subspezies von *P. arenastrum*. Die von ihnen referierte Literatur deutet sogar darauf hin, dass eine sichere Unterscheidung der Sippen „*calcatum*" und „*arenastrum* s.str." vielfach nicht möglich ist. Die von LOHMEYER (1975) für die betreffenden Pflanzenbestände beschriebene Assoziation, das *Polygonetum calcati*, hat somit keine sicher ansprechbare Charakterart, sodass man von einer ***Polygonum arenastrum-Gesellschaft*** des *Polygonion avicularis* sprechen sollte (Tab. 8-1: 5). Der Deckungsgrad und die Artenzahl sind im Durchschnitt noch niedriger als bei den beiden vorgenannten Trittgesellschaften. Nicht selten bleibt an den Extremstandorten schließlich nur noch *Polygonum „calcatum"* übrig (Abb. 8-6).

Halbschattige, mäßig betretene Standorte in Siedlungen werden in der überwiegenden Zahl aller Fälle von der ***Poa annua-Gesellschaft*** (Tab. 8-1: 6; Abb. 8-7) besiedelt, insbesondere dann, wenn an den entsprechenden Standorten hin und wieder eine Unkrautbekämpfung durch Jäten oder aber eine Bodenauflockerung erfolgt. An diese Faktorenkombination, die man z. B. stellenweise auf Baumscheiben (s. Kap. 9.1.2.2) oder auf unbefestigten Banketten der Bürgersteige (s. Kap. 9.1.2.3) in älteren Villenvierteln sowie in ländlichen Siedlungen findet, ist das Einjährige Rispengras besonders gut angepasst, da es, anders als die extrem Licht liebenden Arten *Plantago major*, *Polygonum arenastrum*, *Lepidium ruderale* und *Matricaria discoidea*, auch an halbschattigen Standorten gedeihen kann und außerdem nicht nur eine Trittpflanze, sondern gleichzeitig ein relativ erfolgreiches Unkraut der Hackfruchtäcker ist, also offensichtlich mit Unkrautbekämpfung durch Jäten gut zurechtkommt. In Großstädten ist die *Poa annua*-Gesellschaft nach dem *Hordeetum murini* meistens die dritt- bzw. bei Teilung des *Lolio-Polygonetum arenastri* (s. o.) die zweithäufigste Gesellschaft der Baumscheiben (WITTIG 1995).

Die Wärme liebendste der mitteleuropäischen Trittpflanzengesellschaften ist das ***Sclerochloo-Polygonetum avicularis*** Soó ex Korneck 1969 corr. Mucina 1993. Es kommt dementsprechend nur in den Wärmegebieten vor, z. B. sehr selten im kontinentalen Bereich der südlichen ehemaligen DDR (GUTTE & HILBIG 1975), selten in Rheinhessen, Rheinpfalz sowie Mittel- und Unterfranken (KORNECK 1969), zerstreut im Burgenland (RAABE & BRANDES 1988) und in Böhmen (A. PYŠEK & LORBER 1992). Da abgesehen von der letztgenannten Arbeit die eindeutige Mehrzahl der Funde nicht aus Siedlungen, sondern von Weinbergs- und Feldwegen stammt, ist die Assoziation in Tab. 8-1 nicht aufgeführt. Wenn überhaupt in Siedlungen, so trifft man sie eher in Dörfern als in Städten an.

Abb. 8-8 *Herniaria glabra* auf einem Sportplatz mit Aschebelag (Münster, 6/1972).

Abb. 8-9 *Eragrostis minor* als Bestandteil einer Trittpflanzengesellschaft (Frankfurt/M., 8/2000).

Auf sandig-grusigen Standorten (z. B. Güterbahnhofsgelände, Industriegelände, Asche-Sportplätze usw.) findet man hin und wieder eine Trittgesellschaft, in der die Sandzeiger *Herniaria glabra* (Abb. 8-8) und/oder *Spergularia rubra* dominieren und weitere sandanzeigende Arten beigemischt sein können (z. B. *Arenaria serpyllifolia*). HEJNÝ & JEHLÍK (1975) haben derartige Bestände (Tab. 8-1: 9) als ***Herniarietum glabrae*** beschrieben. Genau genommen handelt es sich bei denjenigen Aufnahmen, die HEJNÝ & JEHLÍK im urban-industriellen Bereich böhmischer Siedlungen erstellt haben, um das *Herniarietum glabrae medicaginetosum lupulinae*, das sich, außer durch *Medicago lupulina*, durch mehrere für derartige Standorte bezeichnende Arten (*Tripleurospermum perforatum*, *Chaenorhinum minus*, *Senecio viscosus*) vom *H. g. typicum* unterscheidet, welches an Flussufern vorkommt. Auch Gödde (1986) rechnet entsprechende Aufnahmen zum *Herniarietum glabrae*. Oberdorfer (1983a) und Mucina (1993a) sind jedoch der Ansicht, dass das *Herniarietum glabrae* (Hohenester 1960) Hejný et Jehlík 1975 ein Synonym des durch Hülbusch (1973) von nordwestdeutschen Sandwegen beschriebenen ***Rumici acetosellae-Spergularietum rubrae*** ist, von dem inzwischen auch Aufnahmen aus Städten vorliegen (Tab. 8-1: 8). Pott (1995) führt dagegen beide Assoziationen getrennt auf.

Nach Dettmar (1992a) sind Gesellschaften mit *Spergularia rubra* und/oder *Herniaria glabra* die wichtigsten Trittgesellschaften der Industrieflächen des Ruhrgebietes. Allerdings kommen die beiden Arten dort, genau wie in Düsseldorf und Münster (Gödde 1986), häufiger getrennt als gemeinsam vor, so dass zu bezweifeln ist, ob sie beide als Charakterarten des *Rumici-Spergularietum rubrae* zu werten sind. Aus Essen berichtet Reidl (1989) außerdem von einer *Herniaria glabra-Herniaria hirsuta*-Gesellschaft, die wohl hier anzuschließen ist, zumal Hejný & Jehlík (1975) neben *Herniaria glabra* auch *H. hirsuta* als Charakterart ihres *Herniarietum glabrae* ansehen. In den aus Städten stammenden Aufnahmen, die in der Literatur zu finden sind, tritt *Herniaria glabra* mit weit höherer Stetigkeit auf als *Spergularia rubra*. Mucina (1993a) führt in Anlehnung an Passarge (1979a) eine weitere Assoziation mit *Spergularia rubra*, das *Veronico serpyllifolii-Spergularietum rubrae*. Nach Angaben der genannten Autoren handelt es sich hierbei um eine Höhenvariante des *Sagino-Bryetum*, die „daher möglicherweise als Rasse dieser Assoziation zu bezeichnen" ist (Mucina 1993a: 88).

Auf trockenen, sich leicht erwärmenden Böden, z. B. auf Industrie- und Bahnstandorten sowie in wärmeren Lagen auch auf Gehsteigen und Sportplätzen, findet man eine Trittpflanzengesellschaft mit *Eragrostis poaeoides* (= *E. minor*; Abb. 8-9) sowie eventuell *Digitaria sanguinalis, D. ischaemum* und diversen *Setaria*-Arten (Tab. 8-1: 10). Nach Mucina (1993b) handelt es sich hierbei um das ***Eragrostio-Polygonetum arenastri*** Oberd. 1954, das er als Synonym des *Polygonetum calcati* (s. o.) wertet, obwohl Lohmeyer (1975) *Eragrostis minor* nur für eine spezielle Subassoziation des *Polygonetum calcati* angibt. Zahlreiche Autoren sehen Trittgesellschaften mit *Eragrostis poaeoides* als eigene Assoziation, *Eragrostio-Polygonetum avicularis*, an. Die betreffenden Aufnahmen zeigen floristisch einerseits Ähnlichkeit zum *Polygonetum calcati* (s. o.), andererseits aber auch zum *Bryo-Saginetum procumbentis*. Der Standort vieler *Eragrostis minor*-Trittpflanzenbestände ähnelt dementsprechend dem des *Bryo-Saginetum procumbentis* (Pflasterritzen auf Bürger- oder Bahnsteigen), ist aber in der Regel besonders warm und/oder trocken. Passarge (1988) beschreibt außerdem ein *Eragrostietum poaeoides*, in dem Trittarten völlig fehlen, dafür aber Arten des Salsolion und der Sisymbrietalia sowie *Setaria viridis* stärker vertreten sind. An anderer Stelle berichtet Passarge (1957) über eine *Lepidium ruderale-Eragrostis poaeoides*-Assoziation, die er zum Sisymbrion stellt.

Weil *Eragrostis minor* also keine eindeutige Trittpflanze ist, sondern auch auf Äckern auftritt, und da aufgrund der Begleitarten eine floristische Differenzierung gegenüber den bisher genannten Trittgesellschaften möglich ist, stellt Pott (1995) sie innerhalb der Polygono-Poetea annuae als eigenen Verband, Eragrostion minoris R.Tx. in Slavnic 1944, den Gesellschaften des Matricario matricarioidis-Polygonion arenastri Rívas-Martinéz 1975 corr. Rívaz-Martinéz et al. 1991 gegenüber. Mucina (1993b) sieht sogar eine größere floristische Ähnlichkeit zu den Ackerunkraut-Gesellschaften (Stellarietea mediae) als zu den „reinen" Trittgesellschaften und führt sie daher unter der deutschen Bezeichnung „Liebesgras-Trittrasen" als *Eragrostio-Polygonetum arenastri* Oberd. 1954 corr. Mucina, in einer eigenen Ordnung der Stellarietea mediae, den Eragrostietalia. Als Verbandszugehörigkeit nennt er das Euphorbion prostratae Rívas-Martinéz 1976, zu dem er als weitere Trittrasen das *Plantagini-Cynodontetum* Brun-Hool 1962 nom. inv. (Tab. 8-1: 11; dort als ***Cynodon dactylon***-Gesellschaft bezeichnet) und das *Chamaesyco humifusi-Oxalidetum corniculatae* Forstner in Mucina 1993 stellt (s.a. Passarge 1996: *Poa annuae-Oxalidetum*).

Aufgrund seiner Standortsansprüche (frische Böden, halbschattige Standorte) ist das *Juncetum tenuis* Brun-Hool 1962 eine eher urbanophobe Gesellschaft. In seltenen Fällen kann man es jedoch auch in der Stadt antreffen, z. B. auf schattigen Innenhöfen oder nordexponierten Bürgersteigen. Am Rande betretener, schattiger Scherrasen findet man manchmal die ansonsten für Waldwege typische *Prunella vulgaris-Plantago major*-Gesellschaft, die von Faliński (1963) als Assoziation gewertet wird. Ebenfalls an schattigen Trittstandorten zu finden ist nach Ellmauer & Mucina (1993) das „*Oxalido-Duchessnetum indicae*", das Jackowiak (1992) für Wien aus der Umgebung von Zierstrauchgruppen und Parkbäumen beschrieben hat. Die drei letztgenannten Gesellschaften sind in Tab. 8-1 nicht berücksichtigt.

## 8.2 Nitrophile Gesellschaften überwiegend einjähriger Arten

Offene, nitratreiche Böden im Bereich der Siedlungen und des Kulturlandes werden von Gesellschaften der Klasse **Stellarietea mediae** R. Tx. Lohm. et Prsg. in R. Tx. 1950 besiedelt, die zum überwiegenden Teil aus Therophyten zusammengesetzt sind. Ist eine ungestörte Sukzession möglich, so werden die Gesellschaften der Stellarietea mediae im atlantisch-subatlantischen Bereich meist schon im folgenden Jahr, in subkontinentalen Gebieten nach einigen Jahren, von Artemisietea-Gesellschaften verdrängt. Stellarietea mediae-Gesellschaften können sich daher nur dann länger halten, wenn durch menschlichen Eingriff (Bodenbearbeitung, Unkrautbekämpfung) für ständiges Offenbleiben des Bodens (Konkurrenzbeseitigung) gesorgt wird. Man findet sie demgemäß einerseits auf Hackfruchtäckern und in Gärten, andererseits im Siedlungsbereich. Die Gesellschaften der Äcker und Gärten gehören laut Oberdorfer (2001) zur Ordnung Polygono-Chenopodietalia, nach Pott (1995) zu den Ordnungen Sperguletalia arvensis Hüppe et Hofmeister 1990 und Papaveretalia rhoeadis Hüppe et Hofmeister 1990 (s. Kap. 8.2.5), wobei diese Namen aber wohl durch Centauretalia cyani R. Tx. et al. in R. Tx. 1950 und Chenopodietalia albi R. Tx. (1937) 1950 ersetzt werden müssen (vgl. Mucina 1993b), die der häufig gestörten oder neu entstandenen Ruderalflächen im Siedlungsbereich werden zur Ordnung Sisymbrietalia J. Tx. in Lohm. et al. 1962 zusammengefasst. Die wichtigsten Charakterarten der letzteren sind nach T. Müller (1983a) *Conyza canadensis*, *Bromus hordeaceus*, *Bromus tectorum* und *Chenopodium strictum*. Zur Differenzierung gegen die Ackerunkraut Gesellschaften können außerdem *Diplotaxis tenuifolia* und *Lepidium ruderale* herangezogen werden.

Die Mehrzahl der mitteleuropäischen Autoren gliedert die Sisymbrietalia in die Verbände Sisymbrion officinalis R. Tx., Lohm. et Prsg. in R. Tx. 1950 und Salsolion ruthenicae Philippi 1971. Mucina (1993) rechnet den letztgenannten Verband nicht zu den Sisymbrietalia, sondern zur Ordnung Eragrostietalia J. Tx. ex Poli 1966, die er ebenfalls den Stellarietea mediae unterstellt. Innerhalb der Sisymbrietalia führen Mucina (1993) und mehrere andere Autoren neben dem Sisymbrion officinalis noch ein Atriplicion nitentis Pass. 1978 und ein Malvion neglectae (Gutte 1966) Hejný 1987.

Die in Städten flächenmäßig bedeutendsten nitrophilen Gesellschaften einjähriger Arten sind die zum Sisymbrion officinalis gehörenden Assoziationen *Hordeetum murini* (Kap. 8.2.1) und *Chenopodietum ruderale*. Auch das *Conyzo-Lactucetum serriolae* und das *Lactuco-Sisymbrietum altissimi*, die beide ebenfalls zum *Sisymbrion* zählen, sind in vielen mitteleuropäischen Mittel- und Großstädten zumindest im Bahnhofs- und Industriegelände mit einiger Regelmäßigkeit anzutreffen (Kap. 8.2.3). In ländlichen Siedlungen war früher das *Urtico urentis-Malvetum neglectae* weit verbreitet (Kap. 8.2.2). Die insbesondere auf großen Bahn- und Industrieflächen vorkommenden Gesellschaften des *Salsolion* (Kap. 8.2.4) fehlen dagegen bisher den meisten Mittelstädten und auch vielen kleineren und mittleren Großstädten sowie fast allen ländlichen Siedlungen. Tab. 8-3 gibt einen Überblick über in der mitteleuropäischen Literatur häufiger genannte *Sisymbrion*-Gesellschaften.

### 8.2.1 Die Mäusegersten-Gesellschaft

Die Mäusegersten-Gesellschaft (***Hordeetum murini***; Tab. 8-3: 1; Abb. 8-10) fehlt keiner der bisher vegetationskundlich untersuchten mitteleuropäischen Städte, kommt dagegen weder in den Dörfern des Vorspessarts (Wittig & Rückert 1984), noch in denen des oberen Murltals (Holzner 1972) vor und ist in denen Westfalens selten (Wittig & Wittig 1986). In klimatisch günstigeren Lagen kann man die Gesellschaft allerdings auch in verstädterten Dörfern antreffen (Lohmeyer 1983). Insge-

Abb. 8-10 Typisches *Hordeetum murini* auf einem Straßenbankett (Kopenhagen, 7/1994).

Autohus
Audi

**Tab. 8-3: Bezeichnete Arten und steteste Begleiter der Sisymbrion-Gesellschaften mitteleuropäischer Siedlungen**

| **Gesellschaft**<br>**Zahl der Aufnahmen** | **1**<br>**627** | **2**<br>**104** | **3**<br>**127** | **4**<br>**47** | **5**<br>**35** | **6**<br>**140** | **7**<br>**21** | **8**<br>**52** | **9**<br>**65** | **10**<br>**20** | **11**<br>**96** | **12**<br>**90** |
|---|---|---|---|---|---|---|---|---|---|---|---|---|
| **Gesellschafts-bezeichnende Arten** | | | | | | | | | | | | |
| *Hordeum murinum* | **V** | | | | | | | | | | I | I |
| *Chenopodium album* agg. | II | **V** | II | | | II | IV | IV | IV | IV | III | III |
| *Lactuca serriola* | | | **V** | I | | II | | II | III | III | | |
| *Bromus tectorum* | | | | **V** | | II | | I | | | | |
| *Senecio viscosus* | | | III | II | **V** | II | | II | I | | | |
| *Sisymbrium altissimum* | | | | | | **V** | III | I | I | I | | |
| *Descurainia sophia* | | | | | | II | **V** | | III | IV | I | |
| *Sisymbrium loeselii* | | | | | | | I | **V** | II | III | | |
| *Atriplex sagittata* | | I | | | | | | I | **V** | III | | |
| *Atriplex oblongifolia* | | | | | | | | | | **V** | | |
| *Malva neglecta* | | | | | | | | | | | **V** | III |
| *Urtica urens* | | | | | | | | | | | **III** | |
| *Chenopodium vulvaria* | | | | | | | | | | | | **V** |
| **Sisymbrion-Arten** | | | | | | | | | | | | |
| *Bromus sterilis* | II | | I | I | | I | II | I | I | | | |
| *Sisymbrium officinale* | II | II | | | | II | III | | | III | III | |
| **Sisymbrietalia-Arten** | | | | | | | | | | | | |
| *Conyza canadensis* | I | II | V | III | III | III | | IV | I | II | II | |
| *Tripleurospermum perforatum* | | III | III | II | II | III | III | III | III | III | I | |
| **Stellarietea-Arten** | | | | | | | | | | | | |
| *Capsella bursa-pastoris* | III | II | II | II | | II | III | III | II | III | III | II |
| *Sonchus oleraceus* | I | II | II | | I | II | I | II | I | II | II | II |
| *Atriplex patula* | | II | I | | | I | I | I | II | II | II | |
| *Stellaria media* agg. | I | II | I | | | II | II | | I | | II | |
| **Begleiter** | | | | | | | | | | | | |
| *Artemisia vulgaris* | II | III | III | III | I | III | III | IV | IV | IV | I | |
| *Polygonum aviculare* agg. | III | III | II | I | | II | II | II | II | II | IV | V |
| *Taraxacum officinale* agg. | IV | III | III | II | I | I | | II | I | | III | IV |
| *Poa annua* | II | III | II | | | II | II | II | | I | III | III |
| *Cirsium arvense* | | II | II | II | II | III | II | II | II | I | | |
| *Elymus repens* | | II | I | I | | II | IV | I | III | IV | | |
| *Arenaria serpyllifolia* | | | I | IV | II | II | | | | | | |

Von den Verbands-, Ordnungs- und Klassencharakterarten nur solche aufgeführt, die mindestens einmal Stetigkeitsklasse III oder zweimal SK II erreichen, bei den Begleitern solche mit mindestens einmal Stetigkeitsklasse IV oder zweimal mit SK III oder fünfmal II. Die SK + und r werden nicht aufgeführt.

**1:** ***Hordeetum murini;*** 8 Aufn. v. Bornkamm (1974): Köln; 3 v. Brandes (1982a); 20 Gutte & Krah (1993); 5 Hadač et al. (1983); 23 Hetzel & Ullmann (1981); 11 Krippelova (1972); 28 Olsson (1978); 15 Rostansky & Gutte (1971); 13 Springer (1985); 151 Wittig (n.p.): Basel (50), Karlsruhe (51), Kopenhagen (50); 300 Wittig & Ou (1993).

**2:** ***Chenopodietum stricti;*** 4 Aufn. v. Bornkamm (1974); 4 Bredereck (n.p.): Frankfurt; 6 v. Eliaš (1978); 8 Frost (1985); 21 Gödde (1986); 5 Gutte (1966); 7 Hetzel & Ullman (1981); 11 Kopecký (1981); 16 Reidl (1989); 5 Springer (1985); 17 Wittig (1973).

**3:** ***Conyzo-Lactucetum;*** 3 Aufn. v. Bernhardt (1994); 3 v. Brandes (1980); 14 Eliaš (1980); 10 Gödde (1986); 8 Hetzel (1988); 21 Hetzel & Ullmann (1981); 5 Kienast (1978); 8 Kopecký (1980); 6 Olsson (1978); 4 P. Pyšek & A. Pyšek (1988); 24 Reidl (1989); 4 Rostansky & Gutte (1971); 11 Springer (1995); 6 Wollert (1989).

**4:** ***Bromus tectorum*-Gesellschaft;** 1 Aufn. v. Hetzel (1988); 1 v. Dettmar (1992a); 4 Rostanski & Gutte (1971); 10 Reidl (1989); 9 Hetzel & Ullmann (1981); 8 Gödde (1986); 2 Brandes (1980); 12 Bredereck (n.p.): Frankfurt.

**5:** ***Senecio viscosus*-Gesellschaft;** 12 Aufn. v. Gödde (1986); 3 Brandes (1982a); 1 Brandes (1980); 8 Bornkamm (1974a); 5 Reidl (1989); 6 Rebele (1986); 3 Philippi (1983).

**6:** ***Sisymbrietum altissimi;*** 6 Aufn. v. Bornkamm (1974); 26 v. Brandes (1990b); 11 Dettmar (1986); 2 Diesing (n.p.): Düsseldorf; 15 Gödde (1986); 9 Hülbusch (1979); 21 Kienast (1978); 26 Olsson (1978); 16 Reidl (1989); 2 Springer (1985); 3 Wittig (1973); 3 Wollert (1989).

**7:** ***Descurainietum sophiae;*** 1 Aufn. v. Bernhardt (1994); 2 v. Brandes (1991); 7 Kienast (1978); 8 Olsson (1978); 3 Rostansky & Gutte (1971) unter der Bezeichnung *Sisymbrietum loeselii*.

**8:** ***Sisymbrietum loeselii;*** 5 Aufn. v. Hadač et al. (1983); 8 v. Kopecký (1980); 1 Passarge (1978); 3 P. Pyšek (1991); 1 P. Pyšek & A. Pyšek (1988); 4 Reidl (1989); 7 Rostansky & Gutte (1971); 23 Düll & Werner (1956).

**9:** ***Atriplicetum sagittatae;*** 4 Aufnahmen von Wollert (1989); 5 v. Hetzel & Ullmann (1988); 9 Hard (1986b); 9 Rostanski & Gutte (1971); 10 Eliaš (1978); 5 Hadač et al. (1983); 5 P. Pyšek (1991); 3 Brandes (1989b); 3 Kopecký (1981); 4 S. Brandes & D. Brandes (1996); 8 Brandes (1982b).

**10:** ***Atriplicetum oblongifoliae;*** 2 Aufnahmen von P. Pyšek (1991); 5 v.Brandes (1989b); Kopecký (1981); 8 Brandes (1990); 2 S. Brandes & D. Brandes (1996).

**11:** ***Urtico-Malvetum neglectae;*** Quellenangaben bei Wittig (2001a)

**12:** ***Chenopodietum vulvariae;*** 6 Aufn. v. Brandes (1989b); 78 v. Gutte & Pyšek (1976); 6 Hetzel & Ullmann (1981).

samt gesehen gilt aber für das gesamte Mitteleuropa, dass das *Hordeetum murini* eine Gesellschaft der Städte und größeren Siedlungen ist. Bevorzugte Standorte der Licht liebenden Gesellschaft im Stadtgebiet sind (nach T. MÜLLER 1983a: 66) „warm-trockene, mäßig stickstoffhaltige, vorzugsweise sandige, oft wenig humose Böden… an Zäunen und Mauerfüßen, an Gehwegrändern, an Baumscheiben der Straßenbäume, im Bahnhofs- und Hafengelände". Im nördlichen und westlichen Mitteleuropa (s. WITTIG 1995) ist sie die typische Gesellschaft von Baumscheiben sowie entsprechender ungepflasterter Bereiche um Masten, Ampeln und Litfasssäulen. Neben diesen punktuellen Vorkommen tritt die Assoziation dort auch auf Straßenbanketten oder vor Hauswänden, Mauern und Plakatwänden auf. Deutlich seltener sind im atlantisch-subatlantischen Klima Vorkommen im Randbereich von Parkrasen. In den Städten des südlichen und östlichen Mitteleuropa, beispielsweise in Łodz und Warschau (WITTIG & OU 1993) oder in Wien (MOES 1995) wächst die Assoziation hingegen seltener auf Baumscheiben, dafür viel häufiger im Randbereich von Scherrasen und selbst flächige Rasen des *Hordeetum murini* sind keinesfalls selten.

Anhand seiner Zeigerwertspektren (s. WITTIG & OU 1993) erweist sich das *Hordeeetum murini* als sehr Licht liebend, Wärme liebend, schwach subatlantisch, frische bis mäßig trockene, sehr schwach saure bis neutrale (s.a. Abb. 8-11), stickstoffreiche Standorte besiedelnd. Das Lebensformspektrum wird bei quantitativer Betrachtung der Artenzusammensetzung von Therophyten dominiert (50 bis knapp 60 %), während Hemikryptophyten nur 33 bis 42 % erreichen. Bei rein qualitativer Betrachtung sind dagegen Thero- und Hemikryptophyten in etwa gleich stark vertreten. Geo- und krautige Chamaephyten spielen nur untergeordnete Rollen. Der Anteil der sommergrünen Arten ist, insbesondere bei quantitativer Auswertung, deutlich geringer (34 bis 46 %) als der der überwinternd grünen (54 bis 65 %). Diejenigen Pflanzenfamilien, die in Städten überdurchschnittlich stark repräsentiert sind, zeigen im *Hordeetum murini* nochmals eine Steigerung ihres Anteils. So erreichen die Asteraceae 24 %, die Poaceae 8,7 %, die Brassicaceae 9,7 %, die Polygonaceae 6,0 % und die Chenopodiaceae 4,5 %.

Obwohl die Assoziation überwiegend aus einjährigen Arten zusammengesetzt ist, können Bestände des *Hordeetum murini* oft über Jahre hinweg an ein und demselben Standort in nahezu unveränderter Artenkombination existieren. In Düsseldorf wurde vom Verfasser ein Bestand von 1978 bis 1992, also 15 Jahre lang, in Münster von 1972 bis 1991, also 20 Jahre lang beobachtet, bis die Bestände dann jeweils durch Bebauung vernichtet wurden. Nach BRANDES (1987a) hat die „Langlebigkeit" der *Hordeum murinum*-Bestände folgende Ursachen:

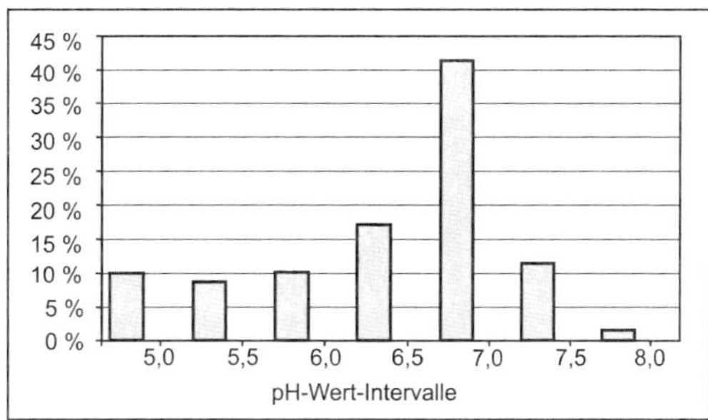


Abb. 8-11 pH($H_2O$) der Böden von 70 Beständen des *Hordeetum murini* in Frankfurt/M. im Mai 1997 (WITTIG n.p.).

- *Hordeum murinum* hat praktisch keinen Keimverzug. Die Karyopsen keimen schon nach wenigen Tagen, wodurch bereits im Frühherbst der Wurzelraum wieder dicht besiedelt ist. Wenn der Winter mild ist (milde Winter sind stadttypisch; vgl. Kap. 3.1), bleiben die meisten Pflanzen am Leben und haben so gegenüber ihren Mitbewerbern, die erst im Frühjahr keimen, große Wettbewerbsvorteile.
- Unmittelbar vor südexponierten Mauern dürfte der Wärmehaushalt der Pflanzen im Hochsommer auch in Mitteleuropa sehr angespannt sein, zumal dann, wenn der Wurzelraum sehr klein ist. Im Hochsommer hat *Hordeum murinum* seinen Vegetationszyklus bereits beendet, während die empfindlichen Keimpflanzen anderer Arten nun relativ rasch vertrocknen.

Unter Tritteinfluss degeneriert das typische *Hordeetum murini* zum *Matricario-Polygonetum avicularis*. Standörtlich und floristisch zwischen diesen beiden Assoziationen vermittelt eine Ausbildung mit den Differenzialarten *Lolium perenne*, *Plantago major*, *Poa annua* und *Trifolium repens*, die von manchen Auto-

Abb. 8-12 Am Rande städtischer Scherrasen findet sich häufig ein schmaler Saum des *Hordeetum murini*, in dem nicht selten *Malva neglecta* vorkommt (Karlsruhe, 6/1992).

Abb. 8-13 Hühnerausläufe sind typische Standorte des *Urtico-Malvetum neglectae*, das auf solchen Standorten oft mosaikartig mit Arction-Gesellschaften, hier dem *Conietum maculati*, verzahnt ist (Sobésuky, Böhmen, 6/2000).

ren als Subassoziation (*H. m. lolietosum perennis* oder *plantaginetosum majoris*), von anderen als Variante oder Stadium aufgefasst wird. Unterbleiben die für den Fortbestand des *Hordeetum murini* nötigen Störungen, so erfolgt rasch eine Sukzession zu Artemisietea-Gesellschaften, meist zum *Artemisio-Tanacetetum*. Dementsprechend kann auch eine zum *Artemisio-Tanacetetum* oder anderen Artemisietea-Gesellschaften vermittelnde Ausbildung mit *Artemisia vulgaris* als entsprechende Subassoziation *(H. m. artemisietosum)* oder aber als Variante bzw. Stadium unterschieden werden.

Außer *Hordeum murinum*, dessen eindeutiges Optimum in der Assoziation liegt, haben auch die beiden Trespen *Bromus sterilis* und *B. hordeaceus* einen Schwerpunkt innerhalb der Gesellschaft. Manche Autoren sprechen daher vom *Bromo-Hordeetum murini*. *Bromus sterilis* ist offensichtlich nicht ganz so wärmebedürftig und Licht liebend wie *Hordeum murinum*. An kühleren und/oder halbschattigen Standorten findet man statt des *Hordeetum murini* daher häufig eine *Bromus sterilis*-Gesellschaft. Viele Autoren führen ein *Hordeetum murini brometosum sterilis*, das zwischen der *Bromus sterilis*-Gesellschaft und dem *H. m. typicum* vermittelt. Eliaš (1979) beschreibt außerdem die Subassoziationen *H. m. brometosum tectorum* (warm-trockene Standorte), *atriplicetosum hastatae* (sehr stickstoffreiche Standorte) und *sisymbrietosum loeselii* (zum *Sisymbrietum loeselii* vermittelnd). Die beiden *Bromus*-Subassoziationen werden auch von Langer (1994) für Berlin angegeben.

Zunehmend trifft man in stark mit Hundekot belasteten städtischen Gebieten *Malva neglecta*, die früher als typische Dorfpflanze galt (s. Kap. 8.2.2), im *Hordeetum murini* an (Abb. 8-12). Die Mehrheit der städtischen *Malva neglecta*-Bestände befindet sich allerdings in degradierten Scherrasen und enthält dementsprechend oft mehr Cynosurion- als Sisymbrietalia- und Stellarietea-Arten (Wittig 2001a), gehört also nicht zum *Hordeetum*. Völlig neu sind Vergesellschaftungen von *Malva neglecta* und *Hordeum murinum* übrigens offensichtlich nicht, denn bereits Lohmeyer (in Tüxen 1950) erwähnt bei seiner Erstbeschreibung des *Urtico-Malvetum neglectae* ein Manuskript von Knapp aus dem Jahre 1945, in dem dieser ein *Hordeetum murini malvetosum neglectae* aufgeführt hat.

Abb. 8-14 Nicht selten wächst *Malva neglecta* in städtischen Scherrasen (Cynosurion), die häufig von Hunden aufgesucht werden (Frankfurt am Main, Mai 2000).

## 8.2.2 Die Wegmalven-Gesellschaft

Die Weg-Malve (*Malva neglecta*) ist nach Oberdorfer (2001: 659) ein „Stickstoffzeiger (Ammoniak-Pflanze)“, der „vor allem im Bereich dörflicher Siedlungen“ vorkommt, und zwar „in lückigen Unkrautfluren, an Mauern und Wegen, an Mistplätzen und Ackerrändern, in Gärten“. Die typische Standortsituation des ***Urtico-Malvetum neglectae*** Lohm. in R. Tx. 1950, dessen Ökologie eingehend von Grosse-Brauckmann (1953) untersucht wurde, ist mit der eben für *Malva neglecta* beschriebenen identisch. Die vorwiegend aus stickstoffliebenden einjährigen Arten aufgebaute Gesellschaft benötigt neben Stickstoff auch die ständige Beseitigung von Konkurrenz. Beides erhält sie in idealer Weise dort, wo Haustiere freilaufend auftreten und einerseits durch ihre Exkremente für den nötigen Stickstoffreichtum sorgen, andererseits durch Scharren, Kratzen, Tritt und Verbiss den Konkurrenzdruck mehrjähriger Arten verringern oder sogar gegen Null gehen lassen. Besonders geeignet scheinen in dieser Hinsicht Hühner zu sein, denn „das Scharren des Hühnervolkes“ (Lohmeyer 1983: 21) wird von zahlreichen Autoren als für das *Urtico-Malvetum* wichtiger ökologischer Faktor gewürdigt (u. a. Kopecký 1986; s. Abb. 8-13).

**Tab. 8-4: Absolute und prozentuale Häufigkeit[1] von Sisymbrion-Gesellschaften in Siedlungen Westböhmens zu Beginn der 1970er Jahre (nach A. Pyšek 1978)**

| Gesellschaft | n | % |
|---|---|---|
| *Urtico-Malvetum neglectae* | 686 | 36,22 |
| *Chenopodietum ruderale* | 590 | 31,15 |
| *Hordeetum murini* | 253 | 13,36 |
| *Atriplicetum sagittatae* | 242 | 12,78 |
| *Sisymbrietum loeselii* | 204 | 10,77 |
| *Conyzo-Lactucetum serriolae* | 185 | 9,77 |
| *Atriplicetum oblongifoliae* | 36 | 1,90 |
| *Descurainietum sophiae* | 18 | 0,95 |

[1] Untersucht wurden 1894 Flächen

Zu einem typischen *Urtico-Malvetum* (Tab. 8-3: 11) gehören aufgrund der oben beschriebenen Standortbedingungen weitere stickstoffliebende Einjährige, insbesondere Charakterarten von Verband, Ordnung und Klasse (Sisymbrion, Sisymbrietalia, bzw. Stellarietea mediae), in geringerem Maße auch solche der Hackfruchtäcker (also aus den anderen Ordnungen der Stellarietea mediae). An besonders stickstoffreichen Standorten können die Arten des *Chenopodietum glauco-rubri* hinzutreten. In wärmeren Regionen kann *Hordeum murinum* vertreten sein, ohne dass dadurch die Zugehörigkeit zum *Urtico-Malvetum* in Frage gestellt ist.

Lassen die für den Fortbestand der Assoziation essentiellen Störungen nach, so entwickelt sich die Assoziation in Richtung auf eine Arction-Gesellschaft, in der Regel das *Lamio-Ballotetum* (s. Seybold & Müller 1972, Brandes 1987a), *Leonuro-Ballotetum* oder *Conietum maculati* (vgl. Abb. 8-13). Einzelne Exemplare von Arten des Arction und entsprechender höherer Syntaxa gehören daher zur typischen Artenkombination entsprechender Stadien des *Urtico-Malvetum*. *Hyoscyamos niger*, der von Aichinger (1933) für die Namensgebung benutzt wurde (nach Mucina (1993) muss die Assoziation als *Hyoscyamo-Malvetum neglectae* Aichinger 1933 bezeichnet werden), ist dagegen nur in bestimmten Regionen Mitteleuropas vertreten. Im Süden und Osten Mitteleuropas tritt häufig *Amaranthus retroflexus* im *Urtico-Malvetum neglectae* auf. Brandes (1980) spricht in solchen Fällen von einer *Amaranthus retroflexus*-Subassoziation.

Früher fand sich die Assoziation früher häufig als schmaler Saum am Rand von Hofplätzen im Traufbereich der Gebäude. Zum Hof hin vorgelagert waren Trittrasen. Auch die Gesellschaft selbst wurde zumindest schwach betreten. Lohmeyer (in Tüxen 1950: 155) weist darauf hin, dass die Assoziation „häufig im Kontakt und in Durchdringung mit der *Lolium perenne-Plantago major*-Assoziation" vorkommt. Dementsprechend sind die Trittpflanzen *Poa annua* und/oder *Polygonum arenastrum* mit mittlerer (III) bis sehr hoher Stetigkeit (V) vertreten, und *Plantago major* kommt zumindest in einigen Ausbildungen der Gesellschaft mit mittlerer bis hoher Stetigkeit vor. SK III erreicht teilweise auch das für Rasen- und Trittpflanzengesellschaften bezeichnende *Taraxacum officinale*.

Der Rückgang der Haltung freilebender Haustiere in den Dörfern, die fortschreitende Versiegelung der Hofbereiche sowie sicherlich auch die diversen Dorfverschönerungsaktionen haben es mit sich gebracht, dass *Malva neglecta* und ihre Gesellschaft heute in zahlreichen Dörfern fehlen. Offensichtlich ist der Rückgang insbesondere der Assoziation so auffällig, dass er bereits in der Mehrzahl der Standardwerke der mitteleuropäischen Pflanzensoziologie erwähnt wird. In Niedersachsen ist die Art und im westlichen Sachsen-Anhalt die Assoziation allerdings noch häufig (D. Brandes 1990a, S. Brandes & D. Brandes 1996). Die Mehrzahl der bisher im deutschsprachigen Raum erschienenen Roten Listen von Pflanzengesellschaften stuft die Assoziation als gefährdet ein, in Schleswig-Holstein gilt sie sogar als stark gefährdet (Übersicht bei Wittig 2001). Auch in Westböhmen, wo die Assoziation noch Ende der 70er-Jahre die häufigste Sisymbrion-Gesellschaft der Siedlungen war (Tab. 8-4), ist sie inzwischen selten geworden (A. Pyšek 1978).

Wegen der in weiten Regionen starken Gefährdung der Assoziation wird hier und da versucht, sie in dörflichen Freilichtmuseen zu erhalten, beispielsweise im Rheinischen Freilichtmuseum in Kommern (s. Schumacher 1983) oder im Bauernhausmuseum des Bezirks Niederbayern in Massing (Otte 1994). Wie Hard (1998) am Beispiel von Kommern beobachtet hat und allgemeingültig erklärt, ist derartigen Versuchen in der Regel wohl kein Erfolg beschieden. Otte & Ludwig (1990) schlagen vor, die bedrohte Assoziation im Rahmen von Dorfsanierungen gezielt zu fördern.

Dort, wo *Malva neglecta*-Gesellschaften für Stadtgebiete im engeren Sinne angegeben werden, handelt es sich meist nicht um typische Ausbildungen der Assoziation, sondern um solche, die entweder mehr Ähnlichkeit mit Tritt- (Polygonion avicularis) bzw. Scherrasen (Cynosurion) aufweisen (s. Abb. 8-14) als mit dem Sisymbrion oder sehr artenarm sind. Nach HARD (1998: 273) schließen sich diese städtischen Malvenfluren „oft an Mäusegerstefluren und/oder Trittpflanzengesellschaften (Plantaginetalia) an und durchdringen sich mit ihnen. Die für die dörflichen Malvenfluren charakteristischen nitrophytischen Chenopodietalia- und Chenopodieta-Arten… sind dann kaum vertreten; dafür aber häufiger Arten wie *Polygonum aviculare*, *Poa annua, Plantago major*, *Lolium perenne, Poa pratensis* (Polygono-Poetalia, Plantaginetalia) und/oder Arten wie *Bromus sterilis*, *Hordeum murinum, Conyza canadensis*, *Lactuca serriola* (Bromo-Hordeion) und nicht zuletzt *Elymus repens.*" BRANDES hat bereits 1980 auf das Vorkommen von artenarmen *Malva neglecta*-Beständen in Großstädten, z. B. Braunschweig, Köln, hingewiesen.

Bei einer unkritischen Auswertung der Literatur könnte man annehmen, dass das *Urtico-Malvetum neglectae* in Städten in letzter Zeit häufiger geworden ist oder, zumindest stellenweise, sogar häufig auftritt. Während nämlich DÜLL & WERNER (1956) das *Urtico-Malvetum* aus dem Berlin der 50er-Jahre des letzten Jahrhunderts noch gar nicht erwähnen, taucht in den exemplarischen zeichnerischen Darstellungen der stadtökologischen Raumeinheiten von Berlin (BÖCKER et al. 1998, die Gelände-Untersuchungen hierzu wurden Anfang der 80er-Jahre durchgeführt) ein *Urtico-Malvetum neglectae* immerhin in drei Biotoptypen auf (Sand-Gartensiedlung: dort in unmittelbarer Nachbarschaft zum *Hordeetum murini*; Lehm-Gartensiedlung: dort im Bereich beschatteter Rasenflächen von Obstgärten; Lehm-Zeilen- und Randbebauung: am Rand eines Cynosurion-Rasens). In der Mehrzahl der Fälle lässt allerdings die Kontaktsituation vermuten, dass es sich hierbei nicht um das *Urtico-Malvetum neglectae* im oben beschriebenen Sinne, sondern um *Malva neglecta*-reiche Ausbildungen des *Hordeetum murini* sowie um Übergänge zwischen *Hordeetum* und *Malvetum* oder *Malva neglecta*-Gesellschaften aus dem Bereich des Polygonion avicularis und Cynosurion handelt.

### 8.2.3 Weitere Sisymbrion-Gesellschaften

Keine andere Sisymbrion-Gesellschaft ist auch nur annähernd so bezeichnend für die Siedlungen Mitteleuropas wie das *Hordeetum murini* im Falle der Städte und das *Urtico-Malvetum neglectae* ehemals im Falle der ländlichen Siedlungen. Auf die übrigen wird daher im Folgenden nicht so intensiv eingegangen wie auf die oben genannten.

Das ***Chenopodietum ruderale*** Oberd. 1957 (Tab. 8-3: 2) wird vom Erstbeschreiber als häufige Pioniergesellschaft der Trümmergrundstücke der Nachkriegszeit bezeichnet. Als Charakterart nennt der Autor ursprünglich *Chenopodium strictum*, eine Kleinart des Aggregates *Ch. album*. Wohl wegen der Schwierigkeiten, die Kleinart im Gelände sicher anzusprechen, wird in mehreren Arbeiten über Stadtvegetation nicht zwischen *Chenopodium album* s.str. und *Ch. strictum* unterschieden, wobei manche Autoren dann von einer *Chenopodium album*-Gesellschaft sprechen. KOPECKÝ (1981) führt zusätzlich die Assoziationen *Chenopodietum ficifolii* Hejný 1979 und *Chenopodietum alboviridis* Hejný ex Hadač 1978 sowie ein eng gefasstes *Chenopodietum stricti* Oberd. 1957. T. MÜLLER (1983a: 70) ist jedoch der Ansicht, dass alle von hochwüchsigem *Chenopodium album* und *Ch. strictum* dominierten Pioniergesellschaften zum *Chenopodietum ruderale* gehören. Nach MUCINA (1993b) kann außer *Chenopodium album* und/oder *Ch. strictum* auch *Ch. opulifolius* dominieren. In dieser erweiterten Fassung ist das *Chenopodietum ruderale* nicht nur in Städten, sondern auch in Dörfern und im gesamten Bereich intensiver menschlicher Nutzung anzutreffen, stellt also eine urbanoneutrale Assoziation dar. Man findet sie v.a. als Estbesiedler von Erdaufschüttungen an Baustellen. Die Gesellschaft hält sich in der Regel nur ein Jahr und wird dann durch andere Sisymbrion-Gesellschaften oder durch Artemisietea-Gesellschaften ersetzt.

Im nordwestlichen Mitteleuropa sehr stark an Städte gebunden ist dagegen die Kompasslattich-Flur, das ***Conyzo-Lactucetum serriolae*** Lohm. in Oberd. 1957 (Tab. 8-3: 3; Abb. 8-15). Da, wo sie den Stadtbereich verlässt, handelt es sich um Exklaven des städtischen Bereiches, nämlich Bahnlinien (Gleisschotter und Bahndämme), trockene Straßenböschungen und geschotterte Randbereiche größerer Parkplätze. Wo sie in Dörfern vorkommt, beispielsweise in

Bayern und Thüringen (Wittkamp & Deil 1996) oder in Böhmen (P. Pyšek & A. Pyšek 1990), sind es eher industrialisierte Dörfer als solche mit ländlichem Charakter. Die Wärme liebende Gesellschaft „besiedelt ziemlich trockene, sandig-kiesige, auch schottrige und sonst steinige Böden mit meist geringem Feinerdeanteil und mäßiger Nährstoff(Stickstoff)versorgung in sonnig warmer Lage…“ (Müller 1983a: 67). Neben Pflanzenbeständen mit der Charakterart *Lactuca serriola* werden in der Literatur teilweise auch Dominanz-Bestände von *Conyza canadensis*, denen *Lactuca serriola* fehlt, zum *Conyzo-Lactucetum* gestellt. In Tab. 8-3 wurden jedoch nur solche Aufnahmen berücksichtigt, die die Charakterart *Lactuca serriola* enthalten.

Im Vergleich zum *Hordeetum murini* steht das *Conyzo-Lactucetum serriolae* in der Regel auf skelettreicheren Böden, deren maximale Wasserkapazität dementsprechend geringer ist. Der Wassergehalt in den oberen 5 cm der Böden liegt daher im Sommer und Frühherbst in der Nähe des permanenten Welkepunktes und unterschreitet diesen sogar häufig (s. Abb. 8-16).

Auf sehr feinerdearmem Material, z. B. auf Gleisschotter, tritt *Lactuca serriola* zugunsten von *Bromus tectorum* (Abb. 8-17) und/oder *Senecio viscosus* zurück. In der Literatur werden außerdem *Chaenorhinum minus* und *Linaria vulgaris* häufig für derartige Bestände genannt (vgl. Abb. 5-9). In Spalte 4 der Tab. 8-3 sind solche Aufnahmen zusammengefasst, in denen *Bromus tectorum* vorkommt. Dabei zeigt sich, dass keine der drei eben genannten Arten eine Rolle spielt: *Senecio viscosus* tritt mit Stetigkeitsklasse 1 auf, *Chaenarrhinum minus* und *Linaria vulgaris* nur mit + oder r, so dass diese in der Tabelle nicht aufgeführt sind. Mit sehr hoher Stetigkeit (SK IV) ist dagegen *Arenaria serpyllifolia* in der ***Bromus tectorum*-Gesellschaft**

Abb. 8-15 *Conyzo-Lactucetum serriolae* als Saum eines LKW-Ladeplatzes in einem Industriegebiet (Düsseldorf, 6/1990).

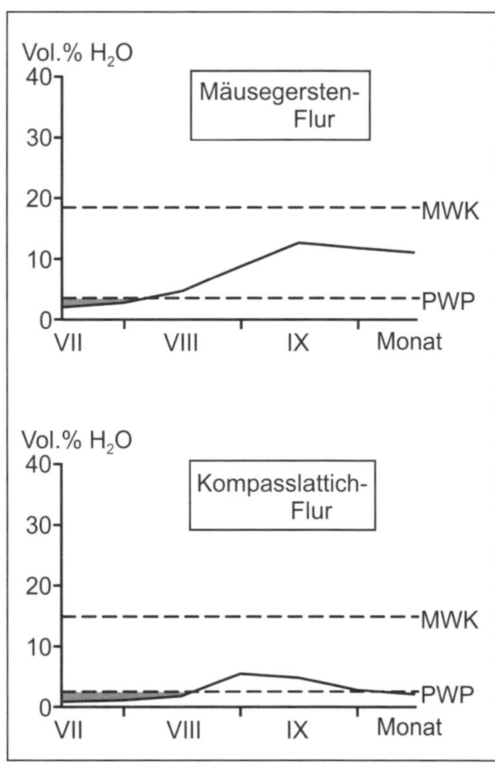


Abb. 8-16 Permanenter Welkepunkt (PWP), maximale Wasserkapazität (MWK) und Wassergehalt im Boden (0–5 cm) eines *Hordeetum murini* und eines *Conyzo-Lactucetum serriolae* in Düsseldorf von Juli bis Oktober 1986 (aus W. Werner et al. 1989a).

vertreten. Umgekehrt spielt *Bromus tectorum* in den im Bahnhofsgelände ebenfalls häufigen ***Senecio viscosus*-Beständen** kaum eine Rolle (Tab. 8-3: 5). Manche Autoren stellen all diese Bestände zum *Conyzo-Lactucetum* (z. B. Kienast 1978: *Senecio viscosus*-Ausbildung des *Conyzo-Lactucetum*; Hetzel & Ullmann 1981: Ausbildung auf Gleisschotter). Knapp (1961) spricht bei dieser Artenkombination vom *Linario-Brometum*, Gutte (1972) vom *Bromo-Erigeretum* (syn. *Bromo-Conyzetum*), Bornkamm (1974) von *Senecio viscosus-Conyza canadensis*-Pionierbeständen. T. Müller (1983a) schlägt die Bezeichnung *Linaria vulgaris-Bromus tectorum*-Gesellschaft vor. Pott (1995) verwendet den Namen *Bromo-Erigeretum canadensis* (Knapp 1961) Gutte 1965. Nach Brandes (1982a) sind derartige Bestände typische Erstbesiedler der Schotter stillgelegter Gleise.

Mucina (1978) fasst eine an *Diplotaxis tenuifolia* reiche Ausbildung der Gesellschaft als eigene Assoziation, *Lactuco-Diplotaxietum tenuifoliae* Mucina 1978, auf. Als Kennarten werden *Diplotaxis tenuifolia*, *Lepidium densiflorum* und *L. virginicum* genannt. Verglichen mit dem *Conyzo-Lactucetum* soll diese Assoziation klimatisch mildere Lagen oder wärmeres Mikroklima bevorzugen. *Conyza canadensis* ist weniger wärmebedürftig als *Lactuca serriola* und steigt daher im Gebirge höher hinauf. Entsprechend findet man beispielsweise in den Siedlungen des oberen Murltales eine Sisymbrion-Gesellschaft mit *Conyza canadensis*, der jedoch *Lactuca serriola* fehlt (Holzner 1972).

Das ***Sisymbrietum altissimi*** Bornkamm 1974 (Tab. 8-3: 6), in älteren Arbeiten meist als *Lactuco-Sisymbrietum altissimi* Lohm. apud Tx. 1955 bezeichnet, besiedelt ähnliche Standorte wie das *Conyzo-Lactucetum serriolae*. Nach Lohmeyer (in Oberdorfer et al. 1967) soll es sich bei diesen beiden Gesellschaften um vikariierende Assoziationen handeln, von denen die erste eher kontinental, die zweite mehr submediterran-atlantisch verbreitet sei. Aus süddeutschen Städten wurde das *Sisymbrietum altissimi* bisher nicht beschrieben, in nordwestdeutschen Städten kommt es dagegen neben dem *Conyzo-Lactucetum* vor, so dass man dort nicht mehr von vikariierenden Assoziationen sprechen kann. Im Experiment wird *Sisymbrium altissimum* auf frischen, feinerde- und nährstoffreichen Standorten schnell von *Lactuca serriola* überwachsen, so dass keine Chance für eine erfolgreiche Entwicklung besteht. An trockeneren, feinerdearmen

Abb. 8-17 *Bromus tectorum* ist im Bahngelände häufig (Oberursel, 6/2000).

Standorten hat die Art dagegen gegenüber *Lactuca serriola* gute Konkurrenzchancen (Wittig, in Vorb.). Laut Brandes (1990b: 80) ist das *Sisymbrietum altissimi* nur in Nordwestdeutschland gut gegen Gesellschaften anderer *Sisymbrium*-Arten abzugrenzen. Insbesondere „im östlichen Mitteleuropa… ist *Sisymbrium altissimum* dagegen hochstet mit *S. loeselii* und *Descurainia sophia* vergesellschaftet. Nach den Nomenklaturregeln muss… diese Assoziation *Descurainietum sophiae* heißen".

Das ***(Capsello-)Descurainietum sophiae*** (Tab. 8-3: 7) wurde von Kreh (1935) mit den Charakterarten *Sisymbrium* (= *Descurainia*) *sophia* und *S. loeselii* beschrieben. Später bezeichnen einige Autoren (z. B. Gutte 1972, Rostanski & Gutte 1971) entsprechende Bestände als *Sisymbrietum loeselii*. Mucina (1993b) fasst das *Descurainietum sophiae* dagegen enger (nur *Descurainia sophia* als Charakterart) und begründet für *Sisymbrium loeselii* eine eigene Assoziation, das ***(Elymo repentis-) Sisymbrietum loeselii*** Mucina 1993 (Tab. 8-3: 8; Abb. 8-18).

Brandes & Griese (1991) sehen *Descurainia sophia*, die beispielsweise in der Altmark hochstet im *Sisymbrio-Atriplicetum oblongifolii* auftritt (Brandes 1991), nicht als Charakterart einer eigenen Assoziation an, wohl aber *Sisymbrium loeselii*. Sie geben für Niedersachsen daher ein *Sisymbrietum loeselii* und eine *Descurainia sophia*-Gesellschaft an. Im Vergleich ist das *Capsello-Descurainietum sophiae* (bzw. die *Descurainia sophia*-Gesellschaft) mesophiler und nährstoffliebender, das *Elymo repentis-Sisymbrietum loeselii* wärme- und trockenheitsliebender. Da *Descurainia sophia* einen subkontinentalen Schwerpunkt besitzt, kommt ihre Gesellschaft nach Pott (1995) in Ost- und Mitteldeutschland häufiger vor als in Nord- und Nordwestdeutschland. Interessanterweise ist sie nach eigenen Beobachtungen im Stadtgebiet von Kopenhagen nicht selten. Das *Sisymbrietum loeselii* ist in Wärme- und Trockengebieten Mitteleuropas in allen Siedlungen sowie auch außerhalb davon auf Brachen und Erdaufschüttungen anzutreffen. In weniger warmen Regionen Mitteleuropas ist es dagegen auf große Städte beschränkt (Hamburg, Ruhrgebiet).

Das ***Atriplicetum sagittatae*** (= *Atriplicetum nitentis*; Tab. 8-3: 9) Knapp 1945 ist eine (sub)kontinentale Pflanzengesellschaft, die in Städten zwar vereinzelt bis in den subatlantischen Klimabereich vordringt, dem atlantischen Mitteleuropa jedoch fehlt. Charakteristische Standorte sind offene, nährstoffreiche Böden. Man findet die Assoziation in Städten daher insbesondere auf Müllkippen (Kassel: Sauerwein 1988; Braunschweig: Janssen & Brandes 1984), wo sie bis 1,5 m hohes Gestrüpp bildet. Nach dem Zweiten Weltkrieg war sie eine typische Gesellschaft der Erstbesiedlung von Trümmergrundstücken. Heute ist sie schwerpunktmäßig auf Lehmaufschüttungen auf Baustellen sowie auf stark eutrophierten Stadtbrachen im kontinentalen Bereich Mitteleuropas anzutreffen (Abb. 8-19). In Tschechien sind bzw. waren Misthaufen der häufigste Standort der Assoziation (Mandąk & Pyšek 1998). *Atriplex sagittata* ist mancherorts auch auf Mittelstreifen von Autobahnen und großen Stadtstrassen dominant, wozu ihr

Abb. 8-18 *Sisymbrium loeselii*, die Charakterart des *Elymo repentis-Sisymbrietum loeselii* (Wien, Süd-Bahnhof, 7/2001).

Abb. 8-19 *Atriplicetum sagittatae* auf einer Ruderalfläche in Pilsen (6/2000).

wohl ihre Salzverträglichkeit verhilft. Aufnahmematerial von solchen Beständen liegt allerdings bisher nicht vor.

Brandes (1982b) beschreibt neben der typischen Subassoziation eine von *Sisymbrium altissimum*, die nach seinen Angaben häufiger ist als die typische, ein auf kochsalzhaltige Standorte hinweisendes *S. a. atriplicetosum hastatae* und ein nur im extrem kontinentalen Bereich Mitteleuropas vorkommendes *S. a. atriplicetosum tataricae*. Nach Pott (1995) sind die seltenen kontinentalen *Atriplex rosea*-Bestände, die beispielsweise aus Prag (Hejný 1978), von einigen Bahnanlagen in Deutschland (Brandes 1983) sowie aus dem Burgenland (Forstner 1984) beschrieben wurden, zu dieser Gesellschaft zu zählen. Mucina (1993b) sieht sie jedoch als gesonderte Assoziation (*Atriplicetum roseae* Forstner in Mucina 1993) an.

Auch das ***(Sisymbrio-)Atriplicetum oblongifoliae*** Oberd. 1957 (Tab. 8-3: 10) tritt bevorzugt im (sub-)kontinentalen Raum Mitteleuropas auf. Die salzverträgliche Assoziation be-

Abb. 8-20 *Sisymbrio-Atriplicetum oblongifoliae* mit Dominanz von *Atriplex micrantha* an einer Stadtautobahn in Frankfurt/M. (9/2000).

vorzugt sandige, etwas humose, stickstoffreiche Böden. Die Charakterarten der Assoziation *Atriplex micrantha* (Abb. 8-20) und *A. oblongifolia* haben sich aufgrund ihrer Salzverträglichkeit in manchen Regionen Deutschlands, z. B. in Hessen und Niedersachsen, auf Mittelstreifen von Autobahnen in jüngster Zeit stark ausgebreitet (s. Schnedler & Bönsel 1989 Griese 1998), wobei erstere viel häufiger ist als die namengebende *A. oblongifolia.* Die oft nur schwer vom *Atriplicetum sagittatae* abzutrennende Assoziation (vgl. Brandes 1989b) vermittelt nach Mucina (1993) floristisch zu den Agropyretalia repentis.

Das ***Chenopodietum vulvariae*** Gutte et Pyšek 1976 (Tab. 8-3: 12) wächst nach Angaben seiner Autoren in südlicher oder südwestlicher, seltener südöstlicher Exposition vor Zäunen, Mauern und Bürgersteigkanten der Siedlungen wärmerer Gebiete, meist in Kontakt zu Trittpflanzengesellschaften. Die von den Erstbeschreibern veröffentlichte Tabelle weist mehrere Trittpflanzenarten als so hochstet aus, dass auch ein Anschluss an die Klasse der Trittpflanzengesellschaften möglich wäre. In noch ländlich geprägten Siedlungen findet man eine Subassoziation mit *Malva neglecta*, in verstädterten Dörfern und Städten die typische Subassoziation. Vor der Beschreibung der Assoziation durch Gutte & Pyšek (1976) wurden entsprechende Bestände in der Regel zum *Urtico-Malvetum neglectae* gestellt. Eine weitere, dem *Urtico-Malvetum neglectae* floristisch nahestehende Assoziation, in der *Chenopodium murale* dominiert, kommt nach Mucina (1986) im mitteldeutschen Trockengebiet sowie in Zentralböhmen und Südmähren vor.

In wärmebegünstigten, (leicht) kontinentalen Gebieten, z. B. bereits in einigen Teilen Hessens (Ludwig 1990), tritt auf Standorten, die ansonsten mit denen des *Urtico-Malvetum neglectae* identisch sind, sehr selten *Malva pusilla* auf. Diese Bestände können zum ***Malvetum pusillae*** Murariu 1943 gestellt werden, dessen Verbreitungszentrum in Südosteuropa liegt. Oberdorfer (2001) sieht *Malva pusilla* als Charakterart des *Polygonion avicularis* an und stellt die auch ansonsten stark mit Trittpflanzen durchsetzte Gesellschaft von *Malva pusilla* dementsprechend in diesen Verband, also zu den Trittpflanzengesellschaften. Aus der Vielzahl der weiteren für das Sisymbrion beschriebenen Assoziationen seien zwei im kontinentalen Bereich Mitteleuropas auftretende Gesellschaften genannt, das *Ivaetum xanthiifoliae* Fijałkowsky 1967 und das *Atriplicetum tataricae* Ubriszi 1948.

Da sämtliche Sisymbrion-, Sisymbrietalia- und Stellarietea-Charakterarten eine hohe Samenproduktion besitzen, sind sie in der Lage, neue Standorte sehr schnell zu besiedeln. Je nach Art und Zeitpunkt eines vorhergehenden Eingriffes, der im Boden vorhandenen Samenbank und in Abhängigkeit von Nachbarschaftseffekten kann es daher zur Ausbildung von Dominanzbeständen all dieser Charakterarten kommen. Außer den oben bereits erwähnten Beständen bzw. Gesellschaften von *Bromus sterilis Conyza canadensis*, *Bromus tectorum* und *Senecio viscosus* werden in der Literatur u. a. solche von *Atriplex patula*, *A. prostrata*, *Galinsoga ciliata*, *G. parviflora*, *Tripleurospermum perforatum*, *Sisymbrium officinale* und *Sonchus oleraceus* beschrieben, wobei die *Galinsoga parviflora*-Bestände nach Brandes (1991: 115) „zu den häufigsten, wenn auch kaum beachteten Pflanzengesellschaften mitteleuropäischer Altstädte" gehören.

## 8.2.4 Gesellschaften des Salsolion ruthenicae

Die Gesellschaften des Verbandes Salsolion ruthenicae Philippi 1971 sind aus pflanzengeographischer, pflanzensoziologischer und ökologischer Sicht besonders interessant. Das pflanzengeographische Interesse besteht darin, dass die Charakterarten des Verbandes und der Assoziationen überwiegend Neophyten sind. Dementsprechend handelt es sich um junge, noch im Entstehen begriffene Gesellschaften, worin der pflanzensoziologische Reiz besteht, sich mit ihnen näher zu beschäftigen. Ökologisch bemerkenswert ist, dass alle Gesellschaften des Verbandes Extremstandorte besiedeln. Im Gegensatz zur Mehrzahl der städtischen Ruderalgesellschaften, die mäßig nährstoffreiche bis nährstoffreiche Standorte bevorzugen, findet man die des Salsolion in erster Linie auf relativ nährstoffarmen Standorten. Charakterarten des Verbandes sind das Ukrainische Salzkraut (*Salsola kali* ssp. *ruthenica*) und der Sand-Wegerich (*Plantago arenaria*), der auch *Psyllium arenarium* genannt wird. Von den Gesellschaften des Salsolion ruthenicae wurden in Städten das *Chaenorrhino-Chenopodietum botryos*, *Bromo-Corispermetum leptopteri*, *Setario-Plantaginetum arenariae* und die *Salsola ruthenica*-Gesellschaft mehrfach nachgewiesen. Im atlantisch-subatlantischen Klimabereich sind die Assoziationen des Verbandes z.Zt. noch sehr selten, zeigen aber eine leichte Ausbreitungstendenz.

Das ***Chaenorhino-Chenopodietum botryos*** Sukopp 1971 (Tab. 8-5: 1) wurde zuerst aus Berlin beschrieben. Seine Charakterart, *Chenopodium botrys*, zählt zu den ökologisch bestuntersuchten Ruderalarten (vgl. Tab. 6-4). Bezeichnende Standorte der Gesellschaft sind trockene, relativ junge, kalkreiche, sandige bis kiesige oder schlackenreiche Schüttungen. Entsprechende Standortsbedingungen findet man häufig im Bahn- und Industriegelände.

Die Standorte des ***Bromo-Corispermetum*** Sissingh 1950 (Tab. 8-5: 2) ähneln denen von basiphilen Sand-Trockenrasen (vgl. Bornkamm 1977). In Wärmegebieten, z. B. in der Oberrheinebene (vgl. Philippi 1971), ist die Assoziation dementsprechend häufiger außerhalb auf (leicht) ruderalisierten Sandflächen als in Siedlungen anzutreffen, insgesamt gesehen überwiegen allerdings die Ruderalstandorte (s. Köck 1986).

**Tab. 8-5: Artenzusammensetzung der Gesellschaften des Salsolion ruthenicae in Städten***

| Spalte<br>Anzahl der Aufnahmen | | 1<br>68 | 2<br>84 | 3<br>28 | 4<br>52 |
|---|---|---|---|---|---|
| AC 1: | *Chenopodium botrys* | **V** | | | |
| | *Chaenorhinum minus* | **III** | I | | |
| AC 2: | *Corispermum leptopterum* | I | **V** | | |
| AC 3: | *Plantago arenaria* | | I | **V** | |
| VC: | *Salsola kali ruthenica* | | II | | **V** |
| OC: | *Conyza canadensis* | III | III | III | III |
| | *Bromus tectorum* | II | III | II | I |
| | *Sisymbrium altissimum* | II | II | II | I |
| | *Senecio viscosus* | IV | II | II | III |
| KC: | *Chenopod. album* agg. | III | III | III | II |
| B: | *Polygonum avic.* agg. | II | III | III | I |
| | *Artemisia vulgaris* | III | I | III | I |
| | *Poa annua* | III | II | II | II |
| | *Arenaria serpyllifolia* | III | | I | III |

**1:** ***(Chaenorhino-)Chenopodietum botryos;*** 32 Aufn. v. Sukopp (1971); 6 Grüll (1980b); 2 Langer (1994); 10 Rebele (1986); 18 Dettmar (1992a).
**2:** ***Bromo-Corispermetum;*** 16 Aufn. v. Passarge (1957); 28 Hülbusch (1977); 8 Olsson (1978); 1 Langer (1994); 10 Rebele (1986); 1 Brandes (1989a); 20 Dettmar (1986).
**3:** ***Setario-Plantaginetum arenariae;*** 8 Aufn. v. Passarge (1988); 2 Bornkamm (1974); 5 Grüll (1980); 1 Langer (1994); 8 Rebele (1986); 4 Brandes (1989a).
**4:** ***Salsola ruthenica*-Ges.;** 1 Aufn. v. Gödde (1986); 21 Dettmar (1992); 9 Hard (1986b); 5 Lotz (n.p.) Frankfurt, Osthafen; 9 Dettmar (1986); 7 Gutte & Klotz (1985).
* gekürzte synth. Tabelle: Mit Ausnahme der AC werden nur solche Arten berücksichtigt, die mindestens einmal SK IV oder zweimal SK III oder dreimal SK II erreichen. Die Stetigkeitsklassen + und r werden nicht aufgeführt.

Das ***Setario-Plantaginetum arenariae*** Passarge 1988 hat nach Müller (1983a) keine eigene Assoziationscharakterart, sondern wird durch das hochstete Auftreten der Verbandscharakterart *Plantago arenaria* gekennzeichnet (Abb. 8-21). Tab. 8-5 weist *P. arenaria* allerdings durchaus als Assoziationscharakterart aus. Man findet die Assoziation ebenfalls bevorzugt im Bahngelände größerer Städte.

Nach Müller (1983a) ist die ***Salsola kali ruthenica*-Gesellschaft** (*Salsoletum ruthenicae* Philippi 1971) mit in das *Bromo-Corispermetum* einzubeziehen. Passarge (1988) bestätigt zwar die große Übereinstimmung der südwestdeutschen *Salsola*-Fluren mit dem *Bromo-Corispermetum*, sieht aber die der kontinentaleren Gebiete als eigenständige Assoziation an und nennt sie *Amarantho-Salsoletum*. Tab. 8-5 spricht eher für Eigenständigkeit.

Beim Verband Salsolion, vielleicht aber auch lediglich bei der Ordnung Sisymbrietalia sind Dominanzbestände weiterer Neophyten

Abb. 8-21 *Plantago arenaria*, die bezeichnende Art des *Setario-Plantaginetum* (Frankfurt/M., Hauptgüterbahnhof, 6/2000).

anzuschließen, z. B. die *Inula graveolens*-Gesellschaft (von Gödde (1984) als *Inuletum graveolentis* beschrieben), die *Panicum capillare*-Gesellschaft (von Ullmann & Hetzel (1990) als *Conyzo-Panicetum capillaris* bezeichnet), die *Conyza canadensis-Amaranthus retroflexus*-Gesellschaft (durch Passarge (1988) als Assozation gewertet: *Conyzo-Amaranthetum retroflexi*), die sich nach Pott (1995) entlang von Verkehrswegen ausbreitende *Senecio vernalis*-Gesellschaft und die *Kochia densiflora*-Gesellschaft. Gutte & Klotz (1985) ordnen ihr *Kochietum densiflorae* allerdings dem Sisymbrion zu.

### 8.2.5 Gartenbeikraut- und Fragmente von Ackerbeikraut-Gesellschaften

Die Mehrzahl der Arbeiten, die sich mit der spontanen Vegetation von Siedlungen beschäftigt, klammert die Beikraut-Vegetation aus (der neutrale Begriff „Beikraut" wird hier in Anlehnung an Ellenberg 1995 anstelle des abwertenden Begriffes „Unkraut" benutzt). Dementsprechend ist über die Zusammensetzung dieser Vegetation verhältnismäßig wenig bekannt. In allgemeinen Übersichtsarbeiten werden die Beikraut-Gesellschaften der Gärten in der Regel ähnlich zusammengesetzten Assoziationen der Äcker zugeordnet. Bereits J. Tüxen (1958: 34) stellt jedoch für den nordwestdeutschen Raum fest: „Die Gärten sind regelmäßig durch eine ganze Reihe ihnen eigener Arten gegenüber den Äckern ausgezeichnet." Passarge (1981) weist darauf hin, dass sich die Gärten nicht nur durch einige Arten ihrer Beikrautvegetation von den Äckern unterscheiden, sondern auch durch zahlreiche Standortfaktoren:

- Häufige Bodenbearbeitung im Sommerhalbjahr (Umgraben, Hacken, Jäten);
- reichliche Düngung (Kompost, Torf, spezielle Gartendünger);
- starke zusätzliche Bewässerung in Trockenperioden;
- Sonderklima infolge seitlicher Beschattung durch Obstbäume, Sträucher, Stauden, Gebäude, Zäune und Hecken; Wärmespeicherung, -ausstrahlung und -rückstrahlung durch Gebäude;
- sehr kleinflächige, mosaikartige Bewirtschaftung mit unterschiedlicher Pflege und unterschiedlichen Saat- und Pflege- und Ernteterminen;
- eingeschränkte und selektive Anwendung von Herbiziden, Fungiziden und Insektiziden;
- im Vergleich zum Acker sehr reichhaltige Tierwelt (Kleinvögel, Insekten, Regenwürmer);
- gartenspezifische Böden (Hortisole, im Gegensatz zu den Agrosolen der Äcker).

Aufgrund dieser standörtlichen Unterschiede kommt es, verglichen wiederum mit den Äckern, insbesondere den Hackfruchtäckern, zu folgenden floristischen Besonderheiten der Gartenbeikraut-Gesellschaften:

- Auftreten **spezifischer Gartenbeikräuter** (als solche bezeichnet Passarge *Aethusa cynapium* ssp. *cynapium*, *Euphorbia peplus* und *Galinsoga ciliata*);
- verstärktes Auftreten so genannter **„Garezeiger"**, z. B. *Senecio vulgaris* und *Sonchus oleraceus*;

Abb. 8-22 *Papaver rhoeas*-Bestand im Bahngelände (Horažd'ovice, Böhmen, 6/2000).

- vermehrtes Auftreten von **Wärmekeimern,** z. B. *Mercurialis annua* und *Portulaca oleracea*;
- vermehrtes Auftreten von **Tritt- und Ruderalpflanzen,** z. B. *Poa annua*, *Sagina procumbens*, *Taraxacum officinale*, *Urtica urens*, *Malva neglecta*, *Sisymbrium officinale*, *Urtica dioica* und *Aegopodium podagraria*;
- Zurücktreten bzw. nahezu völliges Fehlen mancher spezifischer Ackerbeikräuter, z. B. *Viola arvensis*, *Sinapis arvensis*, *Scleranthus annuus*.
- Auftreten von extremen **Frühjahrspflanzen** wie *Ranunculus ficaria* und *Veronica hederifolia* agg. (vgl. Kap. 8.3.1).

Für die Gärten seines Untersuchungsgebietes (Umgebung von Eberswalde und Gentin) beschreibt PASSARGE (1981) drei Gartenbeikrautgesellschaften: das auf sandigen Böden im Bereich ehemaliger *Panico-Setarion*-Sandäcker vorkommende *Erodio-Galinsogetum parviflorae*, das auf stärker humosen und nährstoffreicheren Böden, nämlich typischen Hortisolen mit über 60 cm mächtigem Ah-Horizont gedeihende *Euphorbio-Galinsogetum ciliatae* sowie das auf sehr stark humosen, zeitweilig vernässten Standorten vorkommende *Aethuso-Euphorbietum peplidis*. Die erstgenannte Assoziation gehört nach PASSARGE zum Spergulo-Erodion J. Tx. 1961, die beiden anderen zum Fumario-Euphorbion (Siss. 1942) Görs 1966. POTT (1995) führt allerdings keine der drei o.g. Gesellschaften, während MUCINA (1993a) wenigstens das *Euphorbio-Galinsogetum ciliatae* Passarge 1981 auflistet.

Auf kalkarmen, sandig-lehmig bis tonigen Böden Nordwestdeutschlands ist in Vorgärten, Anlagen und auf Gräbern das ***Chenopodio-Oxalidetum fontanae*** Siss. 1950 nom. inv. Th. Müller et Oberd. in Oberd. 1983, eine Gesellschaft des Polygono-Chenopodion polyspermi W. Koch 1926 em. Hüppe et Hofmeister 1990, die häufigste Assoziation der Ordnung. Neben *Chenopodium polyspermum* und *Oxalis fontana* treten die Ordnungscharakterarten *Sonchus asper* und *Polygonum persicaria*, die Klassencharakterarten *Capsella bursa-pastoris*, *Chenopodium album* und *Stellaria media* sowie als Begleiter *Rumex acetosella* mit hoher Stetigkeit auf.

Basenreiche Standorte, wie man sie beispielsweise in den Gärten von Düsseldorf, Essen, Frankfurt und Karlsruhe findet, werden häufig vom ***Mercurialetum annuae*** Krusem. et Vlieger 1939 em. Th. Müller in Oberd. 1983 besiedelt. Neben der hochsteten und oft auch mit hohen Deckungsgraden auftretenden Charakterart, dem Einjährigen Bingelkraut (*Mercurialis annua*) gehören die Verbandscharakterart des *Fumario-Euphorbion* Th. Müller in Görs 1966, *Euphorbia helioscopia*, die Ordnungscharakterarten *Sonchus asper*, *Veronica persica* und *Polygonum persicaria* sowie die Klassencharakterarten *Stellaria media*, *Chenopodium album*, *Sonchus oleraceus*, *Capsella bursa-pastoris* und *Senecio vulgaris* zu den steten Arten der Assoziation. Für Düsseldorf und Essen wies GÖDDE (1986) außerdem das *Thlaspio-Fumarietum* nach. Hierzu kann auch die von HETZEL & ULLMAN (1981) für Würzburg belegte Fumario-Euphorbion-Gesellschaft gestellt werden. Für Gärten im subatlantischen Bereich Nordwestdeutschlands nennt POTT (1995) mit dem *Soncho-Veronicetum argrestis* Br.-Bl. 1948 em. Th. Müller et Oberd. in Oberd. 1983 eine weitere Assoziation des Fumario-Euphorbion.

Nicht selten ist die Unkrautbekämpfung in Gärten so intensiv, dass man nur noch Fragmente von Gesellschaften vorfindet. Fragmentgesellschaften wachsen vereinzelt auch auf Baumscheiben, an Mauerfüßen und auf unbefestigten Banketten sowie in Blumenrabatten, Pflanzenkübeln und Blumenkästen (z. B. auch auf Balkons).

Mit *Digitaria ischaemum*, *D. sanguinalis* und *Setaria viridis* treten auf Bahnschotter einige Hirse-Arten auf, deren Optimum in Hackfrucht-Gesellschaften liegt. Die wenigen Begleitarten sprechen allerdings eher für einen Anschluss der bahnbegleitenden Hirsen-Gesellschaften an die Ordnung Sisymbrietalia. Am Rande wenig begangener Gehsteige sowie auf Mittelstreifen einiger Hauptstraßen fand KOPECKÝ (1982a) in Prag Bestände von *Setaria viridis* und *S. verticillata*, die er als *Setarietum viridis-verticillatae* Kopecký in Hejný et al. 1979 bezeichnet.

Insbesondere im Randbereich der Städte findet man auf Bauerwartungsland oder in noch nicht fertiggestellten Neubausiedlungen großflächige Bestände von **Getreide-Wildkräutern.** In der Regel dominiert die Echte Kamille (*Chamomilla vulgaris*), aber auch der Windhalm (*Apera spica-venti*) und der Acker-Fuchsschwanz (*Alopecurus myosuroides*) sind häufig und erreichen hohe Deckungsgrade. Offensichtlich handelt es sich um Fragmente

(Relikte) von Gesellschaften des Aperion spicae-venti R. Tx. in Oberd. 1948. Linienartige Bestände von Kamillen oder anderen Getreide-Beikräutern (z. B. *Papaver*-Arten: Abb. 8-22) kann man auch auf dem Mittelstreifen und im Randbereich großer Straßen sowie im Bahngelände antreffen.

## 8.3 Ausdauernde ruderale Hochstaudenfluren und ruderale Trockenrasen

In älteren Arbeiten sowie momentan noch von Oberdorfer (2001) und Ellenberg (1996) werden alle im Siedlungsbereich vorkommenden Hochstaudenfluren sowie auch die nitrophilen Hochstaudengesellschaften von Waldrändern und Flussufern in der Klasse **Artemisietea** Lohm., Prsg. et R. Tx. in R. Tx. 1950 vereinigt, wobei ein etwas naturnäherer, stärker feuchtigkeits- und stickstoffliebender Flügel und ein stärker ruderaler, dessen Gesellschaften teilweise auch weniger stickstoffreiche, frische bis mäßig trockene Standorte besiedeln, unterschieden werden. Neuerdings führen viele Autoren diese beiden Flügel als Klassen (Galio-Urticetea Passarge ex Kopecký 1969 und Artemisietea s.str.). T. Müller (1983b) und Ellenberg (1996) wählen einen Mittelweg und sprechen von Unterklassen (Galio-Urticenea und Artemisienea), die sie jeweils in zwei Ordnungen unterteilen: die Galio-Urticenea in die Convolvuletalia sepium s.str. und die Glechometalia R. Tx. in R. Tx. et Brun-H. 1975, für die nach Pott (1995) der Name Lamio-Chenopodietalia boni-henrici Kopecký 1969 Priorität hat, die Artemisienea in die Artemisietalia s.str. und die Onopordetalia acanthii Br.-Bl. et R. Tx. ex v. Rochow 1951. Die Reihenfolge, in der die Ordnungen soeben genannt wurden, entspricht ihrer Anordnung in einem Gradientenfeld von einerseits feucht nach trocken und andererseits von relativ naturnah nach extrem urban-industriell. Hinsichtlich des Stickstoffbedarfs ergibt sich ein Kulminationspunkt im Übergangsbereich zwischen den Glechometalia und den Artemisietalia (Verbände Aegopodion podagrariae R. Tx. 1967 und Arction lappae R.Tx. 1937 em. Gutte 1972). Neuerdings werden die früher als eigene Klasse aufgefassten ruderalen Halbtrockenrasen (Agropyretalia repentis) in die Artemisienea eingereiht.

Das eindeutige Optimum der Gesellschaften der Convolvuletalia sepium liegt nicht in Siedlungen, sondern an Gewässern. Sie werden daher im Rahmen dieses Buches nicht behandelt. Zwar ebenfalls nicht siedlungsspezifisch, zumindest in Dörfen jedoch häufig und manchmal sogar flächendeckend, sind Gesellschaften der Glechometalia, denen daher ein eigenes Kapitel gewidmet wird (Kap. 8.3.1).

Zahlreiche Gesellschaften der Artemisienea besitzen dagegen ein eindeutiges Optimum in Siedlungen, wobei die Artemisietalia mit dem einzigen Verband Arction mehrere charakteristische Gesellschaften der ehemaligen Dorfvegetation beinhalten. Alle typisch städtischen ausdauernden ruderalen Hochstaudenfluren gehören zur weniger stark an stickstoffreiche, dafür überwiegend an wärmere Standorte gebundenen Ordnung Onopordetalia s.str., zu der nach T. Müller (1983b) zwei Verbände zu zählen sind, das sehr stark wärmeliebende Onopordion Br.-Bl. in Br.-Bl. et al. 1936 s.str. und das wärmemäßig etwas weniger anspruchsvolle Dauco-Melilotion Görs ex Oberd. et al. 1967. Das bisher aus dem Zentrum Mitteleuropas vorliegende Aufnahmematerial lässt allerdings, abgesehen von den Assoziationscharakterarten, keine weiteren häufig vorkommenden Spezies erkennen, die zur Charakterisierung des Dauco-Melilotion bzw. des Onopordion s.str. gut geeignet wären.

### 8.3.1 Saumgesellschaften halbschattiger und frischer Standorte (Alliarion und Aegopodion)

Im Hinblick auf die in Kap. 3 beschriebenen Eigenschaften der Stadt ist der naturnähere und feuchtigkeitsliebende Flügel der Artemisietea s.l. nicht als stadttypisch zu bezeichnen, auch wenn zumindestens zwei seiner Assoziationen in keiner der bisher untersuchten Städte fehlen und meist sogar durch umfangreiches Aufnahmematerial belegt werden. Eine dieser beiden Assoziationen, das zum Alliarion gehörende ***Alliario-Chaerophylletum*** Lohm. 1949, ist, wie in Kap. 4.3 gezeigt wurde, bei näherer Betrachgtung als mäßig urbanophob einzustufen. In abgeschwächtem Maße dürfte dies wohl auch für das ***Urtico-Aegopodietum*** R. Tx. ex Görs 1968, die zweite bisher aus sehr vielen mitteleuropäischen Städten gemeldete Galio-Urticenea-Gesellschaft gelten. Bezeichnende Standorte dieser Zentralasso-

Abb. 8-24 *Impatiens parviflora*-Bestand mit Stellarietea-Arten vor einer Zierhecke (Frankfurt/M., 8/2000).

Abb. 8-25 *Veronica hederifolia* und *Ranunculus ficaria* in einem Gartenbeet mit Krokussen (Oberursel-Weißkirchen, 4/2000).

ziation des Aegopodion podagrariae sind nämlich Wald- und Heckensäume, Grabenränder und halbschattige Bereiche auf brachliegendem Garten- und Ackerland (meist Bau-Erwartungsland) sowie im Randbereich extensiv genutzter Gärten. Beide Assoziationen sind dagegen in dörflichen Siedlungen in charakteristischer Artenkombination, das *Urtico-Aegopodietum* dazu oft großflächig (Abb. 8-23), anzutreffen. In kleineren Dörfern Böhmens ist das *Aegopodietum podagrariae* sogar die flächenmäßig bedeutendste Vegetationseinheit (A.Pyšek & Hejný 1995). Sein Anteil steigt mit der Meereshöhe und sinkt mit zunehmender Verstädterung (A. Pyšek & P. Pyšek 1987). Als weitere Gesellschaften des Alliarion wachsen in Dörfern das ***Epilobio-Geranietum robertiani*** Lohm. ex Görs et Th. Müller 1969, seltener das *Torilidetum japonicae* Lohm. ex Görs et Th. Müller 1968. Dagegen trifft man das *Urtico-Parietarietum officinalis* (Brandes 1985) Klotz 1985 auch in Städten an. Bevorzugte

Abb. 8-23 *Urtico-Aegopodietum podagrariae* als typischer Bestandteil einer ländlichen Siedlung (Sobésuky, Böhmen, 6/2000).

Standorte sind dort stickstoffreiche Säume am Fuß von Mauern sowie vor Hecken und Gebüschen in Parkanlagen. Die Bestände in Siedlungen nehmen eine Mittelstellung zwischen dem Aegopodion und dem Arction ein, denn häufig tritt *Ballota nigra* ssp. *nigra*, eine Arction-Verbandscharakterart, sehr stark in Erscheinung (Brandes 1985a, Klotz 1985a).

In Beeten mit Ziersträuchern, vor Hecken und in Parkanlagen sind häufig ***Impatiens parviflora*-Bestände** anzutreffen (Abb. 8-24), die nach Kopecký (1985) in Siedlungsnähe das *Alliario-Chaerophylletum* ersetzen. Im zeitigen Frühjahr findet man an den später von *Impatiens parviflora* oder anderen Alliarion-Arten bedeckten Orten meist niedrigwüchsige ein- oder mehrjährige Arten, die ihren Reproduktionszyklus schon frühzeitig im Frühjahr abschließen können, insbesondere *Veronica hederifolia* agg., *Cardamine hirsuta* und *Ranunculus ficaria* (Abb. 8-25). Vegetationsaufnahmen solcher Bestände finden sich u. a. bei Frost (1987: *Veronica hederifolia*-Ges.), Sukopp (1993: *Stellaria media-Veronica sublobata*-Gesellschaft) und Sauerwein (1999: *Ranunculus ficaria-Glechometalia*-Ges., *Bromus sterilis-Veronica lucorum*-Ges.). Außer an o.g.

Standorten wachsen Bestände dieser **Frühjahrspflanzen** häufig auch in Gärten. Dort entwickeln sie sich jedoch im Jahresverlauf nicht in Richtung des Alliarion, sondern zu Gesellschaften der Chenopodietalia albi (vgl. Kap. 8.2.5).

Weitere dem Aegopodion, Alliarion oder den Glechometalia zugehörige Dominanzgesellschaften werden in Siedlungen von *Chelidonium majus*, *Bryonia dioica*, *Geranium robertianum* und *Urtica dioica* gebildet.

### 8.3.2 Kletten- und Schwarznesselfluren sowie weitere Gesellschaften des Arction

Die Charakterarten des Arction und seiner Assoziationen sind überwiegend hochwüchsig, breitblättrig und allesamt sehr nitrophil. Stickstoffreiche Standorte existierten früher im Siedlungsbereich in Form von Abfallplätzen sowie von Dunghaufen und durch freilaufende Haustiere abgesetze Exkremente. Dörfliche Siedlungen mit freilaufenden Tieren und Misthaufen waren daher der typische Standort der Arction-Gesellschaften. Bemerkenswerterweise war das Arction bis vor wenigen Jahrzehnten auch in Großstädten des östlichen Mitteleuropas stark vertreten. Für Tschechien bezeichnen es A. Pyšek & Hejný (1995) als den flächenmäßig bedeutendsten Verband. Da fast alle bezeichnenden Arten schon seit dem Neolithikum in Mitteleuropa nachgewiesen sind, kann man davon ausgehen, dass Arction-Gesellschaften in einer der heutigen floristischen Zusammensetzung ähnlichen oder sogar identischen Form bereits in jungsteinzeitlichen Siedlungen auftraten.

Die bezeichnenden Arten des Verbandes und der Assoziationen wurden früher als **Heilpflanzen** (*Arctium* spec., *Ballota nigra*, *Conium maculatum*, *Hyoscyamus niger*, *Leonurus cardiaca*) oder als **Gemüsepflanzen** (*Chenopodium bonus-henricus*) genutzt und daher geduldet bzw. gefördert oder sogar in Gärten kultiviert, so dass sie weitgehend gegen Ausrottung geschützt waren. Wurde die Vegetation eines Ruderalstandortes vernichtet, so dienten die Gärten als Ausgangsgspunkt für eine Wiederbesiedlung. Seitdem diese „Ausgangsbastion" nicht mehr existiert, weil die Arten in Gärten nicht mehr angebaut werden, die Wertschätzung als nutzbare Wildpflanzen verloren gegangen ist und außerdem die typischen Standorte (s. o.) kaum noch existieren, wirkt sich die gerade in ländlichen Siedlungen immer noch relativ intensive Unkrautbekämpfung verstärkt aus, so dass alle nachfolgend genannten Gesellschaften deutlich seltener geworden sind und teilweise als gefährdet eingestuft werden müssen.

Stickstoffreiche Standorte existieren auch an Grabenrändern und im Saum insbesondere von Auenwäldern. Es ist daher nicht verwunderlich, dass die für derartige Standorte bezeichnenden Gesellschaften des Aegopodion podagrariae zahlreiche Arten mit dem Arction gemeinsam haben. Insbesondere *Lamium album*, von Oberdorfer (2001) als Arction-VC und von Pott (1995) als Artemisietalia-OC eingestuft, stellt einen synsoziologischen Problemfall dar, weil es in manchen Gebieten nahezu gleich stark in beiden Verbänden auftritt. Aber auch das im Aegopodion stete *Galium aparine* gehört zur charakteristischen Artenverbindung mancher Arction-Gesellschaften (s. Tab. 8-6). Es ist daher nicht verwunderlich, dass Dengler (1997) bei der Ermittlung der floristischen Ähnlichkeit der Verbände der Artemisietea s.l. die größte Ähnlichkeit zwischen Arction und Aegopodion errechnete. Für die Fassung der höheren Einheiten folgert er daher richtig, dass die Teilung der alten Artemisietea s.l in Artemisietea s.str. und Galio-Urticetea oder selbst die entsprechenden Unterklassen innerhalb der weiter gefassten Artemisietea nur dann aufrecht erhalten bleiben kann, wenn man das Arction aus den Artemisietea s.str. (bzw. Artemisienea) herausnimmt und gemeinsam mit dem Aegopodion als Ordnung in die Galio-Urticetea (Galio-Urticenea) stellt. Wie die anschließende Diskussion Denglers zeigt, führt dies jedoch zu nomenklatorischen Verwirrungen. Der größte Nachteil dieser an sich sehr logischen Lösung ist jedoch, dass das Optimum von *Artemisia vulgaris* dann nicht mehr in den Artemisietalia, sondern in einem Verband der Klasse Galio-Urticetea, dem neu positionierten Arction, liegt. Die o.g. Arbeit liefert damit am Beispiel der Stellung des Arction ein überzeugendes Argument für eine weit gefasste Klasse Artemisietea vulgaris (incl. Galio-Urticetea).

#### 8.3.2.1 Kletten(-Beifuß)-Gesellschaften

Das ***Arctio-Artemisietum*** Oberd. ex Seybold et Th. Müller 1972 (Tab. 8-6: 1–3; Abb. 8-26), die Kletten-Beifußflur, ist in Städten häufig nur in verarmter Ausbildung, d. h. mit *Arctium minus* als einziger Klettenart anzutreffen

(Tab. 8-6: 3). *Arctium lappa* und *Arctium tomentosum*, die i.e.S. als Charakterarten der Assoziation gelten, treten in Städten nur mit geringer Stetigkeit auf. Man findet sie eher im dörflichen Bereich (Tab. 8-6: 1 u. 2) sowie entlang von Wegen in der freien Feldflur. Das *Arctio-Artemisietum* ist also keine typische Siedlungsgesellschaft, sondern tritt überall im Gefolge des Menschen am Rande intensiv genutzter, stickstoffreicher, selbst aber wenig gestörter Flächen auf.

Während BRANDES & GRIESE (1991) sowohl von *Arctium lappa* als auch von *Arctium tomentosum* gekennzeichnete Pflanzenbestände zum *Arctio-Artemisietum* stellen, sieht MUCINA (1993c) nur die *Arctium lappa*-Fluren, als *Arctio-Artemisietum* an, die von *Arctium tomentosum* dagegen als *Arctietum lappae* (!!), das er als Synonym des *Leonuro-Ballotetum* ansieht. Die von DANNENBERG (1995) erstellte

Abb. 8-26 *Arctio-Artemisietum* auf einem Abbruchgrundstück (Pilsen, 6/2000).

**Tab. 8-6: Arction-Gesellschaften mitteleuropäischer Siedlungen***

| Nr.<br>Zahl der Aufnahmen | | 1<br>45 | 2<br>21 | 3<br>38 | 4<br>66 | 5<br>105 | 6<br>30 | 7<br>80 |
|---|---|---|---|---|---|---|---|---|
| **AC und VC:** | *Arctium lappa* | **V** | I | . | . | I | I | . |
| | *Arctium tomentosum* | . | **V** | . | . | II | I | I |
| | *Arctium minus* | I | . | **V** | III | II | . | I |
| | *Ballota nigra* agg. | I | . | III | **V** | **V** | III | III |
| | *Leonurus cardiaca* | . | . | . | . | **II** | . | . |
| | *Conium maculatum* | . | . | . | . | . | **V** | . |
| | *Chenopodium bonus-henricus* | . | . | . | . | . | . | **V** |
| **OC und KC:** | *Artemisia vulgaris* | IV | IV | V | IV | IV | V | II |
| | *Urtica dioica* | III | V | III | V | IV | III | V |
| | *Lamium album* | I | I | I | V | III | I | IV |
| | *Galium aparine* | II | II | II | II | II | III | I |
| **Begleiter:** | *Elymus repens* | III | V | III | IV | II | III | II |
| | *Dactylis glomerata* | II | III | IV | III | II | II | III |
| | *Poa trivialis* | II | I | I | IV | I | II | II |
| | *Taraxacum off.* agg. | III | II | II | I | II | II | II |
| | *Rumex obtusifolius* | II | I | I | II | II | III | II |

**1:** ***Arctio-Artemisietum* mit Dominanz von *A. lappa;*** 1 Aufn. von BRANDES (1980), 16 DANNENBERG (1995), 10 GÖDDE (1986), 1 HADAČ et al. (1983), 5 HETZEL & ULLMANN (1981), 1 NEZADAL & HEIDER (1994), 5 P. & A. PYŠEK (1988), 5 ROSTANSKI & GUTTE (1971), 1 SPRINGER (1985).

**2:** ***Arctio-Artemisietum* mit Dominanz von *A. tomentosum;*** 2 Aufn. von DANNENBERG (1995), 1 GÖDDE (1986), 3 HETZEL & ULLMANN (1981), 7 KOPECKÝ (1984a), 8 OLSSON (1978).

**3:** ***Arctium minus*-Ges. (*Arctio-Artemisietum* s.l.);** 6 Aufn. von DANNENBERG (1995), 15 GÖDDE (1986), 1 HADAČ et al. (1983), 10 HETZEL & ULLMANN (1981), 6 NEZADAL & HEIDER (1994).

**4:** ***Lamio-Ballotetum,* westl. Ausbildung;** 10 Aufn. von KIENAST (1978), 47 LOHMEYER (1975), 9 R. & M. WITTIG (1986).

**5:** ***Lamio-Ballotetum,* östl. Ausbildung;** 9 Aufn. v. S. & D. BRANDES (1996), 8 DANNENBERG (1995), 5 FROST (1985), 1 GÖDDE (1986), 10 GROSSE-BRAUCKMANN (1953a), 1 GRIESE (1998), 15 GUTTE (1966), 9 GUTTE & KRAH (1993), 13 KOPECKÝ (1984a), 9 KRIPPELOVÁ (1972), 22 NEZADAL & HEIDER (1994), 3 P. PYŠEK (1991)

**6:** ***Conietum maculati;*** 9 Aufn. v. DANNENBERG (1983), 1 GÖDDE (1986), 1 GRIESE ( 1998), 4 KOPECKÝ (1984a), 10 KRIPPELOVÁ (1972), 5 PHILIPPI (1983).

**7:** ***Chenopodietum boni-henrici;*** 6 Aufn. v. S. & D. BRANDES (1996), 1 GRIESE (1998), 16 GROSSE-BRAUCKMANN (1953a), 8 KOPECKÝ (1984a), 8 LOHMEYER (1975), 12 PHILIPPI (1983), 6 P. PYŠEK (1991), 6 SPRINGER (1985), 17 WITTIG (1989).

* gekürzte synth. Tabelle: Mit Ausnahme der AC werden nur solche Arten berücksichtigt, die mindestens einmal SK IV oder zweimal SK III oder dreimal SK II erreichen. Die Stetigkeitsklassen + und r werden nicht aufgeführt.

Übersicht der Artemisietea-Gesellschaften Deutschlands enthält kein *Arctio-Artemisietum*. In den von der Autorin ausgewerteten Aufnahmen tritt *Arctium lappa* nämlich nur im *Conietum maculati* auf. Bestände mit *A. tomentosum* und/oder *A. minus* bezeichnet sie als Arction-Basalgesellschaft.

Abb. 8-27 *Ballota nigra* und *Lamium album*, die Namen gebenden Arten des *Lamio-Ballotetum* (Frankfurt/M., 9/2001).

Abb. 8-28 *Chenopodietum boni-henrici* vor einem Viehstall (Greding, 7/1978).

Früher wurde das *Arctio-Artemisietum* mit dem *Artemisio-Tanacetetum* (s. Kap. 8.3.3.1) unter dem Namen *Tanaceto-Artemisietum* zu einer Assoziation zusammengefasst. Es fehlt daher namentlich, genau wie das *Artemisio-Tanacetetum*, in einigen der über Siedlungsvegetation vorliegenden älteren Veröffentlichungen. Ein Studium der Originalaufnahmen erbringt jedoch in der Regel den Nachweis beider Assoziationen.

### 8.3.2.2 Schwarznessel-Fluren

Eine in den Tieflagen Norddeutschlands sowie entlang der Mittelgebirge bis nach Südwestdeutschland weit verbreitete, leicht thermophile Gesellschaft ländlicher Siedlungen oder von Stadtrandgebieten ist das ***Lamio albi-Ballotetum nigrae*** Lohmeyer 1970 (Tab. 8-6: 4, Abb. 8-27). In verstädterten Dörfern findet man *Ballota nigra* aufgrund intensiver Unkrautbekämpfung oft nur noch unter Hecken und Gebüschen zusammen mit Arten des Alliarion und Aegopodion, so dass man sie, bei Unkenntnis der früheren Situation, für eine Glechometalia-Art halten könnte. Mucina (1993c) gibt die Assoziation für Österreich nicht an. Dannenberg (1995) bezeichnet sie als Basalgesellschaft des Arction.

Im Elbtal des Hannoverschen Wendlands, einigen Trockengebieten Westfalens, Hessens und Südwestdeutschlands sowie v.a. in den Wärmegebieten Ostdeutschlands und des südöstlichen Österreich wird das *Lamio-Ballotetum* durch eine Assoziation ersetzt, die von der Mehrzahl der Autoren als ***Leonuro-Ballotetum*** (R. Tx. et v. Rochow 1942) Slavnic 1951 em. Passarge 1955 bezeichnet wird, für die laut Mucina (1993c) aber der Name *Arctietum lappae* Felföldy 1942 Priorität hat. Brandes & Griese (1991) sehen *Leonurus cardiaca* dagegen als Charakterart des *Lamio albi-Ballotetum* an, führen also kein gesondertes *Leonuro-Ballotetum*. Da sich *Lamio-* und *Leonuro-Ballotetum* weder standörtlich noch physiognomisch wesentlich unterscheiden und der einzige nennenswerte floristische Unterschied (Vorkommen von *Leonurus cardiaca*, s. Tab. 8-6: 5) arealgeographische Ursachen hat, ist die Einschätzung von Brandes & Griese (1991) gut nachvollziehbar.

Als weitere Arction-Gesellschaft geben manche Autoren das von Gutte (1966) beschriebene *Balloto-Malvetum sylvestris* an.

Hierbei handelt es sich um eine „in den Dörfern auf kleinen Abhängen, besonders im Löss und Löss-Lehmgebiet anzutreffende, aber immer seltener werdende“ Gesellschaft (GUTTE & KRAH 1993: 223).

#### 8.3.2.3 Weitere Arction-Gesellschaften

Das ***(Hyoscyamo-)Conietum maculati*** Slavnic 1951 ist in Österreich „eine klassische Gesellschaft auf Bauernhöfen. Sie besiedelt extrem stickstoffreiche Böden auf Deponien von pflanzlichem Abfallmaterial und Ränder von mit Jauche gefüllten Mistgruben in der Nähe von Stallungen“ (MUCINA 1993c: 186). Für Deutschland gibt POTT (1995) neben Müllplätzen mehrheitlich Standorte außerhalb des Siedlungsbereiches, nämlich Fluss- und Bachufer sowie Grabenränder als typische Wuchsorte an. Nach BRANDES & GRIESE (1991) stellt die Assoziation den frischesten Flügel des Arction dar. Floristisch macht sich dies in hohen Stetigkeiten und oft auch hohen Deckungsgraden von *Urtica dioica*, *Galium aparine* und *Poa trivialis* bemerkbar (s. Tab. 8-6: 6).

Die von POTT (1995) ***Balloto-Chenopodietum boni-henrici*** Th. Müller in Seybold et T. Müller 1972, von MUCINA (1992) *Urtico urentis-Chenopodietum boni-henrici* R. Tx. 1937 genannte Gesellschaft des Guten Heinrich (Tab. 8-6: 7; Abb. 8-28) gilt als die typische Dorfgesellschaft der Mittelgebirgsregionen. Weil der natürlicherweise montan verbreitete *Chenopodium bonus-henricus* früher auch im Flachland in Gärten kultiviert wurde und von dort regelmäßig verwilderte, war die Assoziation noch vor einigen Jahrzehnten auch in Dörfern und Kleinstädten der Ebene oder sogar in Randgebieten von Großstädten anzutreffen. Mit Aufgabe der Kultivierung und Zunahme von Dorfverschönerungsaktionen sind Art und Gesellschaft inzwischen im Flachland fast erloschen und auch in Siedlungen der Mittelgebirge selten geworden.

Das *Chenopodietum boni-henrici* ist in der Regel am Rande betretener Plätze anzutreffen und deshalb fast stets mit Trittpflanzen durchsetzt. *Chenopodium bonus-henricus* zeigt eine relativ hohe Trittfestigkeit und Regenerationskraft. Die Art kann daher in prostrater Wuchsform auch in reinen Trittrasen, seltener in Scherrasen, angetroffen werden. Außer zu den Tritt- und Scherrasen bestehen auch standörtliche und floristische Übergänge vom *Chenopodietum boni-henrici* zum *Urtico-Aegopodietum*. Nicht wenige Vorkommen von *Chenopodium bonus-henricus* sind sogar dieser Assoziation zuzuordnen (s. WITTIG 1989b).

Abb. 8-29 *Artemisio-Tanacetetum* als Saum eines Gewerbegebietes (Düsseldorf-Reisholz, 7/1992).

### 8.3.3 Rainfarn- und Steinkleefluren sowie weitere Dauco-Melilotion-Gesellschaften

Im Dauco-Melilotion werden Licht und leicht Wärme liebende, schwach bis mäßig nitrophile Gesellschaften zusammengefasst, deren typische Standorte schwach bis mäßig gestörte, vorwiegend anthropogene, skelettreiche, wasserdurchlässige Böden sind, wie man sie im Industrie- und Bahngelände, auf Schutthalden und teilweise entlang von Straßen findet.

#### 8.3.3.1 Die Rainfarn-Flur

Das ***Artemisio-Tanacetetum vulgaris*** Siss. 1950 nom. inv., die Rainfarn-Flur, (Tab. 8-7: 1; Abb. 8-29) unterscheidet sich hinsichtlich seines Wärmebedarfes kaum vom *Arctio-Artemisietum* (vgl. Kap. 8.3.2.1), hat aber einen geringeren Stickstoffbedarf und besiedelt oft auch etwas trockenere, meist sandige Böden. Man findet die Assoziation nicht nur in Siedlungen, sondern auch an Wegrainen und Straßenrändern.

Die Rainfarn-Flur ist eine konkurrenzstarke und daher oft recht langlebige Gesellschaft. Die Konkurrenzkraft dürfte auf das Rhizomsystem der Charakterart *Tanacetum vulgare* zurückzuführen sein, das dem von *Solidago canadensis* ähnelt, für deren Erfolg viele Autoren

**Tab. 8-7: Artenzusammensetzung von Dauco-Melilotion-Gesellschaften der Siedlungen**

| Gesellschaft<br>Anzahl der Aufnahmen | 1<br>266 | 2<br>247 | 3<br>16 | 4<br>16 | 5<br>74 | 6<br>56 | 7<br>22 |
|---|---|---|---|---|---|---|---|
| **Bezeichnende Arten d. Ges.** | | | | | | | |
| *Tanacetum vulgare* | **V** | II | III | I | III | II | II |
| *Melilotus albus* | I | **V** | | | I | II | |
| *Melilotus officinalis* | | **III** | | | I | I | |
| *Verbascum thapsus* | | | **V** | | I | I | I |
| *Verbascum densiflorum* | | II | | **V** | | | |
| *Berteroa incana* | | | | | **V** | | I |
| *Picris hieracioides* | | | | | | **V** | |
| *Carduus nutans* | | | | | | | **V** |
| **VC u. DV Dauco-Melilotion** | | | | | | | |
| *Daucus carota* | III | III | II | III | III | V | III |
| *Oenothera biennis* agg. | I | II | III | V | III | II | II |
| *Hypericum perforatum* | II | II | II | V | II | II | III |
| *Echium vulgare* | | II | III | I | II | II | II |
| *Reseda lutea* | | I | I | II | I | I | IV |
| *Reseda luteola* | | | II | | I | | IV |
| **Onopordetalia OC/Artemisietea KC** | | | | | | | |
| *Artemisia vulgaris* | V | IV | IV | III | IV | IV | IV |
| *Cirsium vulgare* | II | II | III | I | I | II | I |
| *Silene alba* | II | I | I | II | II | I | I |
| *Solidago canadensis* | III | II | II | II | I | I | |
| *Urtica dioica* | III | | I | III | I | | |
| **Hochstete Begleiter** | | | | | | | |
| *Conyza canadensis* | I | II | IV | IV | III | II | III |
| *Cirsium arvense* | III | III | IV | III | II | III | II |
| *Taraxacum officinale* agg. | III | III | I | I | II | II | II |
| *Tripleurospermum perforatum* | II | II | II | I | I | II | III |
| *Medicago lupulina* | II | III | I | II | II | II | II |
| *Achillea millefolium* | III | III | | I | III | III | III |

1: ***Artemisio-Tanacetetum;*** 36 Aufnahmen von Dannenberg (1995); 14 Aufn. v. Dettmar (1992); 16 v. Falinski (1971); 15 v. Frost (1985); 41 v. Gödde (1986); 5 v. Griese (1999); 12 v. Hetzel (1988); 10 v. Hetzel & Ullman (1981); 57 v. Kienast (1978); 4 v. Langer (1994); 30 v. Nezadal & Heider (1994); 2 v. Pyšek & Pyšek (1988); 5 v. Springer (1985); 19 v. Wollert (1991).

2: ***Echio-Melilotetum;*** 4 Aufnahmen von Brandes (1977); 13 Aufn. v. Brandes (1980); 44 v. Dannenberg (1995); 13 v. Dettmar (1986); 3 v. Falinski (1971); 14 v. Frost (1985); 29 v. Gödde (1986); 3 v. Hetzel & Ullman (1981; 12 v. Kienast (1978); 10 v. Nezadal & Heider (1994); 20 v. Olsson (1978); 3 v. Pyšek (1991); 19 v. Rebele (1986); 15 v. Reidl (1989); 11 v. Springer (1985); 21 v. Wittig et al. (1999); 13 v. Wollert (1991).

3: ***Verbascum thapsus*-Gesellschaft („*Echio-Verbascetum*");** 7 Aufnahmen von Gödde (1986); 3 Aufn. v. Reidl (1989: ausgew. Orig.-Aufn. a. d. synth. Tab.); 2 v. Reidl (1995); 1 v. Sauerwein (1988); 3 v. Wittig (n.p.: Essen).

4: ***Verbascum densiflorum*-Gesellschaft („*Echio-Verbascetum*");** 9 Aufnahmen von Gödde (1986); 1 Aufn. v. Griese (1999); 6 v. Wittig et al. (1999).

5: ***Berteroetum incanae;*** 10 Aufnahmen von Brandes (1977); 4 Aufn. v. Bredereck (n.p.: Frankfurt/M.); 12 v. Gödde (1986); 2 v. Hetzel (1988); 4 v. Lotz (n.p.: Frankfurt/M.); 23 v. Nezadal & Heider (1994); 3 v. Rebele (1986); 8 v. Springer (1985); 8 v. Wittig et al. (1999).

6: ***Dauco-Picridetum;*** 3 Aufnahmen von Bredereck (n.p.: Frankfurt/M.); 8 Aufn. v. Gödde (1986); 15 v. Hetzel & Ullmann (1981); 3 v. Kopecky (1980); 3 v. Lotz (n.p.: Frankfurt/M.); 11 v. Reidl (1989: ausgew. Orig.-Aufn. a. d. synth. Tab.); 2 v. Springer (1985); 10 v. Wittig et al. (1999).

7: ***Resedo-Carduetum nutantis;*** 10 Aufnahmen von Dettmar (1992); 6 Aufn. v. Gödde (1986); 4 v. Hetzel (1988); 1 v. Springer (1985); 1 v. Wittig (n.p.: Essen).

**Tab. 8-8: Produktivität (t/ha) von Artemisietea-Gesellschaften in Brüssel (nach Duvigneaud 1975)**

| Gesellschaft | *Melilotetum* | *Artemisio-Tanacetetum* | | | | *Solidago*-Bestände | |
|---|---|---|---|---|---|---|---|
| oberirdisch | 4,8 | 8,7 | 10,1 | 16,3 | 16,9 | 10,4 | 10,2 |
| unterirdisch | 1,9 | 4,9 | 7,4 | 4,7 | 4,9 | 11,3 | 10,0 |
| gesamt | 6,7 | 13,6 | 17,5 | 21,0 | 21,8 | 21,7 | 20,2 |

das Rhizom verantwortlich machen (vgl. Kap. 8.3.6). Auf Dauer wird die Gesellschaft allerdings im Zuge fortschreitender Sukzession durch Gebüsch- bzw. Vorwaldgesellschaften abgelöst, meist von der *Rubus armeniacus*-Gesellschaft, dem *Epilobio-Salicetum capreae* und Robinien-Gehölzen. Nach eigenen Beobachtungen blieb ein Bestand der Assoziation auf einer Industriefläche in Düsseldorf vier Jahre lang stabil, ließ im 5. Beobachtungsjahr Abbautendenzen erkennen (Eindringen von *Rubus armeniacus*, Aufkommen einzelner Exemplare von *Salix caprea*) und war im 7. Jahr durch eine *Rubus armeniacus*-Gesellschaft ersetzt. Wird das *Artemisio-Tanacetetum* von Zeit zu Zeit gemäht oder abgebrannt, so treten Gesellschaften des Convolvulo-Agropyrion an seine Stelle.

Duvigneaud (1975) untersuchte in Brüssel die **Biomasseproduktion** (Tab. 8-8) und den Stoffhaushalt von *Artemisia vulgaris*-reichen Beständen des *Artemisio-Tanacetetum*. Mit einer oberirdischen Biomasseproduktion von durchschnittlich 13,0 t $ha^{-1}$ $a^{-1}$ (maximal 16,9 t) stellt das *Artemisio-Tanacetetum* eine der produktivsten Pflanzengesellschaften dar (zum Vergleich: frische Glatthafer-Wiesen produzieren 3,5 bis 7,0 t $ha^{-1}$ $a^{-1}$, Weidelgras-Weißklee-Weiden ca. 6 t).

### 8.3.3.2 Steinklee- und Königskerzenfluren

Das ***Echio-Melilotetum*** R. Tx. 1947 (syn. *Melilotetum albo-officinalis* Siss. 1950; Tab. 8-7: 2; Abb. 8-30), die Steinkleeflur, ist etwas weniger Stickstoff und dafür etwas stärker Wärme liebend als das *Artemisio-Tanacetetum*. Bevorzugt besiedelt werden daher vergleichsweise stickstoff- und humusärmere, mehr oder weniger rohe Böden, wie man sie in Städten entlang von Bahnanlagen, auf Schutt und auf Bauaushub findet. Nach Faensen-Thiebes (1992) kann sich *Melilotus albus* und damit wohl auch das *Melilotetum* aufgrund spezifischer Anpassungen in der Lebensstrategie sowie einer vergleichsweise großen Trockenresistenz, die auf einem frühen Schließen der Stomata beruht, dort gegenüber ausdauernden Arten behaupten, wo deren Produktivität durch zeitweilige Trockenheit eingeschränkt ist (*Melilotus* ist zweijährig). Auf zwei Beobachtungsflächen in Düsseldorf konnte der Verfasser allerdings eine relativ schnelle Umwandlung (im Verlaufe von zwei bzw. drei Jahren) eines *Echio-Melilotetum* in ein *Artemisio-Tanacetetum* beobachten. Hard (1983) stellte sogar von einer Vegetationsperiode zur folgenden die Ablösung eines *Echio-Melilotetum* durch ein *Artemisio-Tanacetetum* fest. Reidl (1989) sieht diesen Übergang ebenfalls als normalen Sukzessionsablauf an (vgl. Abb. 9-11). Nach Sukopp (1973) ist aber auch eine Rückentwicklung vom *Artemisietum* zum *Melilotetum* möglich. Die Produktivität des *Melilotetum* liegt deutlich unter der des *Artemisio-Tanacetetum* (vgl. Tab. 8-8).

Mehrere Autoren sehen das ***Echio-Verbascetum*** Sissingh 1950 als Synonym des *Echio-Melilotetum* an (z. B. T. Müller 1983b, Pott 1995) und stellen daher Aufnahmen mit Dominanz von *Verbascum*-Arten, aber ohne oder mit sehr geringer Beteiligung von *Melilotus*-Arten, wie sie in Tab. 8-7, Spalte 3 u. 4, zusammengefasst sind, zum *Echio-Melilotetum*. Genau wie z. B. Gödde (1986) und Schulte (1992) ist der Verfasser jedoch der Ansicht, dass es sich bei den (oder zumindest einem Teil der) Königskerzen-Fluren um eine eigenständige Assoziation handelt. Sie unterscheiden sich nämlich sowohl physiognomisch als auch floristisch und standörtlich von den Steinklee-Fluren: Für letztere sind hohe Stetigkeiten und Deckungsgrade der beiden Steinklee-Arten (*Melilotus albus, M. officinalis*) bezeichnend, während *Echium vulgare* und die *Verbascum*-Arten fehlen bzw. nur in einer speziellen Subassoziation auftreten. Die *Verbascum*-Fluren sind in der Regel weniger geschlossen als das *Echio-Melilotetum* (vgl. Abb. 8-31 mit 8-30), enthalten daher durchschnittlich mehr Arten und insbesondere auch höhere Anteile von Sisymbrietalia-, Koelerio-Corynephoretea- und Agropyretalia-Arten. Einige von ihnen, nämlich *Conyza canadensis*, *Arenaria serpyllifolia* und *Poa compressa* sowie außerdem noch *Hypericum perforatum* können zur Differenzierung gegen das *Echio-Melilotetum* herangezogen werden. Ob es sich wirklich um eine Assoziation handelt und welche *Verbascum*-Arten charakteristisch sind, sollte zuküftigen Untersuchungen überlassen werden. Der in Abbildung 8-31 benutzte Name *Echio-Verbascetum* ist daher mit Vorbehalt zu benutzen. Die *Verbascum densiflorum*-Bestände stehen dem Onopordion nahe.

Vom Erstbeschreiber des *Echio-Verbascetum* wird übrigens *Oenothera biennis* als wichtigste Charakterart genannt, während Oberdorfer (2001) diese Art als charakteristisch für das weitgefasste, also das *Echio-Verbascetum* beinhaltende *Melilotetum* ansieht. Wittig

Abb. 8-30 *Melilotetum albo-officinalis* mit beiden *Melitotus*-Arten und *Daucus carota* auf einer Gewerbebrache (Düsseldorf-Reisholz, 7/1992).

Abb. 8-31 *Echio-Verbascetum* mit *Verbascum densiflorum, Echium vulgare* und *Carduus acanthoides* auf einer Schlackenhalde in Duisburg-Meiderich, 7/2000).

et al. (1999), die die Vergesellschaftung von *Oenothera*-Arten in zahlreichen Städten untersuchten, trafen *Oenothera biennis* in etwa gleich häufig in mehreren Gesellschaften des Dauco-Melilotion an, so dass die Art für keine der beiden genannten Assoziationen als charakteristisch gelten kann. Oft werden in der Literatur die Arten des Aggregates *Oenothera biennis* nicht unterschieden. In den von Wittig et al. untersuchten Städten ist *Oenothera biennis* s.str. zwar die häufigste *Oenothera*-Art, nicht selten sind jedoch auch *O. fallax*, *O. chicagiensis* und *O. glazioviana*. Keine dieser Arten kann als Charakterart einer Assoziation gelten, wohl aber liegt der eindeutige Schwerpunkt im Dauco-Melilotion oder aber in den Onopordetalia. Bestände der gennanten Nachtkerzenarten, in denen keine Charakerarten von Onopordetalia-Assoziationen auftreten, sind daher in der Mehrzahl der Fälle als Gesellschaften dieser Ordnung oder aber einer ihrer beiden Verbände anzusprechen. *Oenothera glazioviana* ist in ruderalen Arrhenathereten relativ häufig, die anderen Arten des Aggregats treten außer in den Onopordetalia-Gesellschaften manchmal in ruderalisierten Sandtrockenrasen auf.

Eher bezeichnend für sandtrockenrasenähnliche Standorte sind die Arten der sowohl in Siedlungen als auch in Mitteleuropa insgesamt wohl deutlich selteneren zweiten einheimischen *Oenothera*-Sammelart, *Oenothera parviflora* agg. Passarge (1977) beschreibt eine stark mit Sandtrockenrasenarten durchsetzte, insgesamt jedoch zum Dauco-Melilotion gehördende Nachtkerzen-Gesellschaft als *Artemisio-Oenotheretum rubricaulis.* Der Autor sieht diese Assoziation als östliche Variante des *Echio-Verbascetum* an, das ja ebenfalls deutliche Beziehungen zu den Sandtrockenrasen zeigt. Der Schwerpunkt dieser in Siedlungen in erster Linie auf Bahn- und Verkehrsgelände mit sandigen Böden anzutreffenden Gesellschaft, die von Tokarska-Guzik (1986) auch für die Umgebung von Kattowitz nachgewiesen wurde, liegt außerhalb von Siedlungen, nämlich auf ruderalisiertem Dünengelände und sandigen Brachen sowie in und in der Umgebung von Sand- und Kiesgruben.

Abb. 8-32 *Berteroetum incanae* im Bahngelände (Oberursel-Weißkirchen, 6/2000).

#### 8.3.3.3 Weitere leicht Wärme bedürftige ruderale Hochstauden-Fluren

Offensichtlich etwas Wärme liebender und konkurrenzschwächer als die vorgenannten Assoziationen ist das ***Berteroetum incanae*** Siss. et Tidemann in Siss. 1950 (Tab. 8-7: 5; Abb. 8-32). In kleineren und mittleren Großstädten Nordwestdeutschlands fehlt diese Assoziation nämlich entweder völlig oder ist ausschließlich auf Hafen- und Bahnanlagen beschränkt. Das Ausgangssubstrat der von der Assoziation besiedelten, in der Regel nur schwach bis allenfalls mäßig stickstoffreichen Böden, ist Sand, Kies oder Schotter. Die meist lückige, niedrigwüchsige Gesellschaft ist außerhalb von Siedlungen manchmal in Kontakt zu ruderalisierten Sandtrockenrasen anzutreffen.

Das ***Dauco-Picridetum hieracioides*** (Faber 1933) Görs 1966 (Tab. 8-7: 6) findet man in Städten an im Vergleich zu denen des *Berteroetum* lehmig-tonigeren, sonst aber ähnlichen Standorten. Insbesondere in Süddeutschland ist die Assoziation auch in aufgelassenen Weinbergen, Äckern und Gärten zu finden, geht also deutlich über die Grenzen der Städte hinaus und ist somit eine urbanoneutrale Assoziation. Vom Aspekt her ähnelt die Assoziation oft mehr einem Rasen als einer Hochstauden-Flur. Vielleicht ist dies der Grund dafür, dass manche Autoren die Gesellschaft bei den Halbruderalen Trockenrasen einreihen.

Dass bezüglich seiner Verbreitung nach Pott (1995) mit den Kalk- und Lössgebieten korrespondierende ***Resedo-Carduetum nutantis*** Siss. 1950 (Tab. 8-7: 7) ist die seltenste der hier behandelten Assoziationen des Dauco-Melilotion. Die Mehrzahl der insgesamt nicht zahlreichen Belege der Gesellschaft stammt von ruderalisierten bzw. überweideten Halbtrockenrasen. Es ist daher nicht verwunderlich, dass die Assoziation für nordwestdeutsche Klein- oder Mittelstädte bisher nicht belegt wurde und aus Münster (Gödde 1986) und Kassel (Kienast 1978, dort unter der Bezeichnung *Carduus nutans*-Subassoziation des *Echio-Melilotetum*) nur jeweils eine Aufnahme vorliegt. Nach T. Müller (1983b), der die Assoziation zu den Wärme bedürftigen Distelgesellschaften stellt, werden mäßig stickstoffreiche, trockene bis etwas frische, kalkhaltige Standorte bevorzugt besiedelt.

Außer den oben genannten Assoziationen werden aus verschiedenen Städten Dominanzgesellschaften von Verbandscharakterarten beschrieben, z. B. die *Oenothera biennis*-Ges. und die *Daucus carota*-Gesellschaft.

### 8.3.4 Eselsdistelfluren und andere Onopordion-Gesellschaften

Die Wärme liebenden Distelfluren (Onopordion acanthii Br.-Bl. et al 1936) sind nach Mucina (1993c: 171) „ein zurückgehender Typ archäophytischer Ruderalvegetation der ländlichen Siedlungen“, der „in Städten und ihrer Umgebung nur fragmentarisch“ vorkommt. Da zudem das Zentrum der Verbreitung des Verbandes im kontinentalen und subkontinentalen Europa liegt, sollen im Rahmen dieses Bandes nur wenige Gesellschaften genannt werden.

Die einzige in der Literatur mehrfach aus Siedlungen gemeldete Assoziation des Onopordion ist das ***Onopordetum acanthii*** (s. z. B. Brandes 1980, Kopecký 1983, Nezadal & Heider 1994). Es ist bevorzugt im Zentrum, Süden und Südosten Mitteleuropas anzutreffen (Verbreitungskarte in Frey & Hauser 1996), im Norden, wenn überhaupt, nur innerhalb der Lössgebiete. Allerdings zeigen nicht alle Bestände von *Onopordum acanthium* in Siedlungen eine klare Zugehörigkeit zum Onopordion. Manche sind aufgrund des deutlichen Überwiegens von Arction-Arten in diesen Verband zu stellen. Keimlinge von *Onopordum acanthium* haben nur auf offenen Böden eine nennenswerte Etablierungschance (Abb. 8-33). Die Art ist dementsprechend nur an solchen Orten anzutreffen, an denen die Vegetation kurz zuvor beseitigt wurde sowie auf neugeschaffenen Standorten. Naturgemäß sind hier oft mehr Therophyten, überwiegend aus der Klasse Stellarietea, anzutreffen als typische Artemisieta-, Onopordetalia- und Onopordion-Arten (s. Abb. 8-34). In solchen Fällen handelt es sich dann, zumindest i.e.S., ebenfalls nicht um das *Onopordetum*.

Die alte Heil- und Gewürzpflanze *Artemisia absinthium* bildet an manchen warmtrockenen Standorten vorwiegend im Südosten Mitteleuropas gelegener Dörfer charakteristische Bestände aus (s. z. B. Faliński 1965, Krippelová 1981), die als ***Potentillo argenteae-Artemisietum absinthii*** Faliński 1965 bezeichnet werden. Pott (1965) führt diese Assoziation nicht innerhalb des Onopordion (Onopordetalia), sondern, gemeinsam mit dem *Dauco-Picride-*

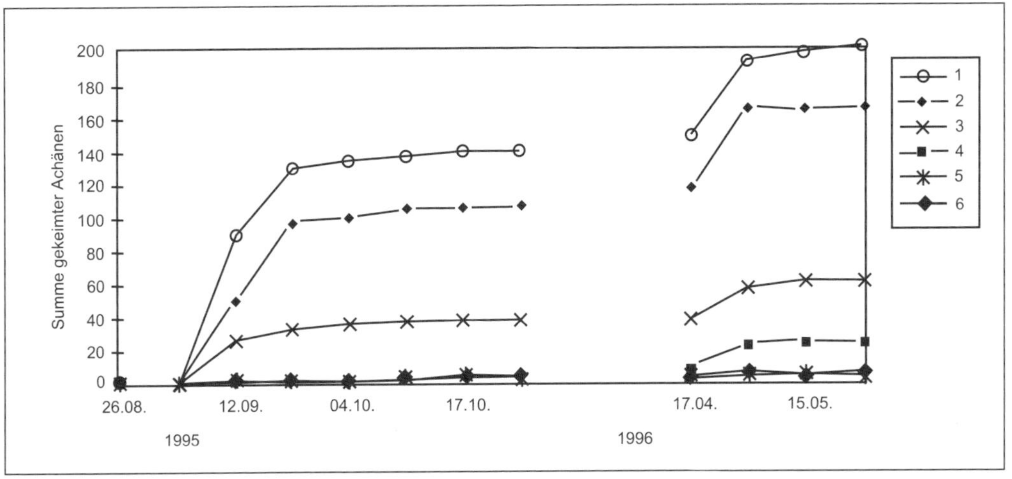


1 Vegetation entfernt, 1000 Achänen
2 Vegetation entfernt, 500 Achänen
3 geharkt, 1000 Achänen
4 geharkt, 500 Achänen
5 Kontrolle, 500 Achänen
6 Kontrolle, 1000 Achänen

Abb. 8-33 Keimlingsetablierung von *Onopordum acanthium* (aus S. Brandes 1998).

*tum hieracioidis* (s. Kap. 8.3.3.3), im Artemisio absinthii-Agropyrion intermedii Th. Müller et Görs 1966 auf, einem Verband der Agropyretalia repentis (s. Kap. 8.3.5).

Teilweise ins Onopordion, teilweise nur in die Ordnung Onopordetalia können die erheblich häufger als die beiden o.g. Assoziationen anzutreffenden *Carduus acanthoides*-Gesellschaften eingeordnet werden, die v.a. im Industrie- und Bahngelände siedeln. Auch einige Nachtkerzenfluren sind an das Onopordion anzuschließen (s. Wittig et al. 1999).

## 8.3.5 Halbruderale Trockenrasen

Die Halbruderalen Trockenrasen (Agropyretalia repentis Oberd., Th. Müller et Görs in Oberd. et al. 1967) vermitteln floristisch und ökologisch zwischen den ruderalen Hochstaudenfluren (Artemisietea) und den Trockenrasen (Festuco-Brometea und Koelerio-Corynephoretea). Man findet die Gesellschaften der Ordnung daher bevorzugt an vergleichsweise trockenen oder zumindest wechseltrockenen Standorten, wo sie sich allerdings nur dann länger halten können, wenn das Aufkommen von Onopordetalia-Gesellschaften durch Mahd, Brand oder Herbizidanwendung verhindert wird. Die bezeichnenden Arten der Ordnung und der Assoziationen besitzen meist xeromorphe Blätter und/oder ein sehr tiefreichendes Wurzelsystem, das ihnen ein Vorkommen an oberflächlich trockenen, aber grundfeuchten Standorten ermöglicht. Gegen Unkrautbekämpfungsmaßnahmen (sowohl Jäten als auch Herbizideinsatz) sind fast alle Agropyretalia-Arten durch ein regenerationskräftiges Rhizom gewappnet.

Die Halbruderalen Trockenrasen sind keine ausgesprochenen Siedlungsgesellschaften, einige von ihnen kommen sogar häufiger außerhalb von Siedlungen vor, andere sind im besiedelten Bereich allenfalls in Ausnahmefällen anzutreffen. Im Folgenden werden nur diejenigen vorgestellt, die zumindest ein Nebenoptimum im Bereich der Siedlungen aufweisen. Sie alle gehören zum Convolvulo-Agropyrion repentis Görs 1966. Auf den zweiten Verband der Agropyretalia, das Artemisio absinthii-Agropyrion intermedii, wurde bereits im Kap. 8.3.4 hingewiesen.

Die Namen gebende Art, *Elymus repens*, zeigt übrigens keine enge Bindung an die Agropyretalia. Wie Kopecký (1986b) bemerkt, gehören viele *Elymus repens*-Gesellschaften in die Arrhenatheretalia und einige zu den Sisymbrietalia oder zum Dauco-Melilotion.

Die ***Convolvulus arvensis-Elymus repens*-Gesellschaft** (Syn. *Convolvulo arvensis-Agropyretum repentis* Felföldy (1942) 1943) ist so-

Abb. 8-34 *Onopordum acanthium* ist häufig mehrheitlich mit einjährigen Arten vergesellschaftet (Rheinisches Braunkohlenrevier: Tagebau Hambach, 7/2000).

wohl in Städten als auch außerhalb davon (entlang von Bahndämmen, Straßen und gestörten Wegrainen) die häufigste Gesellschaft der Klasse. Die Namen gebenden Arten *Elymus repens* und *Convolvulus arvensis* sind hochstet (Tab. 8-9: 1) und zudem meist mit hohen Deckungsgraden vertreten.

Das ***Diplotaxi tenuifoliae-Agropyretum repentis*** Th. Müller et Görs 1969 (Tab. 8-9: 2; Abb. 8-35), das durch *Diplotaxis tenuifolia* charakterisiert wird, stellt höhere Wärmeansprüche als das *Convolvulo-Agropyretum* und fehlt daher vielen kleineren Städten, insbesondere in Nordwestdeutschland. Zur charakteristischen Artenkombination gehören neben *Di-*

Abb. 8-35 *Diplotaxi-Agropyretum* in einem Gewerbegebiet (Oberursel, 9/2000).

Abb. 8-36 *Cardario drabae-Agropyretum* an einer innerstädtischen Schnellstraße (Frankfurt/M., 5/2000).

**Tab. 8-9: Gesellschaften des Convolvulo-Agropopyrion in mitteleuropäischen Siedlungen***

| Gesellschaft<br>Zahl d. Aufnahmen | 1<br>96 | 2<br>22 | 3<br>35 | 4<br>35 | 5<br>49 |
|---|---|---|---|---|---|
| **Bezeichnende Arten d. Ges.** | | | | | |
| *Diplotaxis tenuifolia* | | V | | | |
| *Cardaria draba* | | | V | I | |
| *Falcaria vulgaris* | | | | V | |
| *Tussilago farfara* | | | | | V |
| *Ranunculus repens* | | | | | III |
| **OC und KC** | | | | | |
| *Convolvulus arvensis* | V | I | IV | IV | I |
| *Artemisia vulgaris* | I | III | III | III | III |
| *Poa angustifolia* | II | II | II | III | |
| *Poa compressa* | | II | I | II | III |
| **Mol.-Arrhenatheretea-Arten** | | | | | |
| *Dactylis glomerata* | II | I | III | II | III |
| *Achillea millefolium* | II | I | II | III | II |
| *Arrhenatherum elatius* | II | | III | III | I |
| **Sonstige Begleiter** | | | | | |
| *Elymus repens* | V | III | V | V | III |
| *Cirsium arvense* | II | II | III | II | III |
| *Taraxacum officinale* agg. | II | I | III | I | II |
| *Tripleurospermum perforatum* | | I | II | | III |

**1:** ***Convolvulus arvensis-Elymus repens*-Gesellschaft;** 11 Aufn. von Dettmar (1986), 5 Frost (1985), 13 Gödde 1986, 11 Hetzel & Ullmann (1981), 8 Langer (1994), 1 Lotz (n.p., Osthafen Frankfurt 1993), 7 P. & A. Pyšek (1988), 7 Rebele (1986), 10 Springer (1985), 10 R. & M. Wittig (1986), 13 Wollert (1991).

**2:** ***Diplotaxi-Agropyretum;*** 6 Aufn. von Bornkamm (1974), 4 Dettmar (1982), 6 Gödde (1986), 3 Hetzel & Ullmann (1981), 3 Lotz (n.p., Osthafen Frankfurt 1993).

**3:** ***Cardario-Agropyretum;*** 1 Aufn. von Gödde (1986), 7 Grüll (1979), 3 Gutte & Krah (1993), 7 Hetzel & Ullmann (1981), 9 Kopecký (1980), 2 Lotz (n.p., Osthafen Frankfurt 1993), 6 Springer (1985).

**4:** ***Falcario-Agropyretum;*** 4 Aufn. von Bredereck (n.p., Frankfurter Bahnhöfe 1993), 1 Frost (1986), 8 Grüll (1979), 18 Hetzel & Ullmann (1981), 4 Langer (1994).

**5:** ***Poo compressae-Tussilaginetum;*** 3 Aufn. von Bornkamm (1974), 13 Gödde (1986), 9 Kienast (1978), 4 Kohl (1986), 4 Lotz (n.p., Osthafen Frankfurt 1993), 5 Mattheis & Otte (1989), 3 P. Pyšek (1991), 8 Rostanski & Gutte (1971).

* gekürzte synth. Tabelle: Es werden nur solche Arten berücksichtigt, die mindestens einmal SK III erreichen. Die Stetigkeitsklassen + und r werden nicht aufgeführt.

*plotaxis tenuifolia* noch *Elymus repens*, *Convolvulus arvensis* und *Poa angustifolia*. Stets sind auch einige wärmeliebende *Artemisietea*-Arten vorhanden. Die Assoziation gilt als sand- und lössliebend. Seit einiger Zeit werden die von den Erstbeschreibern mit zur Assoziation gezählten Bestände von *Chondrilla juncea* als eigene Assoziation (*Asparago-Chondrilletum junceae* Pass. 1978) gewertet.

Das ***Cardario drabae-Agropyretum repentis*** Th. Müller et Görs 1969 (Tab. 8-9: 3) ist ebenfalls Wärme liebend, bevorzugt aber im Gegensatz zum *Diplotaxi-Agropyretum* feineres Bodenmaterial, kommt also insbesondere auf Lehm- und Tonböden vor. Entlang von Straßen bildet es oft ausgedehnte, dicht geschlossene Bänder (Abb. 8-36). Auch diese Assoziation ist im Nordwesten sehr stark an den engeren Stadtbereich gebunden und fehlt vielen kleineren Großstädten völlig. Im Südosten verliert sie dagegen, genau wie das *Diplotaxi-Agropyretum*, ihre Bindung an Städte und sogar an Siedlungen überhaupt. Neben *Cardaria draba* treten *Elymus repens*, *Poa angustifolia* und *Convolvulus arvensis* mit hoher Stetigkeit auf.

Das ***Falcario vulgaris-Agropyretum repentis*** Th. Müller et Görs 1969 (Tab. 8-9: 4) ist noch Wärme liebender als die vorab gennanten Gesellschaften der Ordnung und fehlt daher im nordwestlichen Mitteleuropa selbst in Großstädten. Die innerhalb von Siedlungen bevorzugten Wuchsorte liegen auch bei dieser Assoziation im Industrie-, Bahn- und Hafengelände.

Das ***Poa compressae-Anthemidetum tinctoriae*** Th. Müller et Görs 1969 ist in Wärmegebieten, neben seinem Hauptvorkommen in aufgelassenen Weinbergen, selten auch auf Mauerkronen oder Dämmen in Siedlungen anzutreffen. Dettmar (1986, 1992) fand kleinere Bestände auf je einer Industriefläche in Lübeck und in Dortmund .

Das ***Poo-Tussilaginetum farfarae*** Tx. 1931 (Tab. 8-9: 5) ist charakteristisch für oberflächlich verdichtete, staufeuchte und damit wechseltrockene Standorte. In Städten findet man die Assoziation auf verdichteten lehmig-tonigen Brachflächen und auf Abdeckungen von Müllplätzen sowie am Fuße von Aufschüttungen (Abb. 8-37). Assoziationscharakterart ist der Huflattich (*Tussilago farfara*). Differenziert wird die Assoziation gegenüber den anderen Gesellschaften des Verbandes durch das stete Vorkommen von *Ranunculus repens* und *Agrostis stolonifera*. Aufgrund des hochsteten

Vorkommens der Flutrasenarten *Ranunculus repens* und *Agrostis stolonifera* nimmt das *Poo-Tussilaginetum farfarae* eine Mittelstellung zwischen den Halbruderalen Trockenrasen und den Flutrasen (s. Kap. 8.5.3) ein.

Im Bahngelände und auf Industrieflächen treten neben den o.g. Gesellschaften artenarme Bestände einzelner *Agropyretalia*-Arten auf, z. B. von *Convolvulus arvensis, Poa compressa, Poa angustifolia* oder *Equisetum arvense* (Abb. 8-38). Die beiden letzteren wachsen auch in Blumen- und Zierstrauchrabatten, in denen häufiger Herbizide eingesetzt werden, sowie auf Baumscheiben (LANGER 1994). REBELE (1986) nennt für Berliner Industrieflächen eine *Agrostis gigantea*-Gesellschaft des Convolvulo-Agropyrion, die auch im Ruhrgebiet häufig auf Industriebrachen anzutreffen ist (DETTMAR 1992a). Nach GUTTE & KRAH (1993) gehören die in Leipzig besonders im locker bebauten Altstadtgebiet, in Industrievierteln und im Stadtrandbereich wachsenden *Bromus inermis*-Bestände ebenfalls in die Agropyretalia. Am ehesten zu dieser Ordnung zu stellen sind wohl auch die von LANGER (1994) aus Berlin gemeldeten Dominanz-Bestände der Agrostietalia-Art *Carex hirta*, in denen *Convolvulus arvensis* und *Artemisia vulgaris* die SK III erreichen, was ansonsten nur noch für *Taraxacum officinale* agg. zutrifft. Über den Agropyretalia nahestehende Bestände von *Saponaria officinalis* berichten HARD (1989) aus Osnabrück, LANGER (1994) aus Berlin und OLSSON (1978) aus Malmö.

### 8.3.6 Neophyten-Gesellschaften der Klasse Artemisieta vulgaris

Zahlreiche, ursprünglich meist aus Nordamerika, in einigen Fällen auch aus Ostasien stammende, zunächst wegen ihres Blütenreichtums als Zierstauden angepflanzte Arten sind inzwischen verwildert und bevorzugt in Artemisietea-Gesellschaften anzutreffen (Abb. 8-39; s. z. B. BRANDES 1981a). Mehrere dieser Arten sind so konkurrenzkräftig, dass sie die einheimischen Artemisietea-Arten an bestimmten Standorten streckenweise weitgehend verdrängt haben. In der Mehrzahl der konkreten Fälle ist der Begriff „verdrängen“ allerdings nicht wörtlich zu nehmen. Der Ersatz der angestammten Hochstauden durch Neophyten (ausgenommen *Fallopia japonica* und eventuell auch die beiden *Solidago*-Arten) erfolgt nicht dadurch, dass die Neubürger in eine intakte oder ungestörte einheimische Artemisietea-Gesellschaft eindringen. Vielmehr fassen die Neophyten erst nach Störungen in Artemisietea-Gesellschaften Fuß oder besiedeln neu geschaffene Standorte schneller als die einheimischen Arten.

Der in städtischen Artemisietea-Gesellschaften am weitesten verbreitete Neophyt ist die aus Nordamerika stammende Kanadische Goldrute ***(Solidago canadensis)***, die interessanterweise hochwüchsiger ist als die ebenfalls aus Nordamerika eingebürgerte Riesen-Goldrute (*S. gigantea*). Beide Arten können in verschiedenste Artemisietea-Gesellschaften eindringen und auch eigene Gesellschaften aufbauen. Insgesamt gesehen sind sie wohl als Artemisietea-Klassencharakterarten zu werten (WITTIG 1978). Bedeutsam für ihre Durchsetzungskraft ist das starke Rhizomwachstum (s. CORNELIUS et al. 1987), das durch eine Vielzahl von Knospen begünstigt wird (Abb. 8-40).

Auch der aus Ostasien stammende Japan-Knöterich (***Fallopia japonica*** = *Polygonum cuspidatum*), der seit über 100 Jahren in Europa als Zierpflanze und Wildfutter angebaut wird, ist inzwischen in unterschiedlichen Artemisietea-Gesellschaften anzutreffen und daher ebenfalls als Klassencharakterart zu betrachten. Da die Art mehrere Meter hoch werden kann, sehr dicht wächst und noch dazu weit größere Blätter hat als die Mehrzahl der anderen Artemisietea-Arten, können sich in ihren dichten Beständen auf Dauer nur wenige Arten in meist kümmerlich wachsenden Einzelexemplaren halten. Die kampfkräftige Art ist daher in ständiger Ausbreitung begriffen. Während sie ursprünglich in den Säumen von Flüssen, Bächen, Kanälen und Gräben auftrat, greift sie inzwischen mehr und mehr auf weniger feuchte Standorte über und tritt auch an Standorten des *Arctio-Artemisietum* und sogar des *Artemisio-Tanacetetum* und *Melilotetum* auf. In Städten ist sie entlang von Bahnlinien nicht selten (vgl. SUKOPP & SUKOPP 1988).

Sicherlich spielt bei dem Erfolg von Neophyten in Städten eine gewisse Resistenz gegenüber Umweltgiften eine Rolle. Nachgewiesen wurde eine große Cd-, Ozon- und Herbizidresistenz bisher für *Solidago canadensis* (vgl. TOMKINS & GRANT 1974; G. MEYER 1981, 1986; CORNELIUS 1982, 1985), die eine der bestuntersuchten Ruderalarten ist (vgl. Tab. 6-4).

Abb. 8-37 *Poo-Tussilaginetum* am Unterhang einer Aufschüttung in einem ehemaligen Zechengelände (Unna, 7/1989).

Abb. 8-38 Einart-Bestand von *Equisetum arvense* im Bahngelände (Oberursel, 10/2000).

Abb. 8-39 *Solidago canadensis* und *Fallopia japonica* im Bahngelände (Münster, 7/1972).

Abb. 8-40 Rhizom von *Solidago canadensis*: Unterseite (links), Seitenansicht (Mitte), Oberseite (rechts).

Abb. 8-41 *Filagini-Vulpietum* im Zwischengleisbereich eines Bahnhofs (Oberursel, 5/2000).

## 8.4 Fragmente echter Trockenrasen

Neben den oben erwähnten ruderalen Halbtrockenrasen (s. Kap. 8.3.5) findet man regelmäßig im Industrie-, Bahn- und Hafengelände, seltener auf Straßenbanketten und manchmal auf mit Split, Kies oder ähnlichen Substraten belegten Wegen, Garageneinfahrten etc. fragmentarische echte Trockenrasen. Meist handelt es sich dabei um Sandtrockenrasen, also um Gesellschaften der Klasse **Koelerio-Corynephoretea** Klika in Klika et Novák 1941, die die wärmeliebenden und trockenheitsertragenden Pioniergesellschaften von Sand-, Kies-

Abb. 8-42 *Saxifraga tridactylites*, die Charakterart des *Poo-Saxifragetum tridactylitis* (Bahnhof Oberursel, 5/2000).

und Felsböden umfasst. Relativ häufig sind das *Filagini-Vulpietum* Oberd. 1938, die *Sedum acre*-Gesellschaft (bzw. *Sedum sexangulare-acre*-Gesellschaft) und das *Saxifrago tridactylitis-Poetum compressae* (Kreh 1945) Géhu et Lerig 1957. Die basiphilen Trockenrasen (*Festuco-Brometea*) werden im besiedelten Bereich dagegen weit gehend durch die Halbruderalen Trockenrasen, also die Agropyretalia repentis, ersetzt.

Die wohl häufigste Koelerio-Corynephoretea-Gesellschaft der Städte ist das ***Filagini-Vulpietum***. Man findet diese Assoziation insbesondere im Bahnhofsbereich (Abb. 8-41), manchmal auch auf sandigen oder geschotterten Industriebrachen. Allerdings sind nicht alle *Vulpia myuros*-Vorkommen im Bahn- und Industriegelände dieser Assoziation zuzurechnen. Häufig handelt es sich um Pionierstadien von Onopordetalia-Gesellschaften, und selbst in gut entwickelten Beständen der Onopordetalia ist *Vulpia myuros* stellenweise stark vertreten. Darüber hinaus tritt sie auch in Gesellschaften der Sisymbrietalia und Agropyretalia repentis auf.

Entlang von Bahnlinien und Straßen findet man häufig schmale Streifen von Dominanzbeständen der beiden Mauerpfeffer-Arten *Sedum acre* und/oder *Sedum sexangulare*. Nach Gödde (1986) kann man mit *Cerastium semidecandrum* und *Arenaria serpyllifolia* relativ regelmäßig weitere Koelerio-Corynephoretea-Arten in den Mauerpfeffer-Beständen antreffen. Beobachtungen verschiedener Autoren (z. B. Hard 1983) weisen darauf hin, dass die Entstehung dieser ***Sedum*-Gesellschaften** durch Herbizidanwendung begünstigt wird. Ein weiterer städtischer Standort von Koelerio-Corynephoretea-Arten, insbesondere *Sedum acre* und *Ceratodon purpureus*, sind Kiesdächer (vgl. Buttschardt 2001).

Das ***Saxifrago tridactylitis-Poetum compressae*** wird in der Literatur im Allgemeinen als typische Gesellschaft von Mauerkronen und Dächern beschrieben. In den letzten Jahren häufen sich allerdings auch die Meldungen über Vorkommen auf Zwischengleisflächen und steinigen Industriebrachen (Caspers & Gerstberger 1979; Brandes 1979, 1981b, 1983, 1984; Lienenbecker & Raabe 1981). Neben der Namen gebenden Art *Saxifraga tridactylites* (Abb. 8-42) gehören die Klassencharakterarten *Cerastium semidecandrum*, *Arenaria serpyllifolia* und *Ceratodon pupureus* sowie die Agropyretalia-Art *Poa compressa* zur charakteristischen Artenkombination der Assoziation. Auf Bahngelände ist in der Regel auch *Bromus tectorum* hochstet in der Assoziation vertreten.

An gestörten Stellen in sandigen Scherrasen, z. B. in den unmittelbar an die Fahrbahn angrenzenden Zonen von mit Rasen eingesäten Rand- und Mittelstreifen mehrspuriger Durchgangsstraßen, kommt nach Griese (1998) in Wolfsburg eine Derivatgesellschaft der Klasse vor, in der *Stellaria pallida* dominiert, so dass sie als DG *Stellaria pallida*-[Koelerio-Corynephoretea] bezeichnet werden kann. Hochstet in dieser Gesellschaft ist *Veronica arvensis*, der Autor spricht dabei auch von einer *Stellaria pallida-Veronica arvensis*-Gesellschaft. An ähnlichen Standorten fand Griese eine DG *Cerastium glomeratum*-[*Koelerio-Corynephoretea*] sowie Dominanzbestände der Klassencharakterarten *Cerastium semidecrandum* und *C. pumilum* agg., die als Basalgesellschaften der Klasse aufzufassen sind. Nach Gutte & Krah (1993) kommt die Gesellschaft auch in Leipzig vor. In Rabatten sowie an Rändern von Rasenflächen und Gehölzpflanzungen wachsen außerdem kleinflächige Dominanzbestände folgender Koelerio-Corynephoretea-Arten: *Arenaria serpyllifolia, Arabidopsis thaliana, Erophila verna* und *Sedum acre*.

Auf ungestörten Mittelstreifen sowie auf wenig betretenen Baumunterstreifen Berliner Straßen wächst eine floristisch zwischen den Koelerio-Corynephoretea und den Molinio-Arrhenatheretea stehende ***Festuca ovina-Festuca trachyphylla*-Gesellschaft** (Langer 1994). An weiteren, überwiegend ebenfalls stark mit Molinio-Arrhenatheretea-Arten durchsetzten Sandtrockenrasen-Fragmenten fand Langer an Berliner Straßen *Sedum acre-*, *Potentilla argentea-*, *Centaurea stoebe-* und *Artemisia campestris*-Bestände.

In Dörfern und Kleinstädten der mitteleuropäischen Bergregionen, seltener in Großstädten (z. B. Wien: Zechmeister 1992), wachsen auf alten Mauern und Dächern manchmal Bestände der Hauswurz (*Sempervivum tectorum*) in Begleitung des Mooses *Ceratodon purpureus* sowie eventuell einiger weiterer Charakterarten der *Koelerio-Corynephoretea* und von *Poa compressa*. Bei Pott (1995) findet sich hierfür die Bezeichnung *Sedo sexangularis-Semperviretum tectorum* Mucina 1993, wobei allerdings Zweifel am Assoziationsrang der Gesellschaft geäußert werden.

## 8.5 Mesophile rasen- und wiesenartige Gesellschaften

Wie bereits oben erwähnt, bilden die drei in den Unterkapiteln 8.1 bis 8.3 besprochenen Vegetationstypen (Trittpflanzengesellschaften i.w.S., einjährige Ruderalgesellschaften, ausdauernde ruderale Staudenfluren und halbruderale Trockenrasen) den flächenmäßig bedeutsamsten Bestandteil der spontanen Stadtvegetation. Mit weitem Abstand folgen **ruderale Wiesen** (Kap. 8.5.1), die pflanzensoziologisch den Gesellschaften der Frischwiesen (Arrhenatherion R. Tx. 1931) nahestehen, also zur Klasse **Molinio-Arrhenatheretea** R. Tx. 1937 em. R. Tx. 1970 gehören. Flächenmäßig den drei dominierenden Vegetationstypen ebenbürtig sind dagegen die ebenfalls zu den Molinio-Arrhenatheretea zählenden subspontanen **Scherrasen** (Cynosurion R. Tx. 1947), wie man sie in Parks, Grünanlagen und Vorgärten findet. Da ihre Artenkombination relativ einheitlich ist, kann man alle derartigen Rasen in einer oder wenigen Assoziationen zusammenfassen. Trotz ihrer flächenmäßig großen Bedeutung ist den Scherrasen daher lediglich ein Unterkapitel gewidmet (Kap. 8.5.2). Zu den Molinio-Arrhenatheretea gestellt werden heute auch die früher als eigene Klasse gewerteten **Flutrasen** (Trifolio fragiferae-Agrostietalia stoloniferae (Oberd. in Oberd. et al 1967) R. Tx. 1970; Kap. 8.5.3), die zwar in Städten in der Regel allenfalls fragmentarisch entwickelt sind, früher aber für ländliche Siedlungen bezeichnend waren. Als lediglich der Klasse (oder teilweise der Ordnung Arrhenatheretalia) zuzuordnende Dominanzvorkommen einzelner Wiesenarten wachsen auf Industrieflächen (DETTMAR 1992a) sowie entlang von Straßen und Bahnlinien Bestände von *Dactylis glomerata* und von *Holcus lanatus*.

### 8.5.1 (Ruderale) Wiesen

Neben den „echten“ Ruderalgesellschaften müssen auch wiesenartige Bestände als fester Bestandteil der großstädtischen Vegetation betrachtet werden. Nach HARD (1983) entstehen diese wiesenartigen Bestände durch wiederholte Mahd aus Ruderalgesellschaften der Klasse Artemisietea. Sie gleichen nicht nur physiognomisch den agrarisch genutzten Wiesen, sondern zeigen auch eine große floristische Übereinstimmung mit diesen, insbesondere mit dem *Arrhenatheretum elatioris*, der wichtigsten einheimischen Frischwiesen-Gesellschaft wärmebegünstiger Tallagen. Von den landwirtschaftlich genutzten Wiesen unterscheiden sie sich durch das stete Auftreten von *Artemisia vulgaris* und anderer Arten der Klasse Artemisietea sowie von *Cirsium arvense*. Trotz dieser zusätzlichen Arten sind die städtischen Wiesen allerdings deutlich artenärmer als die der landwirtschaftlichen Kulturflächen. Wegen dieser Unterschiede zu „echten“ Arrhenathereten sprechen manche Autoren von „ruderalen Wiesen“ (z. B. A. PYŠEK 1978) bzw. „ruderalen Arrhenatherion-Beständen“ (WITTIG & WITTIG 1986) oder von *Tanaceto-Arrhenatheretum* (FISCHER et al. 1985). In seiner monographischen Bearbeitung der Ordnung Arrhenatheretalia R. Tx. 1931 schlägt DIERSCHKE (1997) die Bezeichnung *Artemisia vulgaris-Arrhenatherum elatius*-Gesellschaft vor.

Entlang von größeren Straßen, manchmal auch an Bahnlinien, trifft man auf hin und wieder gemähten Ruderalstandorten eine Gesellschaft an, deren Aspekt von *Cichorium intybus* bestimmt wird und in der Wiesen- und Ruderalarten in etwa gleich stark vertreten sind. ELLMAUER & MUCINA (1993) führen sie als *Cichorietum intybi* R. Tx. ex Siss. 1968 im Arrhenatherion (Molino-Arrhenatheretea), KOHL (1986) stellt sie dagegen als *Cichorium intybus*-Gesellschaft in die Artemisietea. In Berlin (LANGER 1994) und, nach eigenen Beobachtungen, auch in Frankfurt a.M. sind entsprechende Bestände typisch für zweimal jährlich gemähte Baumunterstreifen und Baumscheiben der Außenbezirke (in Frankfurt auch einiger Ring- und Ausfallstraßen: Abb. 8-43). Auch für das Cynosurion werden *Cichorium intybus*-Bestände aus Siedlungen angegeben (s. Kap. 8.5.2).

### 8.5.2 Scherrasen

In vielen der bisher veröffentlichten Arbeiten über Siedlungsvegetation wird auf die insbesondere in Städten große Flächen einnehmenden Scherrasen der Grünanlagen und Gärten nicht eingegangen. Wo aber Bestandsaufnahmen durchgeführt wurden, zeigte es sich, dass die mitteleuropäischen Scherrasen trotz teilweise sehr unterschiedlichem Saatgut eine recht einheitliche Artenkombination aufweisen. Hochstet (Stetigkeitsklasse V) sind in der

Abb. 8-43 *Cichorium intybus*-Gesellschaft auf einem jährlich zweimal gemähten Straßenbankett (Frankfurt/M., 6/2000).

Abb. 8-44 Scherrasen auf nährstoffreichem, frischen Boden mit viel *Taraxacum officinale* und *Bellis perennis* (Düsseldorf-Itter, 4/1993).

Abb. 8-45 Scherrasen auf stark sandigem Boden mit *Erodium cicutarium* und *Hieracium pilosella* (Bielefeld-Ummeln, 6/2000).

Regel *Lolium perenne*, *Trifolium repens*, *Bellis perennis*, *Festuca rubra* und *Taraxacum officinale* (s. u. Abb. 8-44). Offensichtlich stellt sich also nach einer gewissen Zeit ein Gleichgewicht der Arten ein, so dass es erlaubt ist, von einer Pflanzengesellschaft zu sprechen.

Die Artenverbindung der Scherrasen zeigt eine hohe Übereinstimmung mit der der landwirtschaftlichen Intensivweiden. Da mit *Lolium perenne* eine gemeinsame Charakterart vorhanden ist, wurden die Scherrasen der Parks und die Intensivweiden früher zu einer Assoziation, dem *Lolio perennis-Cynosuretum* Br.-Bl. et De Leuw 1936 nom inv., zusammengefasst. Die Mehrzahl der Autoren betont heute allerdings die sicherlich ebenfalls vorhandenen Unterschiede zwischen den Scherrasen einerseits und den Weiden andererseits und wertet sie als gesonderte Assoziationen, wobei die Scherrasen manchmal sogar in mehrere Assoziationen aufgetrennt werden. Dierschke (1997) schlägt vor, alle Scherrasen als ***Crepido capillaris-Festucetum rubrae*** Hülbusch et Kienast ex Kienast 1978 nom. inv. zusammenzufassen. Müller beschreibt zusätzlich ein *Trifolio repentis-Veronicetum filiformis* N. Müller 1988, Gutte (1984) ein *Bellidetum perennis*. Röhricht & Peschel (1999) erheben die zu den Koelerio-Corynephoretea überleitenden *Festuca ovina*-reichen Rasen, wie sie z. B. im Abstandsgrün Ostberliner Plattenbausiedlungen und Potsdamer Parks auftreten, in den Assoziationsrang und nennen sie *Bellido-Festucetum brevipilae* (s. a. Sukopp 1999).

Je nach Bodenart, Schnitthäufigkeit, Düngung, Vertritt und Lichtgenuss lassen sich verschiedene Untertypen der Parkrasen differenzieren. Werden Rasen auf relativ trockenen, stark besonnten Standorten nicht regelmäßig gesprengt und dazu noch wenig gedüngt (vgl. 6.2.1.3), so dringen auf sandigen Böden Arten der Sandtrockenrasen in sie ein (Abb. 8-45), z. B. *Arenaria serpyllifolia*, *Cerastium semidecandrum*, *Erodium cicutarium*, *Hieracium pilosella*, *Hypochoeris radicata*, *Luzula campestris*, *Trifolium campestre* und *Veronica arven-*

*sis*. Auf ebenfalls warmtrockenen, aber kalkreicheren Standorten zeigen *Plantago media*, *Potentilla verna* und andere Festuco-Brometea-Arten den Übergang zu dieser Klasse an. Auf lehmig-tonigen Böden sowie bei starker Bodenverdichtung treten *Ranunculus repens* und weitere Agrostietalia-Arten (z. B. *Potentilla anserina*, *P. reptans*, *Verbena officinalis*, *Agrostis stolonifera*) in den Scherrasen auf. An halbschattigen oder luftfeuchten Standorten sind einige hygrophile Moosarten regelmäßig anzutreffen (*Mnium undulatum*, *M. cuspidatum*, *Lophocolea bidentata*). Ein anderes Moos, *Rhytidiadelphus squarrosus*, kennzeichnet dagegen eher die trockenen Ausbildungen der Scherrasen. Das häufigste Moos der Scherrasen ist *Brachythecium rutabulum*. In Nachbarschaft zu Waldresten oder alten Parkanlagen sowie in manchen alten Gärten enthalten die Scherrasen Frühjahrsgeophyten, v.a. *Ranunculus ficaria*, z. T. aber auch *Corydalis*- und *Gagea*- sowie verwilderte *Scilla*-Arten (s. z. B. Aey 1990). Außer in den bisher genannten Arbeiten findet sich umfangreiches Aufnahmematerial von Scherrasen bei Berg (1985) Griese (1998), Hard (1982), Kienast (1978) und Wysocki & Zimny (1983).

Optimale Bedingungen herrschen für Scherrasen nur im wintermilden, sommerkühlen und regenreichen atlantischen Klima. In diesem Gebiet sind die Rasen relativ trittverträglich. Mit zunehmender Trittbelastung geht das *Crepido-Festucetum rubrae* der Scherrasen aber auch im atlantischen Mitteleuropa mehr und mehr in eine Trittpflanzengesellschaft über, meist in das *Lolio-Plantaginetum majoris* bzw. *Lolio-Polygonetum arenastri* (vgl. Kap. 8.1.1). Mit steigender Trockenheit und Kontinentalität des Klimas wachsen die Trittempfindlichkeit und der sommerliche Bewässerungsbedarf der Scherrasen. Im Süden und Osten Mitteleuropas sind insbesondere die Scherrasen dicht besiedelter Stadtquartiere (Abstandgrün zwischen Mehrfamilien- oder Hochhäusern) oft sehr lückig ausgebildet und von (überwiegend einjährigen) Ruderalarten durchsetzt. Dort findet man häufig Rasen, die eine Mittelstellung zwischen *Crepido-Festucetum rubrae* und *Hordeetum murini* aufweisen (z. B. für Wien von Moes 1995 belegt). Auch treten Übergänge zu den Gesellschaften der Agropyretalia repentis auf. In jüngster Zeit hat sich als Folge zunehmender Eutrophierung durch Hundekot *Malva neglecta* insbeondere in großstädtischen Scherrasen stellenweise stark ausgebreitet, ohne dass man von einem *Urtico-Malvetum neglectae* sprechen darf (s. Wittig 2001a).

Als weitere *Cynosyrion*-Gesellschaft oder als diesem Verbande zumindest nahestehend wird für einige Städte eine zu den Artemisietea überleitende ***Cichorium intybus*-Gesellschaft** genannt (z. B. Kienast 1978 für Kassel, Frost 1985 für Regensburg, Gödde 1986 für Düsseldorf). Bevorzugter Standort dieser Gesellschaft sind mäßig betretene Säume von landwirtschaftlichen Nutzflächen. Die Gesellschaft gehört also nicht zum typischen Gesellschaftsinventar der Siedlungen.

### 8.5.3 Flutrasen

In der früher bei den Plantaginetea majoris eingeordneten, zwischenzeitlich zur Klasse erhobenen und momentan von der Mehrzahl der Autoren zu den Molinio-Arrhenatheretea gestellten Ordnung Trifolio fragiferae-Agrostietalia stoloniferae (Oberd. apud Oberd. et al. 1967) R. Tx. 1970 werden feuchtigkeitsliebende Pioniergesellschaften zusammengefasst, die in der Lage sind, nach Überschwemmungen nährstoffreiche Schlamm- und Tonböden schnell zu besiedeln und auch zeitweilige Überflutungen sowie länger anhaltende Staunässe im Boden zu ertragen. Verständlicherweise stellen die Assoziationen des Verbandes daher keine typischen Stadtgesellschaften dar. Allerdings trifft man an Orten starker Bodenverdichtung oder auch dort, wo überschüttete Asphalt- und Betondecken für einen Wasserstau im Oberboden sorgen, in Städten immerhin Fragmente, meist Dominanzbestände von Verbands- bzw. Ordnungscharakterarten (in unserem Gebiet existiert nur ein Verband, das Agropyro-Rumicion crispi Nordhagen em. R. Tx. 1947) der Kriechrasen an. Am häufigsten sind Bestände von *Ranunculus repens*, gefolgt von *Rumex obtusifolius*-, *Potentilla anserina*-, *P. reptans*-, *Agrostis stolonifera*- und *Rumex crispus*-Beständen. Vereinzelt kann man auch der *Poa trivialis-Rumex obtusifolius*-Gesellschaft in Städten begegnen.

An betretenen Ufern von Dorfteichen sowie auf Gänseangern in Dörfern war früher ***Potentilla anserina*** weit verbreitet. Ein Teil dieser Bestände kann der Agrostietalia-Assoziation ***Potentillo-Festucetum arundinaceae*** (R. Tx. 1937) Nordhagen 1940 zugerechnet werden. Manche Autoren sprechen bei den von *Potentilla anserina* dominierten Flutrasen der Gänseanger auch von *Potentilletum anserinae* Rap. 1927 em. Pass. 1964. Viele dörfliche *Potentilla aserina*-Fluren weisen dagegen keine weiteren Flutrasenarten auf, sondern bestehen überwiegend aus Arten der Trittpflanzengesellschaften und des Cynosurion (s. hierzu Tab. 8-3: 1). Beispielsweise trifft dies für die Mehrzahl der Aufnahmen zu, die von KNAPP (1961) als *Lolio-Potentilletum anserinae* zusammengefasst werden. An Straßen mit winterlicher Streusalzzufuhr tritt manchmal *Puccinellia distans* zusammen mit *Potentilla anserina* auf (JACKOWIAK 1982).

Ebenfalls vorwiegend in Dörfern findet man am Boden temporär wasserführender Gräben, wie sie sich oft an Straßen und vor Zäunen und Mauern erstrecken, eine Dominanz-Gesellschaft von ***Potentilla reptans***. Nach ELLMAUER & MUCINA (1993) sind die Standorte der Gesellschaft, die auch auf Industriebrachen anzutreffen ist, weniger stark betreten als die mit *Potentilla anserina*. Aus Leipzig dokumentieren GUTTE & KRAH (1993) „*Potentilla reptans*-Säume", die sie zu den Agropyretalia stellen.

In Senken von Parkrasen mit stark verdichtetem Boden, in denen es nach Regenfällen zur Bildung temporärer Gewässer (großer, mehrere Tage bis Wochen beständiger Pfützen) kommt, findet man Dominanzbestände von *Agrostis stolonifera*, denen manchmal *Rorippa sylvestris* beigemischt ist. Offensichtlich handelt es sich hier um Fragmente des *Rorippo-Agrostidetum stoloniferae* Moor 1958 ex Th. Müller et Oberd. in Th. Müller 1961. Gleiches trifft wohl für die von LANGER (1994) aus Berlin gemeldeten *Rorippa sylvestris*-Dominanzbestände zu. Obwohl *Carex hirta* als OC der Agrostietalia gilt (OBERDORFER 2001), gehören ihre städtischen Dominanzbestände eher zu den Agropyretalia (s. Kap. 8.3.5). OLSSON (1978) beschreibt aus Malmö ein *Hordeetum jubati* innerhalb der Agrostietalia.

Abb. 8-46 Schwermetallrasen mit *Armeria maritima* und *Viola calaminaria* in der Innenstadt von Stolberg (6/2000).

## 8.6 Schwermetall- und Salzrasen

In Städten mit langer, oft bis ins Mittelalter zurückreichender Tradition in Schwermetallabbau und/oder -verarbeitung (Blei, Zink, Kupfer etc.) wachsen im Bereich der Bergbauhalden sowie teilweise auch auf ehemaligem Hüttengelände (Fragmente von) Rasen schwermetalltoleranter Arten (s. Abb. 8-46).

Fragmente von Salzrasen (Asteretea tripolii Westh. et Beeftink apud Beeftink 1965) bzw. oft lediglich einzelne Vertreter aus der soziologischen Gruppe der Salzrasen-Arten gedeihen am Fuße von Abraumhalden der Salzbergwerke (z. B. GUDER et al. 1998, GARVE 1999) sowie in der Umgebung der Salinen von Heilbädern. Im Zuge des Streusalzeinsatzes haben sich salztolerante Arten mancherorts entlang von Straßen ausgebreitet, bevorzugt allerdings außerhalb von Städten. Die bei weitem häufigste von Ihnen ist *Puccinellia distans*. DECHENT & SIERING (1997) rechnen solche Bestände in Anlehnung an GRÜLL & KOPECKÝ (1983) teils zu den Trittrasen (vgl. Kap. 8.1.3), teils zu den Gesellschaften der Sisymbrietalia. HADAČ et al. (1983) beschreiben ein *Hordeo murini-Puccinellietum distantis* (Sisymbrion), S. BRANDES & D. BRANDES (1996) eine *Puccinellia distans*-Gesellschaft. Nach JACKOWIAK (1982) tritt *Puccinellia distans* in Posen v.a. im *Lolio-Plantaginetum* sowie außerdem im *Lolio-Potentilletum anserinae*, *Bryo-Saginetum* und *Puccinellio-Chenopodietum glauci* Kripelová 1971 auf. Die bei weitem überwiegende Mehrheit der auf Industrieflächen des Ruhrgebietes nicht seltenen *Puccinellia distans*-Bestände ordnet DETTMAR (1992a) dem Sisymbrion, einen kleinen Teil dem Polygonion avicularis zu.

## 8.7 Mauervegetation

Obwohl Mauern in Städten allgegenwärtig sind, zählen charakteristische Mauerpflanzengesellschaften in Mitteleuropa zu den Besonderheiten der städtischen Vegetation. Dies hat zahlreiche Ursachen:

Abb. 8-47 *Cymbalaria muralis* an einer Gartenmauer (Oberursel-Weißkirchen, 6/2000).

Abb. 8-48 *Pseudofumaria lutea* an der Mauer eines alten Hauses (Lindau a. Bodensee, 6/1983).

- Die Pflanzen der Mauergesellschaften können nicht auf Steinen oder Beton, sondern nur in Mauerfugen gedeihen. Zahlreiche moderne Gebäude sind jedoch in fugenloser Bauweise errichtet.
- Frischer Mörtel weist in der Regel einen extrem hohen pH-Wert (um 11) auf. Standorte mit derart hohem pH sind für Pflanzen unbesiedelbar. Eine Absenkung des pH-Wertes der Fugen erfolgt im Laufe von Jahrzehnten durch Reaktion des Mörtels mit dem Kohlendioxid der Luft. GÖDDE (1987a) fand heraus, dass die jüngsten in Düsseldorf von Gefäßpflanzen besiedelten Mauern 40 Jahre alt sind.
- An zahlreichen historischen Gebäuden, deren Fugen durchaus geeignete Pflanzenstandorte darstellen würden, hat man im Zuge von Restaurierungsarbeiten die vorhandenen Mauerpflanzen entfernt.
- Das Verbreitungsoptimum vieler Arten der Mauervegetation liegt in Süd- bzw. Südwesteuropa. Nach Norden und Nordosten hin nimmt die Artenvielfalt an den Mauern daher zusehends ab.
- Die Mehrzahl der Mauerpflanzen ist nur bei vergleichsweise schlechter Wasserversorgung gegenüber Ruderal-, Grünland- und Waldpflanzen konkurrenzfähig. Im sommerlich regenreichen atlantischen Teil Mitteleuropas, aber auch noch im bereits relativ kontinentalen Braunschweig (s. BRANDES et al. 1998), besteht der spontane Bewuchs der Mauerfugen daher in erster Linie aus Ruderalpflanzen, aber auch Arten der Wälder (Gehölzkeimlinge und -jungwuchs), Wiesen und Trockenrasen sind nicht selten. Typische Mauerarten bilden dagegen eher die Ausnahme.

Die typischen Mauerpflanzengesellschaften der mitteleuropäischen Städte gehören zur Klasse **Asplenietea trichomanis** (Br.-Bl. in Meier et Br.-Bl. 1934) corr. Oberd. 1977 und lassen sich im Wesentlichen zwei Assoziationen bzw. drei Vegetationseinheiten zuordnen. Eutrophe Mauerstandorte werden vom ***Parietarietum judaicae*** (Arènes 1928) Oberd. 1977 oder von dessen nordwestdeutscher Verarmungsform, der ***Cymbalaria muralis*-Gesellschaft** (Abb. 8-47), besiedelt.

Die artenreiche Ausbildung des *Parietarietum* besteht im (in Mitteleuropa selten auch nur annähernd verwirklichten) Idealfall neben *Parietaria judaica* und *Cymbalaria muralis* aus *Pseudofumaria lutea* (= *Corydalis lutea*), *Cheiranthus cheiri, Chelidonium majus, Antirrhinum majus, Tortula muralis* und *Asplenium ruta-muraria*. Bestände von *Pseudofumaria lutea* (Abb. 8-48) und von *Cheiranthus cheiri* können als verarmte Ausbildungen der Assoziation oder als eigene Gesellschaften angesehen werden. Das wärmeliebende *Parietarietum judaicae* und auch die *Cymbalaria muralis*-Gesellschaft wurden von W. WERNER et al. (1989b) an niederrheinischen Mauern niemals auf der Nordseite angetroffen (Abb. 8-49).

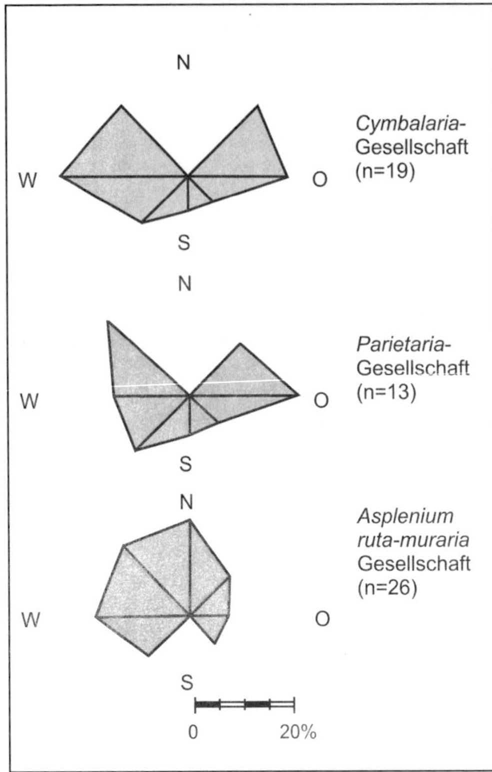


Abb. 8-49 Verteilung von Parietarietea-Gesellschaften an niederrheinischen Mauern (aus WERNER et al. 1989b).

Stickstoffarme Mörtelfugen und entsprechende Fugen von Kalk-Trockenmauern bilden den Standort des ***Asplenietum trichomano-rutae-murariae*** R. Tx. 1937. Charakterart dieser Assoziation ist die Mauerraute (*Asplenium ruta-muraria*). Im Idealfall ist sie mit dem Braunen Streifenfarn (*Asplenium trichomanes*) vergesellschaftet. Obwohl letzterer eigentlich als Klassencharakterart gilt, werden in der Regel auch Bestände ohne *Asplenium ruta-muraria,* aber mit *A. trichomanes* zum *Asplenietum trichomano-rutae-murariae* gestellt. Anders als die beiden Parietarietea-Gesellschaften besiedelt die Mauerrauten-Gesellschaft auch nordexponierte Standorte. In Düsseldorf handelt es sich bei acht der zehn Mauern, an denen GÖDDE (1987b) das *Asplenietum* fand, um solche aus der Zeit der Jahrhundertwende. Die beiden anderen Mauern wurden kurz vor dem Zweiten Weltkrieg erbaut.

LÖTSCHERT (1984) fand das eher xerophile *Asplenium ruta-muria* an relativ trockenen Mauern mit weit höheren Deckungsgraden als an feuchten. Da *Asplenium trichomanes* deutlich hygrophiler ist als *A. ruta-muria,* tritt es erst dann stärker in Erscheinung, wenn die Bodenbildung in den Mauerfugen bereits sehr weit fortgeschritten ist. *A. trichomanes* ist also bezeichnend für sehr alte Mauern (Abb. 8-50).

Als weitere Farngesellschaft tritt an Mauern in Siedlungen sehr selten das ***Asplenio viridis-Cystopteridetum fragilis*** (Kuhn 1939) Oberd. 1949 auf. Die Assoziation ist an luftfeuchte, kühle Standorte gebunden. Man findet sie daher am ehesten in Gebirgsdörfern, an Mauern von Bächen oder an und unter Brücken. Weil *Cystopteris fragilis* in Siedlungen meist nicht mit weiteren Asplenietea-Arten, sondern mit ubiquitären Nitrophyten vergesellschaftet ist (s. Abb. 8-51), spricht BRANDES (1987b) von einer Fragmentgesellschaft.

Bemerkenswert ist die **Verbreitungsbiologie** der Mauerarten. Genau wie im gesamten Stadtgebiet steht zwar die Windverbreitung auch bei den Mauerarten an erster Stelle (alle Moose, alle Farne sowie *Mycelis muralis*), den zweiten Platz nimmt jedoch die Ameisenverbreitung ein (*Parietaria judaica, Corydalis lutea, Chelidonium majus*). Mit seinem Verbreitungsmechanismus besonders gut an den Mauerstandort angepasst ist *Cymbalaria muralis*: Die Fruchtstiele der Art wachsen in die dem Sonnenlicht entgegengesetzte Richtung (negative Phototropie), letztlich also in Mauerspalten hinein, wo dann die Samen deponiert werden und auskeimen können. Durch diese Form der Selbstverbreitung ist dafür gesorgt, dass ein hohes Maß der Samen an geeignete Standorte (Mauerfugen) gelangt.

Die charakteristischen Vegetationseinheiten der **Mauerkronen** gehören zur Klasse Koelerio-Corynephoretea und wurden daher bereits in Kap. 8.4 behandelt. POTT (1995) erwähnt aber auch eine zu den Asplenietea trichomanis zählende Dominanzgesellschaft von *Sedum dasyphyllum*, die auf Mauerkronen in Süddeutschland vorkommt.

## 8.8 Weitere krautige Vegetationseinheiten

Neben den in den vorigen Kapiteln behandelten Vegetationsklassen sind in den Siedlungen noch einige weitere Gesellschaften zu finden, die sich keiner dieser Klassen zuordnen lassen. Am häufigsten und nahezu in allen bisher untersuchten Städten vertreten sind Fragmente von solchen Pflanzenbeständen, die im weitesten Sinne zu den krautigen Schlaggesellschaften **(Epilobietea angustifolii)** gezählt werden können. Im Gleisschotter trifft man auf fragmentarische Geröllfluren **(Thlaspietea rotundifolii** Br-Bl. et al. 1947). Für ländliche Siedlungen waren früher auch einige **Bidentetea**-Gesellschaften bezeichnend. Auf diese drei Gruppen soll im folgenden kurz eingegangen werden. Daneben finden sich in der Literatur über Siedlungsvegetation noch Hinweise auf Gesellschaften der Klassen Trifolio-Agrimonietea, Isoeto-Nanojuncetea und Phragmitetea.

### 8.8.1 Krautige Schlaggesellschaften

Vor allem im Bahngelände, manchmal aber auch in Industriegebieten, trifft man großflächige, dicht geschlossene Bestände des Wald-Reitgrases (*Calamagrostis epigejos*) an. Neben dem dominierenden, oft nahezu 100 % der Fläche einnehmenden Wald-Reitgras können sich in der Regel nur wenige Arten in einzelnen Exemplaren behaupten. Nach OBERDORFER (2001) liegt das Optimum von *Calamagrostis epigejos* in krautigen Schlaggesellschaften saurer Standorte (Epilobion angustifolii), so dass die ruderalen *Calamagrostis epigejos*-Bestände hier angeschlossen werden können. Die wenigen Begleitarten sprechen allerdings eher für einen Anschluss an die Artemisietea (vor allem an das Dauco-Melilotion) oder an die Agropyretalia (vgl. BRANDES 1982a).

Eine weitere krautige Schlagpflanze, *Epilobium angustifolium*, kann ebenfalls entlang von Bahnlinien, in Industriegebieten und auf Brachflächen Dominanzbestände bilden. Im Vergleich zu denen von *Calamagrostis epigejos* sind sie allerdings deutlich seltener, was sich in der Literatur darin widerspiegelt, dass viele Autoren die *Epilobium angustifolium*-Bestände nicht aufführen. Fast stets trifft man Klassencharakterarten der Artemisietea in den *Epilobium angustifolium*-Beständen an. Die häufigsten unter ihnen sind *Urtica dioica*, *Artemisia vulgaris*, *Solidago canadensis* und *S. gigantea*.

Die Epilobietea-Art *Verbascum thapsus* wird von einigen Autoren als Differenzialart des *Echio-Verbascetum* genannt (z. B. GÖDDE 1986). Auf Bahn- und Industriebrachen tritt sie allerdings auch gemeinsam mit *Epilobium angustifolium* und Waldpionieren auf, so dass man von einer echten Epilobietea-Gesellschaft sprechen kann (Abb. 8-52).

### 8.8.2 Geröllfluren

Zu den häufigsten Bestandteilen der Vegetation von Bahnhöfen gehören im Gleisschotter wachsende Bestände der Thlaspieetea rotundifolii-KC *Chaenorhinum minus*. Nur selten sind dagegen weitere KC (z. B. *Galeopsis ladanum*; s. HUPKE 1933) oder Charakterarten von Assoziationen der Geröllfluren anzutreffen. In der Literatur werden manchmal *Galeopsis angustifolia*, AC des *Galeopsietum angustifoliae* (Libbert 1938) Büker 1942 und *Rumex scutatus*, AC des *Rumicetum scutati* Fab. 1936 em. Kuhn 1937 sowie *Galeopsis segetum*, AC des *Galeopsietum segetum* Büker 1942, genannt (s. z. B. BORNKAMM 1974, KORNECK 1967, KREH 1960 bzw. MEYER 1930).

### 8.8.3 Einjährige Gesellschaften nährstoffreicher Feuchtstandorte

Auf nährstoffreichen offenen Böden siedeln sich anuelle Gesellschaften an, die überwiegend aus *Bidens*-, *Atriplex*-, *Chenopodium*- und *Polygonum*-Arten bestehen. Seit Einführung der Kanalisation und Verrohrung oder zumindest Einschalung vieler Gewässer sind entsprechende Standorte und damit die Gesellschaften schon seit langem kein bezeichnender Bestandteil der Stadtvegetation mehr. In Dörfern sind entsprechende Standorte jedoch in Form offener Straßengräben, Abwasserrinnen und eines eutrophen Dorfteiches sowie in der Umgebung von Misthaufen (manchmal noch) vorhanden. Bei Bestandsaufnahmen von Dorfvegetation wurden daher in der Regel stets Bidentetea-Gesellschaften nachgewiesen.

Nach OBERDORFER (1983b: 120) ist das ***Polygono hydropiperis-Bidentetum tripartitae*** Lohm. in Tx. 1950 „häufig vor allem in der Nähe menschlicher Siedlungen an Nassstellen aller Art, nicht nur an Gräben oder Ufern, sondern auch nassen Wegen“, an Dorfteichen findet man das ***Ranunculetum scelerati*** R. Tx. 1950 ex Pass. 1959. Das sehr nitrophile ***Chenopodietum rubri*** Timár 1947 (*Ch. glauco-rubri* Lohm in Oberd. 1957) ist im Bereich ländlicher Siedlungen an Dorfteichen, Jauchegruben, Silagestellen und anderen Orten mit Stickstoff-eutrophen Böden anzutreffen (z. B. ULLMANN 1977, GUTTE 1966).

Abb. 8-50 *Asplenietum trichomano-rutae-murariae* an einer alten, beschatteten Mauer (Oberursel-Weißkirchen, 9/2001).

Abb. 8-51 *Cystopteris fragilis* in Gesellschaft von *Geranium robertianum* und *Mycelis muralis* an einer nordexponierten Mauer in luftfeuchter Lage (Burg Brandenstein bei Schlüchtern, Hessen, 7/1999).

Abb. 8-52 *Verbascum thapsus*-Gesellschaft (mit viel *Senecio inaequidens* und vereinzeltem *Epilobium angustifolium*) auf einer Bahnbrache (ehemaliger Sammelbahnhof Essen-Frintrop, 6/2000).

Alle Bidentetea-Gesellschaften sind heute im Bereich der Siedlungen im westlichen Mitteleuropa extrem selten geworden und befinden sich auch im östlichen Mitteleuropa auf dem Rückzug. Schon GROSSE-BRAUCKMANN (1953b) weist darauf hin, dass das *Polygono-Bidentetum* nur noch in rückständigen Dörfern des Landkreises Göttingen gut entwickelt sei. P. & A. PYŠEK (1985) fanden diese Assoziation und das *Chenopodietum glauco-rubri* dagegen Ende der 1970er/Anfang der 1980er Jahre noch in fast allen von ihnen untersuchten 59 westböhmischen Dörfern. Inzwischen ist aber auch dort das *Polygono-Bidentetum* stark zurückgetreten und das *Chenopodietum rubri* „praktisch verschwunden" (A. PYŠEK 1994: 79).

## 8.9 Gebüsch- und Vorwaldgesellschaften

Bei den bisher vorliegenden Bestandsaufnahmen spontaner städtischer Vegetation steht, abgesehen von wenigen Ausnahmen, „die Vegetation der siedlungsspezifischen Gebüsche und Vorwaldbestände konsequent im Hintergrund. Dies mag daran liegen, dass ruderale Gehölz-Gesellschaften nicht als siedlungstypisch verstanden werden, da sie in Dörfern und mittelgroßen Städten deutlich zurücktreten oder ganz fehlen. Dennoch sind entsprechende Gesellschaften zum festen Inventar jeder größeren Stadt zu zählen" (DIESING & GÖDDE 1989: 225). In nordrhein-westfälischen Städten (Düsseldorf, Essen, Münster und Recklinghausen) kommen nach Angaben dieser beiden Autoren mindestens 13 Gebüsch- und Vorwaldgesellschaften vor:

- *Sambucus nigra*-Gesellschaft,
- *Rubetum armeniaci*,
- *Epilobio-Salicetum capreae*,
- *Robinia pseudacacia*-Gesellschaft,
- *Buddleja davidii*-Gesellschaft,
- *Rubus idaeus*-Gesellschaft,
- *Rubus elegantispinosus*-Gesellschaft,
- *Pruno-Ligustretum*,
- *Cytisus scoparius*-Gesellschaft,
- *Rubus corylifolius* agg.-Gesellschaft,
- *Rubus caesius*-Gesellschaft,
- *Lycium barbarum*-Gesellschaft,
- *Clematis vitalba*-Gesellschaft.

POTT (1995) nennt zahlreiche weitere ruderale Gebüschgesellschaften, von denen u. A. die *Mahonia aquifolium*-Gesellschaft in Siedlungen nachgewiesen wurde.

Flächenmäßig am bedeutsamsten sind die *Sambucus nigra*-Gesellschaft, das *Rubetum armeniaci* und das *Epilobio-Salicetum capreae*. Weniger häufig, dafür aber durchaus bezeichnend für Großstädte sind Robinien-Wäldchen. Als besonders großstadtspezifisch kann im nordwestlichen Mitteleuropa die *Buddleja davidii*-Gesellschaft gelten, während im zentralen und südöstlichen Bereich *Ailanthus altissima*-Bestände bezeichnend sind. Auf diese sechs Gesellschaften soll im Folgenden kurz eingegangen werden, wobei zwischen Gebüschgesellschaften (Kap. 8.9.1) und ruderalen Pionierwäldern (Kap. 8.9.2) unterschieden wird. Abb. 8-53 verdeutlicht die standörtliche Präferenz der in der Berliner Innenstadt bedeutsamen spontanen Gehölze bezüglich Feuchtigkeit und Bodenazidität. Erste Ergebnisse zur Keimungsbiologie neophytischer Gehölze veröffentlichten BÖCKER & DIRK (1998).

### 8.9.1 Die häufigsten Gebüschgesellschaften

Der Schwarze Holunder (*Sambucus nigra*) ist ein extrem nitrophiler Strauch. Es ist daher nicht verwunderlich, dass die ebenfalls sehr stickstoffliebende Große Brennessel (*Urtica dioica*) die häufigste Art in der Krautschicht der ***Sambucus nigra*-Gesellschaft** ist. Floristisch nehmen die städtischen Holunder-Gebüsche eine Mittelstellung zwischen den Hecken- und Waldmantelgebüschen (Rubo-Prunion) und den Schlaggesellschaften (Sambuco-Salicion) ein.

Die aus Gärten verwilderte Armenische Brombeere (*Rubus armeniacus*) ist insbesondere im atlantisch getönten Klimabereich Mitteleuropas auf allen städtischen Brachflächen, im Bahngelände, in Industriegebieten und in Hafenbereichen regelmäßig in großer Individuenzahl anzutreffen, fehlt aber auch in Städten der kontinentaleren Gebiete nicht (z. B. Wien: FORSTNER & HÜBL 1971). Der Erfolg von ***Rubus armeniacus*** als Stadtart hat sicherlich mehrere Ursachen. Einerseits ist es der reiche Fruchtansatz und die leichte Verbreitbarkeit durch Vögel (Endozoochorie), andererseits verfügt sie als eine in Gärten kultivierte Art über ein ungeheures Reservoir an Individuen, das gegen jegliche Unkrautbekämpfungsmaßnahmen geschützt ist. Selbst eventuelle großflächige Verluste auf „Wildstandorten" kön-

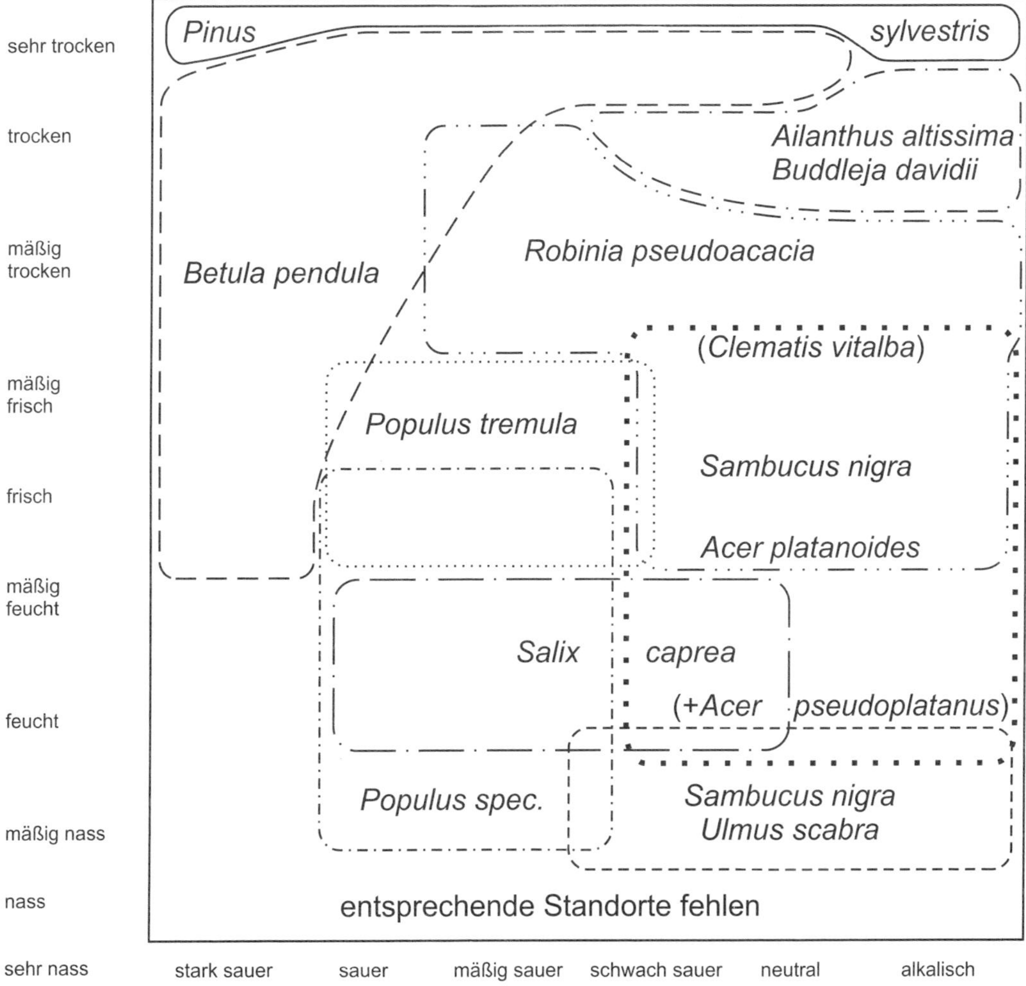


Abb. 8-53 Präferenz der in den Berliner Innenstadt häufigen spontanen Gehölze bezüglich Feuchtigkeit und Bodenazidität (aus Sukopp 1990).

nen von hier aus jederzeit schnell ausgeglichen werden. Ein weiterer Vorteil der Art ist ihr kräftiger, hoher und dichter Wuchs. Dieser befähigt die Armenische Brombeere, selbst geschlossene Hochstaudenfluren schnell zu überwachsen und schließlich ganz abzubauen. Ein Abbau der Gesellschaft durch das *Epilobio-Salicetum capreae*) lässt oft viele Jahre auf sich warten, da das Aufkommen Licht liebender Arten wie *Salix caprea*, *Betula pendula* u. a. im dicht geschlossenen *Rubus armeniacus*-Gebüsch nahezu unmöglich ist. In der Sukzession kann die *Rubus armeniacus*-Gesellschaft sowohl auf das *Urtico-Aegopodietum* und ihm ähnliche Gesellschaften als auch auf das *Artemisio-Tanacetetum* und diesem nahestehende Assoziationen folgen (vgl. Wittig & Gödde 1985). Überraschenderweise spielt das *Rubetum armeniaci* in Dörfern praktisch keine Rolle.

Der aus China stammende, wegen seiner attraktiven, häufig von Schmetterlingen aufgesuchten Blüten gerne in Anlagen und Gärten als Zierstrauch gepflanzte Schmetterlingsflieder (***Buddleja davidii;*** vgl. Umschlagfoto), ist inzwischen im Bahngelände aller Großstädte am Mittel- und Oberrhein sowie der Ballungsgebiete Rhein-Main und Rhein-Ruhr das ein-

Abb. 8-54 Vom Zugverkehr „geschorene“ *Buddleja davidii-Senecio inaequidens*-„Hecke“ zwischen Gleis und Bahnsteigkante; (Frankfurt/M., Ostbahnhof 8/2001).

Abb. 8-55 *Ailanthus altissima*-Gebüsch am Rand einer städtischen Schnellstraße (Frankfurt/M., 9/2000).

Abb. 8-56 Artenreiches *Epilobio-Salicetum capreae* auf einer nährstoffreichen städtischen Brache (Pilsen, 6/2000).

Abb. 8-57 Von Birken dominiertes *Epilobio-Salicetum capreae* auf ehemaligem Bahngelände nach fast 30-jähriger Sukzession (Berlin, 5/1993).

Abb. 8-58 *Acer pseudoplatanus* im Gleisschotter eines Bahnhofes (Frankfurt/M., 9/2000).

Abb. 8-59 *Robinia pseudoacacia*-Wald mit *Chelidonium majus* (Berlin, 5/1993).

**Tab. 8-10: Relative Häufigkeit von *Buddleja davidii* auf Bahnhöfen der Ballungsgebiete Rhein-Main und Rhein-Ruhr**

| Bahnhof | n* | *Buddleja* |
|---|---|---|
| Frankfurt Hbf | 751 | 62 % |
| Frankfurt Messe | 100 | 53 % |
| Frankfurt Ost-Bhf | 1200 | 81 % |
| Mainz Hbf | 640 | 51 % |
| Wiesbaden Hbf | 605 | 72 % |
| Köln-Deutz | 314 | 78 % |
| Duisburg Hbf | 1046 | 65 % |
| Oberhausen | 513 | 67 % |
| Essen-Altenessen | 1220 | 78 % |

* Gesamtzahl der Gehölzpflanzen

deutig dominierende Gehölz (Tab. 8-10; s. a. J. Schmitz 1991). Sogar an vielbefahrenen Gleisen bildet er, meist gemeinsam mit dem krautigen *Senecio inaequidens*, stellenweise dichte Bestände vor der Bahnsteigkante, die von den Zügen heckenartig geschoren werden (Abb. 8-54). In kleineren Siedlungen kühlerer Lagen fehlt die Art dagegen völlig und im kontinentalen Bereich ist sie in Großstädten nicht so häufig wie im atlantischen Gebiet. Sicherlich ist dies auf die Wärmebedürftigkeit und insbesondere die Frostempfindlichkeit des Schmetterlingsflieders zurückzuführen, die eindrucksvoll durch den starken Rückschlag belegt wird, den die Art in Düsseldorf Mitte der 80er Jahren nach zwei kalten Wintern hinnehmen musste (Wittig 1989a).

Ebenfalls offensichtlich sehr Wärme liebend ist der Götterbaum ***(Ailanthus altissima).*** Die Verwilderung dieser in Anlagen als Zierbaum angepflanzten Art wurde in Berlin eingehend dokumentiert (Böcker & Kowarik 1982). Außer in Berlin sind *Ailanthus altissima*-Bestände inzwischen auch in wärmebegünstigten Bereichen anderer mitteleuropäischer Städte anzutreffen (vgl. Forstner 1984; Kowarik & Böcker 1984). Obwohl *Ailanthus*, wie sein deutscher Name richtig aussagt, ein Baum ist, sind seine mitteleuropäischen Bestände nur in Ausnahmefällen als Wälder einzustufen. In der überwiegenden Mehrzahl handelt es sich um wenige Meter hohe Gebüsche (Abb. 8-55).

### 8.9.2 Ruderale Pionierwälder

Die in riesigen Mengen produzierten Samen der beiden Pionierbaumarten *Salix caprea* und *Betula pendula* werden leicht vom Wind verbreitet und sind daher auch in Städten allgegenwärtig. Wird eine vegetationsfreie Fläche nicht mehr genutzt, so fassen neben den verschiedensten krautigen Arten auch die Sal-Weide und die Sand-Birke sofort auf ihr Fuß. Bleibt die Fläche über mehrere Jahre ungestört, erfolgt eine stetige Entwicklung in Richtung auf einen Vorwald (***Epilobio-Salicetum capreae*** oder ***Robinia pseudoacacia-Gesellschaft***). In Freiburg war *Salix caprea* nach zwanzigjähriger Sukzession das häufigste Gehölz auf Trümmerflächen (Wilmans & Bammert 1965). Fallen dagegen vegetationsbedeckte Flächen brach, so kommt es je nach deren Vorgeschichte zur Entwicklung von ruderalen Wiesen oder von Artemisietea-Gesellschaften. Aus diesen können sich Gebüschgesellschaften entwickeln, ehe es dann, bei längerer (jahrzehntelanger) Störungsfreiheit zur Bildung eines *Epilobio-Salicetum capreae* kommt. Während die Gesellschaft auf nährstoffreichen Standorten meist aus mehreren Gehölzarten aufgebaut ist (Abb. 8-56), dominiert auf nährstoffarmen Standorten wie Bahn- und Industriegelände oder Deponien des Steinkohlenbergbaus häufig die Sand-Birke (Abb. 8-57; s.a. Abb. 9-12).

Auf vielen Stadtstandorten sind *Acer pseudoplatanus* und/oder *Acer platanoides* stete und nicht selten dominierende Bestandteile des *Epilobio-Salicetum.* Auch in Parkanlagen und sogar in Hecken treten beide Arten häufig spontan auf. Sachse (1989) führt den Erfolg der Ahorn-Arten darauf zurück, dass sie im Jugendstadium sehr stresstolerant sind (S-Strategie im Sinne von Grime (1974), im heranwachsenden und Alterszustand dagegen eine Mischung aus R- und C-Strategie verfolgen, also sowohl ruderale als auch kompetitive Eigenschaften besitzen. Daher ist es nicht verwunderlich ist, dass sie auf Ruderalflächen sowie in Parkanlagen und Stadtwäldern häufig spontan anzutreffen sind. Wie Abb. 8-58 zeigt, vermögen sie sogar im Schotter befahrener Gleise Fuß zu fassen.

Die aus Nordamerika eingeführte Robinie (*Robinia pseudoacacia*) wird als Straßen- und Parkbaum häufig gepflanzt. Sie stellt deutlich geringere Ansprüche an die Bodenfeuchtigkeit als z. B. *Sambucus nigra*, *Salix caprea* und *Rubus armeniacus.* Insbesondere an relativ trockenen Standorten (Bahngelände, Industriebrachen, Trümmerflächen) kann es deshalb zur Bildung von mehr oder weniger geschlossenen *Robinia pseudoacacia*-Beständen kommen (Abb. 8-59).

*Robinia pseudoacacia* ist auf vielen innerstädtischen Brachflächen in Berlin dominierend, wobei sie diese Rolle teilweise zusammen mit *Betula pendula*, teilweise aber auch allein ausfüllt (KOWARIK 1992c). In den **ruderalen Robinienbeständen** Berlins wurden weitere 77 Gehölzarten, darunter 38 Baumarten und vier Kletterpflanzen nachgewiesen. 50 % der Gehölze sind einheimisch, der Rest besteht, soweit es sich um Sträucher handelt, aus Neophyten, bei Bäumen zu 13 % auch aus Archäophyten. Die Robinie herrscht nicht nur in der Baumschicht, sondern auch in der Strauchschicht vor, wobei dort der Schwarze Holunder vielerorts gleichstark und nicht selten sogar stärker vertreten ist als die Robinie. Baum- und Strauchschicht bestehen ansonsten überwiegend aus Pioniergehölzen, die nicht im Stande sind, *Robinia pseudoacacia* zu verdrängen. Starke Kompetitoren, die dazu in der Lage wären, sind bisher lediglich in der Krautschicht in Form von Keimlingen und Jungwuchs zweier Ahorn-Arten ***(Acer platanoides, A. pseudoplatanus)*** vorhanden. Somit ist davon auszugehen, dass ruderale Robinienbestände relativ beständig sind, langfristig allerdings von Ahornwäldern, in denen dann auch die Buche oder andere Arten der natürlichen Waldvegetation aufkommen könnten, abgelöst werden. In den Berliner Robinienbeständen haben sich allerdings über dreißig Jahre nach dem Beginn der Sukzession noch keine *Fagetalia*-Arten in der Krautschicht angesiedelt (KOWARIK 1992c). Wie eine Übersichtstabelle von KUNICK (1990) zeigt, fehlen solche Arten auch in allen anderen ruderalen Gehölzgesellschaften weitgehend.

Der Erfolg von *Robinia pseudoacacia* in der synanthropen Vegetation beruht nach KOWARIK (1996) auf den folgenden Eigenschaften:

- Die Art kann mit ihren Ausläufern auch in dicht geschlossenen ruderalen Pflanzenbeständen Fuß fassen, in denen eine Keimung nahezu unmöglich ist.
- Anders als viele andere Baumarten besitzt *Robinia pseudoacacia* langlebige Samen, ist also in der Lage, eine Samenbank aufzubauen.
- Neben einer Samenbank bildet die Art auch eine „Knospenbank“, das heißt an den unterirdischen Ausläufern sind stets zahlreiche Knospen vorhanden, die unter günstigen Bedingungen zu Rameten austreiben können.

## 8.10 Räumliche Anordnung und Dynamik der Vegetation

Die in den vorangegangenen Kapiteln vorgestellten Pflanzengesellschaften sind nicht wahllos und zufällig über das Stadtgebiet verteilt, sondern an bestimmte Standorte gebunden. Das Auftreten bzw. die Häufigkeit dieser Standorte ist in den verschiedenen Stadtzonen, Baustrukturtypen oder in Bereichen unterschiedlicher Nutzung durchaus verschieden, aber charakteristisch für den jeweiligen **Struktur- oder Nutzungstyp** bzw. die jeweilige **Stadtzone.** Hieraus folgt eine stadtstrukturtypen- bzw. nutzungstypenbezogene Verteilung der einzelnen Pflanzengesellschaften im Stadtbereich. Dies wiederum bedeutet, dass die verschiedenen Pflanzengesellschaften innerhalb des jeweiligen Baustruktur- bzw. Nutzungstypus in charakteristischer Weise miteinander vergesellschaftet sind.

Die Beschreibung und Analyse der Vergesellschaftung von Pflanzengesellschaften wird als **Sigma-Soziologie** bezeichnet. Derartige sigma-soziologische Bestandsaufnahmen der Stadtvegetation liegen bisher nur aus wenigen Städten vor (Kassel: KIENAST 1978; Schleswig: HÜLBUSCH et al. 1979; Osnabrück: HARD 1982; Freiburg KOHL 1986). HARD (1986a) unterscheidet für die nordwestdeutschen Städte Kassel, Schleswig und Osnabrück acht **Vegetationskomplexe,** von denen fünf jeweils zwei oder drei Untertypen aufweisen. Der achte Komplex ist charakteristisch für „unfertige“ Wohn- und Gewerbegebiete. „Unfertig“ bedeutet, dass großflächig noch relativ naturnahes, teilweise bodenfeuchtes Bauerwartungsland vorhanden ist. Dementsprechend beinhaltet dieser Komplex zahlreiche urbanophobe Vegetationseinheiten. Der gesellschaftsärmste Vegetationskomplex ist charakteristisch für den engeren Citybereich, z. B. die Fußgängerzonen. Der vegetationsreichste rein städtische Vegetationskomplex ist in vorwiegend gewerblich-industriell genutzten Bereichen zu finden. Sigma-soziologische Stadtuntersuchungen bieten also die Möglichkeit, eine Stadt auf vegetationskundlicher Basis in Biotoptypen zu gliedern. Damit wird zu Kap. 9 übergeleitet, in dem allerdings der umgekehrte Weg eingeschlagen wird: Stadttypische Habitate werden mittels ihrer Flora und Vegetation charakterisiert.

Da unzweifelhaft Beziehungen zwischen **Baustruktur** und **Nutzung** einerseits und Vegetationsmuster andererseits bestehen, die beiden erstgenannten Faktoren aber wiederum eng an die **Sozialstruktur der Bevölkerung** gebunden sind, darf man auch Parallelen zwischen Sozialstruktur und **Vegetationsmuster** erwarten. Bestätigt wird diese Hypothese durch die gute Übereinstimmung, die HARD (1985) bei einem Vergleich des Osnabrücker „vegetationsgeographischen Stadtplanes" mit dem „sozial- bzw. faktorialökologischen Stadtplan" feststellte. Veränderungen in der Sozialstruktur können daher auch Änderungen in der Vegetation nach sich ziehen (s. HARD & KRUCKEMEYER 1990).

Jede Bestandsaufnahme der Stadtvegetation stellt nur einen zeitlich eng begrenzten und daher quasi statischen Ausschnitt aus einem dynamischen Geschehen dar. Diese **Dynamik** beruht einerseits auf dem Wechsel von Intensität und Art der Nutzungen und Störungen und dem daraus resultierenden Wechsel von **Sukzession** (vgl. P. PYŠEK & A. PYŠEK 1991b) und **Degradation,** andererseits aber auch auf einer kontinuierlichen Veränderung der Siedlungen, z. B. aufgrund von Bevölkerungswachstum, zunehmender Industrialisierung und Bodenversiegelung, Anstieg der Verkehrsdichte u. a. Während die erstgenannten Prozesse insgesamt gesehen letztlich keine Veränderung der Siedlungsvegetation hervorrufen, steuern letztere auf eine allmähliche Veränderung hin. In Anlehnung an GUTTE (1986) lassen sich folgende Tendenzen konstatieren:

- Verschiebung der Artengarnitur innerhalb einer Gesellschaft (z. B. in Leipzig Rückgang von *Bromus tectorum* im *Hordeetum murini* zugunsten stärker nitrophiler Arten).
- Einwandern neuer Arten in bereits vorhandene Gesellschaften, ohne dass dadurch der Charakter dieser Gesellschaften wesentlich verändert wird (z. B. ist der Neophyt *Solidago canadensis* heute ein fester Bestandteil des *Artemisio-Tanacetetum*).
- Entstehung neuer Pflanzengesellschaften durch Auffüllung „ungesättigter" Einheiten mit Neophyten (z. B. Entstehung der Assoziationen des Salsolion).
- Verdrängung einheimischer Gesellschaften durch Neophyten-Gesellschaften.
- Neubildung und/oder Ausbreitung von Gesellschaften, die gegen bestimmte menschliche Eingriffe resistent sind (z. B. *Puccinellia distans*-Gesellschaft).

# 9 Charakteristische Biotope der Siedlungen

Siedlungen, insbesondere Großstädte, sind kein einheitlicher Lebensraum, sondern stellen ein komplexes Gefüge verschiedenster **Biotoptypen** dar. Einer der wichtigsten Standortfaktoren innerhalb dieser Lebensräume ist, wie in Kap. 3.4 erläutert, die **Nutzung.** Im besiedelten Bereich werden daher häufig Biotoptypen mit **Nutzungstypen** gleichgesetzt. Da Nutzungen an Strukturen gebunden sind, wobei es sich in erster Linie um Baustrukturen handelt, werden auch die Begriffe Nutzungstypen und Strukturtypen bzw. **Baustrukturtypen** oft synonym verwendet.

Eine sehr detaillierte Habitatgliederung des Ökosystemkomplexes Stadt legen Klotz et al. (1984) aufbauend auf Sukopp et al. (1980) vor. Für seine „Ökologie der Großstadtfauna" richtet sich Klausnitzer (1987) weitgehend nach dieser Einteilung. Wittig (1991) nimmt diese Arbeiten als Bezugsbasis, unterscheidet aber vorweg prinzipiell zwischen Mikrohabitaten (Kleinstrukturen) und Makrohabitaten (Baustruktur- bzw. Nutzungstypen). Letztere sind die kleinsten auf der Karte einer Millionenstadt noch darstellbaren Einheiten. Böcker et al. (1998) sprechen daher von Mikrochoren. Weil die einzelnen Mikrohabitate im Bereich verschiedener Makrohabitate auftreten können, ist ihre Kenntnis Voraussetzung für die Beschreibung der städtischen Makrohabitate (s. Kap. 9.2). Wir beginnen daher mit den Mikrohabitaten (Kap. 9.1). Den ländlichen Siedlungen wird ein gesondertes Kapitel gewidmet (Kap. 9.3).

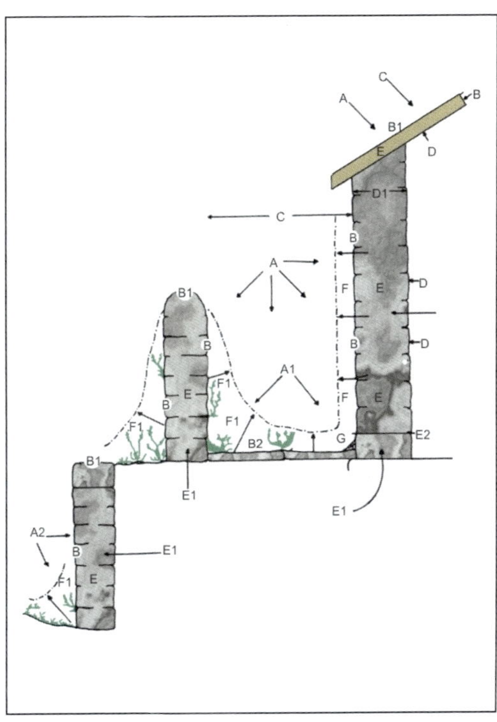


Abb. 9-1 Standortfaktoren an Mauern (nach Seaward 1979 aus Wittig 1991). A Stadtklima: Niederschläge (Menge, Dauer, chemische Beschaffenheit); Luftfeuchtigkeit; Temperatur; Lichtintensität; Wind (Richtung, Geschwindigkeit); Luftchemie, insbesondere Luftverschmutzung. A1 Mikroklimatische Effekte aufgrund von Nachbarschaftswirkungen. A2 Mikroklimatische Effekte versenkter Mauern, meist durch den Wasserhaushalt verursacht. B Oberflächen-Effekt: Inklination, Exposition; Chemie; Porosität; Wasserkapazität, Alter; Erhaltungszustand; Wärme-Asorption (Farbe). B1 Mauerkrone: Beschaffenheit (Form; Material); Erhaltungszustand; Vogelkot. B2 Horizontale Pflasterung. C Effekte benachbarter Bauten: Beschattung, Wind-Turbulenz; Ausbreitungshindernis; Mikroklima. D Innenklima des Gebäudes (z. B. Temperatur). D1 Wanddicke. E Physikalisch-chemische Eigenschaften der Mauer: Wasserhaushalt; Wärmeleitung, spezifische Wärme, Chemie. E1 Einfluss des Bodens. E2 Isolierung (gegen Feuchtigkeit). F Mikro-Umwelteinfluss der Mauer bei ruhiger Luft (Reichweite ca. 8–10 cm). G Ablagerung von Bodenmaterial.

## 9.1 Mikrohabitate

Neben den im folgenden Kapitel behandelten, überwiegend durch die Baustruktur und/oder Nutzung bestimmten großflächigen Habitaten gibt es in jeder Siedlung auch solche, die deutlich kleinflächiger sind, z. B. all diejenigen Habitat-Typen, die von Klausnitzer (1987) unter dem Oberbegriff „Außenhaut von Gebäuden" zusammengefasst werden (Dächer, Außenwände, Balkons). Die auffälligsten und häufigsten dieser Strukturen sind: Außenwände von Häusern, Dächer, frei stehende Mauern,

Pflasterritzen, unbefestigte Bankette auf Bürgersteigen, Baumscheiben, Balkons, Blumenkübel, Zierstrauchrabatten, Vorgärten und Blumenrabatten, Hecken, Bäume. Die drei Erstgenannten lassen sich als künstliche Felsstandorte (Kap. 9.1.1), die nächsten drei als ruderale Mikrohabitate (Kap. 9.1.2) und alle folgenden (in Erweiterung des von KLAUSNITZER 1987 geprägten Begriffes) als Splittergrün (Kap. 9.1.3) zusammenfassen.

## 9.1.1 Künstliche Felsstandorte

Für Pflanzen stellen steinerne Bauwerke künstliche Felsen dar, deren Besiedelbarkeit von zahlreichen Faktoren abhängt, u. a. Mikroklima, Oberflächenbeschaffenheit, Material, Neigung und Exposition. Während ältere Mauern und Gebäude aufgrund der Existenz von Mörtelfugen sowie der Verwendung von Natursteinen relativ leicht besiedelbar sind, hat die Mehrzahl der modernen städtischen Gebäude so inerte Oberflächen, dass nicht einmal Flechten und Moose, geschweige denn höhere Pflanzen an ihnen siedeln können, selbst wenn sie auf Felsstandorte spezialisiert sind. Allerdings müssen Mauern, die zu glatt für Felspflanzen sind, nicht frei von Pflanzenbewuchs bleiben, sondern können von Kletterpflanzen überzogen werden, denen sie als Stütze bzw. Anheftfläche dienen. Abb. 9-1 zeigt, dass sich aufgrund unterschiedlicher ökologischer Bedingungen mindestens vier Typen künstlicher Felsstandorte innerhalb von Siedlungen unterscheiden lassen, nämlich Dächer (Kap. 9.1.1.1), Außenwände von Gebäuden (Kap. 9.1.1.2), frei stehende Mauern (Kap. 9.1.1.3) und Stützmauern vor Böschungen (Kap. 9.1.1.4). Bezüglich der bezeichnenden Vegetation von Mauern und Dächern sei auf die Kap. 6.5.2, 6.7.6 und 8.7 verwiesen.

### 9.1.1.1 Dächer

Dachziegel und Betondecken waren und sind noch heute im Zentrum solcher Städte völlig pflanzenfrei, in denen die Haushalte überwiegend mit Kohle feuer(te)n, was zu sehr hohen $SO_2$-Gehalten der Luft führt(e). Mit zunehmender Entfernung vom Stadtzentrum setzt eine Besiedlung durch saxicole Flechten ein (vgl. Kap. 6.7.2). Bei geringer bzw. im Zuge abnehmender $SO_2$-Belastung dringt *Lecanora muralis* auf Dächern weit in die Stadtmitte hinein vor. Auch Moose können in Außenbezirken auf Dächern angetroffen werden, insbesondere auf basischen Substraten mit rauher Oberfläche (s. ABTS & HEINRICHS 1996, DUNK 1991). Eine Besonderheit stellen die **Kiesdächer** dar, auf denen bei flacher Kiesschüttung (< 5 cm) insbesondere Arten der Felsgrusfluren und Sandtrockenrasen (Koelerio-Corynephoretea) wachsen, z. B. der Scharfe Mauerpfeffer (*Sedum acre*), im südlichen Mitteleuropa häufig auch *Allium*-Arten (Abb. 9-2), während bei höherer Kiesauflage die allgemein häufigen Ruderalarten anzutreffen sind. Bei geneigten Dächern stellen sich in N-Exposition deutlich mehr Arten ein als auf der S-Seite (KÖHLER 1990). Neuerdings wird im Zuge des so genannten „ökologischen Bauens" eine künstliche Begrünung der Dächer propagiert (KÖHLER 1993, KRUPKA 1993).

### 9.1.1.2 Außenwände von Gebäuden

Für eine möglichst reichhaltige Besiedlung der Außenwände von Gebäuden sind eine raue Oberfläche oder noch besser Mauerfugen und Spalten eine wichtige Voraussetzung. Hinsichtlich der Nährstoff- und besonders der Wasserversorgung sind Hauswände ein Extremstandort. Mit zunehmendem Alter der Mauern werden die Bedingungen etwas abgemildert, da sich in den Mauerspalten und Fugen allmählich Feinstaub und Humus ansammeln, sich also eine Bodenbildung vollzieht. Aufgrund der aber auch dann immer noch stark angespannten Wasserversorgungslage sind nordexponierte oder beschattete Hauswände in verhältnismäßig kühler, luftfeuchter Lage in der Regel floristisch am reichhaltigsten.

Die Besiedlung der Fugen von neuerbauten Hauswänden ist aufgrund des extrem hohen pH-Wertes des Kalkmörtels (um pH 11) für Pflanzen unmöglich. Im Zuge der allmählich von außen nach innen ablaufenden Reaktion des Mörtels mit dem Kohlendioxid der Luft kommt es zu einer Absenkung des pH-Wertes, so dass die Fugen besiedelbar werden. Niedere Pflanzen, die ihren Wasserbedarf nicht aus dem Substrat, sondern aus der Luft decken, können die Mauerfugen daher eher besiedeln als Farne und Samenpflanzen, die ihr Wasser über das Wurzelsystem aus den Mauerfugen beziehen und daher direkt von dessen pH-Wert beeinflusst werden. Im Prinzip kann man an Außenwänden von Gebäuden diejenigen Arten antreffen, die im folgenden Kapitel genannt werden.

Abb. 9-2 Spontane Dachbegrünung mit Trockenrasen-Arten, u. a. *Allium* (Wien, 7/1989).

**9.1.1.3 Frei stehende Mauern**

Offensichtlich werden Mauern nicht ganz so häufig neu gestrichen, neu verputzt oder von Pflanzen gesäubert wie Hauswände, denn die Chance, an ihnen Pflanzenbewuchs zu finden, ist deutlich größer als bei Hauswänden. Zusätzlich zu den Seitenflächen ist auch die Mauerkrone besiedelbar. Die typische Mauerkronen-Gesellschaft, das *Poo-Saxifragetum tridactylitis*, wurde in Kap. 8.4 beschrieben. Im Idealfall gehört zu einer Mauer auch eine charakteristische Staudengesellschaft am Mauerfuß. Verläuft die Mauer von Ost nach West, so ist der Bewuchs an den beiden Seiten sehr unterschiedlich: Auf der Südseite trifft man Wärme liebende Gesellschaften an, am Mauerfuß z. B. *Hordeetum murini*, *Berteroetum* oder *Diplotaxi-Agropyretum*, an der Mauer selbst das *Parietarietum*. Auf der Nordseite kann man dagegen mesophile Gesellschaften erwarten, z. B. das *Urtico-Aegopodietum* am Fuß der Mauer und an der Mauer das *Asplenietum trichomano-rutae-murariae*.

Die häufigsten Gefäßpflanzen-Arten der Mauervegetation von West-Berlin sind übrigens nicht etwa die Charakterarten der o.g. Mauergesellschaften, sondern *Betula pendula*, *Sambucus nigra*, *Clematis vitalba*, *Solanum dulcamara*, *Conyza canadensis*, *Senecio viscosus* und *Chelidonium majus*, also Pioniergehölze, Kletterpflanzen, windverbreitete Therophyten und ein durch Ameisen verbreiteter

Abb. 9-3 *Taraxacum officinale* ist vielerorts eine der häufigsten Mauerpflanzen (Köln, 6/2000).

Hemikryptophyt (s. KAIRIES & DAPPER 1988). In vielen Städten (s. z. B. BRANDES et al. 1998: Braunschweig) gehören Ubiquisten wie *Poa annua* und *Taraxacum officinale* (Abb. 9-3) zur typischen Flora der Mauern.

#### 9.1.1.4 Stützmauern vor Böschungen

Stützmauern vor Böschungen, wie sie im Bergland häufig in Siedlungen anzutreffen sind, stellen einen bezüglich des Wasserhaushaltes erheblich günstigeren Standort als die vorab behandelten künstlichen Felsbiotope dar. Die betreffende Mauer ist nämlich lediglich auf einer Seite austrocknungsgefährdet, während sie von der anderen Seite eventuell sogar mit Hangsickerwasser versorgt wird. Mit diesem Sickerwasser dringen dann auch Nährstoffe in die Mauer ein, so dass der Standort auch diesbezüglich weniger extrem ist. Oft ist es einzelnen Pflanzen im Laufe der Zeit sogar möglich, durch die Mauer hindurch ins Erdreich hineinzuwurzeln, so dass man gar nicht mehr von einem Felsstandort sprechen kann. Stützmauern vor Böschungen können daher, insbesondere in Nordexposition, sehr reichhaltigen Bewuchs tragen.

### 9.1.2 Ruderale Mikrohabitate

Allen im Folgenden unter der Bezeichnung ruderale Mikrohabitate zusammengefassten Mikrostandorten ist gemeinsam, dass sie betreten (oft stark), von Verkehrsimmissionen beeinträchtigt und durch Hunde eutrophiert sind.

#### 9.1.2.1 Pflasterritzen

Die typische Vegetation der Pflasterritzen ist das *Bryo-Saginetum procumbentis*, das je nach dem Grad der Trittbelastung, Beschattung, Nährstoffversorgung und des Herbizideinsatzes verschiedene Ausbildungen aufweist (s. Kap. 8.1.4). Auf sehr sonnigen, trockenen, aber deutlich weniger trittbelasteten Standorten (z. B. Randbereiche von Verkehrsinseln) tritt *Polygonum arenastrum* in Pflasterritzen verstärkt in Erscheinung. An besonders extremen Standorten (sehr starkes Befahren, Herbizideinsatz) überleben allenfalls noch die Moose *Bryum argenteum* und *Ceratodon purpureus*. Der ausschlaggebende Faktor für den Fortbestand dieser Gesellschaften in den Pflasterritzen ist das Betreten bzw. Befahren des Standortes. Wird dieser Faktor ausgeschaltet, setzt sofort eine Sukzession in Richtung auf höherwüchsige Pflanzenbestände ein. Als erstes wird in der Regel *Conyza canadensis* aspektbestimmend. Im zweiten und eventuell auch noch in einigen der Folgejahre können Artemisietea-Arten, insbesondere *Artemisia vulgaris* zur Dominanz gelangen. Schon im ersten Jahr kommen auch Keimlinge der beiden Pionierbaumarten *Salix caprea* und *Betula pendula* sowie in der Innenstadt eventuell zusätzlich neophytische Gehölze (*Buddleja davidii*, *Ailanthus altissima*) zur Entwicklung.

#### 9.1.2.2 Baumscheiben

Im Innenstadtbereich werden Baumscheiben häufig stark betreten und/oder als Parkplätze missbraucht, so dass sich auf ihnen in diesen Fällen nur Trittgesellschaften halten können, in der Regel das *Lolio-Polygonetum arenastri*. Viele Kommunen gehen neuerdings dazu über, die Straßenbäume vor der für sie schädlichen, durch parkende Kfz verursachten Bodenverdichtung zu schützen, indem sie die Baumscheiben mit Gittern abdecken bzw. mit Metallbügeln oder hohen Steinkanten einfassen. In der Regel verringert ein solches optisches Signal auch die Tritthäufigkeit auf den Baumscheiben. Die charakteristische Gesellschaft mäßig oder gar nicht betretener Baumscheiben ist das *Hordeetum murini*. Nur selten bleiben Baumscheiben solange ungestört, dass sich auf ihnen eine ausdauernde Hochstaudenflur, z. B. das *Arctio-Artemisietum* oder das *Artemisio-Tanacetetum*, entwickeln kann. In vielen Orten ist es in letzter Zeit üblich, die Baumscheiben einmal im Jahr zu mähen. Dies hat stellenweise zur Förderung von Wiesenarten, insbesondere *Arrhenatherum elatius*, geführt, so dass ruderale Arrhenathereten (vgl. Kap. 8.5.1) entstanden sind. Auf den nicht gemähten Baumscheiben findet man außer dem *Lolio-Polygonetum arenastri* auch das *Hordeetum murini*. Wie groß der Anteil der beiden Gesellschaften ist, hängt u. a. von der Fußgängerfrequenz bzw. von der Anzahl der parkenden Autos ab. Auf jeden Fall aber gehören die Ecken der Baumscheibe und der äußerste Randbereich meist dem *Lolio-Polygonetum arenastri*, während der weiter zum Baumfuß hin gelegene Bereich vom *Hordeetum murini* besiedelt wird. Bei einer Bestandsaufnahme der Baumscheibenvegetation mitteleuropäischer Städte nahmen dementsprechend das *Hordeetum murini* und das *Lolio-Polygonetum arenastri* mit weitem Abstand die vorderen Plätze der Häufigkeits-Rangliste ein (WITTIG 1995).

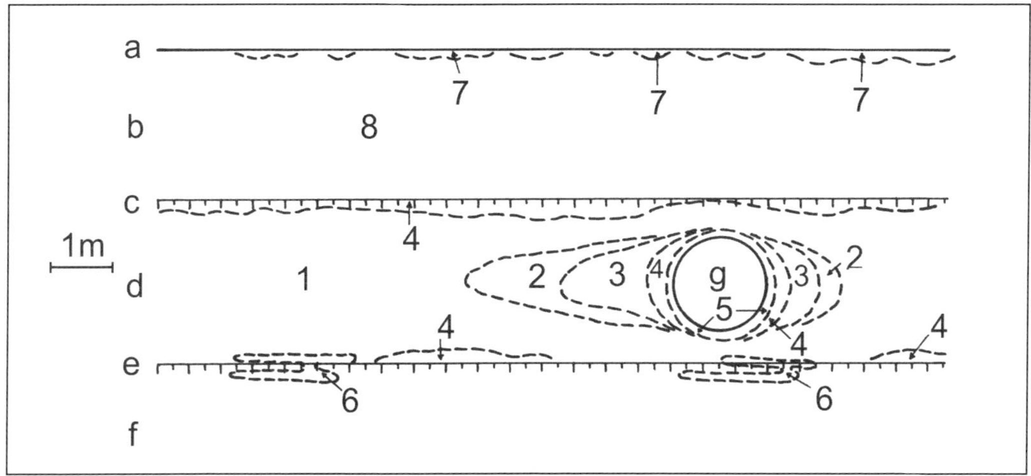


Abb. 9-4 Typische Vegetationszonierung um eine Plakatsäule (aus HARD 1982).
a Hauswand. b Betonplatten-Pflaster. c niedrige Stufe. d alte Kiesschüttung auf Feinerde. e Rinnstein. f asphaltierte Fahrbahn. g Plakatsäule. 1 typisches, offenes *Matricario-Polygonetum.* 2 *Matricario-Polygonetum,* Ausbildung mit *Plantago major, Poa pratensis, Conyza canadensis* und *Sisymbrium officinale.* 3 *Lolio-Plantaginetum,* Ausbildung mit *Hordeum murinum.* 4 typisches, artenarmes *Hordeetum murini* (Mäusegersten-Saum). 5 offener *Chenopodium-album-Galinsoga ciliata*-Bestand (Fragment der einjährigen Garten- bzw. Hackfrucht-Wildkrautgesellschaften). 6 *Poa* cf. *irrigata* (-*Plantago major*)-Besiedlung der Rinnsteinfugen. 7 *Conyza canadensis-Crepis capillaris*-(Sisymbrion-)Fragment. 8 *Sagino-Bryetum,* typische (artenarme und moosreiche) Ausbildung.

#### 9.1.2.3 Straßenbankette

Straßenbankette können stark oder mäßig bis wenig betreten, stark beschattet oder extrem besonnt, lehmig-tonig, sandig oder mit Asche bestreut sein, sind also äußerst heterogene Standorte. Da die Verhältnisse oft kleinräumig wechseln, findet man nicht selten ein Mosaik von Fragmenten der verschiedensten Gesellschaften. Am häufigsten sind das *Lolio-Polygonetum arenastri* (besonnte bis schwach beschattete, lehmige Trittstandorte), das *Bryo-Saginetum procumbentis* (mäßig besonnte bis halbschattige, mit Asche oder Schlacke bestreute Trittstandorte), die *Ceratodon purpureus-Bryum argenteum*-Gesellschaft (stark besonnte mit Asche bestreute Trittstandorte), die *Poa annua*-Gesellschaft (halbschattige Trittstandorte), das *Hordeetum murini* (besonnte, bis schwach beschattete, wenig betretene Bereiche) und die *Bromus sterilis*-Gesellschaft (halbschattige Bereiche, wenig betreten). Auf besonnten, relativ wenig betretenen Banketten sind auch Agropyretalia-Gesellschaften bzw. -Fragmente nicht selten. In schattigen Alleen findet man auf den Banketten vereinzelt Fragmente des Alliarion und des *Urtico-Aegopodietum.* Um Bäume und Plakatsäulen herum entwickelt sich auf den Banketten eine Vegetationszonierung (s. Abb. 9-4), die der auf Baumscheiben ähnelt.

### 9.1.3 Splittergrün

In Abänderung des von KLAUSNITZER (1987) benutzten Begriffes sollen hier als Splittergrün alle kleinen, nur einige Quadratdezimeter bis wenige Quadratmeter umfassenden, vom Menschen geschaffenen „Grünanlagen“ aufgefasst werden. Zusätzlich zu den bei KLAUSNITZER im Begriff enthaltenen Einzelbäumen und Hecken sind daher Vorgärten und Zierstrauchrabatten, Blumenkübel und Balkons eingeschlossen, nicht dagegen die flächenmäßig über den hier gesetzten Rahmen deutlich hinausgehenden Alleen sowie die Gärten frei stehender Einzelhäuser und ländlicher Siedlungen.

#### 9.1.3.1 Balkons

Balkons werden von Zierpflanzen- und Grün-Liebhabern nicht selten nahezu in einen kleinen botanischen Garten umgewandelt. Die aufgestellten Blumentöpfe und Blumenkästen bieten verständlicherweise nicht nur den Zierpflanzen, sondern auch der spontanen Flora Entwicklungsmöglichkeiten. Am häufigsten kommen Garten- und Hackfrucht-Wildkräuter (Charakterarten der Stellarietea und der Chenopodietalia albi) zur Entwicklung, z. B. *Stellaria media*, *Galinsoga ciliata* und *G. parviflora*. Hat man Gartenerde zum Füllen der Blumentöpfe und -kästen benutzt, so kann man nach und nach die gesamte Wildkrautflora der betreffenden Gärten auf seinem Balkon antreffen. Werden Vögel auf dem Balkon gefüttert, ist mit dem Aufkommen sog. Vogelfutterpflanzen in den Blumenkästen zu rechnen, z. B. Hanf (*Cannabis sativa*), Kanariengras (*Phalaris canariensis*), Kolben-Hirse (*Setaria italica*) und Sonnenblume (*Helianthus annuus*).

#### 9.1.3.2 Pflanzenkübel

Im extrem versiegelten City-Zentrum werden häufig aus optischen Gründen Pflanzenkübel aufgestellt. Prinzipiell gilt für die Kübel das, was bereits für die Blumenkästen und -töpfe der Balkons gesagt wurde. Im Unterschied zu den Balkons, wo die Besitzer in der Regel alle aufkommenden Wildkräuter sofort auszupfen, werden viele dieser Kübel nach einer Bepflanzung im Frühjahr bis zum nächsten Jahr sich selbst überlassen. Es ist daher nicht verwunderlich, dass man fast alle häufigen Stadtpflanzen in solchen Pflanzenkübeln finden kann. Hochstet sind *Poa annua, Stellaria media* und *Galinsoga ciliata* (s. Hetzel & Ullmann 1981, Wittig 1991).

#### 9.1.3.3 Vorgärten und Blumenrabatten

Die insbesondere für Einfamilienhaus-Bebauung typischen Vorgärten werden von ihren Besitzern in der Regel ständig frei von spontaner Vegetation gehalten. Man findet in ihnen daher nur wenige Exemplare von Stellarietea- und Chenopodietalia-Arten sowie Ubiquisten. Im zeitigen Frühjahr kommt es oft zu einem Massenauftreten von *Cardamine hirsuta*. An ausdauernden Arten sind, insbesondere bei Herbizideinsatz, *Equisetum arvense*, *Cirsium arvense*, *Convolvulus arvensis* und *Elymus repens* häufig anzutreffen (Abb. 9-5). In Neubaugebieten sind die Vorgärten oft vollständig mit so genannten Bodendeckern (vgl. auch Kap. 7.2) bepflanzt. Die häufigsten Arten (in über 20 % der untersuchten Kulturen vorkommend) sind: *Elymus repens*, *Cirsium arvense*, *Sonchus oleraceus*, *Ranunculus repens*, *Urtica dioica*, *Taraxacum officinale*, *Convolvulus arvensis*, *Calystegia sepium*, *Poa annua*, *Epilobium montanum*, *Galium aparine* und *Artemisia vulgaris* (Asmus 1989).

Blumenrabatten, wie man sie v.a. an Mehrfamilienhäusern und öffentlichen Gebäuden findet, beherbergen eine ähnlich zusammengesetzte spontane Flora wie die Vorgärten. Oft ist die Unkrautbekämpfung in diesen Rabatten weniger intensiv als in den Vorgärten. Die Chance, nicht nur einzelne Wildkräuter, sondern komplette Wildkraut-Gesellschaften anzutreffen, ist daher hier etwas größer. Vielerorts ist das *Polygono-Chenopodietum polyspermi* die charakteristische Assoziation entsprechender Standorte (vgl. Kap. 8.2.5).

#### 9.1.3.4 Zierstrauchrabatten

Weil in den oft dicht geschlossenen Zierstrauchrabatten nur wenig Licht zum Boden dringt, hat die Mehrzahl der Licht liebenden Ruderalarten in ihnen keine Überlebenschance. Begünstigt sind schnellwüchsige Kletterpflanzen wie *Calystegia sepium*, *Convolvulus arvensis*, *Bryonia dioica* und *Fallopia dumetorum*, die innerhalb kurzer Zeit ans Licht gelangen können. Im Randbereich der Rabatte findet man außerdem meist einige kümmernde oder etiolierte Stellarietea-, Chenopodietalia- und Sisymbrietalia-Arten sowie *Poa annua*. Auch Geo-Alliarion- und Aegopodion-Spezies bzw. Arten der entsprechenden höheren Einheiten treten relativ regelmäßig auf. Die häufigsten unter ihnen sind *Impatiens parviflora*, *Geum urbanum*, *Aegopodium podagraria*, *Glechoma hederacea*, *Galium aparine* und *Urtica dioica*. Weitere relativ stete Arten sind *Cirsium arvense* und *Galeopsis tetrahit*. Komplette Pflanzengesellschaften können sich nur in den seltensten Fällen entwickeln.

#### 9.1.3.5 Hecken

Gärten, Friedhöfe und Parkanlagen sind nicht selten von Hecken umgeben. Im Bereich dieser Hecken kann man nahezu regelmäßig die für die Zierstrauchrabatten genannten Alliarion- und Aegopodion-Arten sowie die Arten der entsprechend höheren pflanzensoziologischen Einheiten antreffen, außerdem die ebenfalls bereits in Kap. 9.1.3.4 aufgeführten Kletterpflanzen. Weit öfter als bei den Zierstrauchrabatten ist es an Hecken möglich, die spontan aufkommenden Arten einer Assoziation zuzuordnen. In der Mehrzahl der Fälle handelt es sich um Alliarion-Fragmente und das *Urtico-Aegopodietum*. Hin und wieder gelingt es spontan aufgekommenen Gehölzen, sich in Hecken neben den gepflanzten zu etablieren. Sehr erfolgreich sind der Schwarze Holunder (*Sambucus nigra*) sowie Berg- und Spitz-Ahorn (*Acer pseudoplatanus*, *A. platanoides*). „Mitunter findet sich der ganze Straßenbaumbestand in der Hecke wieder!“ (Brandes 1985: 45).

#### 9.1.3.6 Bäume

In nicht mit $SO_2$ belasteten Gebieten sind Bäume ein wichtiges Habitat für Moose und Flechten. Während sich daher in industriefernen ländlichen Siedlungen stets flechten- und moosreiche Bäume fanden, nimmt erfreulicherweise auch der Epiphytenbewuchs der Stadtbäume in letzter Zeit wieder deutlich zu (vgl. Kap. 6.7.1).

## 9.2 Städtische Makrohabitate

Wie bereits in Kap. 3 erläutert, stellt die Nutzung (Bebauung) den wichtigsten Komplex städtischer Standortfaktoren dar. Deshalb bietet sich eine Benennung der Makrohabitate nach der vorherrschenden Nutzungsform an.

Nicht zuletzt wegen der in Kap. 3.4 erläuterten Schwierigkeiten, das theoretisch sehr einleuchtende konzentrische Stadtmodell im realen Fall wiederzufinden, nehmen neuere stadtökologische Arbeiten eine Gliederung nach Nutzungstypen vor, wobei grob sechs **Hauptnutzungstypen** unterschieden werden:

- bebaute Gebiete (exklusive Industriebebauung);
- Industriestandorte, Speicheranlagen, Großmärkte;
- Verkehrsflächen;
- Brachflächen;
- Entsorgungsflächen;
- Grünflächen.

Während sich diese sechs Obergruppen von Makrohabitaten nahezu in allen bisherigen Veröffentlichungen über Stadtbiotope bzw. Stadtstrukturtypen wiederfinden lassen, bestehen hinsichtlich der weiteren Aufteilung größere Unterschiede. Zurückzuführen sind diese Unterschiede wohl in erster Linie auf unterschiedliche Fragestellungen bzw. Zielsetzungen der betreffenden Arbeiten, daneben aber auch auf unterschiedliche Bearbeitungsintensität und die Unterschiede zwischen den

Abb. 9-5 Dominanzbestand von *Equisetum arvense* in einem Zierbeet (Oberursel, 5/2000).

bearbeiteten Städten. Wegen dieser Heterogenität des bisher vorliegenden Untersuchungsmaterials ist eine generalisierende Darstellung der Flora und Vegetation der verschiedenen Makrohabitate schwierig. Es soll dennoch versucht werden, einen Überblick zu geben. Tab. 9-1 belegt am Beispiel von Düsseldorf, dass bestimmte Pflanzengesellschaften, insbesondere mehrere Typen der Trittrasen sowie das *Hordeetum murini* und die subspontanen Scherrasen (Cynosurion) nahezu im Bereich sämtlicher Stadtstrukturtypen vertreten sind. Allerdings zeigen auch diese allgegenwärtigen Vegetationseinheiten deutliche Häufigkeitsunterschiede im Bereich verschiedener Stadtstrukturtypen.

Wie Tab. 9-2 durch einige Beispiele belegt, ist die Vegetation und Flora des Industrie- und Bahngeländes besonders reichhaltig. Sogar zahlreiche Rote-Liste-Arten sind im Bereich dieser Strukturtypen anzutreffen.

### 9.2.1 Baugebietsflächen exklusive Industrie- und Gewerbegebiete

Innerhalb der mit Wohn- und/oder Geschäfts- und Verwaltungsgebäuden bebauten Flächen sind der Versiegelungsgrad und die Art und Weise der Nutzung der unversiegelten Flächen die ausschlaggebenden Faktoren für die Zusammensetzung von Flora und Vegetation. Diesbezüglich lassen sich folgende Typen von Makrohabitaten wohl in jeder mitteleuropäischen Großstadt wiederfinden:

- dicht bebaute Zentrumsgebiete (Kap. 9.2.1.1),
- Gebiete mit geschlossener Blockbebauung und unverbauten Innenhöfen (Kap. 9.2.1.2),

**Tab. 9-1: Stete Vegetationseinheiten der Stadtstrukturtypen Düsseldorfs. Nach WITTIG & DIESING (1989), etwas verändert. Aspektgrade: ○ = selten und klein, ◑ = zahlreicher, ◕ = häufig, ● = überall.**

| **Baustrukturtypen[1)]** | **a** | **b** | **c** | **d** | **e** | **f** | **g** | **h** | **i** | **j** | **k** |
|---|---|---|---|---|---|---|---|---|---|---|---|
| **Plantaginetea majoris** (Trittrasen) | | | | | | | | | | | |
| *Lolio-Polygonetum arenastri* | ○ | | ◑ | ◑ | ○ | ◑ | ◑ | ◑ | ◑ | ○ | ◑ |
| *Polygonetum calcati* | ◑ | ○ | ◑ | ◑ | ◑ | ◑ | ○ | ◑ | ○ | ○ | ◑ |
| *Bryo-Saginetum procumbentis* | ○ | ◑ | ◕ | ◑ | ◑ | ○ | ◕ | ◕ | ○ | ○ | ◕ |
| *Poa annua*-Gesellschaft | ○ | ◑ | ◑ | ◕ | ○ | ◑ | ◕ | ◕ | ○ | ○ | ◑ |
| *Eragrostio-Polygonetum avicularis* | | | | | | | | | | ◑ | ○ |
| **Stellarietea** (Kurzlebige Ruder.) | | | | | | | | | | | |
| *Hordeetum murini* | ○ | ◑ | ◕ | ◑ | ○ | ○ | ◕ | ◕ | ◑ | ○ | ◕ |
| Chenopodietalia-Bestände | ◑ | ○ | ◕ | ○ | ○ | ◑ | ◑ | ◑ | ○ | ○ | ◑ |
| *Chenopodium album*-G. | | ○ | ◑ | ○ | ○ | ○ | ◑ | ◑ | ○ | ○ | ○ |
| *Conyzo-Lactucetum* | ○ | | | ○ | ○ | ○ | ○ | ○ | ◑ | ◑ | ◑ |
| *Conyza canadensis-Senecio viscosus*-G. | | | ○ | | | | | | ○ | ◑ | ◕ |
| *Lactuco-Sisymbrietum altissimi* | | | | | | | | | | ○ | ○ |
| **Artemisietea** (Ausdauernde Ruder.) | | | | | | | | | | | |
| *Urtica dioica*-Gesellschaften | | ○ | ○ | ◑ | ◑ | ◑ | ◑ | ◑ | ◑ | ◑ | ◕ |
| *Artemisio-Tanacetetum vulgaris* | | | | ◕ | ○ | ○ | ○ | ○ | ◕ | ◑ | ◕ |
| *Solidago gigantea-canadensis*-Bestände | | | | ○ | ○ | | ○ | ○ | ◕ | ◑ | ◑ |
| *Urtico-Aegopodietum podagrariae* | | ○ | ○ | | | ◑ | ○ | ◑ | ◑ | | ○ |
| *Fallopia japonica*-Bestände | | | | | | ○ | ○ | ○ | ◕ | ◕ | ◑ |
| *Arctio-Artemisietum vulgaris* | | | | | | ○ | ○ | ○ | ◑ | | ○ |
| Alliarion-Fragmentgesellschaften | | | ○ | | | ◑ | ○ | ◑ | | | ○ |
| *Melilotetum albi-officinalis* | | | | | | ○ | | ○ | ◕ | ○ | ◕ |
| *Rubus caesius*-Bestände | | | | | | | | | ○ | ○ | ○ |
| *Lamio-Ballotetum albae* | | | | | | | | ○ | ○ | | ○ |
| Onopordion-Fragmentgesellschaften | | | | | ○ | | | | ◑ | ◑ | ◑ |
| *Echio-Verbascetum* | | | | | | | | | ◑ | ◑ | ○ |
| *Berteroetum incanae* | | | | | | | | | | ○ | ◑ |
| **Molinio-Arrhenatheretea** (Weiden und Wiesen) | | | | | | | | | | | |
| *Lolio-Cynosuretum* | ○ | ● | ◑ | ● | ◕ | ● | ◕ | ● | ◑ | | ◑ |
| *Arrhenatheretum elatioris* | | | | | ○ | | | ○ | ◑ | ◑ | ◑ |
| **Agropyretalia repentis (Queckenrasen)** | | | | | | | | | | | |
| *Diplotaxi-Agropyretum* | ○ | ○ | ○ | ○ | ○ | | ○ | ○ | ○ | ◑ | ◕ |
| *Convolvulo-Agropyretum* | | | | ○ | ◑ | ○ | ○ | ○ | ○ | ◕ | ○ |
| *Poo-Tussilaginetum* | | | | | | | ○ | ○ | ○ | ○ | ○ |
| *Poa compressa*-Gesellschaft | | | | | | | | | ◑ | ◕ | ◑ |
| **Gebüsch- und Vorwaldgesellschaften** | | | | | | | | | | | |
| *Sambucus nigra*-Gesellschaft | | ○ | ○ | ○ | | ○ | ○ | ○ | ◑ | ◑ | ◑ |
| *Rubetum armeniaci* | | ○ | ○ | ○ | ◑ | ○ | ○ | ○ | ● | ◑ | ◑ |
| *Epilobio-Salicetum capreae* | | ○ | ○ | | | ○ | ○ | ○ | ◕ | ○ | ◑ |
| *Buddleja davidii*-Gesellschaft | | | | | | | | ○ | | ○ | ◑ |
| **Sonstige Gesellschaften** | | | | | | | | | | | |
| Agropyro-Rumicion-Fragmentges | | | ○ | ○ | ○ | ◑ | ○ | ◑ | ◑ | ○ | ◑ |
| *Calamagrostis epigejos*-Gesellschaft | | | | | ○ | | | | ◑ | ○ | ◑ |
| *Filagini-Vulpietum* | | | | | | | | | ◑ | ◑ | ◑ |
| *Digitaria*-Bestände | | | | | | | | | | ○ | ○ |

[1)] **Baustrukturtypen**

a Dichte innerstädtische Blockbebauung
b Zeilen- und Reihenhausbebauung
c Geschlossene Blockbebauung
d Mischbebauung mit Hochhäusern
f Strukturierte Freiflächen
g Halboffene Siedlung
h Offene Siedlung
i Große innerstädtische Brachflächen
j Offenes Bahngelände
k Industrie- und Gewerbegebiet

Abb. 9-6 Geschlossene Blockbebauung mit unverbauten Innenhöfen (Düsseldorf-Bilk, 10/1992).

- Mehrfamilienhaus- (bis Hochhaus-) Gebiete mit reichlich Abstandsgrün (Kap. 9.2.1.3),
- Villenviertel mit großen Gärten und altem Baumbestand (Kap. 9.2.1.4),
- Wohnsiedlungen mit (meist relativ großen) Nutzgärten (Kap. 9.2.1.5),
- Wohnsiedlungen mit (meist relativ kleinen) Ziergärten (Kap. 9.2.1.6),
- Öffentliche Baukomplexe mit parkartigen Grünanlagen (Kap. 9.2.1.7).

Bei der Einordnung eines konkreten Makrohabitats in das oben genannte Schema ist zu berücksichtigen, dass fließende Übergänge existieren und dass in manchen Stadtbereichen die einzelnen Bebauungs- und Nutzungstypen kleinflächig ineinander verschachtelt sind, eine generalisierende Zuordnung größerer Flächen daher kaum möglich ist. Besonders häufig sind solche Mosaike in Randbereichen der Innenstädte. Reidl (1989) und Wittig & Diesing (1989) führen daher als weiteren Habitat-Typ die „Innerstädtische Mischbebauung" auf.

#### 9.2.1.1 Dicht bebaute Zentrumsgebiete

Die Zentren mitteleuropäischer Großstädte sind in der Regel geschlossen mit großen Kaufhäusern und kombinierten Geschäfts-/Büro-/Wohnhäusern (wobei die Wohnnutzung oft mehr und mehr entfällt) bebaut und weisen eine nahezu hundertprozentige Bodenversiegelung auf (vgl. Abb. 1-3). Die augenfälligsten botanischen Elemente sind einzelne Pflanzenkübel mit Zierstauden oder Sträuchern, kleine, meist mit Bodendeckern bepflanzte Hochbeete und manchmal auch einzelne Bäume. Die spontane Flora ist äußerst spärlich mit wenigen, meist kümmernden Arten vertreten, v.a. aus den Plantaginetea majoris und Stellarietea. Am häufigsten treten die Samenpflanzen *Sagina procumbens*, *Poa annua*, *Polygonum aviculare* agg., *Sonchus oleraceus* und *Conyza canadensis* sowie das Moos *Bryum argenteum* auf. Von den in Kap. 8 beschriebenen Pflanzengesellschaften sind lediglich das *Bryo-Saginetum procumbentis*, die *Polygonum aviculare*- und die *Poa annua*-Gesellschaft sowie Stellarietea- bzw. Chenopodietalia-Fragmente regelmäßig anzutreffen.

#### 9.2.1.2 Geschlossene Blockbebauung mit unverbauten Innenhöfen

Die Bereiche der geschlossenen Blockbebauung (Abb. 9-6) mit unversiegelten Innenhöfen weisen zwei völlig unterschiedliche Aspekte auf. Von der Straßenseite her betrachtet erscheinen sie als hochversiegelt und ähneln dementsprechend den Zentrumsgebieten. Eine nähere Betrachtung lässt allerdings auch auf der Straßenseite schon deutliche Unterschiede erkennen. Fast stets sind unversiegelte Baumscheiben, in einigen Fällen auch unversiegelte Straßenbankette vorhanden. Als Pflanzengesellschaften treten daher zusätzlich zu den in Kap. 9.2.1.1 erwähnten noch das *Lolio-Polygonetum arenastri*, das *Hordeetum murini* sowie Fragmente anderer Sisymbrion- und auch von Artemisietea-Gesellschaften auf.

Völlig andere und oft sehr differenzierte Aspekte weisen die Innenhöfe der geschlossenen Blockbebauung auf. Sie dienen teils als Parkplätze (gepflastert oder mit Asche bestreut, seltener mit „naturbelassenem" Boden), teils sind Zier- und Nutzgärten mit manchmal alten Baumbeständen vorhanden, teils wurden auch Rasenflächen angelegt. Entsprechend vielfältig kann die spontane und angebaute Flora und Vegetation sein. Da die Innenhöfe oft nicht für die Öffentlichkeit zugänglich sind, werden sie bei stadtökologischen Untersuchungen manchmal ausgeklammert. Durch diese Beschränkung auf den öffentlich zugänglichen Bereich ergeben sich dann keine gravierenden floristischen und vegetationskundlichen Unterschiede zwischen dem Habitat-Typ „Innenstadt" und dem Typ „geschlossene Blockbebauung".

#### 9.2.1.3 Wohngebiete mit großflächigem Abstandsgrün

Das für viele Mehrfamilienhaussiedlungen, offene Blockbebauungen (Abb. 9-7) und Hochhausgebiete der Nachkriegszeit charakteristische Abstandsgrün wird in der Regel von Scherrasen (s. Kap. 8.5.2) gebildet, die im Randbereich in Trittgesellschaften (*Lolio-Polygonetum arenastri*; s. Kap. 8.1.3) übergehen. Da die Rasenflächen dieser Siedlungen meist nur selten oder gar nicht gedüngt und bewässert werden, enthalten sie teilweise eine Vielzahl von Magerkeitszeigern, u. a. auch einige Klassencharakterarten der Sandtrockenrasen (vgl. Kap. 8.5.2). Andererseits werden die Rasen oft auch als Hundeauslauf genutzt, was zum Auftreten nitrophiler Arten führt, z. B. *Malva neglecta* (s. WITTIG 2001a). Unmittelbar vor den Häusern findet man oft Zierstrauch- und/oder Blumenrabatten. Sehr häufig sind blumengeschmückte Balkons.

#### 9.2.1.4 Villenviertel

Die klassischen Villenviertel (Abb. 9-8) sind in der Regel schon um die Jahrhundertwende entstanden. Sie zeichnen sich dementsprechend durch einen alten Baumbestand aus

Abb. 9-7 Offene Blockbebauung mit Abstandsgrün (Dresden, 5/1995).

Abb. 9-8 Villenviertel mit reichhaltigem Baumbestand (Düsseldorf-Benrath, 7/1990).

(Rosskastanien, Platanen, Linden, Eichen, Ahorn und hochstämmige Obstbäume). Die meist sehr großflächigen Gärten, in denen man Obstgehölze, Ziersträucher, Zierstauden und vereinzelt auch noch Gemüse- und Kräuterbeete finden kann, sind oft von dichten, hohen Hecken umgeben. An den Mauern, die die Vorgärten gegen die Straße abgrenzen, manchmal aber auch an den Häusern selbst, findet man hier und da Mauerpflanzengesellschaften (s. Kap. 8.7). Oft sind die Häuser dicht mit Efeu und/oder Wildem Wein überzogen. In den schattigen Gärten und Vorgärten sind ursprünglich gepflanzte, inzwischen sich aber spontan ausbreitende Farne häufig, v.a. *Dryopteris filix-mas*. In weniger genutzten rückwärtigen Winkeln der Gärten sowie teils auch unter den stark Schatten spendenden Straßenbäumen trifft man auf das *Urtico-Aegopodietum* und Fragmente des Alliarion. An den Bäumen und Mauern der schattigen und dementsprechend relativ luftfeuchten Villenviertel ist der Flechten- und Moosbewuchs in der Regel weniger stark dezimiert als im übrigen Stadtbereich.

Die Zahl der in Hausgärten (einschließlich der in den beiden folgenden Kapiteln erwähnten) kultivierten Pflanzenarten ist sehr hoch: GÖRGER (1989) stellte in Freiburg knapp 1200 verschiedene Sippen fest. Gärten bilden damit einen wichtigen Ausgangspunkt für Neophyten. Nach KUNICK (1991) sind 28 „Gartenflüchtlinge“ in Mitteleuropa inzwischen relativ weit verbreitet, von denen allerdings nur 10 Arten häufig vorkommen.

#### 9.2.1.5 Ehemalige Arbeitersiedlungen mit (großflächigen) Gärten

Dieser besondere Siedlungstyp ist bzw. war insbesondere im Ruhrgebiet weit verbreitet: Es handelt sich um (ehemalige) Arbeitersiedlungen, teils aus Doppelhaushälften, teils auch aus Mehrfamilienhäusern bestehend, die ursprünglich so angelegt wurden, dass den Bewohnern eine weitgehende Selbstversorgung mit Obst und Gemüse sowie das Halten eines Schweines und/oder einer Ziege sowie von Kleinvieh (Kaninchen, Hühner) möglich war. Hinter den teils direkt an der Straße stehenden, teils aber auch kleine Vorgärten aufweisenden Reihenhäusern befinden sich daher großflächige Gärten. Sofern diese noch ihrem alten Zweck dienen, sind (Fragmente von) Gartenunkraut Gesellschaften das wichtigste Element der spontanen Vegetation dieses Quartiertyps. Auf den oft nur teilversiegelten

Bürgersteigen wachsen *Lolio-Polygonetum arenastri* und *Hordeetum murini* und in den Pflasterritzen das *Bryo-Saginetum procumbentis*. Da die entsprechenden Siedlungstypen häufig bereits um 1900 erbaut wurden, sind sie heute in der Regel stark renovierungsbedürftig und werden oft völlig umgestaltet oder sogar abgerissen. Meist wird im Zuge der Renovierung das Gartenland in Grünflächen umgewandelt oder aber die nach der Renovierung einziehenden neuen Mieter bevorzugen Zieranstelle von Nutzgärten. Dort, wo Renovierungs- oder Abbruchsmaßnahmen bevorstehen, wird das Gartenland häufig nicht mehr genutzt, so dass es zur Ausbildung nährstoffliebender Hochstaudenfluren (*Urtico-Aegopodietum*, *Arctio-Artemisietum*) und von Pioniergebüschen (*Rubus armeniacus*, *Sambucus nigra* usw.) kommen kann.

#### 9.2.1.6 Siedlungen mit Ziergärten

In den (meist relativ kleinen) Ziergärten vieler aus Doppel- oder Reihenhäusern bestehenden Neubauviertel (Abb. 9-9) dominieren Bodendecker und Ziersträucher. Blumenkübel, blumengeschmückte Balkons sowie Kletterpflanzen (*Fallopia baldschuanica*, *Wistera sinensis*, *Clematis* div. spec.) sind stellenweise am Aspekt beteiligt. Für spontane Vegetation ist nahezu kein Platz vorhanden. Die am stärksten verbreitete spontane Vegetationseinheit ist das *Bryo-Saginetum procumbentis*.

#### 9.2.1.7 Öffentliche Baukomplexe

Öffentliche Baukomplexe (z. B. Ministerien, Schulzentren, Groß-Krankenhäuser, Universitäten) sind häufig in parkartige Grünanlagenkomplexe eingebettet. Dominierende Vegetationsform ist in der Regel der Scherrasen. Daneben aber gibt es fast stets Baum- und Gebüschgruppen und neuerdings sogar häufig Kleingewässer. Seit etwa 1980 werden viele Rasenflächen nur noch extensiv gepflegt. Außerdem besteht die Tendenz, Teile der Rasenflächen in Wiesen umzuwandeln. Auch die Unkrautbekämpfung ist im Bereich öffentlicher Gebäude stark herabgesetzt worden, so dass sich neben Rasen-, Wiesen- und Trittpflanzengesellschaften auch solche der Stellarietea und Artemisietea entwickeln können. Die früher diesbezüglich recht armen öffentlichen Gebäudekomplexe haben daher inzwischen mancherorts eine reiche spontane Flora und Vegetation aufzuweisen.

Abb. 9-9 Neubausiedlung mit kleinen Vorgärten (Düsseldorf-Hellerhof, 7/1990).

### 9.2.2 Industrie- und Gewerbeflächen

Innerhalb der Industrie- und Gewerbeflächen lassen sich zwei Extremtypen deutlich voneinander unterscheiden, zwischen denen es in der Praxis selbstverständlich wiederum fließende Übergänge gibt. Der eine Typ sind die Flächen der Groß- und Schwerindustrie, die flächenmäßig oft ganzen Stadtteilen, ja sogar einer kleinen bis mittelgroßen Stadt entsprechen können (z. B. Steinkohlenzechen, Stahlwerke, chemische Werke). Der andere Typ sind diejenigen Flächen, auf denen sich kleinere Industrie-, größere Handwerksbetriebe und Einkaufszentren (Supermärkte, Baumärkte, Möbelhäuser, Autohäuser) konzentrieren. Sie werden unter der Bezeichnung „Gewerbeflächen“ zusammengefasst.

Nicht wenige der extrem urbanophilen, also der typisch städtischen Arten, sind in erster Linie industriophile Arten (vgl. Kap. 6.2.1). In einer Untersuchung des Dortmunder Stadtgebietes (Wittig et al. 1989) liegt das Industriegelände in der Rangfolge der Anzahl der floristischen Unterschiede zu anderen Biotoptypen dementsprechend auf Platz 1, wobei nur ein knapper Vorsprung gegenüber dem Eisenbahnbereich, aber ein sehr deutlicher Abstand zu allen anderen Typen besteht.

Insbesondere alte **großindustrielle Anlagenkomplexe** (vgl. Abb. 1-4) enthalten meist relativ großflächige unversiegelte Bereiche (Lagerplätze, Vorhalteflächen). Mit einer Kontamination der Böden durch Schwermetalle und/oder organische Stoffe ist stets zu rechnen. Bezüglich des Wasserhaushaltes sind beide Extreme möglich: Staunässe aufgrund von starker Verdichtung nach Befahren mit schwerem Gerät ebenso wie extreme Trockenheit skelettreicher, grobporiger Aufschüttungsböden. Charakteristisch sind außerdem offene bis halboffene Böden. Wegen dieses breiten ökologischen Spektrums mit einem hohen Anteil unterschiedlichster Extremstandorte sind Industrieflächen oft sehr artenreich, wobei nicht selten sogar zahlreiche gefährdete Arten vorkommen (s. Tab. 9-2). Aufgrund der offenen Böden sind Pionierarten typisch. Neben in Industriegebieten allgemein verbreiteten Arten konnte Dettmar (1992b) im Ruhrgebiet auch für spezielle Industrietypen (Eisen- u. Stahlindustrie, Bergbau) charakteristische Pflanzenarten ermitteln.

Die wie oben definierten **Gewerbeflächen** sind in der Regel hoch versiegelt. Auf den wenigen unversiegelten Flächen findet man „gebautes Grün“: Scherrasen, Bodendecker, Ziersträucher. Somit ergeben sich hinsichtlich der spontanen Flora Beziehungen zu vielen der

**Tab. 9-2: Artenreichtum von Industrie- und Verkehrsflächen (aus Wittig 1993a)**

| Brachfläche(n) | Stadt | Gefäßpflanzen bzw. Vegetation | Quelle |
|---|---|---|---|
| | | **Artenzahl** | |
| Industriefläche (2ha) | Düsseldorf | 20 % des Gesamtbestandes der Stadtflora | Gödde (1987a) |
| Osthafen | Frankfurt/M. | 37 % der Flora der Stadt | Lotz (1998) |
| Summe d. Industriefl. | Berlin | 43 % der Flora der Stadt | Sukopp et al. (1982) |
| Bahngelände | Berlin | 40,5 % der Flora der Stadt | Kowarik (1986a) |
| Technische Brachen | Essen | 67 % der Gesamtflora | Reidl (1989) |
| Bahn-, Gewerbe- u. Industrieflächen | Dortmund | höchste Artenzahl aller untersuchten Nutzungstypen | Wittig et al. (1989) |
| | | **Rote-Listen-Arten** | |
| 51 Industriegebiete | Berlin | 99 | Rebele (1988) |
| alle Bahnhöfe | Hannover | 59 | Feder (1990) |
| 24 Bahnhöfe | Frankfurt/M. | 19 | Bredereck (n.p.) |
| Osthafen | Frankfurt/M. | 15 | Lotz (n.p.) |
| | | **Vegetation** | |
| Bahngelände | Düsseldorf | gut 70 % aller Ruderalgesellschaften | Gödde (1987b) |
| Industrie- und Gewerbeflächen | Düsseldorf | höchste Zahl an Vegetationseinheiten aller untersuchten Stadtstrukturtypen | Wittig & Diesing (1989) |
| großflächige Industriebrachen | Essen | bei weitem höchste Zahl an Vegetationseinheiten aller untersuchter Biotoptypen | Reidl (1989) |

oben erwähnten Baugebietsflächen. Von der Nutzung her ist natürlich eine gewisse Affinität zu den Industriegebieten gegeben. Die charakteristischen industriophilen Arten fehlen aber weitgehend bzw. sind allenfalls mit wenigen Exemplaren vertreten. Im Vergleich zu anderen Habitaten sind die Gewerbeflächen daher floristisch nur sehr schwach charakterisiert.

## 9.2.3 Verkehrsflächen

Unter dem Überbegriff „Verkehrsflächen" bzw. „Verkehrswege" werden in der stadtökologischen Literatur in der Regel drei unterschiedliche Biotoptypen zusammengefasst (Sukopp et al. 1980), nämlich:

- große Straßen,
- Eisenbahngelände,
- Wasserstraßen und Häfen.

Als vierter Habitattyp müssten eigentlich noch die Flughäfen zu den Verkehrsflächen hinzugezählt werden. Dass dies in der Literatur meist nicht der Fall ist, mag folgende Ursachen haben: 1. besitzt nicht jede Großstadt einen Flughafen, 2. liegen die Flughäfen oft weit außerhalb des eigentlichen Stadtgebietes und 3. liegen bisher kaum Veröffentlichungen über typische Flughafenflora bzw. -vegetation vor.

### 9.2.3.1 Große Straßen

Die Böschungen, Dämme oder einfach Seitenstreifen der großen städtischen Verkehrsstraßen (Stadtautobahnen, Schnellstraßen) sind oft dicht mit Gehölzen bepflanzt. Während für die Pflanzung häufig ein buntes Gemisch aus einheimischen und „exotischen" Arten gewählt wird, setzen sich im Laufe der Sukzession mehr und mehr einheimische bzw. eingebürgerte Arten durch, z. B. *Rubus armeniacus*, *Sambucus nigra*, *Acer pseudoplatanus*, *Robinia pseudoacacia*, *Ailanthus altissima*. Wo genügend Platz zur Verfügung steht (also v.a. in den Stadtrandbereichen sowie im Bereich von Kreuzen und Abfahrten: s. Abb. 9-10), ist den Gehölzpflanzungen ein mehr oder weniger breiter rasenartiger Bereich vorgelagert, der regelmäßig gemäht wird. Falls Bankette existieren und diese nur teilversiegelt oder gepflastert sind, findet man in der Regel Arten der Trittrasen. Dort, wo im Winter viel Salz gestreut wird, können manchmal Salz liebende Arten, insbesondere *Puccinellia distans*, nachgewiesen werden. Obwohl die Mittelstreifen der Verkehrsstraßen oft zunächst mit Gebüschen und/oder Rasen bepflanzt werden, kommt es auf ihnen im Laufe der Zeit in der Regel zur Entwicklung verschiedener Stellarietea- (insbesondere Sisymbrietalia-) und auch Artemisietea-Arten.

### 9.2.3.2 Eisenbahngelände

Das Bahngelände gehört zu den botanisch wohl bestuntersuchten Habitaten der Stadt. Wie bereits in Kap. 2 erwähnt, nahm die Stadtbotanik u. a. von der Erforschung der Bahnhöfe her ihren Ausgang. Das Interesse der Botaniker für die Bahnhöfe hat bis heute nicht nachgelassen, so dass auch aus jüngerer Zeit zahlreiche Arbeiten vorliegen (Brandes 1979, 1981b, 1983, 1984; Caspers & Gerstberger 1979; Jehlík 1986; Lienenbecker & Raabe 1981; Leschus 1999, Mattheis & Otte 1989, Wittig & Lienenbecker 2002, Wittig 2002a, b).

Die bestimmenden **Standortfaktoren** im engeren Gleisbereich sind oberflächlich schnell austrocknende, im Verhältnis zum übrigen Stadtgebiet relativ nährstoffarme Böden, hohe Einstrahlung sowie eine mindestens einmal jährlich vorgenommene Unkrautbekämpfung durch Herbizide. Dementsprechend liegen der mittlere Feuchtigkeits- und der mittlere Stickstoffzeigerwert der Bahnhofsflora deutlich unter dem der Flora des gesamten Stadtgebietes oder anderer städtischer Habitate. Im unmittelbaren Gleisbereich werden durch die Unkrautbekämpfung neben einjährigen Arten insbesondere solche ausgelesen, die tief liegende, regenerationskräftige Rhizome besitzen (*Convolvulus arvensis*, *Equisetum arvense*). Die 10 häufigsten **Gefäßpflanzen-Arten** von insgesamt 141 Bahnhöfen der Bundesrepublik Deutschland sind (Brandes 1984): *Arenaria serpyllifolia* agg. *Poa annua, Poa compressa, Taraxacum officinale, Artemisia vulgaris, Hypericum perforatum, Convolvulus arvensis, Polygonum aviculare* agg., *Senecio viscosus, Conyza canadensis*. In NW-Deutschland ist außer diesen *Senecio inaequidens* eine sehr häufige, stellenweise aspektbestimmende Pflanze des Gleisbereichs (s. Abb. 5-18).

**Pflanzengesellschaften** sind im unmittelbaren Gleisbereich allenfalls fragmentarisch ausgebildet. Oft findet man sogar nur Einart-Bestände. Brandes (1984) nennt vier Vegetationseinheiten als bezeichnend für den Gleisbereich der Bahnhöfe Norddeutschlands:

- *Senecio viscosus*-Bestände,
- *Convolvulus arvensis*-Bestände,

Abb. 9-10 Innerstädtisches Autobahnkreuz (Frankfurt/M., 10/1992).

- *Hypericum perforatum*-Bestände,
- *Poa compressa*-Fragmentgesellschaft.

Inzwischen ist vielerorts die *Senecio inaequidens*-Gesellschaft hinzugekommen.

Im Bereich größerer Gleisanlagen und Bahnhöfe sind stets Flächen vorhanden, auf denen eine Unkrautbekämpfung allenfalls episodisch stattfindet und zwischendurch über mindestens ein bis zwei Jahre, manchmal auch über mehrere Jahre bis sogar Jahrzehnte eine ungestörte Vegetationsentwicklung möglich ist. Auf solchen Standorten findet man ein reichhaltiges Vegetationsmosaik, das, abgesehen von regionalen oder lokalen Besonderheiten, aus folgenden Gesellschaften besteht:

- (Fragmente von) Gesellschaften des Salsolion ruthenicae,
- *Linaria vulgaris-Bromus tectorum*-Gesellschaft,
- *Conyzo-Lactucetum* und/oder *Lactuco-Sisymbrietum altissimi*,
- Onopordetalia-Gesellschaften,
- Neophyten-Gesellschaften der Klasse Artemisietea (insbesondere *Solidago canadensis*-Gesellschaften),
- Dominanzbestände von *Calamagrostis epigejos* und von *Epilobium angustifolium*,
- (Fragmente von) Koelerio-Corynephoretea-Gesellschaften,
- Gesellschaften der Agropyretalia,
- ruderale Gehölzgesellschaften (alle in Kap. 8.9 aufgelisteten Gehölzgesellschaften können im Bahnhofsbereich angetroffen werden).

Großflächiges Bahngelände ist zusammen mit dem Industriegelände der arten- und vegetationsreichste städtische Habitat-Typ. In industriearmen Großstädten mittlerer Einwohnerzahl kommen viele der oben aufgelisteten Wärme liebenden Gesellschaften nahezu ausschließlich im Eisenbahnbereich vor.

Der Anteil der **Neophyten** liegt im Bahngelände bei 30–40 % (Kowarik & Tietz 1986). Einige dieser Arten sind ausschließlich auf das Bahngelände beschränkt oder haben dort zumindest ihr Optimum. Als Ursachen für den Neophytenreichtum sind zu nennen:

- die Rolle der Güterbahnhöfe als „Einwanderungstore“,
- die anthropogene Konkurrenzbeseitigung im Gleisbereich,
- die Begünstigung von Arten aus warm-trockenen Regionen aufgrund der leichten Erwärmbarkeit des Gleiskörpers (dunkle Farbe, schlechte Wärmeableitung) und seiner relativen Trockenheit.

#### 9.2.3.3 Hafengelände und Wasserstraßen

Die Flora und Vegetation der **Häfen** ähnelt in weiten Bereichen der des Geländes von Großindustrie und Eisenbahn. Als zusätzliches Element sind im Hafenbereich (allerdings meist in kümmernder Form) Vertreter von Röhricht-, Zwergbinsen- und Spülsaum-Gesellschaften anzutreffen. In Überseehäfen ist der Anteil ephemerer Adventiv-Arten verständlicherweise besonders hoch, aber auch Binnenhäfen sind für Adventivfloristen interessant (vgl. Tab. 5-5).

Entlang von **Wasserstraßen** dringen Arten des Umlandes bis weit gegen die Stadtmitte hin vor. Neben den bereits für die Häfen erwähnten Arten der Röhrichte, Zwergbinsen-Fluren und Spülsäume handelt es sich hierbei um Arten der Weichholz-Auenwälder (Salicetea purpureae), des Grünlandes (Molinio-Arrhenatheretea) und der basiphilen (Halb-)Trockenrasen (Festuco-Brometea). So ist beispielsweise *Eryngium campestre* im Kölner Stadtgebiet fast ausschließlich entlang des Rheins anzutreffen (Kunick 1984) .

### 9.2.4 Städtische Brachflächen

Brachflächen findet man sowohl in jedem größeren Industriegebiet als auch im Bahnbereich (insbesondere an Güter- und Verschiebebahnhöfen) und in Hafenanlagen. Auf der Existenz derartiger Brachen beruht der oben dargelegte Reichtum der Flora und Vegetation dieser Habitat-Typen. In der bisher vorliegenden Literatur werden die Brachen nämlich häufig nicht getrennt erfasst, sondern den betreffenden Nutzungstypen zugeschlagen. Dementsprechend bleiben als „Brachen“ nur noch solche große Ruderal- und Brachflächen, die nicht als Brachestadium eines der vorgenannten Nutzungstypen einzuordnen sind, also große Umwidmungsflächen, größere Baulücken und andere vorübergehend nicht genutzte Bereiche. Meist waren die betreffenden Flächen vorher Gärten oder wurden landwirtschaftlich genutzt (Bauerwartungsland im Randbereich der Städte). Es handelt sich also im weitesten Sinne um **landwirtschaftliche Brachen.** Auf solchen Brachen ist die Zahl der Arten und Vegetationstypen, wie Untersuchungen von Reidl (1989) aus Essen zeigen, deutlich geringer als auf den **Industrie- und Verkehrsbra-**

**Tab. 9-3: Nutzung und Vegetation städtischer Brachflächen**

| Zugänglichkeit der Brachfläche | Nutzung | Vegetation |
|---|---|---|
| schwer zugänglich | extensives Kinderspiel (Abenteuerspiele, Verstecken, Naturbeobachtung) | waldartig |
| gut zugänglich, aber ohne Zufahrt | intensives Kinderspiel, Ballspiel (v.a. Fußball), Treffpunkt (Lagerfeuer, Grillen), Hundeauslauf, Gewinnung von Kaninchenfutter, Ablagerung kleinerer Mengen von Müll | reich differenziert: Trittpflanzengesellschaften, einjährige Pioniervegetation, mehrjährige Staudenfluren, Rasen bzw. Wiesen, meist ausgedehnte Pioniergebüsche, |
| mit Zufahrt, Befahren nicht erlaubt (in der Regel ohne Kontrolle der Einhaltung dieses Verbotes) | Müllablagerung, „Verkehrsübungsplatz“, alle o.g. Nutzungen | qualitativ ähnlich wie bei voriger (meist ohne waldartige Vegetation), niedrigwüchsige Gesellschaften mengenmäßig überwiegend, stellenweise vegetationsfrei |
| mit Zufahrt, Befahren erlaubt | inoffizieller Parkplatz | im Zentrum vegetationsfrei oder Trittvegetation; am Rand konzentrische Zonierung von Trittpflanzen- und (meist nur Fragmente) von Artemisietea-Gesellschaften |

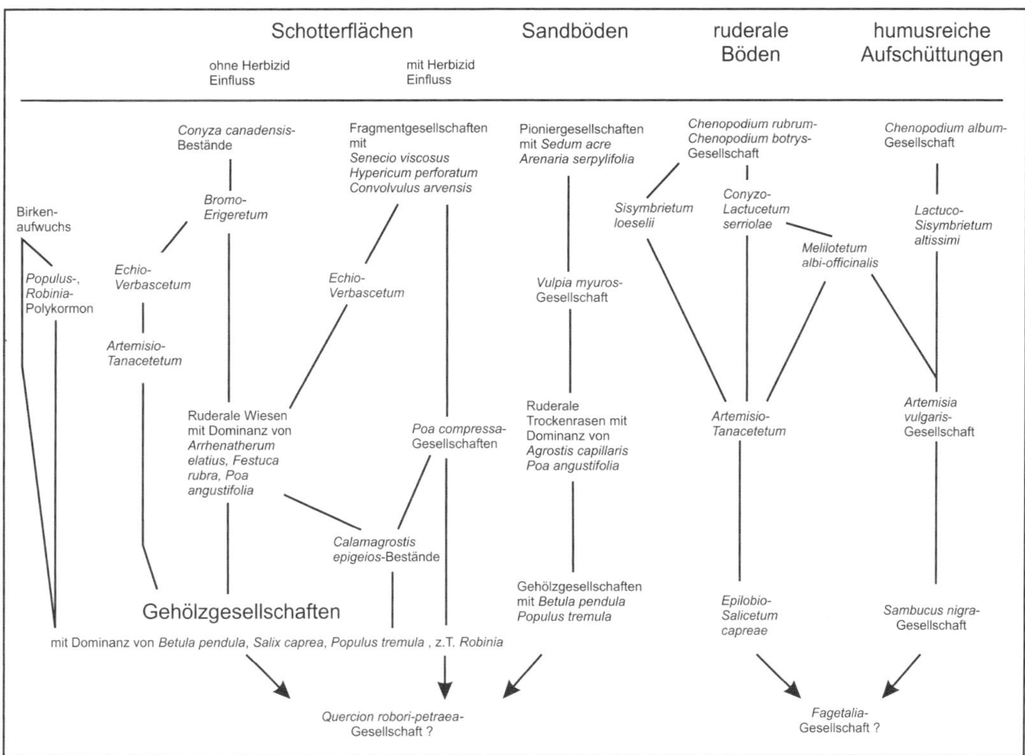


Abb. 9-11 Sukzessionsschema für die Besiedlung innerstädtischer Brachflächen in Essen (aus REIDL 1989 in Anlehnung an SUKOPP 1973 und KOWARIK 1986a).

**chen,** die auch als **technische Brachen** bezeichnet werden.

Auch wenn „Brache“ eigentlich bedeutet, dass eine Fläche nicht genutzt wird, ist nahezu keine städtische Brache wirklich ungenutzt. Art und Intensität der Nutzung der Brachen hängen in erster Linie von ihrer Zugänglichkeit ab (Tab. 9-3). Am reichsten differenziert ist die Vegetation auf solchen Brachen, die zwar zugänglich, nicht aber befahrbar sind.

Je nachdem, wie lange eine Brache völlig ungestört bleibt bzw. in welcher Weise sie noch genutzt wird, findet man auf ihr unterschiedliche Stadien der Vegetationsentwicklung vor. Das Endstadium der Entwicklung ist, wie überall in Mitteleuropa, ein Wald. Die Beobachtung von experimentell völlig vegetationsfrei gemachten Flächen zeigt allerdings, dass es mindestens 9 Jahre, meist aber länger, dauert, ehe Gehölze zur Dominanz gelangen (s. die Übersicht bei BORNKAMM 1985). Der **Sukzessionsverlauf** hängt in erster Linie vom Boden (s. Abb. 9-11) und der vorausgegangen Nutzung ab.

Von Bedeutung sind weiterhin Nachbarschaftseffekte und der Zeitpunkt des Brachfallens (vgl. BORNKAMM 1986). Natürlich spielt die Zusammensetzung des im Boden vorhandenen Diasporen-Vorrates, der durch die Vornutzung, die Bodenbeschaffenheit und durch Nachbarschaftseffekte bestimmt wird, eine große Rolle. Am eingehendsten studiert wurde die Sukzession auf Bahnbrachflächen in Berlin (SUKOPP et al. 1974, KOWARIK & LANGER 1994), die aufgrund der politischen Verhältnisse mehrere Jahrzehnte lang nicht betretbar waren, so dass eine ungestörte Vegetationsentwicklung ablaufen konnte (vgl. Abb. 8-57). Meist allerdings sind Brachflächen nicht unzugänglich, sondern können betreten und dementsprechend auch genutzt werden. Eine sehr häufige Nutzung ist das Kinderspiel (Bolzplatz, Abenteuerspiele). Auch zum Lagern und Grillen, als Hundeauslaufplatz, zur Gewinnung von Kaninchenfutter und für illegale Müllablagerung werden Brachflächen genutzt. Die Entwicklung von Gebüschen oder gar Vorwaldstadien ist dementsprechend nur in den weniger genutzten Randbereichen der Brache möglich. Nutzungsbedingt weisen Brachflächen daher eine mehr oder weniger konzentrische Vegetationszonierung auf (vgl. Abb. 8-1). Überlagert wird diese Zonierung vor allem bei sehr großen Brachen durch unterschiedliche Bodenbeschaffenheit und Reliefierung in verschiedenen Bereichen der Fläche. Sehr bedeutsam ist außerdem die Geschichte der Fläche, d. h. die voraufgegangene Nutzung, deren Spuren für den geschulten Vegetationskundler lesbar sind (HARD & PIRNER 1988).

### 9.2.5 Entsorgungsflächen

Überall wo Menschen siedeln, fallen Abfälle und Abwässer an, die entsorgt werden müssen. Unter den zu diesem Zwecke angelegten Entsorgungsflächen bzw. -einrichtungen sind die Mülldeponien (s. Kap. 9.2.5.1) und Rieselfelder (Kap. 9.2.5.2) botanisch sehr gut untersucht. Ihnen wird daher je ein Abschnitt dieses Kapitels gewidmet. Zahlreiche Arbeiten wurden insbesondere in jüngster Zeit auch zur Flora und Vegetation bzw. der Begrünung von Abraumhalden des Bergbaues vorgelegt. Auch hierauf wird im Folgenden kurz eingegangen (Kap. 9.2.5.3).

#### 9.2.5.1 Mülldeponien

Auf die Bedeutung der Mülldeponien für die Adventivfloristik bzw. als Einwanderungstore für Neophyten wurde bereits in Kap. 5.3 hingewiesen. Zu einer nennenswerten Vegetationsentwicklung kommt es in der Regel erst nach Stilllegung bzw. Abdeckung der Kippe. Fast stets finden sich zunächst Dominanzbestände von *Chenopodium album* agg., manchmal auch anderer einjähriger Arten der Hackfrucht- oder Getreide-Beikraut-Gesellschaften ein. Im zweiten Jahr dominieren Sisymbrion-, danach Artemisietea-, an Sonderstandorten aber auch Agrostietalia-Einheiten. Welche Gesellschaften im einzelnen während des Sukzessionsverlaufes auftreten, hängt vom für die Abdeckung verwendeten Bodenmaterial, von der Exposition und von Art, Intensität und Zeitpunkt der anthropogenen Eingriffe ab. Wird an verschiedenen Stellen der Halde unterschiedliches Abdeckmaterial benutzt und sind dazu noch verschiedene anthropogene Einflüsse zu verzeichnen (Kinderspiel, Begrünungsversuche usw.), so ist mit einer Vielzahl von Pflanzengesellschaften zu rechnen. So konnte beispielsweise SAUERWEIN (1988) auf einer Industriemülldeponie in Kassel 17 verschiedene Pflanzengesellschaften nachweisen. Die **Sukzession** begann dabei in der Mehrzahl der Fälle mit einem *Atriplicetum sagittatae*, dem häufig ein *Lactuco-Sisymbrietum altissimi* folgte. Hieran schlossen sich Gesellschaften des Dauco-Melilotion an (*Melilotetum*, *Echio-*

*Verbascetum*). Den vorläufigen Abschluss der Sukzession bildete auf einem Großteil der Fläche das *Artemisio-Tanacetetum* (s. auch STEUBING & HILDEBRAND 1980). Zur Entwicklung von Gebüschen und Vorwaldstadien kam es nur an wenigen Stellen.

JANSSEN & BRANDES (1984) wiesen auf einer abgedeckten Mülldeponie am Rande von Braunschweig sogar 23 verschiedene Pflanzengesellschaften nach. Genau wie in Kassel zählten *Atriplicetum sagittatae*, *Lactuco-Sisymbrietum altissimi* und *Melilotetum albo-officinalis* zu den häufigsten Gesellschaften. Als weitere flächenmäßig bedeutsame Sukzessionsstadien treten auf frischen und nährstoffreichen Aufschüttungen das *Arctio-Artemisietum*, auf eher trockenen, mäßig nährstoffreichen Böden ruderale Wiesen in Erscheinung. Im ersten Fall bilden *Sambucus nigra*-Bestände das vorläufige Endstadium, im zweiten *Robinia pseudoacacia*-Bestände.

#### 9.2.5.2 Rieselfelder

Rieselfelder sind in der Regel großflächige und ursprünglich vollständig landwirtschaftlich genutzte Bereiche, auf die mit Hilfe eines weit verzweigten Kanalsystems die vorher von groben Bestandteilen befreiten Abwässer geleitet werden. Das Gebiet ist gut drainiert und in Parzellen (in Münster z. B. von 1 ha Größe) unterteilt. Das Abwasser wird jeweils nur auf einen Teil dieser Parzellen geleitet und versickert dort im Boden. Hierbei erfolgt die Klärung. Das im Verlaufe der Bodenpassage gereinigte Wasser wird in tiefer gelegene Sammelgräben abgeleitet und einem Fluss zugeführt. Da sich der Kläreffekt bei ununterbrochener Beschickung einer Parzelle durch die Ablagerung der Schwebstoffe verringert, erfolgt ein turnusmäßiger Wechsel zwischen Verrieselung und landwirtschaftlicher Nutzung. Solange die häuslichen Abwässer den größten Teil der städtischen Abwässer ausmachten, konnten die Rieselfelder perfekt funktionieren: Die Abwässer sorgten für eine Düngung der Flächen, die anschließende landwirtschaftliche Nutzung bewirkte eine Regeneration der allmählich nachlassenden Filterwirkung des Bodens. Mit der Zunahme toxischer Stoffe (z. B. Schwermetalle, s. u.) in den städtischen Abwässern ging die Rieselfeldwirtschaft zurück und wurde vielerorts völlig eingestellt.

Die dominierenden Vegetationseinheiten in Funktion befindlicher Rieselfelder sind in Münster Röhrichte (vor allem *Typha latifolia*-Bestände) und nährstoff- und feuchtigkeitsliebende Therophyten-Bestände der Klasse Bidentea.

#### 9.2.5.3 Abraumhalden von Bergwerken

Abraumhalden von Bergwerken bestehen nahezu ausschließlich aus mehr oder weniger grobem Gesteinsmaterial, enthalten also weder Feinerde noch Humus. Sie sind daher sowohl hinsichtlich der Wasser- als auch der Nährstoffversorgung ausgesprochen ungünstige Standorte und dementsprechend nur sehr langsam von Pflanzen zu besiedeln (Abb. 9-12). Am Ende einer sehr lange dauernden Entwicklung stellt sich aber selbst auf diesen, zunächst extrem vegetationsfeindlichen Standorten eine Waldgesellschaft ein, die als *Betulo-Quercetum* bezeichnet werden kann.

Die stetesten Erstbesiedler der Bergehalden des Ruhrgebietes sind nach JOCHIMSEN (1987) *Tripleurospermum perforatum*, *Conyza canadensis*, *Cirsium arvense*, *Atriplex patula*, *Taraxacum officinale*, *Senecio viscosus*, *Sonchus* spec., *Artemisia vulgaris*, *Holcus lanatus* und *Cerastium holosteoides*. Auf Abraum von Erzbergwerken ist mit Schwermetallpflanzen zu rechnen, am Fuße der Halden von Salzbergwerken mit Halophyten (vgl. Kap. 8.6).

### 9.2.6 Grünanlagen i.w.S.

Das Spektrum der Grünanlagen in Städten reicht von intensivst gepflegten Flächen (Zier-Parks) bis hin zu relativ naturnahen Bereichen (waldartige Parkanlagen). Auch Schrebergärten und Friedhöfe sind Grünanlagen.

In intensiv gepflegten **Zier-Parks** dominieren Scherrasen (s. Kap. 8.5.2), Zierstauden und Ziersträucher, die oft kunstvoll geschnitten werden (Abb. 9-13). Entlang der Wege sowie an Eingängen von im Park gelegenen Gebäuden sind nicht selten zusätzlich Blumenkübel aufgestellt. Im Randbereich der Wege trifft man auf vereinzelte Trittpflanzen.

**Kleingärten** (Abb. 9-14), vielerorts auch Schrebergärten genannt, setzen sich aus den Mikrohabitaten Blumenrabatten, Zierstrauchrabatten und Hecken (Kap. 9.1.3.3 bis 9.1.3.5) sowie aus für den Obst- und Gemüseanbau genutzten Bereichen zusammen. Im meist zentral gelegenen Gemeinschaftsbereich findet sich in der Regel ein größerer Scherrasen (Cynosurion; s. Kap. 8.5.2). Kleinere Scherrasen sind meist auch in einzelnen Privatparzellen enthalten. An den Häuschen und Lauben

Abb. 9-12 Birken-Pionierbesiedlung auf einer Halde des Steinkohlenbergbaus (Bochum-Gerthe, 6/2000).

Abb. 9-13 Intensiv gepflegter Zierpark (Wien, 6/1998).

Abb. 9-14 Kleingarten (Leipzig, 9/1994).

wachsen häufig Kletterpflanzen empor. Auf den meist mit Asche bestreuten Wegen sind fragmentarische Trittpflanzen-Gesellschaften zu finden.

**Neuere Friedhöfe** bestehen zum überwiegenden Teil aus (noch) nahezu baumfreien, intensiv gepflegten Bereichen, wobei auf den Gräberfeldern Zierstauden- und Bodendeckerkulturen in kleinflächigem Mosaik abwechseln. Die neuen Gräberfelder entsprechen daher weitgehend dem Mikrohabitat „Vorgärten und Blumenrabatten" (s. Kap. 9.1.3.3). Genau wie dort ist auf sandigen und sandig-lehmigen Böden das *Chenopodietum polyspermi* die charakteristische Assoziation weniger gepflegter Bereiche. Bei basenreicheren Böden sind statt dessen Gesellschaften des Fumario-Euphorbion anzutreffen.

**Alte Friedhöfe** weisen in der Regel parkartige Bereiche mit hohem Baumwuchs auf, die durchaus als „urban forests" zu bezeichnen sind. In diesen waldartigen Friedhofsteilen trifft man stets einige Arten der Krautschicht von Wäldern an. Regelmäßig vorhanden sind Gesellschaften des Geo-Alliarion (vgl. Kap. 8.3.1) und das *Urtico-Aegopodietum*. Alte Grabsteine weisen manchmal eine für städtische Verhältnisse reiche Moos- und Flechtenflora auf. Mit einem artenreichen Pilzspektrum ist zu rechnen. Umrahmt werden die Gräberfelder häufig von Hecken (s. Kap. 9.1.3.5) und/oder Scherrasen (Kap. 8.5.2). An alten Mauern trifft man oft auf Mauerpflanzen-Gesellschaften (s. Kap. 8.7).

**Waldartige Parkanlagen** stellen Exklaven des Umlandes in der Stadt dar, auf die näher einzugehen den Rahmen dieses Buches sprengen würde.

## 9.3 Dörfer

Auch ein Dorf ist kein einheitlicher Lebensraum (vgl. TITZE 1983a), sondern setzt sich aus unterschiedlichen (Teil-)Biotopen zusammen (Tab. 9-4).

### 9.3.1 (Teil-)Lebensräume im Dorf

Im Folgenden werden diejenigen Teillebensräume kurz beschrieben, die für ländliche Siedlungen (Dörfer) besonders charakteristisch sind. Im Gegensatz zur Großstadt besteht das Dorf lediglich aus einem einzigen Makrohabitat, die nachfolgend beschriebenen Teillebensräume sind also Mikrohabitate. Aufgeführt werden nur solche, die dorfcharakteristisch sind. Bezüglich der sowohl in dörflichen als auch in städtischen Siedlungen auftretenden Mikrohabitate (Dächer, Außenwände von Gebäuden, Pflasterritzen, Balkons, Pflanzenkübel etc.) wird auf Kap. 9.1 verwiesen. Frei stehende Mauern und Außenwände von Gebäuden als Mikrohabitate von Pflanzen werden zwar ebenfalls im Kap. 9.1 behandelt, da sie jedoch in Dörfern relativ gesehen deutlich häufiger sind als in Städten, werden im Rahmen dieses Kapitels nochmals aufgeführt (Kap. 9.3.1.5).

**Tab. 9-4: Die (Teil-)Lebensräume der Dörfer (nach WITTIG 1990, ergänzt)**

| (Teil-)Lebensraum | Differenzierende Merkmale |
|---|---|
| Dächer, Außenwände von Gebäuden, frei stehende Mauern | Exposition, Neigung<br>Material<br>Quantität und Qualität von Fugen, Spalten und Ritzen |
| Hof- und Gartenbereich | Art der Nutzung (Obst-, Gemüse-, Ziergarten)<br>Intensität der Nutzung<br>Einsatz von Pestiziden<br>freilaufende Haustiere<br>Versiegelungsgrad<br>Vorhandensein von Bäumen und Hecken<br>Vorhandensein von Komposthaufen und Altholzstapeln |
| Straßen, Wege, Dorfplatz | Versiegelungsgrad<br>Beschattung<br>Trittintensität<br>Unkrautbekämpfung<br>früher: freilaufende Tiere, teils sogar Beweidung |
| Gewässer | stehend/fließend<br>Uferzustand (verbaut/unverbaut)<br>Enten- und/oder Gänsehaltung<br>Fischbesatz<br>Abwassereinleitung |
| steile Hänge der Dörfer des Berglandes | Exposition, Neigung<br>Boden, Gestein<br>Pflege (Mahd, Gehölzschnitt) |

#### 9.3.1.1 Hof- und Gartenbereich

Der Hof- und Gartenbereich ist der, zumindest ursprünglich, wohl am reichsten differenzierte Lebensraum unter den dörflichen Biotopen. Genau genommen muss man hier schon von einem Biotopkomplex sprechen. Einem seiner Teilgebiete, dem Bauerngarten (Abb. 9-15), sind in den 1980er-Jahren mehrere Veröffentlichungen gewidmet worden (u. a. TITZE 1983b; STERNSCHULTE 1985). Weitere charakteristische **dörfliche Biotope** des Hof- und Gartenbereiches sind der Hofplatz, Hühnerausläufe, der Misthaufen mit seiner engeren Umgebung sowie ungenutzte Bereiche um Scheunen, Holzlager und Maschinenabstellplätze (Abb. 9-16). All diese Flächen sind bzw. waren wichtige Standorte typischer **dörflicher Pflanzengesellschaften,** z. B. *Urtico-Malvetum neglectae*, *Lamio-Ballotetum*, *Chenopodietum boni-henrici*, deren Charakterarten überwiegend zur Gruppe der nitrophilen alten Siedlungszeiger gehören.

Die Gruppe der **nitrophilen alten Siedlungsanzeiger** besteht aus Arten, die, wie sich pollenanalytisch und archäologisch zeigen lässt, schon seit langem im Gefolge des Menschen auftreten. Unter ihnen befinden sich mit *Chenopodium bonus-henricus* und *Malva neglecta* zwei der wenigen Arten, die wahrscheinlich in Mitteleuropa als **typische Dorfarten** gelten können bzw. es früher konnten. Auch alle Arten, die BRANDES (1990) für das südliche Niedersachsen als dorftypisch nennt (*Arctium lappa*, *A. minus*, *Ballota nigra*, *Chenopodium bonus-henricus*, *Conium maculatum* und *Leonurus cardiaca*), gehören zu den nitrophilen Siedlungszeigern.

Alle in diesem Kapitel genannten Arten wurden übrigens früher überwiegend officinell genutzt (vergl. Tab. 5-4). BRANDES (1990) nimmt daher für Südniedersachsen an, dass es sich zumindest bei den dörflichen Vorkommen von *Ballota nigra*, *Leonurus cardiaca* und *Che-*

Abb. 9-15 Bauerngarten (Züschen, Hochsauerland, 8/1988).

Abb. 9-16 Hofplatz mit Raum für spontane Vegetation (Westfeld, Hochsauerland, 7/1988).

Abb. 9-17 Reichhaltige spontane Vegetation an einer Dorfstraße (Sobésuky, Böhmen, 6/2000).

*nopodium bonus-henricus* um **Kulturrelikte** handelt.

Nicht selten gehört eine Obstwiese zum unmittelbaren Hofbereich. Alte hohe Bäume (Eichen, Rosskastanien, Linden) sind in manchen Landschaften ebenfalls ein fester Bestandteil des Hofbildes. Hecken (Weißdorn, Hasel, Liguster, Flieder) grenzen stellenweise den Hofbereich gegen die anschließende freie Feldflur ab. In diesen Hecken sind manchmal Waldkräuter zu finden (Pedersen 1983), vor den Hecken siedeln Arten der Waldlichtungen, Waldsäume und der nitrophilen Säume.

Insgesamt gesehen lässt sich der Hof- und Gartenbereich als ein Lebensraum mit sehr reichem Nährstoffangebot für Pflanzen (Misthaufen, Exkremente von frei laufendem Vieh, Düngung des Bauerngartens), mit reichlichem Nahrungsangebot für Blütenbesucher (Zierbereich des Bauerngartens, Obstgehölze, blühende Hecken, Linden, Rosskastanien), mit zahlreichen Nist- bzw. Versteckmöglichkeiten (Bäume, Hecken, Holzstapel, Reisighaufen, Komposthaufen) und mit einer hohen Strukturdiversität charakterisieren. Die Vielfalt des Nahrungsangebotes und der Nischen macht den Hof- und Gartenbereich zu einem potentiell auch zoologisch sehr arten- und individuenreichen Biotop, so dass dort sogar kleine Raubtiere gute Lebensmöglichkeiten finden (Gartenspitzmaus, Igel, Mauswiesel, Fledermäuse, Steinkauz, Erdkröte).

#### 9.3.1.2 Straßen, Wege und Dorfplatz

Der öffentlich zugängliche Bereich des Dorfes, also die Straßen (Abb. 9-17), Wege und der Dorfplatz, waren früher Wuchsort charakteristischer Trittpflanzengesellschaften, in denen neben den eigentlichen Tritt-Arten auch solche der Flutrasen (Agropyro-Rumicion crispi) eine wichtige Rolle spielten. An weniger betretenen Stellen im Randbereich waren auch ein- und sogar mehrjährige Ruderalgesellschaften zu finden (Sisymbrion bzw. Arction). Besonders häufig war und ist stellenweise noch das *Urtico-Aegopodietum*.

#### 9.3.1.3 Gewässer und Feuchtstandorte

Viele Dörfer sind von einem Bach oder kleinen Fluss durchzogen. Wohl schon seit alters her ist das Bett dieses Gewässers im Dorfbereich zumindest stellenweise durch Mauern eingeengt. Diesen Mauern kommt teilweise die gleiche Bedeutung wie den in Kap. 9.1.1.3 aufgeführten frei stehenden Mauern zu. An besonders engen, wenig besonnten und daher sehr luftfeuchten Bachabschnitten können sich spezielle hygrophile Moosgesellschaften entwickeln.

Am in der Regel stark eu- bis hypertrophen Dorfteich gediehen früher im amphibischen Bereich charakteristische „Spülsaum"-Gesellschaften der Bidentea (z. B. *Ranunculetum scelerati*) sowie manchmal Röhricht-Fragmente. Das Gewässer selbst war häufig Lebensraum für Lemnaceaen, insbesondere *Lemna gibba* und *L. minor*, dagegen wohl nur in Ausnahmefällen für wurzelnde Schwimmpflanzen und submerse Pflanzenarten. Weitere *Bidentetea*-Gesellschaften siedelten früher in allen Dörfern Mitteleuropas an feuchten Stellen am Rande von Misthaufen, an Jauchegruben, in Rinnsteinen, an Abwassergräben und am in der Regel stark eutrophierten Dorfteich (s. Gutte 1966; Hejný 1973; Brandes 1980).

### 9.3.1.4 Steile Hänge der Dörfer des Berglandes

In Dörfern, die an einem Berghang liegen, findet man fast stets einige Flächen, die so steil sind, dass sie weder als Baugelände noch als Garten oder zur Anlage von Beeten und Straßen genutzt werden können. Stellenweise tritt

Abb. 9-18 Blütenreiche „magere" Frischwiese an einer Böschung in einem Bergdorf (Elkeringhausen, Hochsauerland, 7/1988).

der nackte Fels zutage, so dass Arten der Felsspaltengesellschaften (Asplenietea trichomanis), der Felsrasen (Koelerio-Corynephoretea) und der Geröllfluren (Thlaspietea rotundifolii) vorkommen können.

Meist ist allerdings eine Bodenschicht vorhanden, so dass der Hang verbuschen oder sich sogar bewalden kann. In der Regel wird dies jedoch durch sporadische Mahd verhindert. Da nur gemäht, aber nicht gedüngt wird, entwickeln sich Gesellschaften, die den früher weit verbreiteten mageren Ausbildungen unserer Frischwiesen entsprechen (Abb. 9-18). Es handelt sich in der Regel um sehr blütenreiche und daher auch für die Fauna des Dorfes wichtige Pflanzenbestände, die in der freien Landschaft aufgrund der starken Düngung und häufigen Mahd der Wiesen extrem selten geworden und dementsprechend schutzwürdig sind. Charakteristische Arten der sporadisch gemähten wiesenartigen Bestände an den Hängen der Bergdörfer sind *Knautia arvensis*, *Pimpinella saxifraga*, *Sanguisorba minor*, *Campanula rotundifolia*, *Leucanthemum vulgare* agg., *Luzula multiflora*, *Plantago media*, *Thymus pulegioides*, *Hieracium pilosella* und das Moos *Rhytidiadelphus squarrosus*. Je nach Mahdhäufigkeit, Exposition des Hanges und Höhenlage des Dorfes siedeln an solchen Hängen auch Waldarten i.w.S. Wird gar nicht mehr gemäht, entwickeln sich Gebüsche.

Zu den Waldarten i.w.S. zählen außer den eigentlichen Waldarten (Querco-Fagetea-, Fagetalia- u. Quercetalia robori-petraeae) auch die der Innensäume von Wäldern (Geo-Alliarion) und der Waldschläge (s. Abb. 9-19). In Dörfern relativ häufige Waldarten i.e.S. sind *Athyrium filix-femina*, *Dryopteris filix-mas*, *Poa nemoralis*, *Scrophularia nodosa* und *Stachys sylvatica*. Typische dörfliche Geo-Alliarion-Arten sind *Geranium robertianum*, *Chelidonium majus* (vgl. Kap. 9.3.3) sowie *Viola odorata*. Letztere stammt zwar ursprünglich aus Bauerngärten, hat jedoch heute einen festen Platz in der Dorfvegetation und wird daher in Tab. 9-6 nicht mehr zu den Gartenflüchtlingen gestellt (siehe 9.3.3). Arten der Waldschläge, insbesondere *Epilobium angustifolium*, können den verschiedensten dörflichen Pflanzengesellschaften beigemischt sein, z. B. dem *Arctio-Artemisietum* und *Urtico-Aegopodietum*, aber auch den wiesenartigen Gesellschaften an den Hängen der Bergdörfer. An schattigen Hängen findet man auch Übergänge zu Epilobietea-Gesellschaften.

Abb. 9-19 Spontane Böschungsvegetation mit einem Mosaik aus Schlagflur-Arten (*Digitalis purpurea*, *Rubus idaeus*) *Urtico-Aegopodietum* und Wiesenfragmenten (Westfeld, Hochsauerland, 7/1988).

#### 9.3.1.5 Mauern und Außenwände von Gebäuden

In den Dörfern der Bergregionen sind vielerorts die Höfe, oft aber auch öffentliche Gebäude (Kirche, Schule, Schützenhalle, ehemaliges Bürgermeisteramt etc.) sowie der Friedhof von Trockenmauern oder alten mörtelverfugten Mauern umgeben, die für Pflanzenwuchs gut geeignet sind. Auch der Sockelbereich mancher Hauswände ist von Mauerpflanzen besiedelt. Die Artenzusammensetzung der dörflichen Mauervegetation unterscheidet sich in der Regel nicht von der, die man an alten Stadtmauern von Kleinstädten oder Burgen findet, ist jedoch oft erheblich artenreicher und stärker deckend als an Mauern in Großstädten (sofern diese überhaupt Vegetation tragen). Insbesondere trifft dies für die Vegetation der Mauerkronen zu (Abb. 9-20). Auf besonders exponierten Stellen von Mauern (Pfeiler, Torbegrenzungen) wurde früher vielerorts die Hauswurz (*Sempervivum tectorum*) gepflanzt.

### 9.3.2 Ökologische Charakteristika der Dörfer

Alle im vorangegangenen Kapitel aufgeführten Lebensräume findet man auch in kleineren landwirtschaftlichen Siedlungen, in so genannten Weilern. Sogar Einzelhöfe weisen in der Regel alle Biotope des Dorfes auf. Die ökologischen Charakteristika der Dörfer sind also nicht durch Vergleich mit kleineren landwirtschaftlichen Siedlungen zu erarbeiten, sondern lediglich im Vergleich zur offenen Feldflur und im Vergleich zur Stadt.

#### 9.3.2.1 Vergleich mit der offenen Feldflur

Der offenen Feldflur fehlen die Lebensräume „frei stehende Mauern und Außenwände von Gebäuden“ sowie Teile vom „Hof- und Gartenbereich“. Dagegen gibt es in ihr in Gebieten mit Weidewirtschaft durchaus Standorte starker Anhäufung tierischer Exkremente (Weideeingänge, Viehlagerstätten). Die Lebensräume Weg- und Straßenränder sind ebenfalls außerhalb des Dorfes zu finden und beherbergen dort ähnliche Lebensgemeinschaften. Hecken waren früher ein charakteristischer Bestandteil der Agrarlandschaft im nordwestlichen Europa und gehörten auch in Teilen Süddeutschlands zum typischen Landschaftsbild. Mit zunehmender Intensivierung, Maschinisierung und Spezialisierung und dem daraus resultierenden Verlust ihrer ehemals wichtigen wirtschaftlichen Funktionen sind sie jedoch, insbesondere in flurbereinigten Gebieten, immer seltener geworden oder sogar völlig aus der offenen Feldflur verschwunden. Ähnlich erging es den kleinen stehenden Gewässern (z. B. Weidetümpeln) außerhalb der Dörfer. Durch Kleingewässer-Aktionen konnte hier jedoch, zumindest in manchen Regionen, der Verlust teilweise ausgeglichen werden.

#### 9.3.2.2 Vergleich mit der Großstadt

Die Eigenschaften und Möglichkeiten des Lebensraumes Dorf im Vergleich zu denen der Stadt sind tabellarisch in Tab. 9-5 zusammengestellt. Auf die Mehrzahl der dort aufgeführten Punkte (günstigere Bedingungen für Mauerbewohner und nitrophile Arten, weniger Bodenversiegelung, Vorhandensein von Gewässern) wurde bereits im Kapitel 9.3.1 eingegangen. Das weitgehende Fehlen von Industrie war früher ein besonderes Kennzeichen der ländlichen Siedlungen, und auch heute findet man in Dörfern immer noch weniger Industrie als in den Städten. Hinzu kommt eine geringere Dichte des motorisierten Verkehrs. Beide wichtige Quellen von Schadstoffemissionen besaßen und besitzen also in Dörfern eine erheblich geringere Bedeutung als in Städten.

**Tab. 9-5: Biotopeigenschaften von Dörfern im Vergleich zu Großstädten**

| Biotopeigenschaft | Folgen für Fauna und Flora |
|---|---|
| mehr alte, unverputzte Mauern | bessere Lebensmöglichkeiten für Felsbewohner |
| Exkremente von Großvieh | Begünstigung extrem nitrophiler Arten, Benachteiligung von Arten magerer Standorte |
| weniger Bodenversiegelung | mehr Raum für „Natur“ |
| Vorhandensein von Gewässern | Existenzmöglichkeiten für amphibische Arten und Wasserbewohner |
| größere Nähe zur offenen Feldflur | Vorkommen von Feldflur- und Waldarten |
| keine industriellen und weniger verkehrsbedingte Emissionen | mehr Flechten- und Moosbewuchs an Mauern und Bäumen |

Abb. 9-20 Artenreiche Mauerkronenvegetation (Oplot, Böhmen, 6/2000).

Wegen der meist lockeren Bebauung erreich(t)en auch die durch den Hausbrand bedingten Emissionen nicht die Konzentrationen wie in Städten. $SO_2$-empfindliche Pflanzen, insbesondere also Flechten und Moose, sind (waren) daher in Dörfern weit weniger benachteiligt als in Städten.

Weitere **charakteristische Eigenschaften von Dörfern** sind die geringe Entfernung zur offenen Feldflur und die daraus resultierenden vielfältigen Wechselwirkungen zwischen dem Umland des Dorfes und dem bebauten Ortskern, die erst das Vorkommen vieler dorftypischer Arten ermöglichen. Als botanische Beispiele seien die zahlreichen, zur charakteristischen Dorfflora gehörenden Wald- und Schlagpflanzen genannt, die ohne einen ständigen Diasporennachschub aus den umliegenden Wäldern im Dorf sicherlich viel seltener wären. Besonders charakteristische Beispiele kommen aus dem zoologischen Bereich: die Schleiereule, die auf Dachböden nistet, die offene Feldflur jedoch als Jagdrevier benötigt und der Weißstorch, der sein Nest auf Schornsteinen und Telegrafenmasten aufbaut, seine Nahrung aber ebenfalls aus der offenen Feldflur bezieht.

Die **Vegetation der Dörfer** unterscheidet sich deutlich von der der Städte. Nach A. Pyšek & Hejný (1995) ist das Aegopodion podagrariae der flächenmäßig bedeutendste Vegetationstyp kleinerer tschechischer Dörfer. Es folgen Agropyro-Rumicion crispi, Polygonion avicularis und Bidention tripartitae. In größeren Dörfern ist das Arction lappae am stärksten vertreten, gefolgt von Aegopodion podagrariae und Sisymbrion officinalis. An den beiden ersten Stellen stehen also jeweils Verbände, die in urban-industriellen Biotopen von sehr untergeordneter Bedeutung sind.

### 9.3.3 Ökologische Gruppen der Dorfflora

Die charakteristische Zusammensetzung der Dorfflora ergibt sich aus der Eigenart der im vorangegangenen Kapitel beschriebenen Biotope. In Tab. 9-6 werden sieben ökologische Gruppen der Dorfflora aufgelistet und mit Beispielen versehen. Erläuterungen zu den ersten sechs Gruppen finden sich in den vorausgegangenen Kapiteln im Rahmen der Beschreibung der entsprechenden Standorte. Nachfolgend wird daher lediglich auf die an allen Standortstypen anzutreffende Gruppe der **Gartenflüchtlinge** eingegangen. Zuvor stehen noch einige allgemeine, die gesamte Einteilung betreffende Anmerkungen.

Wie bei vielen ökologischen Klassifizierungen gibt es zwischen den einzelnen Gruppen fließende Übergänge. *Cymbalaria muralis* und *Pseudofumaria lutea* sind z. B. sowohl Gartenflüchtlinge als auch typische Mauerpflanzen. Während man *Cymbalaria muralis* überall in Mitteleuropa auch an gartenfernen Mauern

**Tab. 9-6: Die ökologischen Gruppen der Dorfflora (nach Wittig 1990)**

| Ökologische Gruppe | Beispiele |
|---|---|
| Nitrophile Siedlungsanzeiger | *Armoracia rusticana, Arctium lappa, A. minus, A. tomentosum, Ballota nigra, Chenopodium bonus-henricus, Leonurus cardiaca, Malva neglecta* |
| Dörfliche Trittpflanzen | *Potentilla anserina, Verbena officinalis* |
| Stickstoff- und feuchtigkeitsliebende Therophyten | *Atriplex prostrata, Bidens tripartita, Chenopodium rubrum, Ranunculus sceleratus, Rorippa islandica* |
| Mauerpflanzen | *Asplenium ruta-muraria, A. trichomanes, Cymbalaria muralis, Poa compressa, Saxifraga tridactylites* (die beiden letzten auf Mauerkronen) |
| Waldarten i.w.S. | *Athyrium filix-femina, Dryopteris filix-mas, Poa nemoralis, Scrophularia nodosa* (alle aus mesophilen Laubwäldern); *Geranium robertianum, Viola odorata* (Saumarten); *Epilobium angustifolium* (Schlagpflanze) |
| Gartenflüchtlinge | *Pseudofumaria lutea, Euphorbia lathyris, Sedum telephium* agg., *Tanacetum parthenium* |
| Arten der Hänge (Bergdörfer) | *Knautia arvensis, Leucanthemum ircutianum, Luzula multiflora, Pimpinella saxifraga, Sanguisorba minor, Rhytidiadelphus sqarrosus* (Magerrasen); *Sedum acre, S. album* (Felsrasen); *Galeopsis segetum* (Geröllfluren) |

findet, wurde *Pseudofumaria lutea* in Westfalen von WITTIG & WITTIG (1986) nur in unmittelbarer Gartennähe an Mauern gefunden. Erstere kann daher bei den Mauerpflanzen eingereiht werden, Letztere ist dagegen aus westfälischer Sicht (wohl auch aus nordwestdeutscher) auf jeden Fall noch zu den Gartenflüchtlingen zu stellen.

Aus dem eben Gesagten geht hervor, dass die Zugehörigkeit einzelner Arten zu einer der Gruppen oft nur regionale Gültigkeit hat. Die in Tab. 9-6 und im Folgenden genannten Beispiele sind nordrhein-westfälischen bzw. westfälischen Arbeiten (s. o.) entnommen, gelten also in erster Linie für diesen Raum.

Wie bereits oben erwähnt, sind die engen Wechselwirkungen zwischen der offenen Feldflur und dem Dorfkern eines der wichtigsten Charakteristika der dörflichen Biotope. Hierzu gehört, dass sich das Wuchsklima im Dorf deutlich weniger von der Umgebung unterscheidet als das des Zentrums von Großstädten (s. Abb. 3-2). Daraus folgt, dass die Flora der Dörfer im kühl-gemäßigten Bereich Europas weit weniger Neophyten enthält als die der Städte (s. FALIŃSKI 1971, P. PYŠEK 1998a). Entsprechend unterscheidet sich das **Zeigerwertspektrum der Dorfflora** bezüglich Temperatur, Kontinentalität und Feuchtigkeit nicht so stark von dem des Umlandes (s. P. PYŠEK & A. PYŠEK 1991a), wie es bei Großstädten der Fall ist (s. Kap. 6.3.6). Auch die Veränderung des **Familienspektrums** ist weniger ausgeprägt als bei der Stadtflora. Anzahl und prozentualer Anteil der **Neophyten** steigen mit der räumlichen Ausdehnung des Dorfes und sinken mit der Entfernung zu größeren Städten. Mit Hilfe dieser zwei Faktoren lassen sich bei den Neophyten 50 % der Variabilität in der Anzahl erklären.

Während es eine Vielzahl von Arten gibt, die zumindest aus regionaler Sicht als urbanophil (s. Kap. 6.2.1.3), d. h. vorwiegend in den Städten vorkommend, bezeichnet werden können, gibt es wohl nur eine sehr geringe Zahl echter **Dorfpflanzen.** Typisch für die dörfliche Flora ist vielmehr, dass sie aus wechselnden Anteilen der in Tab. 9-6 aufgelisteten Gruppen zusammengesetzt ist.

Die in den Dörfern vorkommenden Gartenflüchtlinge i.w.S. lassen sich in zwei Gruppen einteilen: Die Angehörigen der einen Gruppe sind vor längerer Zeit aus den Bauerngärten verwildert, haben jedoch inzwischen einen festen Platz in der dörflichen Vegetation erobert,

Abb. 9-21 Ursprünglich aus Gärten verwildert, heute jedoch vielerorts fest in Geo-Alliarion-Gesellschaften eingefügt ist *Viola odorata* (Oberursel-Weißkirchen, 4/2000).

d. h. sie können sich dort gegen die Konkurrenz der einheimischen Arten behaupten und bedürfen nicht mehr des ständigen Diasporen-Nachschubes aus den Gärten. Sie sind also **Epökophyten** geworden (vgl. SCHRÖDER 1969). Diese ehemaligen Gartenflüchtlinge, z. B. *Armoracia rusticana*, *Cymbalaria muralis* (vgl. Abb. 8-47) und *Viola odorata* (Abb. 9-21), werden in Tab. 9-6 innerhalb derjenigen ökologischen Gruppe aufgeführt, in der sie ihren Platz in der Dorfvegetation gefunden haben. Andere Arten, die ebenfalls relativ häufiger Bestandteil der dörflichen Flora sind, besitzen dagegen noch keinen festen Platz in der aktuellen Vegetation des Dorfes **(Ephemerophyten).** Sie können sich auf längere Sicht nicht gegen die Konkurrenz einheimischer Arten behaupten, sondern benötigen den Bauerngarten als „Nachschubbasis" für ihre Diasporen. Nur solche Arten werden in Tab. 9-6 als Gartenflüchtlinge eingestuft.

Darüber hinaus kommen in Dörfern (und teilweise auch in Städten) mehrere Arten vor, die im Mittelalter und teilweise noch bis zum Beginn der Neuzeit in Kloster- und später in Bauerngärten als **Heilpflanzen** kultiviert wurden, bei denen im Einzelfall aber nicht mehr zu klären ist, ob sie zuerst kultiviert wurden und danach verwilderten oder aber zunächst unbeabsichtigt vom Menschen verschleppt und erst später in Kultur genommen wurden. Zu diesen archäophytischen Heilpflanzen mit spontanen Vorkommen in Dörfern gehören nach BRANDES (1990) *Anchusa officinalis*, *Arctium lappa*, *Artemisia absinthium*, *Ballota nigra*, *Cichorium intybus*, *Conium maculatum*, *Hyoscyamos niger*, *Lamium album*, *Malva neglecta*, *M. sylvestris*, *Marrubium vulgare*, *Melilotus albus* und *Verbena officinalis*.

# 10 Anwendungsaspekte

Das in den vorausgegangenen Kapiteln dargelegte Wissen über die Flora und Vegetation von Siedlungen hat in viererlei Weise praktische Bedeutung erlangt: Bei der Begrünung von Bauwerken, Straßenrändern, Halden und Deponien, der Bioindikation, der Verbesserung der Umweltsituation und Erhöhung der Lebensqualität sowie im Rahmen von Naturschutz in der Stadt. Auf die Begrünung, die weit in das Arbeitsgebiet der Gartenbauer und Architekten hineinreicht, soll nicht weiter eingegangen werden. Den drei anderen Themenkreisen wird dagegen je ein Abschnitt dieses Kapitels gewidmet. Während der zweite dieser Punkte siedlungs- bzw. großstadtspezifisch ist, greifen die beiden anderen deutlich über die Siedlungen hinaus, wobei sich allerdings die Methoden und Probleme in und außerhalb der Siedlungen oft nicht unterscheiden. Hier sollen im Folgenden nur die siedlungsspezifischen Teilbereiche herausgegriffen werden. Für umfassendere Darstellungen sei auf entsprechende Artikel, Lehrbücher und Symposiumsbände verwiesen (z. B. hinsichtlich Bioindikation auf Arndt et al. 1987, 1996, Rabe 1990; bezüglich Naturschutz auf Kaule 1986, Wittig & Zucchi 1993, Wittig & Reidl 1999).

## 10.1 Bioindikation

**Bioindikatoren** sind Organismen oder Organismengemeinschaften, deren Lebensfunktionen sich mit bestimmten Umweltfaktoren so eng korrelieren lassen, dass sie als Zeiger für diese verwendet werden können. Wie wir im Rahmen von Kap. 6 gesehen haben, reagieren manche Pflanzengruppen stark auf Luftverschmutzung, andere auf die im Vergleich zum Umland erhöhte städtische Temperatur. Es liegt daher nahe, Pflanzen als Indikatoren der entsprechenden Standortfaktoren zu nutzen. Werden die Untersuchungen über einen längeren Zeitraum hin durchgeführt, so dass Aussagen zum zeitlichen Trend der Umweltsituation möglich sind, spricht man von **Biomonitoring** (vgl. Wittig 1993b).

Neben derartigen, mit sichtbaren Reaktionen auf bestimmte Umweltbedingungen reagierenden, so genannten sensitiven Bioindikatoren werden zur Indikation auch Organismen eingesetzt, die den nachzuweisenden Schadstoff anreichern, ohne von ihm geschädigt zu werden (akkumulative Bioindikatoren). Zur Bioindikation können Wild- und Kulturpflanzen an ihrem Wuchsort untersucht werden (dies bezeichnet man als passive Indikation) oder es können Organismen unter standardisierten Bedingungen ins Gelände ausgebracht werden (aktive Indikation). Einen Überblick über „Höhere Pflanzen als Bioindikatoren in Verdichtungsräumen“ geben Sukopp & Kunick (1976).

### 10.1.1 Luftverunreinigungen

Zur Bioindikation von Luftverunreinigungen wurden und werden in Städten alle in Kap. 6 behandelten Pflanzengruppen (mit Ausnahme der Farne?) und auch einige Pflanzengesellschaften eingesetzt, am häufigsten wohl die Flechten (s. Kap. 10.1.1.1). Auch über Moose (Kap. 10.1.1.2) und Höhere Pflanzen (Kap. 10.1.1.3) liegen zahlreiche Arbeiten vor, während Pilze in Städten nur ausnahmsweise zur Bioindikation von Luftverunreinigungen herangezogen wurden (z. B. Rauter 1975). Über den Einsatz von Farnen als Bioindikatoren in Städten ist dem Verfasser nichts bekannt. Im Rahmen von Kartierungen epiphytischer Flechten wird oft die Verbreitung der Alge *Pleurococcus vulgaris* auct. mit herangezogen.

#### 10.1.1.1 Flechten als Bioindikatoren

Mit Flechten sind nahezu alle denkbaren Methoden der Bioindikation durchgeführt worden (Übersicht bei Garty 1993, Richardson 1991). Bereits die einfachste Methode, die Erstellung von **Verbreitungskarten** und die hieraus abgeleiteten **Flechtenzonen** (s. Kap. 6.7.1), liefert ein recht gutes Bild der **$SO_2$-Belastung.** Detailliertere Ergebnisse lassen sich erzielen, wenn nicht allein das Vorkommen der Arten, sondern deren Häufigkeit (Frequenz) und bzw. oder der Deckungsgrad und/oder die Stetigkeit an den jeweiligen Kartierungspunkten erfasst werden. Le Blanc & De Sloover (1970) entwickelten eine Formel zur

Berechnung des so genannten IAP-Wertes (Index of Atmospheric Purity), die von verschiedenen Autoren (z. B. KIRSCHBAUM 1972; HEIDT 1978) so erweitert wurde, dass neben dem Deckungsgrad und der Toxitoleranz auch Vitalität und Stetigkeit und/oder Frequenz der einzelnen Arten in die Berechnung eingehen. Wegen der Vielzahl der unterschiedlichen Kartierungsmethoden wurde vom VDI im Jahre 1986 eine Richtlinie zur Vereinheitlichung der „Kartierung des epiphytischen Flechtenvorkommens“ entworfen (Richtlinie 3799, Blatt 1).

WIRTH (in ELLENBERG et al. 1992) ordnet den Flechten neben den bei den Gefäßpflanzen seit längerem erprobten Zeigerwerten für Licht, Temperatur, Kontinentalität, Feuchtigkeit, Reaktion und Stickstoff auch solche für ihre Toxitoleranz gegenüber $SO_2$ und $NO_2$ zu. HOBOHM (1994) wendet diese Zeigerwerte im Rahmen einer Bestandsaufnahme der epiphytischen Flechten in Lüneburg an.

Neben sichtbaren Phänomenen wie Vorkommen, Frequenz, Deckung, Stetigkeit und Vitalität können auch Analysenergebnisse zur Bioindikation herangezogen werden, z. B. der Chlorophyll-, Schwefel- und Schwermetallgehalt der Flechten. In den beiden letzteren Fällen wirken die Flechten nicht als sensitive, sondern als **akkumulative Bioindikatoren.** Die eben erwähnten Verfahren (Bestimmung des Schadstoffgehaltes, biochemische Untersuchung) werden allerdings häufiger beim aktiven als beim passiven Biomonitoring angewendet. Aktives Biomonitoring fällt jedoch nicht in den Bereich der Geobotanik und wird daher hier nicht behandelt.

#### 10.1.1.2 Moose als Bioindikatoren

Die Moose zeigen in urban-industriellen Gebieten ein ähnliches Verbreitungsmuster wie die Flechten (s. Kap. 6.5.1). Da die $SO_2$-Konzentrationen in Städten bisher in der Regel deutlich höher als im Umland waren, bestand somit keine Schwierigkeit, eine Korrelation zwischen der Verbreitung von Moosen und bestimmten $SO_2$-Konzentrationen herzustellen (siehe z. B. GILBERT 1970b). DÜLL (1974) fasst die Moose des Ruhrgebietes gemäß ihrer Verbreitung in 6 Gruppen zusammen, denen er jeweils einen so genannten AP(Air Purity)-Zeigerwert zumisst.

Ein morphologischer Vergleich der Moose der verschiedenen AP-Gruppen lässt erkennen, dass akrokarpe Moose im Allgemeinen weniger empfindlich sind als pleurokarpe. Innerhalb der akrokarpen sind die kurzrasigen Moose resistenter als die langrasigen. Genau wie bei den Flechten ist in Gebieten hoher $SO_2$-Belastung die Fertilität herabgesetzt bzw. geht völlig verloren.

Weit besser als Flechten und Höhere Pflanzen sind Moose zur **akkumulativen Indikation** von **Schwermetallen** und von **Kohlenwasserstoffen** geeignet (s. z. B. THOMAS 1983). Die in dieser Hinsicht am besten untersuchten Arten kommen in Innenstadtbereichen allerdings nicht vor. LÖTSCHERT et al. (1975) konnten jedoch zeigen, dass auch die in Innenstädten wachsenden Moose Schwermetallindikatoren sind: Der Bleigehalt der Moose *Bryum argenteum* und *Tortula muralis* wies eine deutliche Abhängigkeit vom Verkehrsfluss auf. In Frankfurt a.M. hat sich der Bleigehalt der Moose von 1973 bis 1998 deutlich verringert, wobei der Reduktionsfaktor allerdings in Abhängigkeit von der Verkehrssituation deutlich variiert (BALLACH et al. 2001).

Sehr häufig wurde mit Moosen auch aktives Biomonitoring in Städten bzw. ihrer engeren Umgebung durchgeführt, auf das, wie bei den Flechten begründet, hier nicht eingegangen werden kann.

Einen Überblick über den Einsatz von Moosen als Bioindikatoren gibt FRAHM (1998). Der Autor beschränkt sich allerdings nicht auf den städtischen Raum, sondern behandelt das gesamte Themengebiet der Bioindikation mit Moosen.

#### 10.1.1.3 Höhere Pflanzen als Bioindikatoren

Im Gegensatz zu den Flechten und Moosen wurde die Verbreitung von Wildpflanzen in Städten bisher noch nicht zur Indikation von Luftverunreinigungen herangezogen. Entsprechendes gilt, abgesehen von wenigen Ausnahmen, auch für die Bonitierung von morphologischen Veränderungen (z. B. Blattverfärbungen und Nekrosen) an Wildpflanzen. Die Kartierung der Schädigung bestimmter angepflanzter Arten (Straßen- und Parkbäume, Obstgehölze, Zierstauden und Gemüsepflanzen) ist dagegen eine häufig angewandte Methode zum Erkennen von Immissionsbelastungen (s. ARNDT et al. 1987).

Als **Akkumulationsindikatoren** für Schwermetalle werden häufig Laubbäume eingesetzt, wobei meist die **Blätter** untersucht werden, z. B. von *Acer* (H.-N. MÜLLER & MEURER 1989: Luzern; HAMPP 1973: München), *Betula pen-*

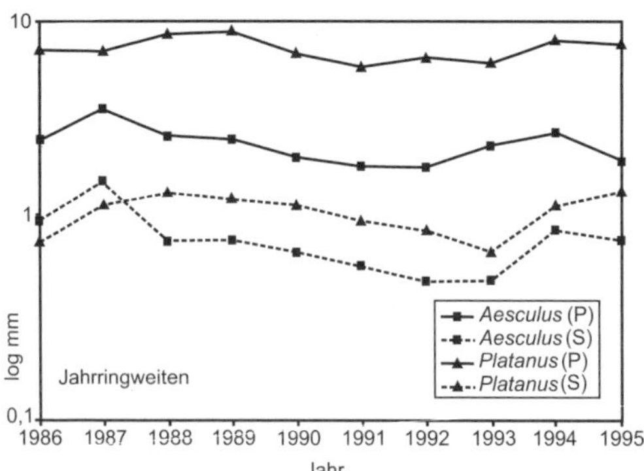


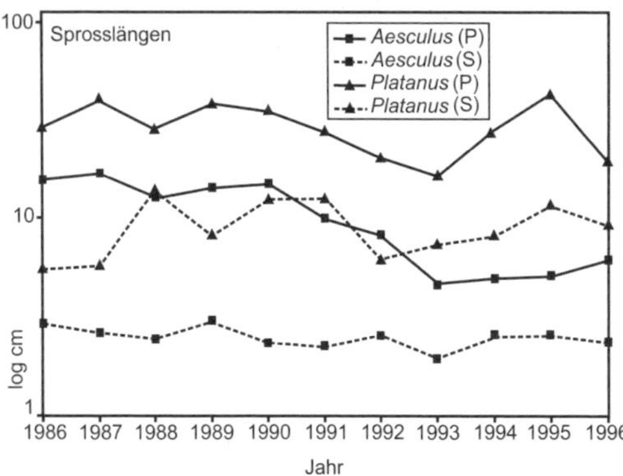


Abb. 10-1 Jahrringweiten (oben) und Sprosslängen der Rosskastanie (*Aesculus*) und der Platane (*Platanus*) in einer Frankfurter Parkanlage (P) und einer stark befahrenen Straße (S). Beide Baumarten zeigen sowohl verringertes Spross- als auch Stammwachstum bei Straßenbäumen im Vergleich zu Parkbäumen (aus Wittig et al. 1998).

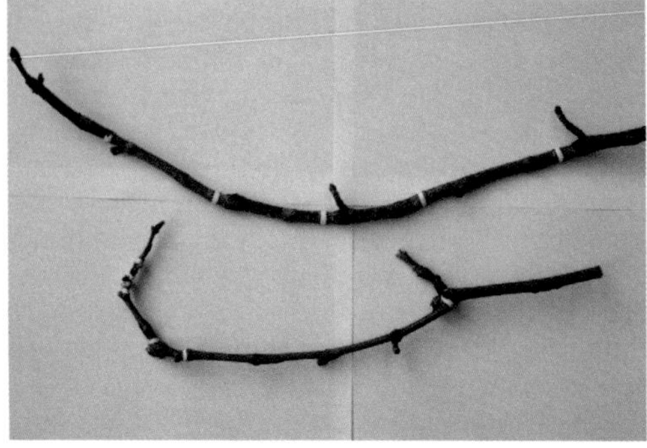

Abb. 10-2 Spitzentriebe der Kronen von *Aesculus hippocastanum* an einer vielbefahrenen Straße (unten) und in einer Parkanlage (oben) in Frankfurt/M. im Jahre 1997.

*dula* (Schebeck et al. 1984: Darmstadt), *Tilia* und *Platanus* (Symader 1981: Köln). Außerdem eignen sich die Blätter der Bäume zur Indikation von polyzyklischen aromatischen Kohlenwasserstoffen, insbesondere Phenanthren, Pyren, Fluoranthen und Chrysen, also von Drei- und Vierring-Molekülen, wobei die vierringigen deutlich über die in der Außenluft herrschende Konzentration hinaus angereichert werden (Kuhn et al. 1998).

Wegen ihrer sowohl in Städten als auch im Umland weiten Verbreitung schlägt Wagner (1987) die Pyramidenpappel (*Populus nigra* 'Italica') zum Aufbau eines bundesweiten Monitoring-Netzes für Schwermetalle vor. Daneben ist die Pyramidenpappel gut zum Monitoring von Fluorid-Immissionen geeignet (z. B. Terhorst & Wittig 1988). Auch **Koniferennadeln** lassen sich in Ballungsräumen als Bioindikatoren verwenden. So konnte beispielsweise eine Beziehung zwischen den Bleigehalten gewaschener Fichtennadeln und der Fahrzeugdichte nachgewiesen werden (Steubing 1976). Für die Blei- und Kupfergehalte der Nadeln der Eibe (*Taxus baccata*) gilt entsprechendes (s. Höllwarth 1982).

Neben den Blättern der Laubbäume ist die **Borke** als akkumulativer Bioindikator geeignet. Die 0,5–3 mm starken und 1–5 cm$^2$ großen Borkenproben werden in Brusthöhe und jeweils in der gleichen Himmelsrichtung entnommen. Bei der Analyse findet man eine lineare Korrelation zwischen Schwefelgehalt und pH-Wert der Borke (s. Köhm & Lötschert 1972) und eine eindeutige Beziehung zum $SO_2$-Gehalt der Luft, so dass sie als Maß für die $SO_2$-Belastung benutzt werden können. Schwermetallimmissionen lassen sich ebenfalls durch Analyse der Baumborke nachweisen (Übersicht und Diskussion bei Walkenhorst et al. 1993). Anders als bei den Moosen (s. o.) hat sich der Bleigehalt der Borke in Frankfurt von 1973 bis 1998 nicht verringert, sondern sogar erhöht (Ballach et al. 2001). Dies könnte eine Folge des zwischenzeitlich stark angestiegenen Kfz-Verkehrs (anfangs noch mit verbleitem Benzin), der Langzeitakkumulatoreigenschaft der Borke sowie ihres veränderten pH-Wertes (weniger sauer) und daraus resultierender stärkerer Akkumulation von Pb sein.

Eine gute Parallelität zur Verkehrssituation besteht auch bei der **Jahresringweite** sowie der jährlichen **Zuwachsrate der Baumkronen** von Straßenbäumen (Abb. 10-1 u. 10–2).

Unter den in Städten vorkommenden **Wildpflanzen** werden *Urtica urens* und *Poa annua*, die sich in Begasungsexperimenten als PAN- und Ozon-empfindlich erwiesen haben, im Wirkungs-Kataster der Niederlande zur PAN-Indikation eingesetzt (FLOOR & POSTHUMUS 1977). *Taraxacum officinale* wurde in vielen Städten Europas zum Monitoring von Schwermetallbelastung verwendet (DJINGOVA & KULEFF 1993).

## 10.1.2 Bodenkontamination

Anders als im Umland, wo in der Land- und Forstwirtschaft zahlreiche Pflanzenarten als Indikatoren für die Bodenverhältnisse (Bodenreaktion, Nährstoffgehalt, Bodenfeuchtigkeit, Bodenverdichtung) eingesetzt werden, spielt die Indikation der Bodenverhältnisse durch Pflanzen in der Stadt praktisch keine Rolle. Eine gewisse Bedeutung besitzen lediglich die so genannten Galmei- oder **Schwermetallpflanzen** (*Viola calaminaria*, *Thlaspi alpestre* ssp. *calaminaria*, *Minuartia verna* ssp. *harcynica*, *Silene vulgaris* var. *humilis*) als Indikatoren für extrem schwermetallbelastete Böden, sowie die **Halophyten** *Hordeum jubatum* (Abb. 10-3), *Puccinellia distans* und *Spergularia salina* als Zeiger für Salzbelastung. A. PYŠEK & HÁJEK (1996) glauben Austritte von Erdöl aus Deponien am Rückgang petroleophober Arten (*Artemisia vulgaris*, *Arrhenatherum elatius*, *Chenopodium album*) und dem vermehrten Auftreten petroleotoleranter Arten (*Urtica dioica*, *Cirsium arvense*, *Calamagrostis epigejos*), begleitet von Wuchsabnormitäten anderer Arten und allgemeinem Turgorverlust erkennen zu können.

Flechten und Moose eignen sich weder in noch außerhalb von Städten zum Nachweis von Bodenkontamination, da sie ihre Wasser- und Nährstoffversorgung überwiegend oder sogar ausschließlich aus der Luft bzw. den Niederschlägen decken. Gut geeignet sind dagegen Großpilze. WONDRATSCHEK & RÖDER (1993) nennen immerhin 35 Arbeiten, in denen Pilze in Industriegebieten, Stadtregionen oder an großen Straßen als Akkumulationsindikatoren eingesetzt wurden.

## 10.1.3 Temperaturverhältnisse

Wie bereits in Kap. 3.1.1 erwähnt, bewirken die in Siedlungen im Vergleich zum Umland herrschenden höheren Temperaturen eine verfrühte Blüten- und Blattentfaltung. Die Größe der Differenz zwischen den Blühterminen im Umland und in der Siedlung kann als Maß für die Temperaturunterschiede angesehen werden. Mit Hilfe der Blüten- und/oder Blattentwicklung der Pflanzen können daher Zonen gleicher bzw. unterschiedlicher Temperaturverhältnisse erkannt werden. Durchgeführt wurden derartige **phänologische Untersuchungen** z. B. in Berlin und Bonn (ZACHARIAS 1972, SPERBER & KAUSCH 1975) am Blühverhalten der Krim-Linde (*Tilia* × *euchlora*) bzw. der Rosskastanie (*Aesculus hippocastanum*) sowie in Karlsruhe an der Blattentfaltung der Platane (*Platanus* × *hybrida*; HARTENSTEIN 1994).

Abb. 10-3 *Hordeum jubatum.*

Bei der von SCHREIBER (1983, 1985) zur Erstellung einer **Wärmegliederung** der Stadt Münster und des Ruhrgebietes angewandten Methode wird nicht nur eine Art als Indikator benutzt, sondern es werden möglichst alle im Untersuchungsgebiet verbreiteten Gehölze sowohl bezüglich ihrer Blattentfaltung als auch ihrer Blütenentwicklung kartiert. Die Ausweisung unterschiedlicher klimatischer Zonen erfolgt durch Vergleich der Beobachtungen im Kartierungsgebiet mit solchen, die jeweils unmittelbar vor Beginn der eigentlichen Kartierung entlang einer festgelegten, in definierte Wärmezonen eingeteilten Eichstrecke gemacht werden. Dies bedeutet, dass die in verschiedenen Regionen erarbeiteten Kartierungsergebnisse miteinander verglichen werden dürfen, da ihnen die gleiche Bezugsgröße (die Eichstrecke) zugrunde liegt.

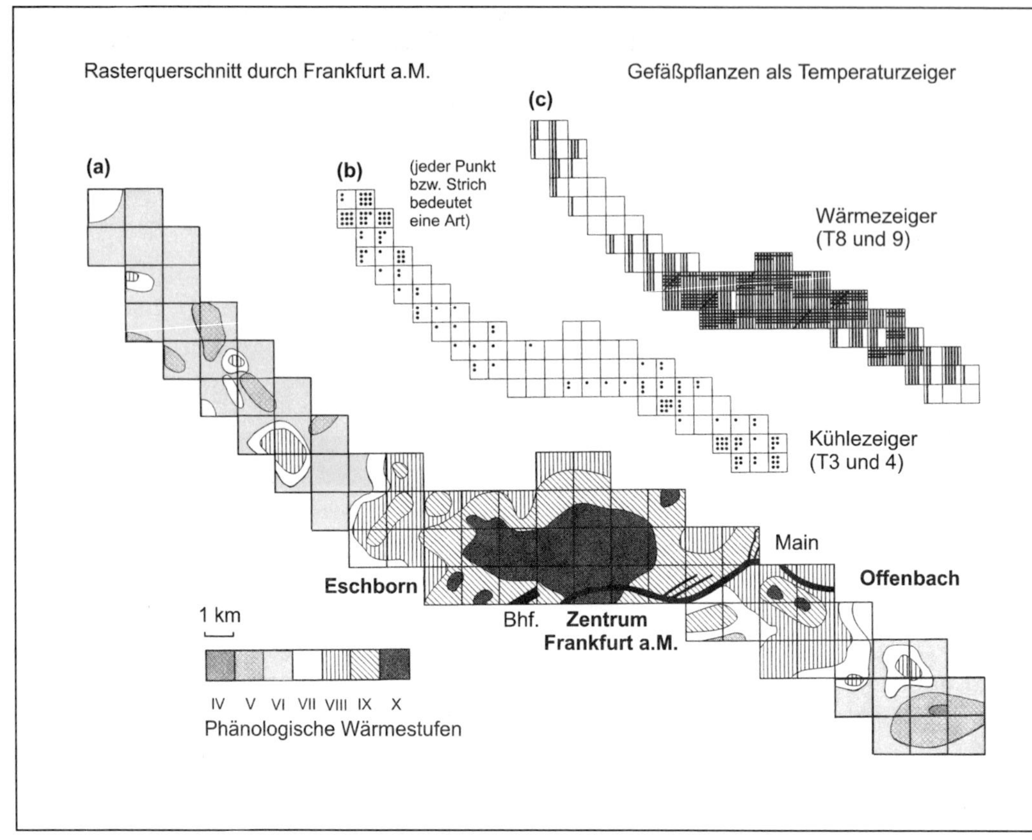


Abb. 10-4 (a) Phänologisch bestimmte Wärmestufen auf einem Rasterquerschnitt durch Frankfurt am Main, verglichen mit dem Vorkommen von (b) Kühlezeigern (Temperaturzahl T3 oder 4) und (c) Wärmezeigern (T8 oder 9) in den Rasterquadraten. Nach Aufnahmen von SCHAD Ende April 1970–72 (n.p.) (aus ELLENBERG 1996).

Hinweise auf Zonen gleicher Temperaturverhältnisse können selbstverständlich auch durch die Verbreitung einzelner Wärme liebender Arten (vgl. z. B. KLOTZ 1985b), durch die Überlagerung der Verbreitungskarten mehrerer Wärme liebender Arten oder durch die Berechnung mittlerer Wärmezeigerwerte von Pflanzenbeständen gewonnen werden (vgl. GÖDDE & WITTIG 1983). Da das Vorkommen der Arten aber auch von anderen Faktoren als von der Temperatur abhängig ist, sind die mit Hilfe der spontanen Flora und/oder Vegetation erhaltenen Wärmegliederungen von Städten mit einer größeren Unsicherheit behaftet und nicht so detailliert wie die Ergebnisse phänologischer Kartierungen. ELLENBERG (1996) zeigt allerdings, dass zwischen der phänologischen und der Zeigerwertmethode gute Übereinstimmungen bestehen (Abb. 10-4).

### 10.1.4 Gestörtheitsgrad

Zur Ergänzung der direkten Ermittlung des Gestörtheitsgrades eines Standortes durch Messung oder Beobachtung bietet sich die Nutzung der in Kap. 6.3.8 erläuterten **Hemerobiezeigerwerte** an. Eine solche Ergänzung ist aus folgenden Gründen empfehlenswert:

- Durch Messung oder Beobachtung können nur solche Störungen erfasst werden, auf die das Messinstrument geeicht ist bzw. die für den Beobachter wahrnehmbar sind. Die von den Pflanzen angezeigte Hemerobie ist jedoch ein Maß für die Summe aller Störungen.
- Über Messung und Beobachtung allein kann nicht festgestellt werden, inwieweit sich die Störungen gegenseitig verstärken oder aufheben. Dies aber wird von der Flora bzw. Vegetation geleistet.

- Auch dort, wo bisher nicht beobachtet oder gemessen wurde, kann jederzeit der aktuelle Störungsgrad ermittelt werden.
- Durch Vergleiche evtl. vorhandener alter Bestandsaufnahmen mit heutigen kann die bisherige Entwicklung rekonstruiert und die zukünftige prognostiziert werden.
- Mittels zukünftiger Wiederholungsaufnahmen und deren Vergleich mit dem heutigen Zustand kann ermittelt werden, ob und inwieweit sich bestimmte Maßnahmen auf den Störungszustand des Ökosystems ausgewirkt haben.

## 10.2 Verbesserung der Umweltsituation

Im vorigen Kapitel wurde verdeutlicht, dass Flora und Vegetation eine wichtige Rolle bei der Erkennung von Umweltbelastungen in Siedlungen spielen. Darüber hinaus kommen der Vegetation jedoch weitere wichtige Funktionen im Rahmen der Verbesserung der Umweltsituation und der Erhaltung beziehungsweise Steigerung der Lebensqualität in Siedlungen zu:

- Vegetation mildert die durch die städtische Nutzung herbeigeführten Störungen des Naturhaushaltes ab (Temperaturdämpfung, Verringerung des Oberflächenabflusses, Staubfilterung, Senke für Luftschadstoffe).
- Wand- und Dachbegrünung fungieren als Wärmeisolation, sparen also Energie und vermindern damit indirekt die Immissionsbelastung.
- Mit Vegetation bestandene Flächen besitzen einen hohen Freizeit-, Erholungs- und Erlebniswert.
- Vegetation im besiedelten Bereich, insbesondere spontane, ermöglicht Kindern positive Naturerfahrungen im unmittelbaren Wohnumfeld. Solche Erfahrungen sind aber unerlässlich für eine positive Einstellung gegenüber der Natur, die wiederum eine wichtige Voraussetzung für umweltbewusstes Handeln ist.

Auf die o.g. Punkte näher einzugehen, würde den Rahmen dieses Buches sprengen. Zur Vertiefung sei auf Spezialliteratur verwiesen (z. B. Kuttler 1998a, Breuste & Breuste 1995, 2001, Breuste 1999, Probst 1993, Frey 1993, Gebhard 1998, Dettmar 1998; s.a. Kap. 9.1.1.1). Nicht vergessen werden sollte, dass der spontanen Vegetation eine weitere bedeutsame Funktion zukommt: Sie kann im schulischen Biologie-Unterricht eingesetzt werden (s. z. B. Gerhardt 2000) und ist auch für außerschulische Umwelterziehung bedeutsam (Otte 1994, Zucchi 2001).

## 10.3 Naturschutz

### 10.3.1 Grundlagen

Die Naturschutzgesetze der mitteleuropäischen Länder schreiben vor, dass Natur und Landschaft so zu schützen, zu pflegen und zu entwickeln sind (im Folgenden ein Auszug aus § 1 des aktuellen deutschen Bundesnaturschutzgesetzes), „dass 1. die Leistungs- und Funktionsfähigkeit des Naturhaushaltes, 2. die Regenerationsfähigkeit und nachhaltige Nutzungsfähigkeit der Naturgüter, 3. die Tier- und Pflanzenwelt einschließlich ihrer Lebensstätten und Lebensräume sowie 4. die Vielfalt, Eigenart und Schönheit sowie der Erholungswert von Natur und Landschaft auf Dauer gesichert sind.“

Aus diesen gesetzlichen Ansprüchen lässt sich eine vielfache **Bedeutung der Pflanzen für den Naturschutz in der Stadt** ableiten:

- Sie sind selbst direktes Objekt des Schutzes (Schutzziel 3).
- Sie müssen geschützt werden, da sie eine Lebensgrundlage für die zu schützende Tierwelt bilden (Ziel 3; s. z. B. Klausnitzer 1987, G. Schmitz 1999).

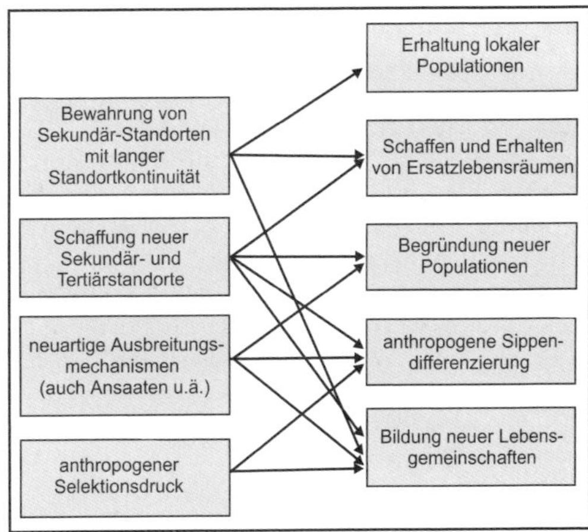


Abb. 10-5 Potential urban-industrieller Räume für den Artenschutz (nach Kowarik 1998, verändert).

Abb. 10-6 Blütenreicher, extensiv gepflegter ehemaliger Scherrasen (Leipzig, 9/1995).

Abb. 10-7 Gartenkunst (Herrenhäuser Gärten in Hannover, 7/1993).

- Sie steigern die Vielfalt des besiedelten Raumes, gehören zu seiner Eigenart (siedlungsspezifische Vegetation!) und sind Grundlage für bestimmte Formen der Erholung (Ziel 4),
- Pflanzen und Vegetation dämpfen Umweltbelastungen (s. Kap. 10.2), tragen also zur Sicherung der Leistungsfähigkeit des Naturhaushaltes bei (Ziel 1).
- Durch die Verbesserung der Umweltsituation erhöhen sie die Bewohnbarkeit (= Nutzbarkeit) des Lebensraumes Stadt (2).

Weitere Angaben über und Argumente für die Schutzwürdigkeit sowie Hinweise auf die Gefährdung der Siedlungsflora und -vegetation finden sich u. a. bei Brandes (1982c) und Wittig (1998a). In Abb. 10-5 ist das Potential urban-industrieller Lebensräume für den Artenschutz dargestellt.

Da man nur schützen kann, was man kennt, lässt sich aus der oben mehrfach begründeten Schutzwürdigkeit der Flora die Verpflichtung zur Bestandsaufnahme ableiten. Weil viele Arten und Gesellschaften an bestimmte Lebensräume gebunden sind, ist ihr Schutz nur über Biotopschutz möglich. Daher ist seit 1978 eine Welle von **Stadtbiotop-Kartierungen** in Mitteleuropa angelaufen, über deren Stand, Ziele und Methoden u. a. Sukopp & Weiler (1988) Auskunft geben. Seit dem Ende der 80er-Jahre werden Biotopkartierungen auch in Dörfern durchgeführt.

Weil nicht nur ein gesetzlicher Auftrag zum Schutz, sondern auch zur Pflege und Entwicklung besteht, werden im Anschluss an eine Biotopkartierung in der Regel Maßnahmen zur Erhaltung und Verbesserung der schutzwürdigen Lebensräume sowie zur Neuanlage und Vernetzung von Biotopen vorgeschlagen. Wichtig ist, dass die Planung derartiger Maßnahmen im Rahmen eines gesamtstädtischen Naturschutzkonzeptes erfolgt, das auch den nicht besiedelten Außenbereich einbezieht.

### 10.3.2 Gärtnerisches Stadtgrün

Bei der Naturschutz- und Grünplanung in Siedlungen sollte der Erhaltung spontan gewachsener Strukturen und Biotope, z. B. der Brachflächen (vgl. Gödde 1987a), gegenüber einer Neuanlage der Vorzug gegeben werden. Zahlreiche Untersuchungen und theoretische Abhandlungen belegen eindeutig, dass die Erhaltung und Förderung spontaner Vegetation nicht nur ökologisch sinnvoller, sondern auch kostengünstiger ist und dazu noch eine vielfältigere Nutzung ermöglicht (vgl. HARD 1984).

Klar erkennbar wird die Überlegenheit der spontanen Vegetation gegenüber der gepflanzten am Beispiel der Kinderspielplätze (s. HARD & PIRNER 1988). Die von Stadtplanern und Gärtnern geplanten und angelegten Spielplätze bestehen in der Regel aus einer zentralen vegetationsfreien Fläche (der eigentlichen Spielfläche) und einer sie einrahmenden Gehölzpflanzung. Dieses „Stadtgrün" darf nicht genutzt werden, erfordert aber Begründungsinvestition und dazu noch ständigen Pflegeaufwand. Auch die eigentliche Spielfläche muss ständig gepflegt werden, da sie von der Konzeption her ja vegetationsfrei ist und auch bleiben soll, sich Vegetation aber bereits nach kurzer Zeit spontan einstellt. Zudem fordert die den Spielplatz umgebende Grünanlage, die eine Nutzung (Betreten, Kinderspiel) nicht verträgt, verständlicherweise geradezu zum Spiel heraus (Versteckspiel, Klettern, Abenteuerspiel). Die Erhaltung eines derartigen Spielplatzes kommt also einer Sisyphusarbeit gleich: Die Gehölzpflanzung muss entweder mit hohem Aufwand vor den spielenden Kindern geschützt oder ständig gepflegt werden, auf der eigentlichen Spielfläche ist eine dauernde Unkrautbekämpfung erforderlich. Ganz anders liegen die Verhältnisse dagegen bei einem „wilden", d. h. mit spontaner Vegetation bestandenen Spielplatz. Seine Vegetation ist parallel zur Nutzung entstanden, also an diese angepasst und bedarf daher keiner Pflege. Dort, wo überwiegend Bewegungsspiele durchgeführt werden, also Tritt der dominierende Nutzungsfaktor ist, überwiegen trittresistente, rasenartige Gesellschaften. An Stellen, wo die Kinder durch Tunnel- und Burgenbau den Boden ständig durchwühlen, dominieren Wurzelkriechpioniere. Am Rand des Platzes sowie an allen „inneren Grenzen" (Niveauunterschiede, Substratwechsel, Reste ehemaliger Nutzungen wie Zäune, Hecken und Mauern) können sich mehrjährige Staudenfluren und Gebüsche entwickeln.

Natürlich kann nicht alles Stadtgrün spontan sein. Straßenbäume müssen gepflanzt werden, Mauer- und Dachbegrünung erfordern Anpflanzung und größere Grünanlagen entstehen ebenfalls nicht von selbst. Im Hinblick auf die Bedeutung der Pflanzen für den **zoologischen Artenschutz** muss jedoch betont werden, dass die Förderung einheimischer Pflanzenarten weit wichtiger ist als der Anbau fremdländischer Arten. Dies wird deutlich, wenn man bedenkt, dass an den einheimischen Eichen über 200 Insektenarten leben, an der eingeführten Platane dagegen keine einzige (TISCHLER 1980). Auch als Nahrungsquelle für die städtische Vogelfauna sind die einheimischen Gehölzarten den fremdländischen deutlich überlegen (vgl. KOWARIK 1986b).

Nicht vergessen werden sollte, dass manche fremdländischen Arten sogar eine Gefahr für die einheimische Fauna darstellen, indem sie z. B. die Entwicklung der Nachkommen über einen „Falleneffekt" verhindern. Letzteres gilt für einige ausländische Rosenarten (z. B. *Rosa virginiana*, *R. multiflora*, *R. rugosa*), an die manche unserer einheimischen, auf Rosen spezialisierten Insekten zwar ihre Eier ablegen, an denen eine Entwicklung jedoch nicht möglich ist, da die Larven nicht auf die harte Epidermis der fremdländischen Rosenarten eingestellt sind (s. MANG 1986). Die früher häufig angeführte Toxizität der Silber-Linde für Hummeln ist allerdings durch neuere Untersuchungen in Frage gestellt (SURHOLT & BAAL 1995).

**Extensive Pflege** kann die Artenvielfalt von Grünflächen erhöhen, indem z. B. Gebüsch- und Waldsäume aufkommen und sich in Waldresten eine naturnahe Krautschicht entwickelt (KUNICK 1992, 1994). Sehr häufig wurde versucht, artenarme Scherrasen in bunt blühende Wiesen umzuwandeln. Allerdings hat sich dies im regenreichen atlantischen Klima des nordwestlichen Mitteleuropa als schwierig erwiesen, während in trockeneren Regionen Erfolge erzielt werden konnten (Abb. 10-6).

Manche Parkanlagen sind als Kulturdenkmäler oder Gartenkunstwerke anzusehen (Abb. 10-7; vgl. auch Abb. 9-13) und müssen, wenn sie in ihrer historischen Form erhalten werden sollen, weiterhin intensiv gepflegt werden. Von **Natur** sollte man hier aber nicht sprechen (s. WITTIG 1998). Die richtige Aussage, dass die einzelnen Elemente dieser Anlagen ja Natur seien und stellenweise sogar spontane Natur (Vögel, Insekten) vorkämen, ist keine schlüssige Begründung für die Klassifizierung als „Natur". Es sei denn, man bezeichnet auch Bauwerke wie den Kölner Dom und den Wiener Stephansdom als Natur, denn auch ihre Bestandteile sind Natur (wenn auch unbelebte), und auf ihnen leben Vögel und sogar Pflanzen (s. KLEMENT 1956, ZECHMEISTER & GRABHERR 1998).

### 10.3.3 Schutz der spontanen Stadtvegetation

Die spontane Stadtvegetation verdankt ihre Existenz einer bestimmten **Nutzungs**form bzw. bestimmten **Störungs**arten und -intensitäten. Sie kann daher in ihrer typischen Form, für die eine starke **Dynamik** kennzeichnend ist, nur dort erhalten werden, wo die sie erzeugenden Störungen fortbestehen. Eine Unterschutzstellung von Flächen mit dem Schutzziel „Erhaltung der spezifischen städtischen Ruderalvegetation" ist daher problematisch, da ein Fortbestehen der charakteristischen und essentiellen Störungen nicht garantiert werden kann (s. HARD 1997, 1998, WITTIG 1997).

Im momentanen „postindustriellen Zeitalter" liegen viele Industrieflächen sowie die für sie gebauten Verkehrsflächen (Güter- und Verschiebebahnhöfe) brach (Abb. 10-8), so dass sich dort die industrie- und verkehrsspezifische Ruderalvegetation üppig entwickeln konnte (Abb. 10-9; REIDL 1998), wobei eine hohe Arten- und Gesellschaftsdiversität zu verzeichnen ist und zahlreiche Rote-Liste-Arten auftreten (s. Tab. 9-2). Beispiele derartiger Flächen sowie eine Anleitung zum Management geben REBELE & DETTMAR (1996). Kritik am Schutz und der Erstellung von Pflegeplänen für solche hochgradig gestörten Flächen wird insbesondere von HARD (1992) geäußert. Da aber die Existenz unverplanter Flächen in unserer Gesellschaft offenbar nicht möglich ist, erscheint eine **„Naturschutzplanung"** und das damit notwendigerweise (s. o.) verbundene „Pflegen" aus ökologischer Sicht im Vergleich zu möglichen Alternativen (Bebauung, gärtnerisches Grün) als deutlich besser. Allerdings muss man sich darüber im Klaren sein, dass es nicht gelingen wird, die derzeitige Vielfalt und das kleinräumige Mosaik von Arten und Gesellschaften an allen Standorten zu erhalten. Beispielsweise werden viele Industrie- und Verkehrsbrachen des Ruhrgebiets inzwischen intensiv als Hundeauslauf benutzt. Eine Verdrängung der eher konkurrenzschwachen Rohbodenpioniere durch nitrophile Arten ist daher, trotz Pflege, vielerorts abzusehen. Ohne Pflegemaßnahmen erfolgt, mit Ausnahme weniger hochgradig kontaminierter Standorte, eine schnelle Entwicklung zum artenarmen Birkenpionierwald (SCHÜTZ 1998).

### 10.3.4 Gefährdung der spezifischen Flora und Vegetation der Dörfer

Nahezu alle Veröffentlichungen, die sich mit Bestandsaufnahmen der dörflichen Flora und Vegetation beschäftigen (s. Tab. 2-2), konstatieren einen deutlichen Rückgang der ehemals dorftypischen Arten und Gesellschaften. Nach WITTIG & RÜCKERT (1985) dominieren in der heutigen Dorfflora aus quantitativer Sicht fast ausschließlich Ubiquisten, von denen die Mehrzahl inzwischen im Gefolge des Menschen weltweit verbreitet ist. Es ist daher nicht verwunderlich, dass mehrere der alten Siedlungspflanzen in den Roten Listen der gefährdeten Farn- und Blütenpflanzen (einiger) mitteleuropäischer Länder oder zumindest in Listen von Bundesländern oder Regionen geführt werden.

Zu den gefährdeten Pflanzengesellschaften Niedersachsens zählen nach BRANDES & GRIESE (1981) mehrere dorftypische Gesellschaften. (*Urtico-Malvetum*, *Chenopodietum boni-henrici*, *Lamio-Conietum*, bestimmte Ausbildungen des *Lamio-Ballotetum*, *Asplenietum trichomano-rutae-murariae*, *Cystopteridetum fragilis* und *Cymbalaria muralis*-Gesellschaften). GUTTE (1986) verzeichnet im Süden Ostdeutschlands für folgende Dorfpflanzengesellschaften einen (starken: s) Rückgang: *Chenopodietum glauco-rubri* (s), *Urtico-Malvetum neglectae*, *Daturo-Malvetum neglectae* (s), *Chenopodietum vulvariae* (s), *Malvetum pusillae* (s), *Sclerochloo-Polygonetum avicularis* (s), *Poo-Coronopetum squamati* (s), *Potentilletum anserinae*, *Blysmo-Juncetum compressi*, *Chenopodio-Ballotetum nigrae*, *Leonuro-Ballotetum nigrae* (s; dort als *Balloto-Leonuretum* bezeichnet), *Balloto-Malvetum sylvestris*, *Lamio-Conietum maculati*, *Onopordetum acanthii* (s).

Ursache der Gefährdung von Dorfflora und -vegetation ist, wie schon HEJNÝ (1973) darlegt, die Veränderung der sozio-ökonomischen Struktur des Dorfes. Als weitere Ursache kommt in Deutschland den Verschönerungswettbewerben eine nicht unbedeutende Rolle bei der Nivellierung der Dorfflora zu (BERGMEIER 1983, LIENENBECKER 1984).

Die Veränderung der sozio-ökonomischen Struktur des Dorfes, die zu einschneidenden Veränderungen der Dorfökologie (vgl. HERINGER 1983) geführt hat, wird von RINGLER

Abb. 10-8 Nicht mehr genutztes Gelände eines ehemaligen Verschiebebahnhofes (Essen-Fritropp, 9/1999).

(1987) und RINGLER & BLACHNIK (1987) eindrucksvoll durch die Gegenüberstellung historischer und rezenter Fotos verdeutlicht. Diese Veränderungen im Lebensraum Dorf werden nicht nur von Biologen und Naturschützern beklagt, sondern auch von Planern, Geographen und (Landschafts-)Architekten, da mit der Nivellierung des Dorfes ein „Verlust von Identität", eine „Einbuße an Lebensqualität" oder „die Vernichtung eines historisch gewachsenen Landschaftsbildes" verbunden ist. Vorschläge, wie der Gefährdung der Fauna und Flora des Dorfes gegenzusteuern ist, finden sich u. a. bei WILDERMUTH (1980), KLEMP (1981) und HUTTER et al. (1985). So wertvoll diese Vorschläge sind, handelt es sich aber doch im Grunde genommen nur um ein „Kurieren von Symptomen", wodurch zwar die „Chancen für die Natur im ländlichen Siedlungsbereich" (KREMER 1988) verbessert, der Verstädterung der Dörfer jedoch nicht erfolgreich entgegengesteuert wird.

Daher werden die Stickstoff und Feuchtigkeit liebenden Therophyten mit Sicherheit in Zukunft nahezu völlig aus der Dorfflora verschwinden, denn ihre Standortsansprüche (Schmutzwasser, Jauche) stehen in starkem Widerspruch zu den Interessen der Dorfbewohner. Aus ähnlichen Gründen werden die alten nitrophilen Siedlungspflanzen und die dörflichen Trittpflanzen wohl weitgehend aus dem öffentlich zugänglichen Dorfbereich verdrängt werden. Es müsste jedoch durch geeignete Maßnahmen ohne große Schwierigkeiten möglich sein, diesen Artengruppen auf dem Gelände der Höfe ein Überleben zu sichern. Maßnahmen zur Förderung der charakteristischen nitrophilen dörflichen Ruderalvegetation werden von OTTE & LUDWIG (1990) vorgestellt. Das Vorkommen der übrigen Artengruppen steht dagegen nicht im Widerspruch zu irgendwelchen existentiellen Ansprüchen der Dorfbewohner, so dass ein Überleben dieser Arten in Dörfern möglich erscheint.

Abb. 10-9 Reichhaltige, bunt blühende Ruderalvegetation auf dem Gelände eines ehemaligen Güterbahnhofs (Frankfurt/M., 7/2000).

# Literaturverzeichnis


Abts, U.W. & Heinrichs, J. (1996): Zur Moosflora der Eternit- und Betonziegeldächer des Niederrheinischen Tieflandes (Nordrhein-Westfalen). Byrol. Mitt, 2, 5–10.

Adema, F., Mennema, J. (1978): *Senecio inaequidens* DC., een nieuwe Zuidlimburgse plant. Gorteria 9, 111–116.

Adolphi, K. (1990): Zum Status von *Aster novae-angliae* L. Flor. Rundbr. 24, 35–37.

Adolphi, K. (1995): Neophytische Kultur- und Anbaupflanzen als Kulturflüchtlinge des Rheinlandes. Martina Galunder-Verlag, Weil, 271 S. + Anh.

Adolphi, K. (1997): Neophytische Kultur- und Anbaupflanzen als Kulturflüchtlinge des Rheinlandes, 1. Nachtrag. Osnabrücker Naturwiss. Mitt. 23, 27–36.

Adolphi, K. (1998): Anthropogene lineare Strukturen als Wuchsstätten und Ausbreitungswege von Arten. Braunschweiger Geobot. Arb. 5, 271–273.

Aey, W. (1990): Historisch-ökologische Untersuchungen an Stadtökotopen Lübecks. Mitt. Arb.gem. Geobot. Schleswig-Holstein u. Hamburg 41, 229 S.

Aichinger, E. (1933): Vegetationskunde der Karawanken. G. Fischer Verlag, Jena.

Arndt, U., Nobel, W., Schweizer, B. (1987): Bioindikatoren: Möglichkeiten, Grenzen und neue Erkenntnisse. Ulmer, Stuttgart.

Arndt, U., Fomin, A., Lorenz, S. (Hrsg.) (1996): Bioindikation. Neue Entwicklungen, Nomenklatur, synökologische Aspekte. Günter Heimbach, Ostfildern, 308 S.

Arnold, F. (1891 ff): Zur Lichenenflora von München. Ber. Bayer. Bot. Ges. 1 (1891): 1–147; 2 (1892): 1–76; 5 (1897): 1–45; 6 (1898): 1–82; 7 (1900): 1–100; (1901): 1–24.

Ashmore, M.R., Power, S.A., Cousins, D.A., Ainsworth, N. (1996): Effects of Ozone on Native Grass and Forb Species: a Comparism of Responses of Individual Plants and Artificial Communities. In Kärenlampi, L., Skärby, L. (eds.): Critical Levels for Ozone in Europe: Testing and Finalizing the Concepts. UN-ECE Workshop results, 193–197.

Aslanboga, I. (1976): Jahrringanalytische Untersuchungen an umweltgeschädigten Bäumen im Stadtbereich von Hannover. Diss. TU Hannover.

Asmus, U. (1988): Das Eindringen von Neophyten in anthropogen geschaffene Standorte und ihre Vergesellschaftung am Beispiel von *Senecio inaequidens* DC. Flora 180, 133–138.

Asmus, U. (1989): Spontane Vegetation in Bodendeckerkulturen. Braun-Blanquetia 3, 183–190.

Atri, F.R., Bornkamm, R. (1984): Zur chemischen Belastung einiger Pflanzenarten an ausgewählten Standorten in Berlin (West). Berliner Naturschutzbl. 28, 36–40.

Auer, I., Böhm, R., Mohnl, H. (1989): Klima von Wien. Eine anwendungsorientierte Klimatographie. Beitr. Stadtforsch., Stadtentwickl. Stadtgestaltung 20. Magistrat d. Stadt Wien, MA 18.

Ballach, H.-J., Goevert, J., Kohlmann, S., Wittig, R. (1998): Comparative Studies on the Size of Annual Rings, Leaf Growth and the Structure of Treetops or Urban Trees in Frankfurt/Main. In Breuste, J., Feldmann, H., Uhlmann, O. (eds.): Urban Ecology, Springer, Berlin, 699–701.

Ballach, H.-J., Wittig, R., Wulff, S. (2001): Twenty-five years of biomonitoring lead in the Frankfurt/Main area. Environmental Science & Pollution Res. (im Druck).

Baltrusch, M., Hanewald, K., Siegmund, A., Stec-Lazaj, W. & Wunderlich, W. (1995): Lufthygienischer Jahresbericht 1994, 80 S.

Baskin, J.M., Baskin, C.M. (1979): Studies on the autecology and population biology of the weedy monocarpic perennial *Pastinaca sativa* (L.). J. Ecol. 67, 601–610.

Baumgartner, W. (1973): Die Adventivflora des Rheinhafens Basel-Kleinhüningen in den Jahren 1950-1971. Bauhinia 5/1, 21-27.

Baumgartner, W. (1985): Die Adventivflora des Rheinhafens Basel-Kleinhüningen in den Jahren 1972-1984. Bauhinia 8/2, 79-87.

Begon, M., Harper, J.L., Townsend, C.R. (1991): Ökologie: Individuen, Populationen und Lebensgemeinschaften. Birkhäuser, Basel, Boston, Berlin, 1024 S.

Benkert, D. (1979): Die Pilze des Arboretums in Berlin-Baumschulenweg. Gleditschia 7: 127–171.

Berg, E. (1985): Zur Vegetation öffentlicher Rasenflächen in Hannover. Landschaft + Stadt 17(2), 49–57.

Bergmann, E., Bender, J., Weigel, H.J. (1996): Ozone and natural vegetation: Native species sensitivity to different ozone exposure regimes. In Kärenlampi, L., Skärby, L. (eds.): Critical Levels for Ozone in Europe: Testing and Finalizing the Concepts. UN-ECE Workshop results, 205–209.

Bergmeier, E. (1983): Bemerkungen zum Rückgang der Dorfflora am Beispiel der Gemeinde Kalletal (Kr. Lippe). Natur u. Landschaft 58, 330–332.

Bernhardt, K.-G. (1994): Die Pflanzengesellschaften des Fürstentums Liechtenstein. I. Segetal- und Ruderalgesellschaften. Ber. Bot.-Zool. Ges. Liechtenstein-Sargans-Werdenburg 21, 7-46.

BESCHEL, R. (1958): Flechtenvereine der Städte, Stadtflechten und ihr Wachstum. Ber. Naturwiss.-Med. Ver. Innsbruck 52, 158 S.

BLINK, E.N. (1997): Atlas van de Zuid-Limburgse Flora 1980–1996. Stichting Natuurpublicaties Limburg, Maastricht, 316 S.

BLUME, H.-P. (Hrsg.) (1992): Handbuch des Bodenschutzes, 2. Aufl. Ecomed, Landsberg.

BLUME, H.-P. (1998): Böden. In SUKOPP, H., WITTIG, R. (Hrsg.): Stadtökologie. G. Fischer, Stuttgart, 168–185.

BLUME, H.-P., HORBERT, M., HORN, R., SUKOPP, H. (1978): Zur Ökologie der Großstadt unter besonderer Berücksichtigung von Berlin (West). Schriftenr. Deutscher Rat Landespflege 30, 658–677.

BÖCKER, R., DIRK, M. (1998): Distribution and Spreading of Alien Trees and Shrubs in South Western Germany and Contributions to Germination Biology. In STARFINGER, U., EDWARDS, K., KOWARIK, I., WILLIAMSON, M. (eds.): Plant Invasions: Ecological Mechanisms and Human Responses, 285–297.

BÖCKER, R., KOWARIK, I. (1982): Der Götterbaum (*Ailanthus altissima*) in Berlin (West). Berliner Naturschutzblätter 26 (1), 4–9.

BÖCKER, R, GRENZIUS, R., BLUME, H.-P., HORBERT, M., RIPL, W., SUKOPP, H., STÜLPNAGEL, A. V. (1998): Stadtökologische Raumeinheiten von Berlin (West). Ber. Inst. Landschafts- Pflanzenökol. Univ. Hohenheim, Beiheft 8.

BÖRTIZ, S., RANFT, H. (1972): Zur $SO_2$-und HF-Empfindlichkeit von Flechten und Moosen. Biol. Zentralbl. 91, 613–623.

BORKOWSKY, O. (1998): Verbreitung, Einnischung und Vergesellschaftung des Agriophyten *Claydonia perfoliata* Donn ex Willd. im Raum Gifhorn/ Braunschweig – SO-Niedersachsen. Braunschw. naturkdl. Schr. 3, 607–616.

BORN, M. (1977): Geographie der ländlichen Siedlungen. 1 Die Genese der Siedlungsformen in Mitteleuropa. Teubner, Stuttgart, 228 S.

BORNKAMM, R. (1971): Beiträge zur Ökologie von *Chenopodium botrys* L. V. Gehalt an organischem Stickstoff, Nitrat und Asche. Verh. Bot. Ver. Prov. Brandenburg 108, 56–63.

BORNKAMM, R. (1974): Die Unkrautvegetation im Bereich der Stadt Köln. Decheniana 126, 267–332.

BORNKAMM, R. (1977): Zu den Standortbedingungen einiger Sand-Therophytenrasen in Berlin (West.). Verh. Bot. Ver. Prov. Brandenburg 113, 27–39.

BORNKAMM, R. (1981): Zusammensetzung, Biomasse und Inhaltsstoffe der Vegetation während zehnjähriger Sukzession auf Gartenböden in Köln. Decheniana 134, 34–48.

BORNKAMM, R. (1985): Vegetation changes in herbaceous communities. In WHITE, J. (ed.): The Population Structure of Vegetation. Dr. W. Junk Publ., Dordrecht, 89–109.

BORNKAMM, R. (1986): Ruderal succession starting at different seasons. Acta Soc. Bot. Pol. 55, 403–419.

BORNKAMM, R., PRASSE, R. (1999): Die ersten Jahre der Einwanderung von *Senecio inaequidens* DC. in Berlin und dem südwestlich angrenzenden Brandenburg. Verh. Bot. Ver. Berlin Brandenburg 132, 131–139.

BORNKAMM, R., SUKOPP, H. (1971): Beiträge zur Ökologie von *Chenopodium botrys* L. VI. Die ökologische Konstitution von *Chenopodium botrys*. Verh.. Bot. Ges. Prov. Brandenb. 108, 64–74.

BORNKAMM, R., LEE, J.A., SEAWARD, M.R.D. (eds.)(1982): Urban Ecology. Blackwell Scient. Public. Oxford, London, 370 S.

BRANDES, D. (1979): Bahnhöfe als Untersuchungsobjekt der Geobotanik. Mitt. Techn. Univ. Carolo-Wilhelmina Braunschweig 12(1), 37–43.

BRANDES, D. (1980): Die Ruderalvegetation des Kreises Kelheim. Hoppea 39: 203–234.

BRANDES, D. (1981a): Neophytengesellschaften der Klasse *Artemisietea* im südöstlichen Niedersachsen. Braunschw. naturkdl. Schr. 1, 183–211.

BRANDES, D. (1981b): Über einige Ruderalpflanzengesellschaften von Verkehrsanlagen im Kölner Raum. Decheniana 134, 49–60.

BRANDES, D. (1982a): Die synathrope Vegetation der Stadt Wolfenbüttel. Braunschw. naturkdl. Schr. 1(3), 419–443.

BRANDES, D. (1982b): Das *Atriplicetum nitentis* Knapp 1945 in Mitteleuropa, insbesondere in Südost-Niedersachsen. Doc. Phytosoc. N.S. 6, 131–153.

BRANDES, D. (1982c): Die Gefährdung der städtischen Vegetation – Das Beispiel Braunschweig –. Mitt. TU. Carolo-Wilhelmina Braunschweig 17(1): 63–68.

BRANDES, D. (1983): Flora und Vegetation der Bahnhöfe Mitteleuropas. Phytocoenologia 11: 31–115.

BRANDES, D. (1984): Flora und Vegetation von Bahnhöfen im nördlichen Deutschland. Acta Bot. Slov. Acad. Sci. Slov., Ser. A 1, 9–16.

BRANDES, D. (1985a): Saumgesellschaften des Wendlandes (Niedersachsen). Braunschw. naturkdl. Schr. 2, 341–354.

BRANDES, D. (1985b): Pflanzen in der Stadt. Besiedlung städtischer Lebensräume durch spontane Vegetation. J. Cramer, Brauschweig, 64 S.

BRANDES, D. (1987a): Beobachtungen zur Beständigkeit der annuellen Ruderalvegetation. Braunschw. naturkdl. Schr. 2, 791–795.

BRANDES, D. (1987b): Die Mauervegetation im östlichen Niedersachsen. Braunschw. naturkdl. Schr. 2, 547–564.

BRANDES, D. (1988): Die Vegetation gemähter Straßenränder im östlichen Niedersachsen. Tuexenia 8, 181–194.

BRANDES, D. (1989a): Flora und Vegetation niedersächsischer Binnenhäfen. Braunschw. naturkdl. Schr. 3, 305–334.

BRANDES, D. (1989b): Die Siedlungs- und Ruderalvegetation der Wachau (Österreich). Tuexenia 9, 183–197.

Brandes, D. (1990a) u. Mitarb. v. Griese, D., Köller, U.: Die Flora der Dörfer unter besonderer Berücksichtigung von Niedersachsen. Braunschw. naturkdl. Schr. 3, 569–593.

Brandes, D. (1990b): Verbreitung, Ökologie und Vergesellschaftung von *Sisymbrium altissimum* in Nordwestdeutschland. Tuexenia 10, 67–82.

Brandes, D. (1991): Die Ruderalvegetation der Altmark im Jahre 1990. Tuexenia 11, 109–120.

Brandes, D. (1998): *Parietaria judaica* L. – Zur Morphologie, Ökologie und Soziologie einer verkannten nitrophilen Saumpflanze. Tuexenia 18, 357–376.

Brandes, D., Griese, D. (1991): Siedlungs- und Ruderalvegetation von Niedersachsen. Braunschweiger Geobot. Arb. 1, 173 S. Braunschweig.

Brandes, D., Schrei, J. (1997): Populationsbiologie und Ökologie von *Berteroa incana* (L.) DC. Braunschw. naturkdl. Schr. 5, 461–465.

Brandes, D., Zacharias, D. (1990): Korrelation zwischen Artenzahlen und Flächengrößen von isolierten Habitaten, dargestellt an Kartierungsprojekten aus dem Bereich der Regionalstelle 10B. Flor. Rundbr. 23, 141–149.

Brandes, D., Schrader, H.-J., Weishaupt, A. (1998): Die Mauerflora der Stadt Braunschweig. Braunschw. naturkdl. Schr. 5(3), 629–639.

Brandes S. (1998): Zur Bedeutung linearer Strukturen für das Auftreten bienner Arten. Braunschw. Geobot. Arb. 5, 239-246.

Brandes S., Brandes D. (1996): Flora und Vegetation von Dörfern im westlichen Sachsen-Anhalt. Braunschw. naturkdl. Schr. 5, 165–192.

Braun, C. (1990) m. Beitr. v. Albert, R., Pillmann, W.: Der Zustand der Wiener Stadtbäume. Österreichisches Bundesinstitut für Gesundheitswesen. Wien, 118 S.

Brennenstuhl, G. (1990): Zur Verwilderung von *Platanus* x *hybrida* Brot. in Ost-Berlin und Dresden. Flor. Rundbr. 24, 99–103.

Breuste, J. (1999): Stadtnatur – warum und für wen? UFZ-Ber. 10/1999, 1–8.

Breuste, J., Breuste, I. (1995): Nutzung und Akzeptanz von Grünflächen und naturbelassenen Landschaftsräumen im Stadtgebiet – Untersuchungen in Halle/Saale. Verh. Ges. Ökol. 24, 379–384.

Breuste, J., Breuste, I. (2001): Stadtnaturschutz - theoretische Positionen und empirische Befunde zur Nutzung und Akzeptanz von Pflegegrün und Wildnatur in der Stadt Halle/Saale. Geobot. Kolloq. 16, 25-36.

Brüning, F., Kreeb, K.H. (1993): Mosses as Biomonitors of Heavy Metal Contamination within Urban Areas. In Markert, B. (ed.): Plants as Biomonitors. Indicators for Heavy Metals in the Terrestrial Environment. VCH, Weinheim/New York, 395–401.

Brun-Hool, J. (1980): Zur Pflanzensoziologie schweizerischer Gärten. Phytocoenol. 7, 73–99.

Büscher, D. (1999): Zur Ausbreitung einiger Pflanzenarten entlang von Verkehrswegen im mittleren Westfalen. Flor. Rundbr. 33, 92–97.

Büscher, D., Loos, G.H., Wolff-Straub, R. (1997): Charakteristik der Flora des Ballungsraumes „Ruhrgebiet“. LÖBF-Mitt. 3/1997, 28–35.

Butin, H., Schwarz, E. (1956): Beobachtungen über das Vorkommen höherer Pilze im Stadtgebiet von Bad Godesberg. Decheniana 108, 236–241.

Buttschardt, T.K. (2001): Extensive Dachbegrünungen und Naturschutz. Karlsruher Ber. Geogr. u. Geoökol. 13, 271 S.

Caspers, N., Gerstenberger, P. (1979): Floristische Untersuchungen auf den Bahnhöfen des Lahntales. Decheniana 132, 3–9.

Chinnow, D. (1975): Bodenveränderungen durch Carbonate und Streusalze im West-Berliner Stadtgebiet. Mitt. Deutsche Bodenkdl. Ges. 22, 355–358.

Chojnacki, J. (1991): Zróznicowanie przestrzenne roúlinnoúci Warszawy. Wydawnictwa Uniw. Warszawskiego, Warschau, 227 S. + Kartenband

Coppins, B.J. (1973): The „droght“ hypothesis. In Ferry, B.W., Baddeley, M., Hawksworth, D.L. (eds.): Air pollution and lichens, 124–142.

Cornelius, R. (1979): Nettophotosynthese von Gehölzen in einem Immissionsbelastungsgebiet. Beitr. Biol. Pflanzen 55, 37–47.

Cornelius, R. (1980): Synergistische Wirkungen von Auftausalzen und $SO_2$ auf die Nettophotosynthese von Gehölzen. Angew. Bot. 45, 329–335.

Cornelius, R. (1982): Der Einfluss von Ozon auf die Konkurrenz von *Solidago canadensis* L. und *Artemisia vulgaris* L. Angew. Bot. 56, 243–251.

Cornelius, R. (1985): Der Einfluss von Cadmium auf die Sukzession einer ruderalen Pflanzengesellschaft. Verh. Ges. Ökol. 13, 627–630.

Cornelius, R. (1987): Zur Belastbarkeit großstädtischer Ruderalarten. Verhandl. Ges. Ökol. 16, 191–196.

Cornelius, R. (1990a): The strategies of *Solidago canadensis* L. in relation to urban habitats I. Resource requirements. Acta Oecol. 11, 19–34.

Cornelius, R. (1990b): The strategies of *Solidago canadensis* L. in relation to urban habitats. III. Conformity to habitat ability. Acta Oecol. 11, 301–310.

Cornelius, R., Faensen-Thiebes, A. (1990): The strategies of *Solidago canadensis* L. in relation to urban habitats. II. Competitive ability. Acta Oecol. 11, 145–153.

Cornelius, R., Haug, D. (1991): Zur Plastizität des reproduktiven Aufwandes bei *Conyza canadensis* und *Tanacetum vulgare*. In Schmid, B., Stöcklin, J.: Populationsbiologie der Pflanzen. Birkhäuser, 87–95.

Cornelius, R., Markan, K. (1984): Interferenz von *Urtica urens* L. und *Chenopodium album* L. unter Ozoneinfluss. Angew. Bot. 58, 195–206.

Celesti-Grapow, L., Petrella, P. (1995): Atlante della Flora di Roma. La distribuzione delle piante spontanee come indicatore ambientale. Argos Edizioni, Rom, 222 S.

DANNENBERG, A. (1995): Die Ruderalvegetation der Klasse Artemisietea vulgaris in Schleswig-Holstein. Mitt. Arb.gem. Geobot. Schleswig-Holstein u. Hamburg 49, 142 S.

DAPPER, H. (1971): Beiträge zur Ökologie von *Chenopodium botrys* L. II. Produktion an Ruderalstandorten. Verh. Bot. Ges. Provinz Brandenburg 108, 26–28.

DARIUS, F., DREPPER, J. (1985): Rasendächer in Berlin. In LIESECKE, H. (Hrsg.): Dachbegrünung. Patzer, Berlin, Hannover, 99–110.

DAVISON, A.W. (1970a): The ecology of *Hordeum murinum* L. I. Analysis of the distribution in Britain. J. Ecol. 58, 453–466.

DAVISON, A.W. (1970b): The ecology of *Hordeum murinum* L. II. The ruderal habitat. J. Ecol. 58, 493–506.

DAVISON, A.W. (1977): The ecology of *Hordeum murinum* L. III. Some effects of adverse climate. J. Ecol. 65, 523–530.

DECHENT, H.-J. (1988): Wandel der Dorfflora. KTBL-Schrift 326, 162 S.

DECHENT, H.-J. (1990): Die Flora der alten Ortskerne des Stadtgebietes Frankfurt am Main. Eine Untersuchung im Rahmen der Biotopkartierung Frankfurt am Main. Courier Forsch.-Inst. Senckenberg 126, 51–58.

DECHENT, H.-J., SIERING, S. (1997): Flora und Vegetation von Mainz - eine praxisbezogene Erfassung und Auswertung für die Stadtbiotopkartierung. Geobot. Kolloq. 13, 22-34.

DENGLER, J. (1997): Gedanken zur synsystematischen Arbeitsweise und zur Gliederung der Ruderalgesellschaften (*Artemisietea vulgaris* s.l.). Mit der Beschreibung des *Elymo-Rubetum caesii* ass. nova. Tuexenia 17, 251–282.

DE SANTO-VIRZO, J. (1971): Beiträge zur Ökologie von *Chenopodium botrys* L. IV. Wasserhaushalt. Verh. Bot. Ges. Provinz Brandenburg 108, 37-55.

DETTMAR, J. (1986): Spontane Vegetation auf Industrieflächen in Lübeck. Kieler Notizen 18, 113–148.

DETTMAR, J. (1992a): Industrietypische Flora und Vegetation im Ruhrgebiet. Diss. Bot. 191, J. Cramer, Berlin/Stuttgart, 397 S.

DETTMAR, J. (1992b): Industrietypische Flora im Ruhrgebiet. Verh. Ges. Ökol. 21, 49–52.

DETTMAR, J. (1998): Natur erleben – Wildnis im Zentrum der Agglomeration. NUA-Seminarber. 2, 83–92.

DIESING, D., GÖDDE, M. (1989): Ruderale Gebüsch- und Vorwaldgesellschaften nordrhein-westfälischer Städte. Tuexenia 9, 225–251.

DIERSCHKE, H. (1997): *Molinio-Arrhenatheretea* (E1). Kulturgrasland und verwandte Vegetationstypen Teil 1: *Arrhenatheretalia*. Wiesen und Weiden frischer Standorte. Synopsis der Pflanzengesellschaften Deutschlands Heft 3. Göttingen, 74 S.

DILG, G. (1998): Epiphytische Moose und Flechten als Bioindikatoren der Luftqualität im Stadtgebiet von Bonn. Limprichtia 11, 94 S. + Anhang.

DJINGOVA, R., KULEFF, I. (1993): Monitoring of Heavy Metal Pollution by *Taraxacum officinale*. In MARKERT, B. (ed.): Plants as Biomonitors. Indicators for Heavy Metals in the Terrestrial Environment. VCH, Weinheim/New York, 435–460.

DÖRFELT, H., BRAUN, V. (1980): Untersuchungen zur Bioindikation durch Pilze in der Dübener Heide (DDR). In: SCHUBERT, R., SCHUH, J. (Hrsg.): Bioindikation auf der ebene der Populationen und Biogeozönosen. Wiss. Ber. Martin Luther-Univ. Halle Wittenberg 1980/27 (P11), 15-20.

DÖRFELT, H., SOMMER, B. (1973): Pilzfunde im Botanischen Garten Halle. Mykol. Mitteilungsbl. 17, 36–43.

DOMRÖS, M. (1966): Luftverunreinigungen und Stadtklima im Rheinisch-Westfälischen Industriegebiet und ihre Auswirkungen auf den Flechtenbewuchs der Bäume. Arb. Rhein. Landeskde. 23. 216 S.

DREHWALD, U., PREISING, E. (1991): Die Pflanzengesellschaften Niedersachsens. Moosgesellschaften. Naturschutz Landschaftspflege Niedersachsen 20(9), 204 S.

DÜLL, R. (1974): Neuere Untersuchungen über Moose als abgestufte ökologische Indikatoren für die $SO_2$-Immissionen im Industriegebiet zwischen Rhein und Ruhr bei Duisburg. VDI-Komm. Reinhaltung der Luft, Düsseldorf, 23 S.

DÜLL, R., KUTZELNIGG, H. (1987): Punktkartenflora von Duisburg und Umgebung. 2. neubearb. Aufl., IDH-Verlag, Rheurdt.

DÜLL, R., WERNER, H. (1956): Pflanzensoziologische Studien im Stadtgebiet von Berlin. – Wiss. Zeitschr. Humboldt-Univ. Berlin 5, 321–331, zwei Tabellen.

DÜMMLER, H., BLUME, H.-P., NEUMANN, F., RÖPER, H.-P. (1976): Geologie und Böden der Insel Scharfenberg. Sitzungsber. Ges. Naturforsch. Freunde Berlin N.F. 16, 63–88.

DÜRER, M. (1886): Über die Ausbreitung von *Eragrostis minor* durch die Eisenbahn. Deutsche Bot. Monatsschr. 4, 190 S.

DUNK, K. v. d. (1991): Kryptogamenvegetation auf Dächern in Mittelfranken, Hoppea 50, 537–570.

DUVIGNEAUD, P. (1974): L'ecosyteme „urbs". Mem. Soc. Roy. Belg. 6, 5–35.

DUVIGNEAUD, P. (1975): Structure, biomasses, minéralomasses, productivité et captation du plomb dans quelques associations rudérales (*Artemisietalia vulgaris*). Bull. Soc. Roy. Bot. Belg. 108, 93–128.

EHRENDORFER, F., MAUERER, W., KARL, R., KARL, E. (1971): Rindenflechten und Luftverunreinigung im Stadtgebiet von Graz. Mitt. naturwiss. Ver. Steiermark 100, 151–189.

EISINGER, K. (1996): Photosyntheseleistung von Stadtpflanzen. Verh. Zool.-Bot. Ges. Österreich 133, 87–106.

ELIAŠ, P. (1977): Jarné efemérne ruderálne spoločenstvá Trnavy. Zpr. Cs. Bot. Spolec. Praha 12, 127–129.

ELIAŠ, P. (1978): *Sambucetum ebuli* a iné ruderálne spolešenstvá meste Trnave. Preslia 50, 225–252.

ELIAŠ, P. (1979): Über die Verbreitung und Variabilität des *Hordeetum murini* in der Westslowakei. Folia Geobot. Phytotax. 14, 337–353.

ELLENBERG, H. (1974): Zeigerwerte der Gefäßpflanzen Mitteleuropas. Scripta Geobot. 9, Goltze, Göttingen.

ELLENBERG, H. (1996): Vegetation Mitteleuropas mit den Alpen. 5. stark veränd. u. verb. Aufl., Ulmer, Stuttgart, 1096 S.

ELLENBERG, H., WEBER, H.E., DÜLL, R., WIRTH, V., WERNER, W., PAULISSEN, D. (1992): Zeigerwerte von Pflanzen in Mitteleuropa. 3. verb. u. erw. Aufl. Scripta Geobotanica 18, 258 S.

ELLMAUER, T., MUCINA, L. (1993): *Molinio-Arrhenatheretea*. In MUCINA, L., GRABHERR, G., ELLMAUER, T. (1993): Die Pflanzengesellschaften Österreichs Teil I: Anthropogene Vegetation. G. Fischer, Jena, 297–301.

ENGEL, H. (1949): Trümmerpflanzen von Münster. Natur und Heimat 9, 1–12.

FABIERKIEWICZ, I. (1971): Synathropic vegetation of the town Torun. Mater. Zakł. Fitosoc. Stos. Uniw. Warsz. 27, 133–144.

FAENSEN-THIEBES, A. (1992): Zur Ökologie von *Melilotus alba* L. Flora 186, 341–391.

FALIŃSKI, J. B. (1963): Zbiorowiska dywanowe zachodniej części Niziny Wielkopolsko-Kujawskiej. Acta Soc. Bot. Poloniae 32, 81-99.

FALIŃSKI, J. B. (1965): Ein Beitrag zur Kenntnis der ruderalen Unkrautgesellschaften des Onopordion-Verbandes in Nordostpolen. Mater. Zakł. Fitosoc. Stos. Uniw. Warsz. 6, 65-74, Tabellen.

FALIŃSKI, J. B. (1969): Zbiorowiska autogeniczne i antropogeniczne. Próba określenia i klasyfikacji. Ekol. Polska Ser. B, 15.2, 173–182.

FALIŃSKI, J. B. (1971): Flora i rošlinność synantropijna wsi i miast – próba analizy porównawczej. Mater. Zakł. Fitosoc. Stos. Univ. Warsz., Warszawa-Białowieza 27, 15–37.

FALIŃSKI, J. B. (1998): Maps of anthropogenic transformations of plant cover (maps of synanthropization). Phytocoenosis 10(N.S.), Suppl. Cartogr. Geobot. 9, 15-54

FARMER, A.M. (1993): The Effects of Dust on Vegetation – a Review. Environm. Poll. 79, 63–75.

FEDER, J. (1990): Flora und Vegetation der Bahnhöfe Hannovers. Ber. Naturhist. Ges. Hannover 132, 123–150.

FIEDLER, O. (1937): Die Fremdpflanzen an der mitteldeutschen Großmarkthalle in Leipzig 1932–1936 und ihre Einschleppung durch Südfruchttransporte. Hercynia 1, 124–148.

FIJAŁKOWSKI, D. (1963): Plant synathropic assoziations of Chełm. Ann. Univ. Marie Curie-Skodowska, Lublin Section C 18, 291–325.

FIJAŁKOWSKI, D. (1967): Zbiorowiska róslin synantropijnych miasta Lublina. Ann. Univ. Marie Curie-Skodowska, Lublin – Polonia, Sect. C 22, 195–233.

FISCHER, A., RUGEL, O., RATTAY, R. (1985): „Ruderale Wiesen“ - Ein Beitrag zur Kenntnis des Arrhenatherion-Verbandes. Tuexenia 5, 237-248.

FISCHER, W. (1989): Zur Situation typischer Dorfpflanzenarten in Nordwestbrandenburg. Gleditschia 17, 281–285.

FITTER, R.S.R. (1945): Londons natural history. Collins, London.

FLOOR, H., POSTHUMUS, A.C. (1977): Biologische Erfassung von Ozon- und PAN-Immissionen in den Niederlanden 1973, 1974 und 1975. VDI-Ber. 270, 183–190.

FLÜCKIGER, W. FLÜCKIGER-KELLER, H. & OERTLI, J.J. (1978): Der Einfluss von Straßenstaub auf den stomataren Diffusionswiderstand und die Blatt-Temperatur – ein antagonistischer Effekt. Staub, Reinhalt. Luft 38, 502–505.

FORSTNER, W. (1984): Ruderale Vegetation in Ost-Österreich. Teil 2. Wiss. Mitt. Niederösterr. Landesmus. 3, 11–91.

FORSTNER, W., HÜBL, E. (1971): Ruderal-, Segetal- und Adventiv-Flora von Wien. Verlag Notring, Wien, 159 S.

FRAHM, J.-P. (1981): Die Kryptogamengesellschaften von Rethdächern. In: TÜXEN, R. (Hrsg.): Ber. Internat. Symp. Internat. Vereinig. Vegetationskde: Vegetation als anthropo-ökologischer Gegenstand/Gefährdete Vegetation und ihre Erhaltung. J. Cramer, Vaduz, 279-292.

FRAHM, J.-P. (1998): Moose als Bioindikatoren. Biologische Arbeitsbücher 57. Quelle & Meyer, Wiesbaden, 187 S.

FRANK, D., KLOTZ, S. (1990) unter Mitarb. v. WESTHUES, W.: Biologisch-ökologische Daten zur Flora der DDR. 2. völlig neu bearb. Aufl. Wissenschaftl. Beiträge Martin Luther-Univ. Halle Wittenberg, 1988/69 (P35), Halle S.

FRANKENBERGER, G. (1997): Zur Nutzungsgeschichte von Böden der Stadt Rostock. Arch. Freunde Naturg. Mecklb. 36, 285–296.

FRANZARING, J., BERGMANN, E., BENDER, J., WEIGEL, H.-J. (1998): The impact of ozone on natural vegetation – An ecological discussion of European studies. Verh. Ges. Ökol. 28, 355–362.

FREY, J. (1993): Naturerlebnisräume in der Stadt – Ausgleichsflächen für Menschen und ihre Umwelt. Verh. Ges. Ökol. 22, 203–209.

FREY, W., HAUSER, A. (1996). Onopordetum acanthii (Eselsdistel-Gesellschaft) im mittleren und unteren Unstruttal - Lebensstrategien in einer wärmeliebenden Ruderalgesellschaft. Hausknechtia Beiheft 6, 84 S.

FROLOV, A.K., ECKSTEIN, D., LIESE, W. (1984): Anatomie und Pigmentgehalt der Bätter von Straßenbäumen. Angew. Bot. 58, 345–358.

FROST, D. (1985): Untersuchungen zur spontanen Vegetation im Stadtgebiet von Regensburg. Hoppea 44, 5–83.

GALUNDER, R. (1994): Untersuchungen zur Dofflora und Dorfvegetation im südlichen Bergischen Land. Arbeiten z. Rheinischen Landeskde. 65, 1–173.

Garty, J. (1993): Lichens as Biomonitors for Heavy Metal Pollution. In Markert, B. (ed.): Plants as Biomonitors. Indicators for Heavy Metals in the Terrestrial Environment. VCH, Weinheim/New York, 193–263.

Garve, E. (1999): Zur Flora der Kalihalden in der Region um Hannover. Ber. Naturhist. Ges. Hannover. 141, 197–218.

Gebhard, U. (1998): Stadtnatur und psychische Entwicklung. In Sukopp, H, Wittig, R. (Hrsg.): Stadtökologie, G. Fischer, Stuttgart, 105–124.

Georgii, H.-W. (1994): Das Frankfurter Stadtklima. Geobot. Kolloq. 10, 13–20.

Gerhardt, A. (2001): Das Thema „Stadtökologie" im Biologieunterricht Anregungen zu einer praxisorientierten Bearbeitung in den Sekundarstufen I und II. Geobot. Kolloq. 16, 3–16.

Gerhart, A., Grösser-Hellriegel, C. (1983): Untersuchungen zur epiphytischen Flechtenvegetation im Raum Bielefeld. Ber. Naturwiss. Ver. Bielefeld 26, 161–206.

Gilbert, O.L. (1968): Bryophytes as indicators of air pollution in the Tyne valley. New. Phytol. 67, 15–30.

Gilbert, O.L. (1970a): Further studies on the effect of sulphur dioxide on lichens and bryophytes. New. Phytol. 69, 605–627.

Gilbert, O.L. (1989): The ecology of urban habitats. Chapman and Hall, London/new York.

Gilbert, O.L. (1990): The lichen flora of urban wasteland. Lichenologist 22, 87–101.

Gödde, M. (1984): Zur Ökologie und pflanzensoziologischen Bindung von *Inula graveolens* (L.) DESF. in Essen. Natur u. Heimat 44, 101–108.

Gödde, M. (1986): Vergleichende Untersuchungen der Ruderalvegetation der Großstädte Düsseldorf, Essen und Münster. Diss. Math.-Naturwiss. Fak. Univ. Düsseldorf.

Gödde, M. (1987a): Die Brache in der Stadt. Das Gartenamt 36, 552–555.

Gödde, M. (1987b): Die Erfassung spontaner städtischer Vegetation mit Hilfe von Stichproben-Verfahren. Düsseldorfer Gobot. Kolloq. 4, 71–80.

Gödde, M., Wittig, R. (1983): A preliminary attempt at the thermal division of the town of Münster (North Rhine-Westphalia, West Germany) on a floral and vegetational basis. Urban Ecol. 7, 255–262.

Görger, A. (1989): Freiburger Hausgärten: Ein Vergleich nach Struktur und Artenzahl in verschiedenen Stadtteilen. Mitt. bad. Landesver. Naturkunde u. Naturschutz N.F. 14, 829–868.

Griese, D. (1998): Die viatische Migration einiger neophytischer Pflanzensippen am Beispiel norddeutscher Autobahnen. In Brandes, D. (Hrsg.): Vegetationsökologie von Habitatisolaten und linearen Strukturen. Braunschweiger Geobot. Arb., 263–270.

Griese, D. (1999): Flora und Vegetation einer neuen Stadt am Beispiel von Wolfsburg. Braunschw. Geobot. Arb. 7, 235 S.

Grime, J.P. (1974): Vegetation classification by reference to strategies. Nature 250, 26–31.

Grime, J.P. (1979): Plant Strategies and Vegetation Processes. John Wiley & Sons, Chichester.

Grime, J.P., Hodgson, J.G., Hunt, R. (1988): Comparative Plant Ecology. A functional approach to common British species. Unwin Hyma, London u. a., 742 S.

Grime, J.P., Hodgson, J.G., Hunt, R. (1988): Comparative Plant Ecology. A functional approach to common British species. Unwin Hyma, London u. a., 742 S.

Grodzińska, K. (1973): Zbiorowiska ruderalne Skalic Nowotarskich i Spiskich (Pieniński Pas Skałkowy). Fragm. Flor. et Geobot., Ann. 19, Pars 2, 145–150.

Grosse-Brauckmann, G. (1953a): Untersuchungen über die Ökologie, besonders den Wasserhaushalt, von Ruderalgesellschaften. Vegetatio 4, 245–283.

Grosse-Brauckmann, G. (1953b): Über die Verbreitung ruderaler Dorfpflanzen innerhalb eines kleinen Gebietes. Mitt. Flor.-soz. Arb.gem. 4, 5-10.

Grub, A., Bungener, P., Contat, F., Nussbaum, S., Endtner, V., Fuhrer, J. (1997): Pollution atmosphérique et biodiversité floristique. Revue suisse Agric. 29 (4), 165–171.

Grüll, F. (1979): Die Vegetation der Eisenbahnstrecken und ihre Pflanzengesellschaften im Areal der Stadt Brno. Acta Bot. Slov. Acad. Sci. Slov., Ser. A, 3, 245–251.

Grüll, F. (1980a): Vorkommen und Charakteristik weniger bekannter Ruderalgesellschaften der Verbände Sisymbrion officinalis und Arction im breiteren Areal der Stadt Brno. Preslia 52, 269–278.

Grüll, F. (1980b): Vorkommen und Charakteristik des *Chaenarrhino-Chenopodietum botryos* und *Plantaginetum indicae* im Gebiet der Stadt Brno. Folia Geobot. Phytotax. 15, 363–368.

Grüll, F. (1984): Ruderalvegetation in Neusiedlungen von Brno. Acta Bot. Slov. Acad. Sci. Slov., Ser. A, Suppl. 1, 27–36.

Grüll, F., Kopecký, K. (1983): Weniger bekannte anthropogene Pflanzengesellschaften der Stadt Brno. Preslia 55, 235–243.

Grundmann, A. (1993): Vegetation der Wiesen auf Bahnböschungen in der Stadt Zürich. Ber. Geobot. Inst. ETH. Stiftung Rübel 59, 79–105.

Guder, C., Evers, C., Brandes, D. (1998): Kalihalden als Modellobjekte der kleinräumigen Florendynamik dargestellt an Untersuchungen im nördlichen Harzvorland. Braunschw. naturkundl. Schr. 5, 641–665.

Guggenheim, E. (1992): Mauervegetation in der Stadt Zürich. Ber. Geobot. Inst. ETH. Stiftung Rübel 58, 164–191.

Gutte, P. (1966): Die Verbreitung einiger Ruderalpflanzengesellschaften in der weiteren Umgebung von Leipzig. Wiss. Z. Univ. Halle 15, 937–1010.

Gutte, P. (1971): Zur Verbreitung einiger Neophyten in der Flora von Leipzig. Mitt. Sekt. Spez. Bot. 2, 5–24.

Gutte, P. (1972): Ruderalpflanzengesellschaften West- und Mittelsachsens. Feddes Repert. 83, 11–122.

Gutte, P. (1984): Die Vegetation Leipziger Rasenflächen. Gleditschia 11, 179–197.

Gutte, P. (1986): Dynamik der Ruderalvegetation in Siedlungsbereichen. Arch. Naturschutz Landsch. forsch. 26, 99–104.

Gutte, P. (1990): Florenwandel im Stadtgebiet von Leipzig. Tüxenia 10, 57–65.

Gutte, P. (1996): Flora und Vegetation der Stadt Leipzig. Ein Überblick unter besonderer Beachtung ihrer Dynamik. In Breuste, J. (Hrsg): Stadtökologie und Stadtentwicklung: das Beispiel Leipzig. Angew. Umweltforsch. 4. Analytica Verlag, Berlin, 189–204.

Gutte, P., Goldberg, A. (1986): Floristischer Vergleich ausgewählter ökologischer Raumeinheiten Leipzigs. Wiss. Z. Karl-Marx-Univ. Leipzig, Math.-Naturwiss. R. 35, 661–672.

Gutte, P., Hilbig, W. (1975): Übersicht über die Pflanzengesellschaften des südlichen Teiles der DDR XI. Die Ruderalvegetation. Hercynia N.F. 12, 1–39.

Gutte, P., Klotz, S. (1985): Zur Soziologie einiger urbaner Neophyten. Hercynia N.F. 22, 25–36.

Gutte, P., Krah, G. (1993): Saumgesellschaften im Stadtgebiet von Leipzig. Gleditschia 21, 213–244.

Gutte, P., Pyšek, A. (1976): Das *Chenopodietum vulvariae* - eine neue Ruderalpflanzengesellschaft. Feddes Repert. 87, 521–526.

Gutte, P., Klotz, S., Lahr, C., Trefflich, A. (1987): *Ailanthus altissima* (Mill.) Swingle - Eine vergleichend pflanzengeographische Studie. Folia Geobot. Phytotx. 22, 241–262.

Hadač, E. (1978): Ruderal vegetation of the Broumov basin. Folia Geobot. Phytotax. 13, 129–163.

Hadač, E. (1982): Pznámko o ruderálních společenstvech míasta Bechyn. Preslia 54, 141–147.

Hadač, E., Rambousková, H., Valach, R. (1983): Notes on the syntaxonomy and synecology of some ruderal plant communities in Praha-Hološevice with special attention to winter-salted habitats. Preslia 55, 63–81.

Haeupler, H. (1974): Statistische Auswertung von Punktrasterkarten der Gefäßpflanzenflora Süd-Niedersachsens. Scripta Geobot. 8, Goltze, Göttingen.

Hamann, M., Koslowski, J. (1988): Zur Einbürgerung bemerkenswerter Adventivpflanzen auf einem Gelsenkirchener Hafengelände. Flor. Rundbr. 21, 101–103.

Hampp, R. (1973): Bleigehalt von Blattspreiten (*Acer platanoides* L.) als Indikator für die verkehrsabhängige Bleibelastung im Stadtgebiet von München. Ber. Bayer. Bot. Ges. 44, 211–220.

Hard, G. (1982): Die Spontane Vegetation der Wohn- und Gewerbequartiere von Osnabrück. (I). Osnabrücker naturwiss. Mitt. 9, 151–203.

Hard, G. (1983): Die Spontane Vegetation der Wohn- und Gewerbequartiere von Osnabrück. (II). Osnabrücker naturwiss. Mitt. 10, 97–142.

Hard, G. (1984): Spontane und angebaute Vegetation an der Peripherie der Stadt. Schr.r. Fachbereich Stadtplanung u. Landschaftsplanung GHS Kassel 8, 77–113.

Hard, G. (1985): Vegetationsgeographie und Sozialökologie einer Stadt. – Ein Vergleich zweier „Stadtpläne" am Beispiel von Osnabrück. Geogr. Zeitschr. 73, 126–144.

Hard, G. (1986a): Vegetationskomplexe und Quartierstypen in einigen nordwestdeutschen Städten. Landschaft + Stadt 18,11–25.

Hard, G. (1986b): Vier Seltenheiten in der Osnabrücker Stadtflora: *Atriplex nitens*, *Salsola ruthenica*, *Parietaria officinalis*, *Eragrostis tef.* Osnabrücker naturwiss. Mitt. 12, 167-194.

Hard, G. (1989): Ruderalvegetation – Ökologie und Ethnoökologie, Ästhetik und „Schutz". Kasseler Schule Notizbuch 49, 396 S.

Hard, G. (1992): Konfusionen und Paradoxien. Garten + Landschaft 1/1992, 13–18.

Hard, G. (1997): Spontane Vegetation und Naturschutz in der Stadt. Geograph. Rundschau 10/1997, 562–568.

Hard, G. (1998): Ruderalvegetation. Ökologie & Ethnoökologie, Ästhetik & „Schutz". Notizbuch 49 der Kasseler Schule, 396 S.

Hard, G., Kruckemeyer, F. (1990): Die Mäusegerste und ihre Gesellschaft in Osnabrück 1978–1990. Über den Zusammenhang von Stadt- und Vegetationsentwicklung. Osnabrücker naturwiss. Mitt. 16, 133–156.

Hard, G., Pirner, J. (1988): Die Lesbarkeit eines Freiraumes. Garten + Landschaft 1/1988, 24–30.

Harper, J.L., Ogden, J. (1970): The reproductive strategy of higher plants I. The concept of strategy with special reference to *Senecio vulgaris* L. J. Ecol. 58, 681–698.

Hartenstein, M. (1994): Phänologische Analysen im Stadtgebiet von Karlsruhe. Karlsruher Ber. Geogr. Geoökol. 5, 68 S., Anhang.

Hartnett, D.C., Bazzaz, F.A. (1983): Physiological integration among intraclonal ramets in *Solidago canadensis*. Ecology 64, 779–788.

Hartnett, D.C., Bazzaz, F.A. (1985a): The genet and ramet population dynamics of *Solidago canadensis* in an abandoned field. J. Ecol. 73, 407–413.

Hartnett, D.C., Bazzaz, F.A. (1985b): The integration of neighbourhood effects by clonal genets in *Solidago canadensis*. J. Ecol. 73, 415–427.

Hartnett, D.C., Bazzaz, F.A. (1985c): The regultaion of leaf, ramet and genet densities in experimental populations of the rhizomatous perennial *Solidago canadensis*. J. Ecol. 73, 429–443.

HAWKSWORTH, D.L., ROSE, F. (1970): Quantitative scale for estimating sulphur dioxide air pollution in England and Wales using epiphytic lichens. Nature 227, 145–148.

HEDAL, S. (1987): Naturhistoriske minder fra en svunden tid. URT 1/87, 20–25.

HEIBEL, E., LUMBSCH, H.T., SCHMITT, I. (1999): Genetic variation of *Usnea filipendula* (Parmeliaceae) populations in western Germany investigated by RAPDs suggests reinvasion from various sources. Am. J. Bot. 86, 753–757.

HEIDT, V. (1978): Flechtenkartierung und die Beziehung zur Immissionsbelastung des südlichen Münsterlandes. Biogeographica 12, Dr. W. Junk b. V. Publishers, The Hague.

HEINEBERG, H. (2000): Stadtgeographie. Grundriss Allgemeine Geographie 10. 4. Aufl., UTB, Stuttgart, 328 S.

HEINRICH, W., KOCH, M. (1989): Jena's Straßenbäume. Wiss. Ztschr. Friedrich-Schiller-Univ. Jena, Naturwiss. R. 38 (4/5), 675–678.

HEJNÝ, S. (1973): Beitrag zur Charakteristik der Veränderung der Ruderalgesellschaften in Südböhmen. – Acta Bot. Scient. Hung. 19 (1–4), 129–138.

HEJNÝ, S. (1978): Zur Charakteristik und Gliederung des Verbandes Sisymbrion Tx., Lohmeyer et Preising in Tx. 1950. Acta bot. Slov. Acad Sci. Slov., ser. A 3, 265–270.

HEJNÝ, S., JEHLÍK, V. (1975): *Herniarietum glabrae* (Hohenester 1960) Hejny et Jehlik 1975 eine wenig bekannte Assoziation des Verbandes Polygonion avicularis Br.-Bl. 1931 in der Tschechoslovakei. Phytocoenologia 2, 100–122.

HEJNÝ, S., HUSÁK, S., PYŠEK, A. (1978): Vergleich der Ruderalgesellschaften in erwählten Gesamtheiten südböhmischer und südmährischer Dörfer. Acta bot. slov. Acad. Sci. slov., ser. A, 3, 271–312.

HENNEBO, D. (1982): Städtische Baumpflanzungen in früherer Zeit. In MEYER, F.H. (Hrsg.): Bäume in der Stadt, 11–45.

HERRMANN, M. (1994): Die Flora der Stadt Oldenburg. Drosera 1/2, 95–110.

HERINGER, J. (1983): Dorfökologie – eine neue Wissenschaft? Laufener Seminarbeitr. 83 (1): 6–28.

HERTZ, J., SCHMID, I., THOENI, L. (1984): Monitoring of heavy metals in airborne particles by using mosses collected from the city of Zurich. Intern. J. Environ. An. Chem. 17, 1–12.

HETZEL, G. (1988): Ruderalvegetation im Stadtgebiet von Aschaffenburg. Tuexenia 8, 211–238.

HETZEL, G., MEIEROTT, L. (1998): Anthropochorenflora fränkischer Deponiestandorte. Tuexenia 18, 377–415.

HETZEL, G., ULLMANN, I. (1981): Wildkräuter im Stadtbild Würzburgs. Würzburger Universitätsschr. Regionalforsch., Universitätsbund Würzburg, Würzburg 149 S.

HETZEL, G., ULLMANN, I. (1995): Die *Citrullus lanatus-Solanum lycopersicum*-Gesellschaft, eine neogene Zönose der Mülldeponien und Kläranlagen. Tuexenia 15, 437–445.

HILBRECH, S. KINTZEL, W., LEMBCKE, K. (1983): Zur Verbreitung einiger Dorfstraßenpflanzen im Kreis Lübz. – Bot. Rundbr. Bez. Neu-Brandenburg 14, 77–82.

HOBOHM, C. (1994): Baumflechten und Luftbelastungen in Lüneburg und Umgebung – eine neue Methode der Bioindikation auf der Basis von Zeigerwerten. Beitr. Naturkde. Niedersachsens 47, 49–61.

HOCKE, B., DANIELS, F.J.A. (1993): Über die epilithischen Flechtenflora und -vegetation im Stadtgebiet von Münster. Natur u. Heimat 53, 41–54.

HÖLLWARTH, M. (1982): Überwachung städtischer Schwermetallimmissionen mit Hilfe eines Bioindikators. Staub – Reinhaltung Luft 42, 373–377.

HÖSTER, H.R. (1982): Streusalzschäden an Straßenbäumen. Landschaft + Stadt 14, 63–73.

HOFFMANN, J. (1994): Spontan wachsende $C_4$-Pflanzen in Deutschland und Schweden – eine Übersicht unter Berücksichtigung möglicher Klimaänderungen. Angew. Bot. 68, 65–70.

HOFMEISTER, B. (1999): Stadtgeographie. 7. überarb. Aufl., Westermann, Braunschweig, 269 S.

HOHENWALLNER, D. (2000): Bioindikation mittels Moosen im dicht bebauten Stadtgebiet Wiens. Limprichtia 15, 91 S. + Anhang.

HOLZNER, W. (1972): Einige Ruderalgesellschaften des oberen Murtals. Verh. Zool.-Bot.Ges. 112, 67–85.

HOPP, U., KAPPEN, L. (1981): Einige Aspekte zur immissionsbedingten Verbreitung von Flechten im Stadtgebiet von Würzurg. Ber. Bayer. Bot. Ges. 52, 15–24.

HÜGIN, G. (1991): Hausgärten zwischen Feldberg und Kaiserstuhl. Beih. Veröff. Naturschutz u. Landschaftspflege Baden-Württemberg 59.

HÜLBUSCH, K.H. (1973): Eine Trittgesellschaft auf nordwestdeutschen Sandwegen. Mitt. Flor.-soz. Arb.gem. N.F. 15/16, 45–46.

HÜLBUSCH, K.H. (1977): *Corispermum leptopterum* in Bremen. Mitt. Flor.-soz. Arb.gem. N.F. 19/20, 73–82.

HÜLBUSCH, K.H. (1979): Vegetationsentwicklung einjähriger Trittrasen – Beobachtungen zum jahreszeitlichen Entwicklungszyklus. Mitt. Flor.-soz. Arb.gem. N.F. 21, 55–96.

HÜLBUSCH, K.H. (1980): Pflanzengesellschaften in Osnabrück. Mitt. Flor.-soz. Arb.gem. N.F. 22, 51–75.

HÜLBUSCH, K.H., BÄUERLE, H., HESSE, F., KIENAST, D. (1979): Freiraum- und landschaftsplanerische Analyse des Stadtgebietes von Schleswig. Urbs et regio 11, Gesamthochschulbibliothek, Kassel.

HÜPPE, J., HOFMEISTER, H. (1990): Syntaxonomische Fassung und Übersicht über die Ackerunkrautgesellschaften der Bundesrepublik Deutschland. Ber. Reinh. Tüxen-Ges. 2, 61–81.

HUPKE, H. (1933): Adventiv- und Ruderalpflanzen der Kölner Güterbahnhöfe, Hafenanlagen und Schuttplätze. Wiss. Mitt. Ver. Natur- Heimatkde. 1(3), 71–89.

HUTTER, C.-P., THIELCKE, G., HERRN, C.-P., FAUST, B. (1985): Naturschutz in der Gemeinde. Praktischer Ratgeber für Jedermann. Pro Naturverlag, Stuttgart, 192 S.

JACKOWIAK, B. (1982): Występowanie *Puccinellia distans* (Jacq.) Parl. na terenie miasta Poznania. Bad. Fizjogr. Pol. Zach. 33, Ser. B Bot., 129–141.

JACKOWIAK, B. (1990): Antropogeniczne przemiany flory roślin naczyniowych Poznania. Wyd. Nauk. Uniw. A. Mickiewicza w Poznaniu, Ser. Biol. 42, 232 S.

JACKOWIAK, B. (1992): Zur Ausbreitung von *Duchesna indica* (Rosaceae) in Wien. Fragm. Flor. Geobot. 37, 539–547.

JACKOWIACK, B. (1995): Stand und Perspektiven der floristischen Kartierung in polnischen Großstädten. Schr.-R. f. Vegetationskde. 27, 127–131.

JACKOWIAK, B. (1998): The City as a Center for Crystallisation of the Spacio-Floristic System. Phytocoenosis 10 (N.S.) Suppl. Cartogr. Geobot. 9, 55–67.

JAEGER, E. (1977): Veränderungen des Artenbestandes von Floren unter dem Einfluss des Menschen. Biol. Rundschau 15: 287–300.

JAKOBS, G., WEBER, E., MEYER, G.A., EDWARDS, P.J. (2001): Life-history and genetic variation of native vs. introduced populations of the perennial *Solidago gigantea* Ait. (Asteraceae). Bull. Geobot. Inst. ETH. 67, 73-78.

JANECKI, J., SAWCZUK, E. (1983): Vegetation and Synanthropic Flora of Warsaw. Pol. Ecol. Stud. 9, 233–246.

JANSSEN, C., BRANDES, D. (1984): Struktur und Artenvielfalt von Randzonen der Großstädte dargestellt am Beispiel von Braunschweig. Braunschw. naturkdl. Schr. 2, 5–97.

JAUCH, F. (1938): Fremdpflanzen auf den Karlsruher Güterbahnhöfen. Beitr. Naturk. Forsch. Südwestdeutschl. 3, 76–147.

JEHLÍK, V. (1981): Beitrag zur synanthropen (besonders Adventiv-) Flora des Hamburger Hafens. Tuexenia 1, 81–97.

JEHLÍK, V. (1984): Vergleich der Adventivflora und der synanthropen Vegetation der Flusshäfen am Moldau-Elbe- und Donau-Wasserweg in der Tschechoslowakei. Acta. Bot. Slov. Acad. Sci. Slov., Ser. A 1, 89–95.

JEHLÍK, V. (1986): The vegetation of railways in Northern Bohemia (Eastern Part). Vegetace ČSSR A14. Akademia, Prag, 366 S.

JEHLÍK, V. (1988): A survey of flora and of the synanthropic vegetation in the oil-seed processing factories in Czechoslovakia. Symposium Synanthropic Flora and Vegetation V, 95–105.

JEHLÍK, V., HEJNÝ, S. (1974): Main migration routes of adventitous plants in Czechoslovakia. Folia Geobot. Phytotax. 9, 241–248.

JENSEN, J. (1989): Ruderal sites and other urban areas. In VESTERGAARD, P., HANSEN, K. (1989) (eds): Distribution of vascular plants in Denmark. Opera Botanica 96 AiO print Odense, 69–72.

JOCHIMSEN, M. (1987): Vegetation development on mine spoil heaps – a contribution to the improvement of derelict land based on natural succession. In MIYAWAKI, A. BOGENRIEDER, A., OKUDA, S., WHITE, J. (eds.): Vegetation ecology and creation of new environments. Proceedings Intern. Symposium Tokyo. Tokyo Univ. Press, 245–252.

KAIRIES, M., DAPPER, H. (1988): Mauern in Berlin (West) als Standort für Farn- und Blütenpflanzen. Verhandl. Berlin. Bot. Ver. 6, 3–11.

KALIS, A.J., MEURERS-BALKE, J. (1998): Zur pollenanalytischen Untersuchung neolithischer Brunnensedimente – ein Zwischenbericht. In Brunnen der Jungsteinzeit. Internationales Symposium in Erkelenz 27. bis 29 Oktober 1997. Materialien Bodendenkmalpflege Rheinland 11, 229–246.

KANDLER, O., POELT, J. (1984): Wiederbesiedlung der Innenstädte von München durch Flechten. Naturw. Rundschau 37, 90–95.

KAULE, G. (1986): Arten- und Biotopschutz. Ulmer, Stuttgart.

KIENAST, D. (1978): Die spontane Vegetation der Stadt Kassel in Abhängigkeit von bau- und stadtstrukturellen Quartierstypen. Urbs et regio 10, Gesamthochschulbibliothek Kassel, 414 S.

KIESEL, G., MAHN, E.G., TAUCHNITZ, J.G. (1985): Zum Einfluss des Deponiestandortes auf Vegetationsstruktur und Verlauf der Sekundärsukzession. Teil 1: Kommunalmüllenthaltende Deponien. Hercynia N.F. 22, 72–102.

KIESEL, G., MAHN, E.G., DEIKE, U., TAUCHNITZ, J.G. (1986): Zum Einfluss des Deponiestandortes auf Vegetationsstruktur und Verlauf der Sekundärsukzession. Teil 2: Deponien industrieller Abprodukte. Hercynia N.F. 23, 212–244.

KILIAS, H. (1974): Die epiphytische Flechtenvegetation im Stadtgebiet von Erlangen. Hoppea 33, 99–170.

KINTZEL, W. (1986): Ruderal- und Segetalarten in den Dörfern des Kreises Lübz. Arch. Freunde Naturg. Mecklenb. 26, 86–113.

KIRSCHBAUM, U. (1972): Flechtenkartierung in der Region Untermain zur Erfassung von Immissionsbelastungen. Verhandl. Ges. Ökol. 1, 133–140.

KIRSCHBAUM, U., KLEE, R., STEUBING, L. (1971): Flechten als Indikatoren für die Immissionsbelastung im Stadtgebiet von Frankfurt/M. Staub – Reinhaltung Luft 31, 21–24.

KLAUCK, E.-J. (1988): Die *Sambucus nigra-Robinia pseudacacia*-Gesellschaft und ihre geographische Gliederung. Tuexenia 8, 281–286.

KLAUSNITZER, B. (1987): Ökologie der Großstadtfauna. Fischer, Stuttgart/New York.

KLEMENT, O. (1956): Zur Flechtenflora des Kölner Doms. Decheniana 109, 87–90.

KLEMP, H. (1981): Mehr Natur in Dorf und Stadt. Verlag Günther Hartmann, Kronshagen, 139 S.

KLEYER, M. (1995): Biological traits of vascular plants. A database. - Arbeitsberichte Inst. Landschaftsplanung und Ökologie. Univ. Stuttgart, N.F. 2.

KLOTZ, S. (1982): Die Kombination der Ruderalgesellschaften eines Neubaugebietes, dargestellt am Beispiel von Halle-Neustadt. Biol. Ges. der DDR (Hrsg.) Tagungsber. 1. Leipziger Symposium urbane Ökologie 1981, 37-45.

KLOTZ, S. (1984a): Die Veränderung des ökologischen Zeigerwertspektrums der spontanen Flora eines Stadtkreises in den letzten 130 Jahren, dargestellt am Beispiel der Städte Halle und Halle-Neustadt. Biol. Ges. DDR (Hrsg.) Tagungsber. 2. Leipziger Symp. urbane Ökosysteme 1983, 43–45.

KLOTZ, S. (1984b): Bemerkenswerte Ruderal- und Adventivarten des Binnenhafens Halle-Trotha. Mitt. florist. Kart. (Halle) 10, 73–75.

KLOTZ, S. (1984c): Die Gesellschaftsdiversität (Ökotopdiversität) in urbanen Ökosystemen, dargestellt am Beispiel von Halle/Neustadt, DDR. Ekológia 3(2), 171-178.

KLOTZ, S. (1985a): Zur Soziologie und Ökologie von *Parietaria officinalis* in Mitteleuropa. Hercynia N.F. 22, 228–237, Leipzig.

KLOTZ, S. (1985b): Bioindikation anthropogener Einwirkungen auf die Landschaft. In SCHUBERT, R. (Hrsg.): Bioindikation in terrestrischen Ökosystemen. Fischer, Jena, 173–183.

KLOTZ, S. (1986): Die Vegetation der Dörfer in der Agrarlandschaft nördlich von Halle/Saale. Hercynia N.F. 25, 1–10.

KLOTZ, S. (1988): Flora und Vegetation in der Stadt, ihre Spezifik und Indikationsfunktion. Landschaftsarchitektur 17, 104–107.

KLOTZ, S. (1990): Species/area and species/inhabitants relations in European cities. In SUKOPP, H., HEJNÝ, S., KOWARIK, I. (eds.): Urban Ecology. Plants and Plant Communities in Urban Environments. SPB Acad. Publ. The Hague, 99–103.

KLOTZ, S., GUTTE, P. (1992): Biologisch-ökologische Daten zur Flora von Leipzig – ein Vergleich. Acta Acad. Sci. 1, 94–97.

KLOTZ, S., GUTTE, P., KLAUSNITZER, B. (1984): Vorschlag einer Gliederung urbaner Ökosysteme. Arch. Naturschutz Landschaftsforsch. 24, 153–156.

KNAPP, R. (1961): Vegetations-Einheiten der Wegränder und der Eisenbahn-Anlagen in Hessen und im Bereich des unteren Neckar. Ber. Oberhess. Ges. Nat.-Heilkunde, Gießen, Nat.wiss. Abt. N.F. 31, 122–154.

KNÖRZER, K.-H. (1964): Dünenvegetation am Niederrhein mit Elementen der kontinentalen Salzsteppe. Decheniana 117, 153–157.

KNÖRZER, K.-H. (1987): Geschichte der synanthropen Vegetation von Köln. Kölner Jahrb. Vor- u. Frühgeschichte 20, 271–388.

KNÖRZER, K.-H. (1998): Botanische Untersuchungen am bandkeramischen Brunnen von Erkelenz-Kückhoven. In Brunnen der Jungsteinzeit. Internationales Symposium in Erkelenz 27. bis 29 Oktober 1997. Materialien Bodendenkmalpflege Rheinland 11, 229–246.

KNÖRZER, K.-H., MEURERS-BAHLKE, J. (1999): Die frühholozäne Flora des Rheintales bei Neuss und der Erftaue bei Hombroich. Decheniana Beih. 38, 1–181.

KÖCK, U.-V. (1986): Verbreitung, Ausbreitungsgeschichte, Soziologie und Ökologie von *Corispermum leptopterum* (Aschers.) Iljin in der DDR I. Verbreitung und Ausbreitungsgeschichte. Gleditschia 14, 305–325.

KÖCK, U.-V. (1988): Verbreitung, Ausbreitungsgeschichte, Soziologie und Ökologie von *Corispermum leptopterum* (Aschers.) Iljin in der DDR II. Ökologie, Syndynamik, Synökologie. Gleditschia 16, 33–48.

KÖHLER, M. (1990a): The living conditions of plants on the roofs of buildings. In SUKOPP, H., HEJNÝ, S. (eds.): Urban Ecology. SPB Acad. Publ., The Hague, 195–207.

KÖHLER, M. (1993): Fassaden- und Dachbegrünung. Ulmer, Stuttgart.

KÖHLER, M., BARTFELDER, F. (1987): Stadtklimatische und lufthygienische Entlastungseffekte durch Kletterpflanzen in hochbelasteten Innenstadtbezirken. Verhandl. Ges. Ökol. 16, 157–165.

KÖHLER, M., SCHMIDT, M. (1997): Hof-, Fassaden- und Dachbegrünung – Zentraler Baustein der Stadtökologie. Landschaftsentwickl. u. Umweltforsch. 105, 177 S.

KÖHM, H.J., LÖTSCHERT, W. (1972): pH-Wert und S-Gehalt der Baumborke als Indikatoren für Luftverunreinigungen im urban-industriellen Ökosystem Frankfurt/M. Verhandl. Ges. Ökol. 1, 142–152.

KOHL, A. (1986): Die spontane Vegetation in verschiedenen Quartierstypen der Stadt Freiburg i.Br. Ber. Naturf. Ges. Freiburg i.Br. 6, 135–191.

KOHLER, A., SUKOPP, H. (1964): Über die soziologische Struktur einiger Robinienbestände im Stadtgebiet von Berlin. Sitzungsber. Gesellsch. Naturforsch. Freunde Berlin N.F. 4: 74–88.

KOPECKÝ, K. (1980): Die Ruderalpflanzengesellschaften im südwestlichen Teil von Praha (1). Preslia 52, 241–267.

KOPECKÝ, K. (1981): Die Ruderalpflanzengesellschaften im südwestlichen Teil von Praha (2). Preslia 53, 121–145.

KOPECKÝ, K. (1982a): Die Ruderalpflanzengesellschaften im südwestlichen Teil von Praha (3). Preslia 54, 167–89.

KOPECKÝ, K. (1982b): Die Ruderalpflanzengesellschaften im südwestlichen Teil von Praha (4). Preslia 54, 123–139.

KOPECKÝ, K. (1983): Die Ruderalpflanzengesellschaften im südwestlichen Teil von Praha (5). Preslia 55, 289–298.

KOPECKÝ, K. (1984a): Die Ruderalpflanzengesellschaften im südwestlichen Teil von Praha (6). Preslia 56, 55–72.

KOPECKÝ, K. (1984b): Der Apophytisierungsprozess und die Apophytengesellschaften der *Galio-Urticetea* mit einigen Beispielen aus der südwestlichen

Umgebung von Praha. Fol. Geobot. Phytotax. 19, 113–138.

Kopecký, K. (1985): K syndynamice a rošíření *Alliario-Chaerophylletum temuli* Lohm. 1949 a odvozenych společenstev s *Impatiens parviflora* v jihozápadní části Prahy. Zpr. Čs. bot. Společ. 20, 133–144.

Kopecký, K. (1986a): Der Rückgang von *Malvetum neglectae* und die Sukzession auf seinen Standorten. Preslia 58, 63–74.

Kopecký, K. (1986b): Versuch einer Klassifizierung der ruderalen *Agropyron repens*- und *Calamagrostis epigejos*-Gesellschaften unter Anwendung der deduktiven Methode. Fol. Geobot. Phytotax. 21, 225–242.

Kopecký, K. (1988): Einfluss der Straßen auf die Synanthropisierung der Flora und Vegetation nach Beobachtungen in der Tschechoslovakei. Fol. Geobot. Phytotax. 23, 145–172, Anh.

Koperski, M. (1986): Bryologisch interessante Sekundärstandorte in Bremen. Göttinger Flor. Rundbr. 20, 140–154.

Koperski, M. (1996): Bryologisch interessante Sekundärstandorte in Bremen IV. Beitrag: Friedhöfe. Flor. Rundbr. 30, 163–173.

Kornas, J., (1951-1952): Zespoły roślinne Krakowskiej Częśc II: Zespoły ruderalne. Acta Soc. Bot. Pol. 21, 701-718.

Kornas, J., Medwecka-Kornas, A. (1967): The vegetation of the territory of Cracow. Fol. Geogr. Ser. Geogr.-Physica 1, 149–163.

Korneck, D. (1967): Der Schildampfer (*Rumex scutatus* L.) auf Bahnschotter. Hess. Flor. Br. 185, 17-20.

Korneck, D. (1969): Das *Sclerochloo-Polygonetum avicularis*, eine seltene Trittgesellschaft ihn Trockengebieten Mitteleuropas. Mitt. flor.-soz. Arb.gem. N.F. 14, 193–210.

Kosmale, S. (1981): Die Wechselbeziehungen zwischen Gärten, Parkanlagen und der Flora der Umgebung im westlichen Erzgebirgsvorland. Hercynia N.F. 18, 441–452.

Koster, A. (1985): Verspreiding en betekenis van de Nederlandse spoorwegflora. Ministerie van Landbouw en Visserij, Adviesgroup Vegetatiebeheer, Notitie 4, Wageningen, 293 S.

Kowarik, I. (1983): Zur Einbürgerung und zum pflanzengeographischen Verhalten des Götterbaumes (*Ailanthus altissima* (Mill.) Swingle) im französischen Mittelmeergebiet (Bas-Languedoc). Phytocoenologia 11, 389–405, Suttgart.

Kowarik, I. (1984): *Platanus hybrida* Brot. und andere adventive Gehölze auf städtischen Standorten in Berlin (West). Gött. Flor. Rundbr. 18, 7–17.

Kowarik, I. (1986a): Vegetationsentwicklung auf innerstädtischen Brachflächen – Beispiele aus Berlin (West). Tuexenia 6, 75–98.

Kowarik, I. (1986b): Ökosystemorientierte Gehölzartenwahl für Grünflächen. Gartenamt 35, 524–532.

Kowarik, I. (1988): Zum menschlichen Einfluss auf Flora und Vegetation. Landschaftsentwicklung Umweltforsch. TU Berlin 56, 280 S.

Kowarik, I. (1990a): Some responses of flora and vegetation to urbanization in central Europe. In Sukopp, H., Hejny, S., Kowarik, I. (eds.): Urban Ecology, SPB Acad. Publ., The Hague, 45–74.

Kowarik, I. (1990b): Zur Einführung und Ausbreitung der Robinie (*Robinia pseudacacia* L.) in Brandenburg und zur Gehölzsukzession ruderaler Robinienbestände in Berlin. Verh. Verl. Bot. Ver. 8, 33–67.

Kowarik, I. (1991): Ökologische und kulturhistorische Aspekte fremdländischer Gehölze im Dorf. Laufener Seminararb. 2/91, 31–46.

Kowarik, I. (1992a): Das Besondere der städtischen Flora und Vegetation. Schr.r. Deutscher Rat Landespflege 61, 33–47.

Kowarik, I. (1992b): Einführung und Ausbreitung nichteinheimischer Gehölzarten in Berlin und Brandenburg und ihre Folgen für Flora und Vegetation. Verh. Bot. Ver. Berlin Brandenburg, Beiheft 3, 188 S.

Kowarik, I. (1992c): Zur Rolle nichteinheimischer Arten bei der Waldbildung auf innerstädtischen Standorten in Berlin. Verhandl. Ges. Ökol. 21, 207–213.

Kowarik, I. (1993): Stadtbrachen als Niemandsländer, Naturschutzgebiete oder Gartenkunstwerke der Zukunft? Geobot. Kolloq. 9, 3–24.

Kowarik, I. (1995a): On the Role of Alien Species in Urban Flora and Vegetation. In Pyšek, P., Prach, K., Rejmánek, M., Wade, M. (eds.): Plant Invasions – General Aspects and Special Problems. SPB Acad. Publ., Amsterdam, 85–103.

Kowarik, I. (1995b): Zur Gliederung anthropogener Gehölzbestände unter Beachtung urban-industrieller Standorte. Verhandl. Ges. Ökol. 24, 411–421.

Kowarik, I. (1996): Funktionen klonalen Wachstums von Bäumen bei der Brachflächen-Sukzession unter besonderer Beachtung von *Robinia pseudacacia*. Verhandl. Ges. Ökol. 26, 173–181.

Kowarik, I., Böcker, R. (1984): Zur Verbreitung, Vergesellschaftung und Einbürgerung des Götterbaumes (*Ailanthus altissima* (Mill.) Swingle) in Mitteleuropa. Tuexenia 4, 9–29.

Kowarik, I., Langer, A. (1994): Vegetation einer Berliner Eisenbahnfläche (Schöneberger Südgelände) im vierten Jahrzehnt der Sukzession. Verh. Bot. Ver. Berlin Brandenburg 127, 5–43.

Kowarik, I., Tietz, B. (1986): Soils on ruined railway stations – The Anhalter Güterbahnhof. Mitt. Deutsche Bodenkdl. Ges. 50, 128–139.

Kramer, H. (1991): Pflastersteine und Zäune – Zur Natur in der Stadt und ihrem Umland. Natur und Museum 121, 161–171.

Kramer, H. (1995): Über den Götterbaum. Natur u. Museum 125, 101–121.

KRAUSS, G. (1977): Über den Rückgang der Ruderalpflanzen, dargestellt an *Chenopodium bonus-henricus* L. im alten Landkreis Göttingen. Mitt. Flor.-soz. Arb.gem., N.F. 19/20, 67–72.

KRAWIECOWA, A. (1951): Analiza Geograficzna Flory Synantropijnej miasta Poznania. – Poznanskie Towarzystwo Przyjaciol Nauk Wydzial Matematyczno-Przyrodniczy Prace Komisji Biologicznej Tom XIII Zeszyt 1, 1–132.

KREEB, K., SCHMIDT, R. (1974): Flechten als Umweltzeiger. Verh. Ges. Ökol. 2, 421–434.

KREH, W. (1935): Pflanzensoziologische Untersuchungen auf Stuttgarter Auffüllplätzen. Jb. Ver. vaterl. Naturkde. Württemberg 91, 59–120.

KREH, W. (1952): Der Fliederspeer (*Buddleja davidii*) als Jüngsteinwanderer unserer Flora. Aus der Heimat 60(1), 20–25.

KREH, W. (1955): Das Ergebnis der Vegetationsentwicklung auf dem Stuttgarter Trümmerschutt. Mitt. Flor.-soz. Arb.gem. N.F. 5, 69–75.

KREH, W. (1960): Die Pflanzenwelt des Güterbahnhofs in ihrer Abhängigkeit von Technik und Verkehr. Mitt. Flor.-soz. Arb.gem. N.F. 8, 86–109.

KREISEL, H. (1967): Die Großpilze des Greifswalder Botanischen Gartens. Wiss. Zeitschr. Ernst-Moritz-Arndt-Univ. Greifswald 16, math.-naturwiss. R. 3, 229–239.

KREMER, B.P. (1988): Lebensraum Dorf – Chancen für die Natur im ländlichen Siedlungsbereich. Natur u. Museum 118, 225–239.

KREUZ, A.M. (1990): Die ersten Bauern Mitteleuropas – Eine archäobotanische Untersuchung zu Umwelt und Landwirtschaft der ältesten Bandkeramik. Analecta Praehist. Leidensia 23, 1–256.

KREUZ, A.M. (1994): Einheimische oder fremde Pflanzen? Überlegungen zur Herkunft „potentieller Unkräuter" und ihrer Verbreitung zur Zeit der Bandkeramik. Archaeo-Physika 13, 23–33.

KRICKE, R., FEIGE, G.-B. (1999): Untersuchungen zur aktuellen epiphytischen Flechtenvegetation der Stadt Mühlheim an der Ruhr. Natur Niederrhein 14, 39–41.

KRIETER, M., MALKUS, A. (1996): Untersuchungen zur Standortoptimierung von Straßenbäumen. Forschungsges. Landschaftsentwickl. Landschaftsbau e.V., Bonn.

KRIPPELOVÁ, T. (1969): Verbreitung der *Iva xanthifolia* NUTT. und ihr Vorkommen in den Pflanzengesellschaften in der ČSSR. Biologia (Bratislava) 24, 739–759.

KRIPPELOVÁ, T. (1972): Ruderálne spoločenstvá mesta Malaciek. (Ruderalgesellschaften der Stadt Malaciek). Biologické Práce, Ser. A – Bot. 18, 20–97.

KRIPPELOVA, T. (1981): Synanthrope Vegetation des Beckens Košická kotlina. Veda, Bratislava.

KRISCH, H. (1987): Zur Ausbreitung und Soziologie von *Coryspermum leptopterum* (Ascherson) ILJIN an der südlichen Ostseeküste. Gleditschia 15, 25–40.

KRUPKA, B. (1993): Dachbegrünung. Ulmer, Stuttgart.

KUHBIER, H. (1977): *Senecio inaequidens* DC. – ein Neubürger der nordwestdeutschen Flora. Abh. Naturwiss. Verein 38, 383–396.

KUHN, A., BALLACH, H.-J., WITTIG, R. (1998): Vegetation as a Sink for PAH in Urban Regions. In BREUSTE, J., FELDMANN, H., UHLMANN, O. (eds.): Urban Ecology, 171–173.

KUIPER, P.J.C., BOS, M. (eds.)(1992): *Plantago*: A Multidisciplinary Study. Springer, Berlin/Heidelberg, 368 S.

KUNICK, W. (1970): Der Schmetterlingsstrauch (*Buddleja davidii* Franch.) in Berlin. Berliner Naturschutzbl. 14(40), 407–410.

KUNICK, W. (1974): Veränderungen von Flora und Vegetation einer Großstadt, dargestellt am Beispiel von Berlin (West). Diss. TU Berlin.

KUNICK, W. (1978): Flora und Vegetation städtischer Parkanlagen. Acta Bot. Slov. Acad. Sci. Slov., Ser A, 3, 455–461.

KUNICK, W. (1979): Vegetationskundlich-landschaftsökologische Untersuchungen im Gebiet der Stadt Bremerhaven. Senator Gesundheit Umweltschutz und Gartenbauamt, Bremerhaven.

KUNICK, W. (1982): Comparison of the flora of some cities of the central european lowlands. In BORNKAMM, R., LEE, J.A., SEAWARD, M.R.D. (eds.): Urban Ecology, Blackwell, Oxford, 13–22.

KUNICK, W. (1983a): Köln, landschaftsökologische Grundlagen – Teil 3, Biotopkartierung. Grünflächenamt, Köln.

KUNICK, W. (1983b) u. Mitarb. v. KUONI. M., MAASS, I.: Pilotstudie Stadtbiotopkartierung Stuttgart. Beih. Veröff. Naturschutz Landschaftspflege Bad.-Württ. 36, 1–138.

KUNICK, W. (1984): Verbreitungskarten von Wildpflanzen als Bestandteil der Stadtbiotopkartierung, dargestellt am Beispiel Köln. Verh. Ges. Ökol. 12, 269–275.

KUNICK, W. (1985): Gehölzvegetation im Siedlungsbereich. Landschaft + Stadt 17, 120–133.

KUNICK, W. (1988): Zusammensetzung und Entwicklung städtischer Baumbestände. Allg. Forst Zschr. 13/1988, 333-336.

KUNICK, W. (1990): Spontaneous Woody Vegetation in Cities. In SUKOPP, H. et al. (eds.): Urban Ecology, 167–174.

KUNICK, W. (1991): Ausmaß und Bedeutung der Verwilderung von Gartenpflanzen. NNA-Ber. 4 (1), 6–13.

KUNICK, W. (1992): Möglichkeiten der naturnäheren Anlage und Pflege öffentlicher Grünflächen. Das Gartenamt 10/92, 685-690.

KUNICK, W. (1998): Erhaltung von Wildpflanzen im Siedlungsbereich - Ergebnisse aus der Planungs- und Pflegepraxis. Schr.r. Veg.kde. 29, 191-201.

KUTTLER, W. (1998a): Stadtklima. In SUKOPP, H., WITTIG, R. (Hrsg.): Stadtökologie, G. Fischer, Stuttgart, 113–150.

KUTTLER, W. (1998b): Veränderungen des Stadtklimas. In LOZÁN, J.L., GRASSL, H., HUPFER, P. (Hrsg.): Warnsignal Klima – Wissenschaftliche Fakten. Wissenschaftliche Auswertungen, 348–353.

LANDOLT, E. (1994): Beiträge zur Flora der Stadt Zürich. I. Einleitung: Beschreibung der neuen „Flora"; Pteridophyten und Gymnospermen. Bot. Helv. 104, 157–170.

LANDOLT, E. (1997): Beiträge zur Flora der Stadt Zürich. IV. Dicotyledonen 2 (Berberndaceae bis Rosaceae). Bot. Helv. 107, 171–194.

LANDSBERG, E.H. (1981): The urban climate. Academic Press, New York.

LANG, G. (1994): Quartäre Vegetationsgeschichte Europas. Gustav Fischer, Jena/Stuttgart/New York, 462 S.

LANGER, A. (1994): Flora und Vegetation städtischer Straßen am Beispiel Berlins.- Landesentwickl. Umweltforsch., TU Berlin, Sonderh. 10.

ŁAWRYNOWICZ, M. (1982): Macro-fungal flora of Lódz. In BORNKAMM, R., LEE, J.A., SEAWARD, M.R.D. (eds.): Urban Ecology, Blackwell, Oxford, 41–47.

LEBEAU, J., DUVIGNEAUD, J., DELVOSALLE, L., DEPASSE, S. (1978): *Senecio inaequidens* DC., *Senecio vernalis* WALDST. et KIT. et *Senecio squalidus* L., trois séneçons adventices en voie d'extension progressive et de naturalisation en Belgique. Natura Monsa 31, 28–36.

LE BLANC, F., DE SLOOVER, J. (1970): Relation between industrialization and the distribution and growth of epiphytic lichens and mosses in montreal. Canad. J. Bot. 48, 1485–1496.

LEISS, K.A., MÜLLER-SCHÄRER, H. (2001): Population dynamics of the annual plant *Senecio vulgaris* in ruderal and agricultural habitats. Basic Appl. Ecol. 2, 53-64.

LENZIN, H., KOHL, J., MUEHLETHALER, M.O., BAUMANN, N., NAGEL, P. (2001): Verbreitung, Abundanz und Standorte ausgewählter Neophyten in der Stadt Basel (Schweiz). Bauhinia 15, 39-56.

LESCHUS, H. (1999): Flora der Bahnanlagen im nördlichen Bergischen Land (Nordrhein-Westfalen). Jahresber. Naturwiss. Ver. Wupptertal 52, 121–198.

LICHTENBERGER, E. (1998): Stadtgeographie. 1: Begriffe, Konzepte, Modelle, Prozesse. 3. Aufl., Teubner, Stuttgart, 366 S.

LIENAU, C. (2000): Die Siedlungen des ländlichen Raumes. 4. überarb. Aufl., Westermann, Braunschweig, 246 S.

LIENENBECKER, H. (1984): Erschreckende Bilanz. Die alte Dorf-Flora ist nahezu vernichtet. Heimat-Jahrbuch Kreis Gütersloh 1985, 96–99.

LIENENBECKER, H. (1986): Flora und Vegetation in den Dörfern des Kreises Lippe. Lippische Mitt. Landeskde. 55, 301–346.

LIENENBECKER, H. (1988): Die Verbreitung ausgewählter Wildpflanzen im Stadtgebiet von Bielefeld. Ber. Naturwiss. Ver. Bielefeld 29, 187–217.

LIENENBECKER, H., RAABE, U. (1981): Vegetation auf Bahnhöfen des Ostmünsterlandes. Ber. Naturwiss. Ver. Bielefeld 25, 129–141.

LIENENBECKER, H. & RAABE, U. (1993): Die Dorfflora Westfalens. ILEX-Bücher Natur 3. Graphischer Betrieb Ernst Gieseking, Bielefeld, 306 S.

LÖTSCHERT, W. (1983): Immissionsanalysen im Raum Frankfurt unter Verwendung pflanzlicher Bioindikatoren. Verhandl. Ges. Ökol. 11, 277–290.

LÖTSCHERT, W. (1984): Mauerfugen-Gesellschaften im Hohen Westerwald. Tuexenia 4, 39–44.

LÖTSCHERT, W., WANDTNER, R., HILLER, H. (1975): Schwermetallanreicherung bei Bodenmoosen in Immissionsgebieten. Ber. Deutsche Bot. Ges. 88, 419–431.

LOHMEYER, W. (1975): Das *Polygonetum calcati*, eine in Mitteleuropa weitverbreitete nitrophile Trittgesellschaft. Schr.r. Vegetationskde. 8, 105–110.

LOHMEYER, W. (1983): Über Ruderal-, Saum- und Trittgesellschaften in den dörflichen Siedlungen der Mittel- und Niederrheintalung sowie der angrenzenden Berglandgebiete. Schr.r. Stiftung Schutz gefährdeter Pflanzen 3, 21–33.

LOTZ, A. (1998): Flora und Vegetation des Frankfurter Osthafens: Untersuchung mit Diskussion der verwendeten Analysekonzepte. Tuexenia 18, 417–449.

LUDWIG, W. (1990): *Malva pusilla* Sm. als „Dorfpflanze" in Hessen. Hess. Flor. Br. 39, 1–10.

MAAS, S. (1983): Die Flora von Saarlouis. Abhandl. Delattinia 13, 1–108.

MAHN, E.-G., PARTZSCH, M. (1995): Struktur und Veränderung der Vegetation in zwei stadtnahen Dörfern des Mitteldeutschen Trockengebietes. Verh. Ges. Ökol. 24, 667-671.

MANDÁK, B., PYŠEK, P. (1998): History of the Spread and Habitat Preferences of *Atriplex sagittata* (Chenopodiacae) in the Czech Republik. In STARFINGER, U., EDWARDS, K., KOWARIK, I., WILLIAMSON, M. (eds.): Plant Invasions: Ecological Mechanisms and Human Responses, 209–224.

MANDÁK, B., PYŠEK, P., PYŠEK, A (1993): Distribution pattern of flora and vegetation in a small industrial town: an effect of urban zones. Preslia 65, 225–242.

MANG, F. (1986): Wildrosen. Garten und Landschaft 86/4, 6.

MARKS, M., PRINCE, S. (1981): Influence of germination date on survival and fecundity in wild lettuce *Lactuca serriola*. OIKOS 36, 326–330.

MARTIN, M.H., COUGHTREY, P.J. (1982): Biological monitoring of heavy metal pollution. Appl. Sci. Publ., London, 180 S.

MATTHEIS, A. & OTTE, A. (1989): Die Vegetation der Bahnhöfe im Raum München-Mühldorf-Rosenheim. Ber. ANL 13, 77-143.

MAURER, U. (1998): Historisch-ökologischer Wandel städtischer Gehölze. Untersuchungen in Berliner Wohnsiedlungen der 20er- und 30er-Jahre. Naturschutz u. Landschaftsplanung 30, 48–51.

MAZOMEIT, J. (1991): *Senecio inaequidens* DC. – nun auch in Baden, im Saarland und in der Pfalz. Flor. Rundbr. 25, 27–39.

MEYER, F.-H. (1982): Lebensbedingungen der Straßenbäume. In MEYER, F.-H. (Hrsg.): Bäume in der Stadt. 2.Aufl., Ulmer, Stuttgart.

MEYER, G. (1981): Wirkungen von Ozon und Cadmium auf den Wasserhaushalt von *Solidago canadensis* L. (Kanadische Goldrute). Verhandl. Ges. Ökol. 9, 283–288.

MEYER, G. (1986): Wirkungen von Herbiziden auf den Wasserhaushalt von *Solidago canadensis* L. (Kanadische Goldrute). Verhandl. Ges. Ökol.14, 213–218.

MEYER, K. (1930): Die Pflanzenwelt der Breslauer Güterbahnhöfe. Jber. Schles. Ges. vaterländ. Kultur 103, 95–132.

MEYER, K. (1932): Die Erkennung der Südfruchtbegleiter. Jber. Schles. Ges. vaterländ. Kultur 105, 126–139.

MIELKE, U. (1971): Epixyle Flechten in der Stadt Magdeburg. Hercynia N.F. 8, 172–177.

MIKKELSEN, V.M. (1989). Cultivatet fields. In VESTERGAARD, P., HANSEN, K. (eds). Distribution of vascular plants in Denmark. Opera Botanica 96 AiO print, Odense, 73–80.

MISSKAMPF, R., ZÜGHART, W. (2000): Floristisch-ökologische Untersuchungen der Spontanflora in Bremer Häfen unter besonderer Berücksichtigung der anthropochoren Pflanzen. Biblioth. Bot. 150, 110. S.

MÖLLER, H., DANIELS, F.J.A. (2000): Untersuchungen zur epiphytischen Flechtenflora ausgewählter Stadtbiotope der Stadt Münster, Westfalen. Natur u. Heimat 60, 65–78.

MÖLLER, J. (1949): Die Entwicklung der Pflanzengesellschaften auf den Trümmern und Abfallplätzen. Diss. Univ. Kiel, Kiel.

MOES, G. (1995): Säume und Brachen Wiens. Wiener Schr. Cooperative Landschaft 4, 162–246 + 1 Tab.

MONTAG, J. (1995): Die Gefäßpflanzenflora städtischer Wohnquartierstypen in Frankfurt am Main. Cour. Forsch. Senckenberg 186, 149–168.

MORAZOWA-CECHOWA, L. (1988): The Ruderal Plant Communities of Roads and Tracks with the Dominant Species *Puccinellia distans* Jacq. (Parl.) in the Territory of Prague. Symp. Synanthropic Flora and Vegetation V. Martin, CSSR, 199–207.

MUCINA, L. (1978): Ruderal communities with the dominant species *Lactuca serriola*. Biologia, Bratislava 33, 809–819.

MUCINA, L. (1987): The ruderal vegetation of the northwestern part of the Podunájska nísina lowlands. *Malvion neglectae*. Folia Geobot. Phytotax. 2, 1–24.

MUCINA, L. (1993a): Polygono-Poetea annuae. (1993b): Stellarietea mediae. (1993c): Artemisietea vulgaris. In MUCINA, L., GRABHERR, G., ELLMAUER, T. (Hrsg.): Die Pflanzengesellschaften Österreichs Teil I: Anthropogene Vegetation. G. Fischer, Jena, 82–89, 110–168, 169–202.

MUCINA, L., GRABHERR, G., ELLMAUER, T. (1993): Die Pflanzengesellschaften Österreichs Teil I: Anthropogene Vegetation. G. Fischer, Jena, 578 S.

MÜLLER, F. (1993): Studien zur Moos- und Flechtenflora der Stadt Halle/S. Limprichtia 1, 167 S.

MÜLLER, H.-N., MEURER, M. (1989): Elemente der Umweltbelastung und ihre Auswirkungen auf die innerstädtische Vegetation am Beispiel der Stadt Luzern. Verhandl. Ges. Ökol. 18, 123–130.

MÜLLER, N. (1988): Südbayerische Parkrasen – Soziologie und Dynamik bei unterschiedlicher Pflege. Diss. Bot. 123, 176 S., Beilage.

MÜLLER, N., SUKOPP, H. (1993): Synanthrope Ausbreitung und Vergesellschaftung des Fadenförmigen Ehrenpreises – *Veronica filiformis* SMITH. Tuexenia 13, 399–423.

MÜLLER, T. (1951–1953): Die in Westdeutschland im Frostschutz der Südfrüchte festegestellten Fremdpflanzen. Westdtsch. Naturwart 2, 1, 2, 3/4.

MÜLLER, T. (1983a): Klasse: Chenopodietea Br.-Bl. in Br.-Bl. et al. 1952. (1983b): Klasse Artemisietea Lohm., Prsg. et Tx. in Tx. 50. In OBERDORFER, E. (Hrsg.): Süddeutsche Pflanzengesellschaften Teil III. G. Fischer, Jena, 115–134 bzw. 135–277.

NEZADAL, W. (1978): Ruderalpflanzengesellschaften der Stadt Erlangen Teil 1: Trittpflanzengesellschaften (*Polygonion avicularis* Br.-Bl. 1930) Hoppea, 38, 309–335.

NEZADAL, W., HEIDER, G. (1994): Ruderalpflanzengesellschaften der Stadt Erlangen Teil 2: Mehrjährige Ruderalgesellschaften (Artemisietea). Hoppea 55, 193–253.

NIEMEIER, G. (1977): Siedlungsgeographie. 4. verb. Aufl., Westermann, Braunschweig, 208 S.

NOE, H., KRÜGER, G., BALDER, H. (1994): Langzeitbelastung durch Gas an Straßenbaumstandorten in Berlin. In Sächsisches Staatsministerium für Umwelt und Landesentwicklung (Hrsg.): 1. Leipziger Symposium „Stadtökologie in Sachsen". Leipzig, 153–155.

NOLDA, U. (1990): Stadtbrachen sind Grünflächen. Garten + Landschaft 9, 27–32.

NORDHORN-RICHTER, G., DÜLL, R. (1982): Monitoring air pollutants by mapping the bryophyte flora. In STEUBING, L. JAEGER, H.J. (eds.): Monitoring of air pollutants by plants, 29–32.

NOWACK, R. (1987): Verwilderungen des Blauglockenbaums (*Paulownia tomentosa* (THUNB.) STEUD.) im Rhein-Neckar-Gebiet. Flor. Rundbr. 21(1), 25–32.

NYLANDER, W. (1866): Les lichens du Jardin du Luxembourg. Bull. Soc. bot. France, 364–371.

OBERDORFER, E. (1971): Zur Syntaxonomie der Trittpflanzen-Gesellschaften. Beitr. naturk. Forsch. SüdwDtl. 30(2), 95-111.

OBERDORFER, E. (1983): Klasse *Plantaginetea majoris*. (1983b) u. Mitarb. v. G. PHILLIPI: Klasse *Bidentetea* Tx., Lohm. et Prsg. in Tx. 50. In OBERDORFER, E. (Hrsg.): Süddeutsche Pflanzengesellschaften Teil III, 300–315 bzw. 115–134. G. Fischer, Stuttgart/New York.

OBERDORFER, E. (2001): Pflanzensoziologische Exkursionsflora. 8. Aufl. Ulmer, Stuttgart, 1050 S.

OBERDORFER, E., GÖRS, S., KORNECK, D, LOHMEYER, W., MÜLLER, T., PHILIPPI, G., SEIBERT, P. (1967): Systematische Übersicht der westdeutschen Phanerogamen- und Gefäßkryptogamen-Gesellschaften: Ein Diskussionsentwurf. Schr. Vegetationskde. 2, 7–62.

OLECH, M. (1998): Apophytes in the lichen flora of Poland. Phytocoenosis 10, Suppl. Cartogr. Geobot. 9, 251-256.

OLSSON, H. (1978): Vegetation of artificial habitats in northern Malmö and environs. Vegetatio 36, 65–82.

ØSTERGAARD, J. (1957): Nogle „middelalderplanter" i Københavns Amt. Bot. Tidsskrift 53, 379–382.

OTTE, A., (1994): Öffentlichkeitsarbeit zur Umweltbildung am Beispiel der „Wildpflanzen im Dorf". In Landeshauptstadt Erfurt, Stadtverwaltung (Hrsg.): Tagungsband „Biotopkartierung im besiedelten Bereich", Selbstverlag, 119–127.

OTTE, A., LUDWIG, T. (1987): Dörfliche Ruderalpflanzen-Gesellschaften im Stadtgebiet von Ingolstadt. Ber. Bayer. Bot. Ges. 58, 179–227.

OTTE, A., LUDWIG, T. (1990): Methodisches Vorgehen bei der Kartierung der Vegetation in Dörfern – Interpretationshilfen für die Auswertung und Maßnahmen zu ihrer Förderung. Landschaft + Stadt 22, 37–56.

OVERDIECK, D., GLOE, K. (1980): Aufnahme von Cadmium und dessen Einfluss auf den Gaswechsel von *Plantago major* L. Verh. Ges. Ökol. 8, 493–500.

PANEK, N. (1998): Veränderungen der dörflichen Ruderalflora und Entwicklungstendenzen - dargestellt an Beispielen aus dem Landkreis Waldeck-Frankenberg (Nordhessen). Jahrb. Naturschutz Hessen 3, 143-148.

PASSARGE, H. (1957): Zur soziologischen Stellung einiger bahnbegleitender Neophyten in der Mark Brandenburg. Mit. Flor.-soz. Arb.gem. N.F. 6/7, 155–163.

PASSARGE, H. (1963): Wege zur planmäßigen Vegetationstypenforschung. Feddes Repert., Beih. 140, Vegetationskunde V, 7–18.

PASSARGE, H. (1977): Zur Coenologie verbreiteter *Oenothera*-Arten. Phytocoenologie 4, 1–13.

PASSARGE, H. (1978): Bemerkenswerte Pflanzengesellschaften im märkischen Gebiet. Gleditschia 6, 193-208.

PASSARGE, H. (1979a): Über mitteleuropäisch-montane Trittpflanzengesellschaften. Vegetatio 39, 77–84.

PASSARGE, H. (1979b): Zur soziologischen Stellung einiger bahnbegleitender Neophyten in der Mark Brandenburg. Mitt. Flor.-soz. Arb.g. N.F. 6/7, 155–163.

PASSARGE, H. (1981): Gartenunkraut-Gesellschaften. Tuexenia 1, 63–79.

PASSARGE, H. (1988): Neophyten-reiche märkische Bahnbegleitgesellschaften. Gleditschia 16, 187–197.

PASSARGE, H. (1996): Pflanzengesellschaften Nordostdeutschlands. I. Hydro- und Therophytosa. J. Cramer, Berlin/Stuttgart, 298 S.

PAUS, S.M. (1997): Die Erdflechtenvegetation Nordwestdeutschlands und einiger Randgebiete. Biblioth. Lichenol. 66, 222 S., Anh.

PEDERSEN, A. (1983): Spraglet flora i gamle landsbyhække. URT 3/83, 85–93.

PETERSEN, A. (1986): Anatomische und physiologische Untersuchungen an Stadtbäumen in Hamburg. Diss., Univ. Hamburg, Hamburg, 229 S.

PFALZ, W. (1910/11): Naturgeschichte für die Großstadt. Teil I (1910), 173 S., Teil II (1911), 212 S., B.G. Teubner, Leipzig/Berlin.

PHILIPPI, G. (1971): Zur Kenntnis einiger Ruderalgesellschaften der nordbadischen Flugsandgebiete um Mannheim und Schwetzingen. Beitr. naturk. Forsch. Südw.-Dtl. 30, 113–131.

PHILIPPI, G. (1983): Ruderalgesellschaften des Tauber-Main-Gebietes. Veröff. Landesstelle Naturschutz Landschaftspflege Baden-Württemberg 55/56, 415–478.

POTT, R. (1995): Die Pflanzengesellschaften Deutschlands. 2. überarb. u. erw. Aufl., Ulmer Stuttgart, 622 S.

PROBST, W. (1993): Naturerlebnisräume in der Stadt – mehr Freiheit für die Natur, mehr Freiheit für kreatives Spielen. Geobot. Kolloq. 9, 59–67.

PYŠEK, A. (1972): Ein Beitrag zur Kenntnis der Ruderalvegetation der Stadt Sušice (Westböhmen). Fol. mus. rer. natur. Bohem. occid., Plzeň, Bot. 2, 3–33.

PYŠEK, A. (1974): Kurzgefasste Übersicht der Ruderalvegetation von Plzeň und seiner nahen Umgebung. Fol. mus. rer. natur. Bohem. occid., Plzeň, Bot. 4, 3–41.

PYŠEK, A. (1975): Základní charakteristika ruderální vegetace Chomutova. Severočes. Přír., Litoměřice, 6, 1–69.

PYŠEK, A. (1977): Sukzession der Ruderalpflanzengesellschaften von Groß-Plzeň. Preslia 49, 161–179.

PYŠEK, A. (1978): Grundlegende Charakteristik der westböhmischen Siedlungsvegetation. Acta bot. slov. Acad. Sci. slov., ser. A, 3, 339–350.

PYŠEK, A. (1988): K ruderální vegetaci Konstantinových Lázní v okrese Tachov. Zpr. Muz. Západočes. Kraje-Přír., Plzeň 36/37, 37–44.

PYŠEK, A. (1992): Bemerkungen zum gegenwärtigen Stand der westböhmischen Ruderalvegetation. Fol. mus. rer. natur. Bohem. occid., Plzeň, Bot. 36, 1–18.

PYŠEK, A. (1994): K přežívající ruderální vegetaci západočeských sídlišť. Zpr. Čes. Bot. Společ. 29, Mater. 11, 77–79.

PYŠEK, A., HÁJEK, M. (1996): Die Ruderalvegetation der Ablagerungsplätze und ihre praktische Ausnutzung zur Kontaminationsentdeckung. Verh. Ges. Ökol. 25, 215–217.

PYŠEK, A., HEJNÝ, S. (1995): Flora and Vegetation of Various Types of Settlements in the Czech Republic: a Concise Comparison. In SUKOPP, H., NUMATA, M., HUBER, A. (eds.): Urban Ecology as the Basis of Urban Planning. SPB Acad. Publ. bv, Amsterdam, 151–160.

PYŠEK, A., LORBER, J. (1992): *Sclerochloo-Polygonetum avicularis* Soó ex Korneck 1969 v Krásném Dvoře na Lounsku a v některých sídlištích Chomutovska. Severočes. Přír. Litoměřice 26, 1–4.

PYŠEK, A., PYŠEK, P. (1987a): Quantitative Bewertung der Vegetationsdynamik in westböhmischen Siedlungsgebieten in den letzten 15 Jahren. In SCHUBERT, R., HILBIG, W. (Hrsg.): Erfassung und Bewertung anthropogener Vegetationsveränderungen Teil 1. Martin-Luther-Univ. Wiss. Beitr. Halle/Salle 1987/4, 176–188.

PYŠEK, A., PYŠEK, P. (1987b): Die Methode der Einheitsflächen beim Studium der Ruderalvegetation. Tuexenia 7, 479–485.

PYŠEK, A., PYŠEK, P. (1988a): Standörtliche Differenzierung der Flora der westböhmischen Dörfer. Fol. mus. rer. natur. Bohem. occid., Plzeň, Bot. 28, 1–52.

PYŠEK, A., PYŠEK P. (1988b): Hemerochore Arten in der Flora der westböhmischen Dörfer. In ZALIBEROVÁ M. et al. [eds.], Proc. Symposium Synanthropic Flora and Vegetation 5, Martin, 221–228.

PYŠEK, A., PYŠEK P. (1988c): Ruderální Flóra Plzně Sborn. Západočes. Muz., Plzeň, Přír., 68, 1–34.

PYŠEK, A., ONDRÁČEK., LORBER J. (1993): *Coronopo-do-Polygonetum avicularis* Oberd. 1971 na Kadaňsku a v přilehlém území. Severočes. Přír., Litoměřice, 27, 1–18.

PYŠEK, P. (1979): Vzácná asociace *Coronopo-Polygonetum avicularis* v Českém krasu. Zprav. Čs. Bot. Společ., Praha, 14, 153–154.

PYŠEK P. (1985): Příspěvek ke květeně obcí Českého krasu. Zpr. Čs. Bot. Společ., Praha 20, 69–77.

PYŠEK P. (1989a): Archeofyty a neofyty v ruderálni flóře některých sídlišt'v Čechách. Preslia 61, 209–226.

PYŠEK, P. (1989b): On the richness of Central European urban flora. Preslia 61, 329–334.

PYŠEK, P. (1991): Die Siedlungsvegetation des Böhmischen Karsts. 1. Syntaxonomie. Folia Geobot. Phytotax. 26, 225–261.

PYŠEK, P. (1992): Die Siedlungsvegetation des Böhmischen Karsts. 2. Ökologische Charakteristik. Folia Geobot. Phytotax. 27, 113–135.

PYŠEK, P. (1993): Factors affecting the diversity of flora and vegetation in central European settlements. Vegetatio 106, 89–100.

PYŠEK, P. (1995): Approaches to studying spontaneous settlement flora and vegetation in central Europe: a review. In SUKOPP, H, NUMATA, M., HUBER, A. (eds.): Urban Ecology as the Basis of Urban Planning. SPB Academic Publ., Amsterdam, 23–39.

PYŠEK P. (1997): *Compositae* as invaders: better than the others? Preslia 69: 9–22.

PYŠEK P. (1998a): Alien plants in Czech village flora: an analysis of species numbers. Feddes Repert. 109, 139–146.

PYŠEK P. (1998b): Alien and native species in Central European urban floras: a quantitative comparison. J. Biogeography 25, 155–163.

PYŠEK, P., MANDÁK, B. (1997): Fifteen years of changes in the representation of alien species in Czech village flora. In BROCK, J.H., WADE, M., PYŠEK, P., GREEN, D. (eds.): Plant Invasions: Studies from North America and Europe. Backhuys Publ., Leiden, 183–190.

PYŠEK, P., PRACH, K. (1993): Plant invasions and the role of riparian habitats: a comparison of four species alien to central Europe. J. Biogeogr. 20, 413–420.

PYŠEK P., PYŠEK, A. (1985): Die Ausnutzung der Ruderalvegetation zur quantitativen Indikation von Standortsverhältnissen mit Hilfe von Einheitsflächen (am Beispiel westböhmischer Siedlungen). Fol. mus. rer. natur. Bohem. occid., Plzeň, Bot. 22, 3–35.

PYŠEK, P., PYŠEK, A. (1988): Die Vegetation der Betriebe der östlichen Teile von Praha. Preslia 60, 339–367.

PYŠEK, P., PYŠEK, A. (1990): Comparison of the Vegetation and Flora of the West Bohemian villages and Towns. In SUKOPP, H., HEJNÝ, S. (eds.): Urban Ecology. SPB Acad. Publ. bv, The Hague, 105–112.

PYŠEK, P., PYŠEK, A. (1991a): Vergleich der dörflichen und städtischen Ruderalflora, dargestellt am Beispiel Westböhmens. Tuexenia 11, 121–134.

PYŠEK, P., PYŠEK, A. (1991b): Succession in urban habitats: an analysis of phytosociological data. Preslia 63, 125–138.

PYŠEK, P., RYDLO, J. (1984): Vegetace a flóra vybraných sídlišť v území mezi Kolínem a Poděbrady. – Bohemia Centralis, Praha, 13, 135–181.

PYŠEK, P., PRACH, K., ŠMILAUER, J. (1995): Relating invasion success to plant traits: an analysis of the Czech alien flora. In PYŠEK, P., PRACH, K., REJMÁNEK, M., WADE, M. (eds.): Plant Invasion – General Aspects and Special Problems. SPB Acad. Publ., Amsterdam, 39–60.

RAABE, U. (1985): Beitrag zur Flora der Dörfer im Kreis Höxter. Veröff. Naturkdl. Ver. Egge-Weser 3, 8–19.

RAABE, U., BRANDES, D. (1988): Flora und Vegetation der Dörfer im nordöstlichen Burgenland. Phytocoenologia 16: 225–258, Stuttgart.

RABE, R. (1990): Bioindikation von Luftverunreinigungen. In KREEB, K.H. (Hrsg.): Methoden zur Pflanzenökologie und Bioindikation. G.Fischer, Stuttgart/New York, 275–303.

RABE, R., WIEGEL, H. (1985): Wiederbesiedlung des Ruhrgebietes durch Flechten zeigt Verbesserung der Luftqualität. Staub – Reinhaltung Luft 45, 124–126.

RADLER, D., PUNZ, W. (1999): Gewerbe- und Industriebrachen in Wien. Verh. Zool.-Bot. Ges. Österreich 136, 249–263.

RAITELHUBER, J.H. (1987): Die Pilze des Höhenparks Killesberg in Stuttgart. Metrodonia, Sonderh. 3.

Raunkiaer, C. (1934): The Life Form of Plants. Oxford Univ. Press, Oxford, 213 S.

Rauter, W. (1975): Pilze als Indikatoren für Quecksilberimmissionen am Standort einer Chlor-Alkali-Elektrolyse. Z. Lebensm. Unters. Forsch. 159, 149–151.

Rebele, F. (1986): Die Ruderalvegetation von Berlin (West) und deren Immissionsbelastung. Landschaftsentwicklung und Umweltforschung. Schr.r. FB Landschaftsentwicklung der TU Berlin 43, Berlin, 223 S.

Rebele, F. (1988): Ergebnisse floristischer Untersuchungen in den Industriegebieten von Berlin (West). Landschaft + Stadt 20, 49–66.

Rebele, F., Dettmar, J. (1996): Industriebrachen. Ökologie und Management. Ulmer, Stuttgart, 188 S.

Rebele, F., Werner, P. (1984): Untersuchungen zur ökologischen Bedeutung industrieller Brach- und Restflächen in Berlin (West). Berlin (Berlin Forschung; Förderungsprogramm der FU Berlin für junge Wissenschaftler).

Rebele, F., Werner, P. (1987): Ruderalpflanzen als Bioindikatoren in industriellen Belastungsgebieten. Verhandl. Ges. Ökol. 16, 181–190.

Regehr, D.L., Bazzaz, F.A. (1979): The Population Dynamics of *Erigeron canadensis*, a Successional Winter Annual. J. Ecol. 67, 923–933.

Reidl, K. (1984): Zur Verbreitung und Vergesellschaftung des Klebrigen Alant (*Inula graveolens* (L.) Desf.) in Essen. Mitt. LÖLF 9 (3), 41–43.

Reidl, K. (1989): Floristische und vegetationskundliche Untersuchungen als Grundlage für den Arten- und Biotopschutz in der Stadt – dargestellt am Beispiel Essen. Diss. FB 9 Univ. GHS Essen.

Reidl, K. (1993): Zur Gefäßpflanzenflora der Industrie- und Gewerbegebiete des Ruhrgebietes – Ergebnisse aus Essen. Decheniana 146, 39–55.

Reidl, K. (1998): Ökologische Bedeutung von Brachflächen im Ruhrgebiet. NUA-Seminarber. 2, 9–21.

Reiling, K., Davison, A.W. (1992): Spatial variation in ozone resistance of British populations of *Plantago major* L. New. Phytol. 122, 699–708.

Reinartz, H., Schlag, M. (1993): Pilze an Stadtbäumen. Augsbuger Ökol. Schr. 3, 221–242.

Richardson, D.H.S. (1991): Lichens as Biological Indicators – Recent Developments. In Jeffrey, D.W., Madden, B. (eds.): Bioindicators and Environmental Management. Acad. Press., London, 263–272.

Richter, M., Böcker, R. (2001): Städtische Vorkommen und Verbreitungstendenzen des Blauglockenbaumes (*Paulownia tomentosa*) in Südwestdeutschland.

Ringenberg, J. (1994): Analyse urbaner Gehölzbestände am Beispiel der Hamburger Wohnbebauung. Dr. Kovac, Hamburg.

Ringler, A. (1987): Gefährdete Landschaft. Lebensräume auf der Roten Liste. BLV, München, 195 S.

Rívas-Martinéz, S. (1975): Sobre la nueva clase Polygono-Poetea annuae. Phytocoenol. 2, 123–140.

Röhricht, W., Peschel, T. (1999): Schafschwingelreiche Scherrasen in Berlin und Brandenburg. Verh. Bot. Ver. Berlin Brandenburg 132, 253–266.

Roessler, G., Schweizer, B, Arndt, U. (1986): Auswirkungen einer NaCl-Belastung auf Gehölze der straßenbegleitenden Vegetation. Verhandl. Ges. Ökol. 14, 351–356.

Rostański, K., Gutte, P. (1971): Roślinność ruderalna miasta Wroclawia. Mater. Zakł. Fitosoc. Stos. Uniw. Warsz. 27, 167–215.

Rowntree, R.A. (1988): Ecology of the Urban Forest: Introduction to Part III. Landscape and Urban Planning 15, 1–10.

Ruge, U. (1982): Physiologische Schäden durch Umweltfaktoren. In Meyer, F.H. (Hrsg.): Bäume in der Stadt, 134–198.

Runge, F. (1965): Adventivpflanzen der beiden Kanalhäfen in Münster während der Jahre 1957–1964. Natur u. Heimat 25, 61–64.

Runge, F. (1972): Adventivpflanzen der beiden Kanalhäfen in Münster während der Jahre 1965–1971. Natur u. Heimat 32, 49–51.

Runge, M. (1975): West-Berliner Böden anthropogener Litho- und Pedogenese. Diss. TU Berlin.

Saarislo-Taubert, A. (1963): Die Flora in ihrer Beziehung zur Siedlung und Siedlungsgeschichte in den südfinnischen Städten Porvoo, Loviisa und Hamina. Ann. Bot. Soc. Zool. Bot. Fennicae ‚Vanamo' 35, 1–190.

Sachse, U. (1989): Die anthropogene Ausbreitung von Berg- und Spitzahorn (*Acer pseudoplatanus* L. und *Acer platanoides* L.). Ökologische Voraussetzungen am Beispiel Berlins. Landschaftsentwickl. u. Umweltforsch. 63, 129 S.

Sailer, U. (1990): Vegetationsentwicklung auf Brachflächen der Stadt Zürich. Ber. Geobot. Inst. ETH. Stiftung Rübel 56, 78–117.

Sattler, D. (2000): Analyse der gepflanzten und spontanen Gehölzvegetation der Städte Halle (Saale) und Leipzig. Diss. Univ. Leipzig, 105 S., Anh.

Sauerwein, B. (1988): Die Pflanzengesellschaften der Henschelhalde in Kassel. Philippia 6, 3–35.

Sauerwein, B. (1999): *G. pratensis* (Pers.) Dum., *G. villosa* (M.B.) Sweet (*G. arvensis* Dum.) und *Gagea lutea* (L.) Ker.-Gawl., im westlichen Stadtgebiet Kassels. Flor. Rundbr. 33(2), 77–92.

Schaaf, F.-J. (1987): Der Baum im Düsseldorfer Straßenraum. Gartenamt 36, 244–252.

Schadewaldt, G. (1987): Pilzvorkommen an Straßenbäumen im Wiesbadener Stadtgebiet. Jb. Nass. Ver. Naturkde. 109, 7–33.

Schaepe, A. (1990): Grid mapping of Bryophytes in Berlin (West). In Sukopp, H., Hejny, S. (eds.): Urban Ecology, 251–254.

Schamineé, J.H.J., Stortelder, A.H.F., Weeda, F.J. (1996): De Vegetatie van Nederland. 3. Plantengemeenschappen van graslanden, zomen en droge heiden. Opulus Press, Uppsala,Leiden, 356 S.

SCHEBECK, L., LIESER, K.H., HÖLLWARTH, M. (1984): Die Birke (*Betula pendula* Roth) als Bioindikator für Schwermetallimmissionen. Angew. Bot. 58, 457–482.

SCHEUERMANN, R. (1928): Die Pflanzenwelt der Kehrrichtplätze des rhein.-westf. Industriegebiets. Sitzungsber. Naturhist. Ver. preuß. Rheinl. Westfalen, 110–28.

SCHEUERMANN, R. (1930): Mittelmeerpflanzen der Güterbahnhöfe des rhein.-westf. Industriegebietes. Verhandl. Naturhist. Ver. Preuß. Rheinl. Westfalen 86, 256–342.

SCHEUERMANN, R. (1934): Mittelmeerpflanzen der Güterbahnhöfe des rhein.- westf. Industriegebietes. 1. Nachtrag. Feddes Repert. Beiheft 76, 65–99.

SCHEUERMANN, R. (1940): Mittelmeerpflanzen der Güterbahnhöfe des rhein.-westf. Industriegebietes. 2. Nachtrag. Feddes Repert. Beih. 121, 131–156.

SCHEUERMANN, R., WEIN, K. (1938): Die Gartenkräuter in der Stadt Nordhausen, Hercynia 1, 232–264.

SCHMID, B., BAZZAZ, F.A. (1987): Clonal integration ad population structure in perennials: effects of severing rhizome connections. Ecology 68, 2016–2022.

SCHMID, B., PUTTICK, G.M., BURGESS, K.H., BAZZAZ, F.A. (1988): Correlations between genet architecture and some life history features in three species of *Solidago*. Oecologia 75, 459–464.

SCHMID, B. MIAO, G.M., BAZZAZ, F.A. (1990): Effects of simulated root herbivory and fertilizer application on growth and biomass allocation in the clonal perennial *Solidago canadensis*. Oecologia 84, 9–15.

SCHMIDT, W. (1981): Über das Konkurrenzverhalten von *Solidago canadensis* und *Urtica dioica*. Verh. Ges. Ökol. 9, 173–188.

SCHMIDT, W. (1983): Über das Konkurrenzverhalten von *Solidago canadensis* und *Urtica dioica*. II. Biomasse und Streu. Verh. Ges. Ökol. 11, 373–384.

SCHMITZ, G. (1999): Zur Bedeutung der städtischen Vegetation für den Schutz phytophager Insekten – Tendenzen und Beispiele. Geobot. Kolloq. 14, 41–48.

SCHMITZ, J. (1991): Vorkommen und Soziologie neophytischer Sträucher im Raum Aachen. Decheniana 144, 22-38.

SCHNEDLER, W., BÖNSEL, D. (1989): Die großwüchsigen Melde-Arten *Atriplex micrantha* C.A. Meyer in Ledeb. (= *A. heterosperma* Bunge), *Atriplex sagittata* Borkh. (= *A. nitens* Schkuhr = *A. acuminata* W. & K.) und *Atriplex oblongifolia* W. & K. an den hessischen Autobahnen im Sommer 1987. Hess. Flor. Rundbr. 38(4), 50–64.

SCHNEIDER, U. (1993): Bestandsentwicklung der Augsburger Straßenbäume. Augsbuger Ökol. Schr. 3, 133–145.

SCHÖLLER, H. (1995): Veränderungen der Flechtenflora und Flechtenvegetation im Frankfurter Stadtgebiet seit 1800. Cour. Forsch. Senckenberg 186, 149–168.

SCHOLZ, H. (1956): Die Ruderalvegetation Berlins. Willdenowia 2, 379–397.

SCHOLZ, H. (1960): Die Veränderungen in der Ruderalflora Berlins. Willdenowia 2, 379–397.

SCHOLZ, H. (1991): Einheimische Unkäuter ohne Naturstandorte („Heimatlose" oder obligatorische Unkräuter). Flora Vegetatio Mundi 9, 105–112.

SCHOLZ, H. (1993): Eine unbeschriebene anthropogene Goldrute *(Solidago)* aus Mitteleuropa. Flor. Rundbr. 27 (1), 7–12.

SCHOLZ, H. (1995): Das Archäophyten-Problem in neuer Sicht. Schr.-R. Vegetationskde. 27, 431–439.

SCHRADER, H.-J. (1994): Die Moosflora von Braunschweig. Limprichtia 2, 98 S. + Anhang.

SCHREIBER, K.F. (1983): Die phänologische Entwicklung der Pflanzendecke als Bioindikator für natürliche und anthropogen bedingte Differenzierungen der Wärmeverhältnisse in Stadt und Land. Verhandl. Ges. Ökol. 11, 385–396.

SCHREIBER, K.F. (1985): Wuchsklimakarte des Ruhrgebietes und angrenzender Bereiche. Kommunalverband Ruhrgebiet (Hrsg.), Essen, 32 S.

SCHROEDER, F.-G. (1969): Zur Klassifizierung der Anthropochoren. Vegetatio 16, 225–238.

SCHÜTZ, P. (1998): Effizienzkontrolle – Naturschutzmaßnahmen auf Brachflächen im Ruhrgebiet. NUA-Seminarber. 2, 52–66.

SCHULTE, W. (1985): Florenanalyse und Raumbewertung im Bochumer Stadtbereich. Materialien Raumordnung Geograph. Inst. Ruhr-Univ. Bochum 30, Bochum.

SCHULTE, W. (1992): Pflanzengesellschaften im Bonn-Bad Godesberger Stadtbereich – eine Übersicht –. Natur u. Landschaft 67, 481–489.

SCHUMACHER, W. (1983): Über die Neubegründung von Ruderalgesellschaften im Rheinischen Freilichtmuseum in Kommern. Schr.r. Stiftung zum Schutze gefährdeter Pflanzen 3, 11–20.

SCHUSTER, G. (1985): Die Jugendentwicklung von Flechten. Biblioth. Lichenol. 20, J. Cramer, Vaduz.

SCHWARZ, G. (1989): Allgemeine Siedlungsgeographie. 4. Aufl. Teil 1: 481 S. Teil 2: 1089 S. De Gruyter, Berlin/New York.

SEEHANN, G. (1979): Holzzerstörende Pilze an Straßen- und Parkbäumen in Hamburg. Mitt. Deutsche Dendrol. Ges. 71, 193–221.

SEGAL, S. (1969): Ecological Notes on Wall Vegetation. Dr. W. Junk N.V. Publ., The Hague.

SEITZ, W. (1983): Studien an Rindenflechten und ihrer ökologischen Korrelation zur Luftverunreinigung in einigen Städten Süd(west)deutschlands und Ostfrankreichs. Beitr. Biol. Pflanzen 58, 1–45.

SERNANDER, R. (1926): Stockholms Natur. Almquist u. Wiksells, Uppsala.

SEYBOLD, S. & MÜLLER, (1972): Beitrag zur Kenntnis der Schwarznessel (*Ballota nigra* agg.) und ihre Vergesellschaftung. Veröff. Landesst. Naturschutz Landschaftspflege Baden-Württemberg 40, 51–126.

SKIRGIEŁŁO, A. (1990): Synanthropization of the polish mycoflora. In SUKOPP, H., HEJNY, S. (eds.): Urban Ecology, 255–257.

SKYE, E. (1968): Lichens and air pollution. A study of cryptogamic epiphytes and environment in the Stockholm region. Acta Phytogeogr. Suec. 52, Almquist und Wiksells, Uppsala.

SOKOŁ, S. (1997): Pilze in Städten: das Beispiel der Synanthropisation der europäischen Lackporlinge (*Ganoderma* P. Karst.). Geobot. Kolloq. 13, 70–71.

SOWA, R. (1964): Roślinne zespoły ruderalne na terenie Łodzkie. Tow. Nauk. Wydz. Nauk Mat. Przyr. 96, 1–30.

SOWA, R., WARCHOLIŃSKA, A.U. (1987): Flora synantropijna Łowicza i Skierniewic. Acta Univ. Lodz., Folia Bot. 5, 109–164.

SPERBER, H., KAUSCH, W. (1975): Phänologische Beobachtungen an der Rosskastanie in Bonn. Gartenamt 24, 131–138.

SPIRIG, A. (1981): Zum Wasserhaushalt verschiedener Straßenbaumarten unter dem Einfluss der winterlichen Streusalzanwendung. Ber. Geobot. Inst. ETH. Stiftung Rübel 74, 3-68.

SPRINGER, S. (1985): Spontane Vegetation in München. Ber. Bayer. Bot. Ges. 56, 103–142.

STANGL, J. (1962): Zur Pilzflora der städtischen Gärten in Augsburg. Ber. Bayer. Bot. Ges. 35, 133–146.

STANGL, J. (1965): Zur Kenntnis der Pilzvegetation in Parkanlagen. Pilze in den Siebentischanlagen bei Augsburg. Augsburg. Zeitschr. Pilzkunde 31, 85–100.

STAPPER, N.J., FRANZEN, I. GOHRBANDT, S., FRAHM, J.-P. (2000): Moose und Flechten kehren ins Ruhrgebiet zurück. LÖBF-Mitteilungen 2/2000, 12–21.

STERNSCHULTE, A. (1985): Bauerngärten im Kernmünsterland und im Oberwälderland/Kreis Höxter. Siedlung u. Landschaft in Westfalen 17, 39–106.

STEUBING, L. (1976): Niedere und höhere Pflanzen als Indikatoren für Immissionsbelastungen. Landschaft + Stadt 8, 97–103.

STEUBING, L. (1981): Ausweisung von Zonen unterschiedlicher Immissionsbelastung mittels Bioindikatoren. Verhandl. Ges. Ökol. 9, 233–240.

STEUBING, L. (1987): Bewertung der lufthygienischen Situation im städtischen Bereich mittels pflanzlicher Indikatoren. Düsseldorfer Geobot. Kolloq. 4, 53–60.

STEUBING, L., HILDEBRAND, R. (1980): Pflanzengesellschaften geschlossener Mülldeponien verschiedenen Alters. Phytocoenologia 7, 208-217.

STIEGLITZ, W. (1981): Die Adventivflora des Neusser Hafens in den Jahren 1979 und 1980. Gött. Flor. Rundbr. 15, 45–54.

STRATMANN, H., BUCK, M., HERPERTZ, E. (1965): Untersuchungen über Schwefeldioxyd- und Staubimmissionen im nördlichen Ruhrgebiet. Schr. R. Landesanstalt Immissions- und Bodennutzungsschutz Land Nordrhein-Westfalen 1, 52–58.

STRICKER, W. (1962): Das Leipziger Hafengelände – Einwanderungstor seltener und fremder Pflanzenarten. Sächs. Heimatbl. 8, 464–473.

SUDNIK-WÓJCIKOWSKA, B. (1986): Distribution of some vascular plants and anthropopressure zones in Warsaw. Acta. Soc. Bot. Pol. 55, 481–496.

SUDNIK-WÓJCIKOWSKA, B. (1987a): Flora miasta Warszawy i jej przemiany w ciągu XIX i XX wieku. 2 Bde., Wyd. Uniw. Warsz., Warszawa 242 u. 435 S.

SUDNIK-WÓJCIKOWSKA, B. (1987b): *Iva xanthiifolia* Nutt. and its communities within Warsaw. Acta Soc. Bot. Pol. 56(1), 155–167.

SUDNIK-WÓJCIKOWSKA, B. (1987c): Dynamik der Warschauer Flora in den letzten 150 Jahren. Gleditschia 15, 7–23.

SUDNIK-WÓJCIKOWSKA, B. (1988): Flora Synanthropisation and Anthropopressure Zones in a Large Urban Agglomeration (Exemplified by Warsaw). Flora 180, 259–265.

SUDNIK-WÓJCIKOWSKA, B. (1992): Studies on Indices of Flora Synanthropization. Flora 187, 37–50.

SUDNIK-WÓJCIKOWSKA, B. (1998): Czasowe i przestrzenne aspekty procesu synantropizacji flory. Wyd. U. W., Warszawa, 167 S.

SUDNIK-WÓJCIKOWSKA, B., MORACEWSKI, I.R. (1998): Selected Spatial Aspects of the Urban Flora Synanthropization. Methodical Considerations. Phytocoenosis 10, (N.S.) Suppl. Cartogr. Geobot. 9, 69–78.

SUKOPP, H. (1971): Beiträge zur Ökologie von *Chenopodium botrys* L. I. Verbreitung und Vergesellschaftung. Verhandl. Bot. Ver. Prov. Brandenburg 108, 3–25.

SUKOPP, H. (1973): Die Großstadt als Gegenstand ökologischer Forschung. Schr. Ver. Verbr. naturwiss. Kenntn. Wien 113, 90–140.

SUKOPP, H. (1976): Dynamik und Konstanz in der Flora der Bundesrepublik Deutschland. Schr.r. Vegetationskde. 10, 9–27

SUKOPP, H. (1983): Die Bedeutung der Freilichtmuseen für den Arten- und Biotopschutz. Schr.r. Stiftung zum Schutze gefährdeter Pflanzen 3: 34–48.

SUKOPP, H. (Hrsg.) (1990): Stadtökologie – Das Beispiel Berlin. D. Reimer, Berlin, 455 S., 1 Karte.

SUKOPP, H. (1993): Ökologie und Vergesellschaftung von *Veronica sublobata* M. Fischer. Ber. Inst. Landschafts- Pflanzenökol. Univ. Hohenheim 2, 255–268.

SUKOPP, H. (1999): Sandmagerrasen auf urban-industriellen Sekundärstandorten. Beobachtungen im Berliner Gebiet 1852–1989. Verh. Bot. Ges. Berlin Brandenburg 132, 221–252.

SUKOPP, H., KÖSTLER, H. (1986): Stand der Untersuchungen über dörfliche Flora und Vegetation in der Bundesrepublik Deutschland. Natur u. Landschaft 61(7/8), 264–267.

SUKOPP, H., KOWARIK, L. (1987): Der Hopfen *(Humulus lupulus* L.) als Apophyt der Flora Mitteleuropas. Natur u. Landschaft 62, 373–377.

SUKOPP, H., KUNICK, W. (1976): Höhere Pflanzen als Bioindikatoren in Verdichtungsräumen. Daten und Dokumente Umweltschutz 19, 79–98.

SUKOPP, H., SCHOLZ, H. (1965): Neue Untersuchungen über *Rumex triangulivalvis* (Danser) Rech.f. in Deutschland. Ber. Deutsche Bot. Ges. 78, 455–465.

SUKOPP, H., SCHOLZ, H. (1997): Herkunft der Unkäuter. Osnabrücker Naturwiss. Mitt. 23, 327–333.

SUKOPP, H., SUKOPP, U. (1988): *Reynoutria japonica* HOUTT. in Japan und in Europa. Veröff. Geobot. Inst. ETH, Stiftung Rübel 98, 354–372.

SUKOPP, H., WITTIG, R. (Hrsg.) (1998): Stadtökologie. 2. Aufl. G. Fischer, Stuttgart, 474 S.

SUKOPP, H., WEILER, S. (1988): Biotope mapping and nature conservation strategies in urban areas of the Federal Republic of Germany. Landscape and Urban Planning 15, 39–58.

SUKOPP, H., WURZEL, A. (1995): Klima- und Florenveränderung in Stadtgebieten. Angewandte Landschaftsökologie 4, 103–130.

SUKOPP, H., WURZEL, A. (2000): Changing Climate and the Effects on Vegetation in Central European Cities. Arboricultural Journal 24, 257–281.

SUKOPP, H., KUNICK, W., RUNGE, W., ZACHARIAS, F. (1973): Ökologische Charakteristik von Großstädten, dargestellt am Beispiel Berlins. Verh. Ges. Ökol. 2, 383–402.

SUKOPP, H., BLUME, H.P., CHINNOW, D., KUNICK, W., RUNGE, M., ZACHARIAS, F. (1974): Ökologische Charakteristik von Großstädten, besonders anthropogene Veränderungen von Klima, Boden und Vegetation. Zeitschr. TU Berlin 6, 469–488.

SUKOPP, H., KUNICK, W., SCHNEIDER, C. (1979a): Biotopkartierung in der Stadt. Natur u. Landschaft 54, 66–68.

SUKOPP, H., BLUME, H.P., KUNICK, W. (1979b): The soil, flora and vegetation of Berlin's wastelands. In LAURIE, I.C. (ed.): Nature in Cities, J. Wiley, Chichester, 115–132.

SUKOPP, H., BLUME, H.-P., ELVERS, H., HORBERT, M. (1980): Beiträge zur Stadtökologie von Berlin (West). Exkursionsführer für das zweite europäische ökologische Symposium im September 1980. Landschaftsentwicklung und Umweltforschung 3, Institut für Ökologie der Techn. Univ. Berlin, Berlin.

SUKOPP, H. AUHAGEN, A., BENNERT, W., BÖCKER, R., HENNIG, U., KUNICK, W., KUTSCHKAU, H., SCHEIDER, C., SCHOLZ, H., ZIMMERMANN, F. (1982): Liste der wildwachsenden Farn- und Blütenpflanzen von Berlin (West) mit Angaben zur Gefährdung der Sippen und Angaben über den Zeitpunkt der Einwanderung in das Gebiet von Berlin (West). Landschaftsentw. u. Umweltforsch. 11, 19–58.

SURHOLT, B., BAAL, T. (1995): Die Bedeutung blühender Silberlinden für Insekten im Hochsommer. Natur u. Landschaft 6, 252–257.

SYMADER, W. (1981): Räumliche Verbreitungsmuster der Belastung Kölner Stadtbäume durch einzelne Schwermetalle. Verhandl. Ges. Ökol. 10, 481–484.

SZOTKOWSKI, P. (1978): Bericht über die synanthropische Flora der Flusshäfen der oberen Oder. Acta Bot. Slov. Acad. Sci. Slov., Ser. A 3, 97–100.

TERHORST, A., WITTIG, R. (1989): Die Eignung der Pyramidenpappel (*Populus nigra* „italica“) als Akkumulationsindikator für Fluorid. Acta Biol. Benrodis 1, 83–92.

THELLUNG, A. (1918/19): Zur Terminologie der Adventiv- und Ruderalfloristik. Allg. Bot. Zeitschr. 24/25, 36–42.

THÖNNESSEN, M., WERNER, W. (1996): Die fassadenbegrünende Dreispitzige Jungfernrebe als Akkumulationsindikator. Gefahrstoffe - Reinhaltung Luft 56, 351-357.

THOMAS, W. (1983): Über die Verwendung von Pflanzen zur Analyse räumlicher Spurensubstanz-Immissionsmuster. Staub – Reinhaltung Luft 43, 141–148.

TISCHLER, W. (1980): Biologie der Kulturlandschaft. G. Fischer, Stuttgart/New York.

TITZE, P. (1983a): Naturschutz im Dorf – Lebensräume (Biotope) im Dorf und ihre Pflanzengesellschaften. Laufener Seminarbeitr. 83(1), 26–28.

TITZE, P. (1983b): Das Pflanzenkleid des Dorfes – Seine Gärten. Laufener Seminarbeitr. 83(1), 29–55.

TOKARSKA-GUZIK, B. (1986): Udział gatunków z rodzaju *Oenothera* L. w zbiorowiskach roślinnych. Acta Biol. Silesiana 4, 86–106.

TOKHTARI, V.K., WITTIG R. (2001): Evolution and Development of Plant Populations in Technogenous Ecotopes. Soil Science 1, 97–105.

TOMKINS, D.J., GRANT, F.W. (1974): Differential responses of 14 weed species to seven herbicids in two plant communities. Canad. J. Bot. 52, 525–533.

TRZCIŃSKA-TACIK, H. (1963): Badania nad zasięgami roślin synantropijnych. 2. *Rumex confertus* Willd. w Polsce. Fragm. Flor. Geobot. 9, 73–84.

TRZCIŃSKA-TACIK, H., WASYLIKOWA, K. (1982): History of the synanthropic changes of flora and vegetation of Poland. Memorabilia Zool. 37, 47–69.

TREPL, L. (1984): Über *Impatiens parviflora* DC. als Agriophyt in Mitteleuropa. Diss. Bot. 73, 400 S.

TÜLLMANN, G., BÖTTCHER, H. (1983): Synanthropic Vegetation and Structure of Urban Subsystems. Colloq. Phytosoc. 12, 481–523.

TÜRK, R., WIRTH, V. (1975): The dependence of $SO_2$ damage to lichens. Oecologia 19, 185–291.

TÜXEN, J. (1958): Über einige vikariierende Assoziationen aus der Gruppe der Fumarieten. Mitt. Flor.-soz. Arb.gem. N.F. 5, 84-89.

TÜXEN, R. (1950): Grundriss einer Systematik der nitrophilen Unkrautgesellschaften in der Eurosibirischen Region Europas. Mitt. Flor.-soz. Arb.gem. N.F. 2, 94-175.

TÜXEN, R. (1957): Zur systematischen Stellung des *Sagineto-Bryetum argentei*. Mitt. Flor.-soz. Arb.gem. 6/7, 170–171.

ULLMANN, I., (1977): Die Vegetation des südlichen Maindreiecks. Hoppea 36 (1), 5-90.

ULLMANN, I., HETZEL, G. (1990): *Conyzo-Panicetum capillaris*. Eine „moderne" Anthropochoren-Gesellschaft des südlichen Mitteleuropa. Phytocoenologia 18, 317–386.

VARESCHI, V. (1936): Die Epiphytenvegetation von Zürich. Ber. Schweiz. Bot. Ges. 46, 445–488.

VDI (= Verein Deutscher Ingenieure) (1988): Stadtklima und Luftreinhaltung. Ein wissenschaftliches Handbuch für die Praxis in der Umweltplanung. Springer, Berlin.

VERHEYEN, T., HIRSCHMANN, L., SCHREIBER, K.F. (1987): Die epiphytische Flechtenvegetation als Bioindikator für die Luftqualität im Stadtgebiet von Münster. Arb.ber. Lehrstuhl. Landschaftsökol. Münster 7.

VESTERGAARD, P., HANSEN, K. (1989) (eds): Distribution of vascular plants in Denmark. Opera Bot. 96 AiO print Odense, 163 Seiten.

VILLWOCK, I (1962): Der Stadteinfluss Hamburgs auf die Verbreitung epiphytischer Flechten. Abhandl. Naturwiss. Ver. Hamburg. N.F. 6, 147–166.

VIŠŇÁK, R. (1986): Příspěvek k poznání antropogenní vegetace v severních Čechách, zvláště v městě Liberci. Preslia 58, 353–368.

VIŠŇÁK, R. (1996): Synantropní vegetace na území městra Ostravy. Preslia 67, 261–299; Preslia 68, 59–96.

VIŠŇÁK, R. (1991): Společenstva s celíkem kanadským (*Solidago canadensis* L.) v antropogenní krajině. Preslia 63, 291-304.

VOGEL, A. (1999): Das Überleben von *Corrigiola litoralis*, *Illecebrum verticillatum* und *Herniaria glabra* (Illecebraceae) auf Industriebrachen und an Talsperrenufern in Nordrhein-Westfalen. Mitt. bad. Landesver. Naturkunde Naturschutz N.F. 17, 323–335.

WAGNER, G. (1987): Entwicklung einer Methode zur großräumigen Überwachung der Umweltkontamination mittels standardisierter Pappelblattproben von Pyramidenpappeln (*Populus nigra* 'Italica') am Beispiel von Blei, Cadmium und Zink. Spez. Bot. Ber. Kernforsch.anlage Jülich 412.

WALKENHORST, A., HAGEMEYER, J., BRECKLE, S. (1993): Passive Monitoring of Airborne Pollutants, Particularly Trace Metals, with Tree Bark. In MARKERT, B. (ed.): Plants as Biomonitors. Indicators for Heavy Metals in the Terrestrial Environment. VCH, Weinheim/New York, 524–540.

WEBER, R. (1960): Die Besiedlung des Trümmerschutts und der Müllplätze durch die Pflanzenwelt (Ruderalflora von Plauen). Museumsreihe 21, 1–79, Anh.

WEBER, R. (1961): Ruderalpflanzen und ihre Gesellschaften. Die neue Brehm-Bücherei. A. Ziemsen, Wittenberg, 1–164.

WEGENER, U. (1987): Beobachtungen zur ökologischen Amplitude von *Corispermum leptopterum* (ASCHERSON) ILJIN. Gleditschia 15, 41–46.

WENZEL, E., GERHARDT, A. (1993): Populationsbiologische Konzepte für die Kausalanalyse urbaner Vegetationseinheiten – ihr Einsatz im Biologieunterricht der Sekundarstufe II. IDB Münster, Ber. Inst. Didaktik Biologie 2, 1–18.

WENZEL, E., GERHARDT, A. (1995): Floristische und vegetationskundliche Untersuchungen zur Ruderalvegetation der Stadt Bielefeld im Vergleich mit anderen Städten. Decheniana 148, 29–46.

WERNER, D.J., ROCKENBACH, T., HÖLSCHER, M.-L. (1991): Herkunft, Ausbreitung, Vergesellschaftung und Ökologie von *Senecio inaequidens* DC. unter besonderer Berücksichtigung des Köln-Aachener Raumes. Tuexenia 11, 73–108.

WERNER, W., WITTIG, R., HEIMANN, R. (1989a): Biomasse und Reproduktion von *Plantago major* L. in verschiedenen Pflanzengesellschaften. Verhandl. Ges. Ökol. 18, 671–681.

WERNER, W., GÖDDE, M., GRIMBACH, N. (1989b): Vegetation der Mauerfugen am Niederrhein und ihre Standortverhältnisse. Tuexenia 9, 57–73.

WILDERMUTH, H. (1980): Natur als Aufgabe. Schweizerischer Bund für Naturschutz, Selbstverlag, 2. Aufl., 298 S.

WILLERDING, U. (1988): Lebens- und Umweltverhältnisse der Bandkeramischen Siedler von Rössing. In FANSA, M. (Hrsg.): Vor siebentausend Jahren: Die ersten Ackerbauern im Leinetal. Hildesheim, 21–34.

WILMANNS, O., BAMMERT, J. (1965): Zur Besiedlung der Freiburger Trümmerflächen – eine Bilanz nach zwanzig Jahren. Ber. Naturf. Ges. Freiburg i.Br. 55, 399–411.

WINKLER, M. (1996): Untersuchungen zur gepflanzten Vegetation und ihrer ökologischen Bedeutung. UfZ-Ber. 5/1996, 42 S., Anh.

WINTERHOFF, W. (1963): Vegetationskundliche Untersuchungen im Göttinger Wald. Nachr. Akad. Wiss. Göttingen, Mat. Phys.Kl. 2, 21–79.

WIRTH, V. (1976a): Der Mensch verändert die Sporenpflanzenflora. Stuttgarter Beitr. Naturkde. Ser. C 5, 29–39.

WIRTH, V. (1976b): Veränderungen der Flechtenflora und Flechtenvegetation in der Bundesrepublik Deutschland. Schr.r. Vegetationskde. 10, 177–202.

WIRTH, V. (1976c): Über den Einfluss des $SO_2$ auf die Flechtenvegetation in urbanen Räumen und die Indikation der $SO_2$-Belastung durch Flechten. Schr.r. Vegetationskde. 10, 203–213.

WIRTH, V. (1985): Zur Ausbreitung, Herkunft und Ökologie anthropogen geförderter Rinden- und Holzflechten. Tüxenia 5, 523–535.

WIRTH, V. (1997): Einheimisch oder eingewandert? Über die Einschätzung von Neufunden von Flechten. In KAPPEN, L. (ed.): New Species and Novel Aspects in Ecology and Physiology of Lichens. Bibl. Lichenol. 67. J. Cramer in Gebr. Bornträger Verlagsbuchhandl., Berlin/Stuttgart, 277–288.

WISKEMANN, C. (1990): Vegetation auf verdichteten Böden in der Stadt Zürich. Ber. Geobot. Inst. ETH. Stiftung Rübel 56, 118–141.

WISSKIRCHEN, R., HAEUPLER, H. (1998): Standardliste der Farn- und Blütenpflanzen Deutschlands. E. Ulmer, Stuttgart, 765 S.

WITTIG, R. (1973): Die ruderale Vegetation der Münsterschen Innenstadt. Natur und Heimat 33, 100–110.

WITTIG, R. (1978): Zur pflanzensoziologischen und ökologischen Stellung ruderaler Bestände von *Solidago canadensis* L. und *Solidago gigantea* AIT. (Asteraceae) innerhalb der Klasse Artemisietea-Decheniana 131, 33–38.

WITTIG, R. (1984): Sterben die Dorfpflanzen aus? Ergebnisse einer umfassenden Untersuchung der Dorfflora in 180 Dörfern Nordrhein-Westfalens. Der Gemeinderat 27 (6), 36–37.

WITTIG, R. (1989a): Methodische Probleme der Bestandsaufnahme der spontanen Flora und Vegetation von Städten. Braun-Blanquetia 3, 21–28.

WITTIG, R. (1989b): Die aktuelle Vergesellschaftung von *Chenopodium bonus-henricus* in Westfalen – eine Betrachtung aus der Sicht des Artenschutzes. Natur u. Landschaft 64, 515–517.

WITTIG, R. (1990): Dorfbiotope und Dorfbiozönosen. Cour. Forsch Senckenberg 126, 133–140.

WITTIG, R. (1991): Ökologie der Großstadtflora. UTB G. Fischer, Stuttgart, 261 S.

WITTIG, R. (1993a): Die Vegetation städtischer Brachflächen. Geobot. Kolloq. 9, 25–30.

WITTIG, R. (1993b): General Aspects of Biomonitoring Heavy Metals by Plants. In MARKERT, B. (ed.): Plants as Biomonitors. Indicators for Heavy Metals in the Terrestrial Environment. VCH, Weinheim, 3–27.

WITTIG, R. (1994): Die Stadtvegetation von Frankfurt. Geobot. Kolloq. 10, 77–87.

WITTIG, R. (1995): Überblick über die Baumscheibenvegetation sechs mitteleuropäischer Städte. Schr.r. f. Vegetationskunde 27, 231–238.

WITTIG, R. (1996): Die mitteleuropäische Großstadtflora. Geogr. Rundschau 48, 640–646.

WITTIG, R. (1997): Vegetationskunde als Grundlage für Naturschutz und Freiraumplanung im besiedelten Bereich. Ber. Reinh.-Tüxen-Ges. 9, 61–73.

WITTIG, R. (1998a): Lebensraumveränderung und Rückgang von Wildpflanzen in Städten und Dörfern – Gefährdungsursachen und Handlungsbedarf. Schr.r. Vegetationskde. 29, 165–171.

WITTIG, R. (1998b): Urban Development and the Integration of Nature: Reality or Fiction? In BREUSTE, J., FELDMANN, H., UHLMANN, O. (eds.): Urban Ecology. Springer, Heidelberg, 593–599.

WITTIG, R. (2001a): Von einer rückgängigen Dorfpflanze zur gemeinen Stadtart: Die bemerkenswerte Karriere der *Malva neglecta*. Natur u. Landschaft 76, 8–15.

WITTIG, R. (2001b): Gedanken zur Systematik der mitteleuropäischen Trittpflanzengesellschaften. Tuexenia 21, 217–226.

WITTIG, R. (2002a): Dortmund Hbf., der Bahnhof mit den meisten Farnarten in Deutschland (! ?). Natur u. Heimat 62, 13–16.

WITTIG, R. (2002b): Farne auf hessischen Bahnhöfen. Flor. Rundbr. 62 (im Druck).

WITTIG, R., DIESING, D. (1989): Beziehungen zwischen Stadtstruktur und Stadtvegetation in Düsseldorf. Braun-Blanquetia 3, 99–105.

WITTIG, R., DURWEN, K.-J. (1981): Das ökologische Zeigerwertspektrum der spontanen Flora von Großstädten im Vergleich zum Spektrum ihres Umlandes. Natur u. Landschaft 56, 12–16.

WITTIG, R., DURWEN, K.-J. (1982): Ecological indicator-value spectra of spontaneous urban floras. In BORNKAMM, R., LEE, J.A., SEAWARD, M.R.D. (eds.): Urban Ecology, 23–31.

WITTIG, R., GÖDDE, M. (1985): *Rubetum armeniaci* ass. nov. – Eine ruderale Gebüschgesellschaft in Städten. Doc. phytosoc. N.S. 9, 73–87.

WITTIG, R., LIENENBECKER, H. (2002): *Ceterach officinarum* und weitere Farne auf Bielefelder Bahnhöfen. Ber. naturwiss. Ver. Bielefeld 42 (im Druck).

WITTIG, R., OU, X. (1993): Analyse der Artenzusammensetzung des *Hordeetum murini* in sieben europäischen Großstädten entlang eines West-Ost-Transektes: Ein Beitrag zur Charakterisierung der Stadtflora. Phytocoenologia 23, 319–342.

WITTIG, R., REIDL, K. (Hrsg.) (1999): Naturschutz in Stadt- und Industrielandschaft. Geobot. Kolloq. 14, 95 S.

WITTIG, R., RÜCKERT, E. (1984): Dorfvegetation im Vorspessart. Ber. Bayer. Bot. Ges. 55, 109–119.

WITTIG, R., RÜCKERT, E. (1985): Die spontane Flora im Ortsbild nordrheinwestfälischer Dörfer. Siedlung und Landschaft Westfalen 17, 107–154.

WITTIG, R., WITTIG, M. (1986): Spontane Dorfvegetation in Westfalen. Decheniana 139: 99–122.

WITTIG, R., ZUCCHI, H. (Hrsg.) (1993): Städtische Brachflächen und ihre Bedeutung aus der Sicht von Ökologie, Umwelterziehung und Planung. Geobot. Kolloq. 9, 79 S.

WITTIG, R. DIESING, D., GÖDDE, M. (1985): Urbanophob – Urbanoneutral – Urbanophil. Das Verhalten der Arten gegenüber dem Lebensraum Stadt. Flora 177, 265–282.

WITTIG, R., KÖNIG, H., RÜCKERT, E. (1989): Nutzungs- und baustrukturspezifische Analyse der ruderalen Stadtflora. Braun-Blanquetia 3, 69–79.

WITTIG, R., BALLACH, H.-J., KUHN, A., GÖVERT, J., KOHLMANN, S. (1998): Bäume im Dauerstress. Forschung Frankfurt 1/1998, 15–23.

WITTIG, R., LENKER, K.-H., TOKHTAR‘, V. (1999): Zur Soziologie von Arten der Gattung *Oenothera* L.

im Rheintal von Arnheim (NL) bis Mulhouse (F). Tuexenia 19, 447–467.

Wittkamp, J., Deil, U. (1996): Zur Dorfvegetation in Nordbayern und Südthüringen. Tuexenia 16, 509–538.

Wittkamp, J., Deil, U., Beierkuhnlein, C. (1995): Sozialstruktur und Dorfvegetation – ein Vergleich von Dörfern beiderseits der ehemaligen innerdeutschen Grenze. Die Erde 126, 107–126.

Wołkowycki, D. (1998): The present structure of the ruderal flora of small settlements and the history of anthropophyte migrations in NE Poland, Phytocoeosis 10, Suppl. Cartogr. Geobot. 9, 237-246.

Wollert, H. (1991): Die Ruderalflora des Messtischblattes Teterow (2241; Mittelmecklenburg). Gleditschia 19(1), 39-68.

Wollert, H. (1989): Über einige für Mittel- und Ostmecklenburg neue Ruderalpflanzengesellschaften. Arch. Freunde Naturgesch. Meckl. 29, 60–71.

Wondratschek, I., Röder, U. (1993): Monitoring of Heavy Metals in Soils by Higher Fungi. In Markert, B. (ed.): Plants as Biomonitors. Indicators for Heavy Metals in the Terrestrial Environment. VCH, Weinheim/New York, 345–363.

Wysocki, C., Zimny, H. (1983): Floristic and phytosociological analysis of urban lawns. In Zimny, H. (ed.): The physiocoenosis within the Warsaw agglomeration. Polish Ecol. Studies 9, 193–207.

Zacharias, F. (1972): Blühphaseneintritt an Straßenbäumen (insbesondere *Tilia* x *euchlora* Koch) und Temperaturverteilung in Westberlin. Diss. Fachb. Biologie, FU Berlin.

Zając, A. (1983 ff) Studies on the Origin of Archaeophytes in Poland: I. Methodical Considerations. Cesc. Nauk. Univers. Jagiellonsk., Prace Bot. 11, 87–107. (1987a): II Taxa of Mediterranian and Atlantic-Mediterrainian Origin. Prace Bot. 14, 7–50. (1987b): III Taxa of Irano-Turanian, Euro-Siberian-Irano-Turanian and Mediterranean-Irano-Turanian Origin. Prace Bot. 15, 93–129. (1988): IV Taxa of Pontic-Pannonian, Mediterraneo-South Asiatic, South Asiatic and Middle European Origin. Archaeophyta Anthropogena. Archaeophyty Resistentia. Archaeophytes of Unknown Origin. Prace Bot. 17, 22–51.

Zając, E.U. (1971): Próba interpretacji roszimieszczenia kilkunastu gatunkow roślin na terenie miasta Bielska-Białej Mater. Zakł. Fitosoc. Stos. Univ. Wars. 27, 251–271.

Zechmeister, H. (1992): Die Vegetation auf Flachdächern von Großbauten aus der Jahrhundertwende. Tuexenia 12, 307-314.

Zechmeister, H., Grabherr, G. (1998): Erfassung der Flora des Wiener Stephansdomes. Verh. Zool.-Bot. Ges. Österreich 135, 323–342.

Ziegler, R. (1996): Spontane Moosvorkommen im Botanischen Garten der Johann Wolfgang Goethe-Universität in Frankfurt am Main. Geobot. Kolloq. 12, 46–50.

Zimmermann-Jaeger, S. (1971): Beiträge zur Ökologie von *Chenopodium botrys* I. III Substanzproduktion und Wuchsform in Abhängigkeit von Beleuchtungsstärke, Feuchtigkeit und Substrat. Verh. Bot. Ges. Prov. Brandenburg 108, 29–36.

Zimmermann-Pawlowsky, A. (1985): Flora und Vegetation von Euskirchen und ihre Veränderungen in den letzten 70 Jahren. Decheniana 138, 17–37.

Zizka, G. (1985): Botanische Untersuchungen in Nordnorwegen I. Anthropochore Pflanzenarten der Varangerhalbinsel und Sör-Varangers. Diss. Bot. 85, 106 S.

Zolg, M., Bornkamm, R. (1983a): Über die Auswirkung von Streusalz auf einige Blattinhaltsstoffe verschiedener Straßenbaumarten. Flora 174, 285–302.

Zolg, M., Bornkamm, R. (1983b): Über die Auswirkung von Streusalz auf die Alterung der Blätter verschiedener Straßenbaumarten. Flora 174, 377–404.

Zucchi, H. (2001): Die Großstadt als Ort der Umweltbildung – Möglichkeiten und Grenzen. Geobot. Kolloq. 16, 17–24).

## Bildquellen

Bis auf folgende Ausnahmen stammen alle Fotos, soweit nicht anders vermerkt oder zitiert, vom Verfasser:

Abb. 2-1 stammt von J. Lach. Die Abb. 6-22, 6-23, 6-24 und 6-28 wurden mit freundlicher Genehmigung aus Wirth/Düll (2000): Farbatlas Flechten und Moose, Verlag Eugen Ulmer, Stgt., entnommen. Abb. 7-5 (2000) wurde von Dr. Pillmann (Wien) zur Verfügung gestellt. Die Veröffentlichung erfolgt mit freundlicher Genehmigung des Österreichischen Bundesinstituts für Gesundheitswessen in Wien. Abb. 9-2 stammt von H. Zechmeister, Abb. 10-3 von T. Muer und Abb. 10-7 von J. Dettmar. Die Zeichnungen fertigten Dennis Janz und Christian Helmreich, Hannover, nach Vorlagen des Autors und aus der Literatur an. Abb. 3-3 wurde von H. Eisinger zur Verfügung gestellt.

# Sachregister

Im Sachregister wird von jedem Begriff entweder die Ein- oder die Mehrzahl aufgeführt. Die Zusatzbezeichnungen „Stadt"- oder „Siedlungs"- sind im Register nur dann aufgeführt, wenn der Begriff ohne diesen Zusatz zu weit gefasst wäre (z. B. Stadtzonen, Stadtgliederung). Im Text verwendete Begriffe wie „Stadtklima" oder „Stadtbiotoptypen" sind dagegen unter „Klima" bzw. „Biotoptypen" eingereiht. Von zusammengesetzten Begriffen findet sich im Sachregister der kürzest mögliche, z. B. „Vegetationsdynamik" statt „Dynamik der Vegetation". Die wiss. Bezeichnungen von Pflanzengesellschaften und höheren syntaxonomischen Einheiten suche man im Sachregister unter den bei Pott (1995) aufgeführten Namen. Im Text werden häufig verkürzte Namen (z. B. *Poo-Tussilaginetum* statt *Poo compressae-Tussilaginetum farfarae*) sowie manchmal die *nomina inversa* benutzt (z. B. *Bryo-Saginetum* statt *Sagino-Bryetum*). Deutsche Pflanzennamen sind im Sachregister lediglich für die häufigsten Baumgattungen enthalten.